Georg von Schönberg

Geschichte des Königl. Sächsischen 7. Infanterie-Regiments

Zweiter Teil: Von 1807 bis 1872

Georg von Schönberg

Geschichte des Königl. Sächsischen 7. Infanterie-Regiments
Zweiter Teil: Von 1807 bis 1872

ISBN/EAN: 9783743396647

Hergestellt in Europa, USA, Kanada, Australien, Japan

Cover: Foto ©ninafisch / pixelio.de

Manufactured and distributed by brebook publishing software (www.brebook.com)

Georg von Schönberg

Geschichte des Königl. Sächsischen 7. Infanterie-Regiments

Geschichte

des Königl. Sächsischen 7. Infanterie-Regiments
„Prinz Georg" Nr. 106.

Zweiter Theil.
Von 1807 bis 1872.

Prinz Georg, Herzog zu Sachsen, Königliche Hoheit,
Generalfeldmarschall und commandirender General.

Geschichte
des
Königl. Sächsischen 7. Infanterie-Regiments
„Prinz Georg" Nr. 106.

Von

Georg von Schönberg,
Major.

Mit einem Atlas von 22 Karten und 3 Uniformtafeln.

Zweiter Theil.
Von 1807 bis 1872.

Mit einem Titelbilde.

Leipzig:
F. A. Brockhaus.
1890.

Inhaltsverzeichniß.

Erstes Buch.
Vom Frieden zu Posen bis zur Theilung der Armee 1807 bis 1813.

	Seite
1. Friedensjahre 1807—1809	1
2. Feldzug gegen Oesterreich 1809	4
Mobilmachung der Armee	5
Marsch nach der Donau	6
Das Gefecht bei Linz am 17. Mai 1809	7
Errichtung von Schützenbataillonen und einer reitenden Batterie	8
Veränderte Formation des Corps und der Regimenter	9
Eintreffen der Sachsen auf der Lobau-Insel	9
Stellung der Oesterreicher auf dem linken Donauufer	10
Anordnungen Napoleon's für den Angriff	10
Schlacht bei Wagram am 5. und 6. Juli 1809	11
Enthebung des Marschall Bernadotte vom Commando des 9. Corps	15
Vormarsch nach Ungarn und Abschluß des Waffenstillstandes	16
Rückmarsch des sächsischen Corps nach Oesterreich und Sachsen	17
3. Friedensjahre 1810 und 1811	18
Neuorganisation der Armee	18
4. Feldzug gegen Rußland 1812	22
Zusammenziehung der sächsischen Truppen in der Niederlausitz	22
Ausrüstung der mobilen Truppen mit neuen Gewehren	23
Vormarsch des Corps nach Polen	24
Bewegungen und Unternehmungen des sächsischen 7. Corps bis zum 12. August	25
Schlacht bei Podobna am 12. August	31
Vormarsch nach Volhynien	33
Verstärkung des General Tormasof durch die Armee des Admiral Tschitschagof	34
Uebergang der Russen über den Styr	35
Rückzugsgefechte der Sachsen und Oesterreicher bis zum Uebergang über den Bug	35
Gefecht bei Kliniki am 11. October 1812	37

	Seite
Gefecht bei Biala am 18. October 1812	39
Abmarsch des Admiral Tschitschagof gegen die Beresina	41
Vormarsch der Sachsen und Oesterreicher auf Slonim	41
Bewegungen und Ereignisse bis zum 15. November 1812	42
Gefecht bei Wolkownsk am 15. und 16. November 1812	44
Gefecht bei Rudnia am 18. November 1812	48
Bewegungen und Ereignisse bis zum 31. Januar 1813	49
Zutheilung des 2. Bataillons des Regiments zur Besatzung von Modlin	53
Gefecht bei Kalisch am 13. Februar 1813	54
Rückmarsch der Sachsen durch Schlesien nach Sachsen	56
Zusammenziehung der Reste des sächsischen Corps in Torgau	57

5. **Feldzug 1813** 58
   - Neuformation des sächsischen Corps 58
   - Zutheilung der Sachsen zu dem französischen 7. Corps 59
   - Schlacht bei Bautzen am 21. Mai 1813 60
   - Gefechte bei Reichenbach und Markersdorf am 22. Mai 1813 . . 61
   - Gefechte bei Leopoldshain und Trotschendorf am 23. Mai 1813 . 63
   - Bewegungen und Ereignisse bis zum Abschlusse des Waffenstillstandes 65
   - Thätigkeit während des Waffenstillstandes 66
   - Zutheilung des 7. Corps zur Armee des Marschall Oudinot . 69
   - Vormarsch der Armee des Marschall Oudinot auf Berlin . . . 70
   - Schlacht bei Großbeeren am 23. August 1813 72
   - Bewegungen und Ereignisse bis zum 6. September 1813 . . . 76
   - Schlacht bei Dennewitz am 6. September 1813 79
   - Rückzug nach Torgau und Reformation der Armee 84
   - Bewegungen und Ereignisse bis zum 18. October 85
   - Schlacht bei Leipzig am 18. October 1813 94
   - Anschluß an das Beobachtungscorps vor Torgau 102

6. **Feldzug in Flandern 1814** 102
   - Neuorganisation der sächsischen Truppen 103
   - Abmarsch der Sachsen nach den Niederlanden 105
   - Erkundung von Maubeuge am 25. Februar 1814 107
   - Ereignisse bis zum Abschlusse des Waffenstillstandes . . . 108
   - Rückmarsch der Sachsen nach Aachen und Coblenz 111
   - Besetzung von Kurhessen durch die Sachsen 111
   - Die Adressen der sächsischen Regimenter 112

7. **Theilung der sächsischen Armee 1815** 114
   - Die Ereignisse bei Lüttich 115
   - Tagesbefehl des König Friedrich August 118

Zweites Buch.

Von der Neuformation der Armee bis zur Rückkehr aus dem Feldzuge 1866.

		Seite
8.	Neuformation der Armee und Betheiligung des Regiments am Feldzuge 1815	121
	Marsch nach dem Elsaß	122
	Blokade von Schlettstadt und Neubreisach	123
	Rückmarsch nach Sachsen	124
9.	Friedensjahre 1816—1848	125
	Organisation der Armee und Ereignisse bis zum Jahre 1848	125
	Ernennung des Prinzen Georg zum Chef des Regiments	136
	Die Ereignisse des Jahres 1848	140
10.	Feldzug in Schleswig-Holstein 1849	143
	Politische Verhältnisse	143
	Abmarsch des Regiments	145
	Eintreffen des Regiments in Holstein	146
	Vormarsch nach dem Sundewitt und Ereignisse bis zum 13. April 1849	147
	Gefecht bei Düppel am 13. April 1849	149
	Ereignisse bis zum Rückmarsche nach Sachsen	155
	Abgaben des Regiments zur Bildung eines neuen Bataillons	157
11.	Friedensjahre 1849—1866	160
	Neueintheilung der Infanterie in Brigaden	160
	Mobilmachung der Armee 1850	164
	Mobilmachung 1859	168
	Entwurf eines neuen Exercirreglements	169
	Neue Bewaffnung der Infanterie	170
	Die Commandanten der einzelnen Bataillone von 1847—1866	171
12.	Feldzug 1866	172
	Politische Verhältnisse	172
	Mobilmachung des sächsischen Corps	174
	Einrücken der Preußen nach Sachsen	178
	Abmarsch der Sachsen nach Böhmen	178
	Ereignisse bis zum Gefecht bei Jičin	179
	Gefecht bei Jičin	191
	Bewegungen der beiden Armeen bis zur Schlacht bei Königgräz	196
	Schlacht bei Königgräz am 3. Juli 1866	203
	Vorpostengefecht bei Kunčic	203
	Vorpostengefecht bei Lubno	207
	Vertheidigung von Nieder-Piim	212
	Vertheidigung von Problus	219
	Rückzug über die Elbe	226
	Verluste der 3. Brigade bei Königgräz	230
	Rückzug nach Olmütz	231
	Eintreffen der 3. Brigade bei Wien	236
	Besetzung der Befestigungen auf dem linken Donauufer	237
	Verlegung der Sachsen auf das rechte Donauufer	238
	Abschluß der Friedensverhandlungen zwischen Preußen und Sachsen	242

	Seite
Rückkehr des sächsischen Corps nach Sachsen.	242
Armeebefehl des Erzherzog Albrecht	243
Tagesbefehl des König Johann	244

Drittes Buch.
Von der Neuformation der Armee 1867 bis zum Schlusse des Feldzuges 1870/71.

13. Friedensjahre 1867—1870	247
14. Feldzug 1870 und 1871	252
Mobilmachung der Armee	253
Beförderung des Regiments an den Rhein	254
Bewegungen und Ereignisse bis zum 18. August	255
Schlacht bei St. Privat am 18. August 1870	258
Formation der Maasarmee	264
Marsch gegen Verdun und Beschießung dieser Festung	265
Bewegungen und Ereignisse bis zum 31. August	267
Wegnahme einer französischen Wagencolonne bei Rubécourt am 31. August	271
Schlacht bei Sedan am 1. September 1870	273
Marsch nach Paris	275
Belagerung von Paris	277
Vorpostengefecht bei Villemomble am 14. October	280
Tagesbefehl des Königs Johann	281
Eintheilung der französischen Armee in Paris	282
Abmarsch auf das linke Marneufer	284
Erste Schlacht bei Villiers am 30. November 1870	285
Ereignisse vom 1.—21. December	298
Ueberfall von Maison Blanche und Asile de Ville Evrart am 21. December	303
Erkundung des Mont Avron	307
Scheinangriff gegen Dorf und Fort Nogent	308
Abschluß des Waffenstillstandes	310
Besetzung des Fort Rosny	311
Parade bei Villiers	313
Rückmarsch des Regiments nach Rethel und Umgegend	314
Zutheilung des Regiments zur Occupationsarmee in Frankreich	316
Besichtigung des Regiments durch Se. Majestät den König Johann	317
Ernennung des Oberst von Schimpff zum Regimentscommandeur	318
Rückkehr des Regiments nach Sachsen	318
Eintreffen des Regiments in seinen Garnisonen, Demobilisirung und Vertheilung des Ersatzbataillons	319
Die Thätigkeit des Ersatzbataillons während des Feldzuges	320
Schlußwort	321

Beilagen.

		Seite
XLI.	Ordre de Bataille des sächsischen Corps im Feldzuge 1809	325
XLII.	Offizierliste des Regiments Prinz Friedrich August 1809	326
XLIII.	Eintheilung der sächsischen Infanterie nach der Formirung vom 5. Juni bei St. Pölten	328
XLIV.	Tagesbefehl des Marschalls Bernadotte nach der Schlacht bei Wagram	329
XLV.	Verzeichniß der für den Feldzug 1809 dem Regiment verliehenen Decorationen	329
XLVI.	Formation und Etats der Königlich Sächsischen Armee 1810	329
XLVII.	Offiziers Tractaments 1810	332
XLVIII.	Ordre de Bataille des Königlich Sächsischen Corps (7. Corps der großen Armee) im Feldzuge 1812	332
XLVIII b.	Offizierliste des Regiments Prinz Friedrich August im April 1812	334
XLIX.	Verzeichniß der für den Feldzug 1812 dem Regimente verliehenen Decorationen	335
L.	Ordre de Bataille der sächsischen Division im Mai 1813	335
LI.	Ordre de Bataille des mobilen sächsischen Armeecorps vom 27. Juli 1813	336
LI b.	Offizierliste des mobilen Regiments Prinz Friedrich August im Juli 1813	337
LII.	Ordre de Bataille des mobilen sächsischen Corps vom 7. September 1813	338
LIII.	Verzeichniß der für den Feldzug 1813 dem Regimente verliehenen Decorationen	339
LIV.	Ordre de Bataille des III. Deutschen Armeecorps 1814	339
LV.	Etat eines Linien-Infanterie Regiments von zwei Bataillonen 1815	341
LVI.	Offizierliste des 3. Linien Infanterie Regiments Prinz Friedrich August im Herbste 1815	341
LVII.	Ordre de Bataille des mobilen sächsischen Corps im Feldzuge 1815	343
LVIII.	Etat eines Linien-Infanterie Regiments 1822	344
LIX.	Offizierliste des 3. Linien-Infanterie-Regiments Prinz Georg am 9. Juni 1836	344
LX.	Ordre de Bataille der Deutschen Reichstruppen in Schleswig Holstein 1849	345
LXI.	Offizierliste des 3. Linien-Infanterie-Regiments Prinz Georg 1849	347
LXII.	Verzeichniß der dem Regimente verliehenen Decorationen für den Feldzug 1849	348
LXIII.	Etat einer Infanterie Brigade 1850	349
LXIV.	Offizierliste der 3. Infanterie Brigade „Prinz Georg" Anfang des Jahres 1851	349
LXV.	Offizierliste der 3. Infanterie-Brigade Prinz Georg vom 30. Juni 1866	351

		Seite
LXVI.	Ordre de Bataille des mobilen Königlich Sächsischen Corps vom 25. Juni 1866	355
LXVII.	Verlustliste der 3. Infanterie-Brigade in der Schlacht bei Königgrätz	358
LXVIII.	Verzeichniß der der 3. Infanterie-Brigade für den Feldzug 1866 verliehenen Decorationen	361
LXIX.	Offiziersliste der 4. Infanterie-Brigade Nr. 48 vom 1. April 1867	364
LXX.	Friedens-Etat eines Infanterie-Regiments nach der Formation vom 1. April 1867	367
LXXI.	Offiziersliste des 7. Infanterie Regiments „Prinz Georg" Nr. 106 bei Beginn des Feldzuges 1870	367
LXXIb.	Offiziersliste des Ersatz-Bataillons des 7. Infanterie-Regiments Nr. 106 bei Beginn des Feldzuges 1870	368
LXXII.	Ordre de Bataille des mobilen Sächsischen (XII.) Armee-Corps vom 16. Juli 1870	369
LXXIII.	Offiziersliste des 7. Infanterie-Regiments „Prinz Georg" Nr. 106 vom 23. October 1870	371
LXXIV.	Verzeichniß der im Feldzuge 1870 Gefallenen, an Wunden Gestorbenen und dauernd vermißt Gebliebenen des 7. Infanterie-Regiments „Prinz Georg" Nr. 106	373
LXXV.	Verzeichniß der dem Regimente für den Feldzug 1870/71 verliehenen Auszeichnungen	377
LXXVI.	Offiziersliste des 7. Infanterie-Regiments „Prinz Georg" Nr. 106 vom 2. November 1871	380
LXXVII.	Verzeichniß der Namen, Chefs und Commandeure des Regiments von 1708—1872	382

Prinz Georg, Herzog zu Sachsen, Königliche Hoheit, Generalfeldmarschall und commandirender General . . . . (Titelbild.)

Erstes Buch.

Vom Frieden zu Posen bis zur Theilung der Armee.

1807 bis 1815.

1. Friedensjahre 1807—1809.

Am 11. December 1806 hatten die seit dem Waffenstillstande gepflogenen Verhandlungen zwischen Sachsen und Frankreich durch den Frieden von Posen ihren Abschluß gefunden. In der Zwischenzeit hielten die Franzosen Sachsen besetzt und erhoben 25 Millionen Francs Kriegssteuer.

Durch den Frieden wurde Sachsen zum Königreich erhoben, trat dem Rheinbunde bei und verpflichtete sich, 20000 Mann als Bundescontingent zur französischen Armee zu stellen. Für den Feldzug des Jahres 1807 in Preußen wurde das Contingent auf 6000 Mann ermäßigt.

Die mit den staatlichen und territorialen Veränderungen, welche der Posener Friede mit sich brachte, verknüpften zahlreichen Geschäfte, die Abcommandirung des Bundescontingentes zu dem Feldzuge des Jahres 1807 und die Nothwendigkeit, die im Feldzuge 1806 erlittenen zahlreichen Verluste an Mannschaft und Material zunächst zu ersetzen, verhinderten vorläufig eine durchgreifende Reorganisation der Armee.

So sehr man die Mängel der bisherigen Organisation fühlte, so war doch eine Aenderung nicht möglich, solange die meisten höheren Commandostellen von Männern eingenommen wurden, welche geistig und körperlich den erhöhten Anforderungen der neuern Zeit nicht mehr genügten, aber das lebhafteste Interesse an einer unveränderten Fortdauer des bisherigen Zustandes hatten. Die Abänderungen, zu denen man sich entschließen mußte, waren daher anfangs nur unwesentliche, und nur gelegentlich von dem französischen Einflusse erzwungene. Erst gegen Ende des Jahres 1808 fanden sich zu dem wichtigen Werke die rechten Männer zusammen.

Unter den Diplomaten, welche die Verhandlungen mit Frankreich über die Neugestaltung Sachsens und seine Stellung zum Rheinbunde zu führen hatten, befand sich der Reichsgraf von Bose, welcher sich durch seine hervorragenden Fähigkeiten in kurzer Zeit zum sächsischen

Minister der auswärtigen Angelegenheiten emporschwang, eine Stellung, welche ihm unter den damaligen Verhältnissen eine ausschlaggebende Stimme im Ministerrathe auch in Angelegenheiten sicherte, welche nicht eigentlich in sein Fach gehörten. Durch die Verhandlungen mit Frankreich war er in nahe Berührung mit dem Oberst und Generaladjutant von Funck, dem Oberstlieutenant und Flügeladjutant Thielmann und dem Major von Gersdorf gekommen. Im December 1808 und Januar 1809 reichten diese Officiere an Graf Bose ausführliche Denkschriften ein, in welchen sie sich offen über die großen Schäden der Armeeorganisation und über die Mittel zu deren Abhülfe aussprachen. Graf Bose, welcher die Wichtigkeit und Dringlichkeit dieser Angelegenheiten erkannte, beeilte sich, bei dem Könige die nöthigen Schritte zu thun, und bereits am 26. Februar 1809 erschien infolge dessen eine Königliche Ordre, welche, entsprechend einem der Vorschläge von Gersdorf's, die Aufhebung des Avancements nach dem Dienstalter, vom Kapitän aufwärts, befahl und der Armee kundgab, daß in Zukunft bei Beförderungen hauptsächlich auf Fähigkeit, ausgezeichnetes Verdienst und bewährten Eifer, demnächst aber auf körperliche Tüchtigkeit Rücksicht genommen werden sollte. Der Eindruck, den diese königliche Ordre auf die Armee machte, war ein außerordentlicher und regte alle zu energischem Streben an. Eine durchgreifende Aenderung war freilich zur Zeit nicht durchführbar, da der nahe bevorstehende Krieg gegen Oesterreich, zu welchem Sachsen ein Rheinbundcontingent von 19000 Mann stellen mußte, eine solche nicht mehr zuließ. Nur die nöthigsten Personalveränderungen konnten noch vorgenommen werden, infolge deren auch von Funck, Thielmann und von Gersdorf rasch avancirten.

Das Regiment Prinz Friedrich August hatte in dieser Zeit seine Verluste aus dem Feldzuge 1806 wieder ersetzt. An Stelle des gefallenen Oberst von Nehrhoff erhielt der Generalmajor Ludwig Ferdinand von Dyherrn das Commando des Regiments und als dieser unter dem 26. August 1807 zum Generalinspecteur der Infanterie ernannt wurde, der bisherige königliche Generaladjutant Oberst Vincenz Bogislaus von Brochowsky.

2. Feldzug gegen Oesterreich 1809.

Durch den Frieden von Preßburg vom 26. December 1805 war Oesterreichs Kraft zwar bedeutend geschwächt worden, allein der Heldensinn des hochverdienten Erzherzogs Karl war nicht gebrochen.

2. Feldzug gegen Oesterreich 1809.

Mit patriotischer Hingebung hatte man in Oesterreich an der Herstellung und Verbesserung der Armee gearbeitet, da die Maßregeln Napoleon's auch nach geschlossenem Frieden dahin zielten, Oesterreich zu einer Macht zweiten Ranges herabzudrücken. Während der Feldzüge 1806 und 1807 mußte Oesterreich noch neutral bleiben; als aber der Krieg in Spanien immer bedeutendere französische Heeresmassen erforderte, glaubte man die Stunde gekommen, nochmals das Glück der Waffen versuchen zu dürfen.

Bereits im December 1808 waren die Rüstungen Oesterreichs so weit vorgeschritten, daß man dem Ausbruche des Krieges im Frühjahre 1809 mit Bestimmtheit entgegensehen konnte.

Napoleon kehrte im Januar 1809 aus Spanien nach Paris zurück, ertheilte den Mitgliedern des Rheinbundes den Befehl, ihre Contingente sofort auf den Kriegsfuß zu setzen, und zog seine Truppen an der Grenze zusammen.

Das sächsische Contingent, welches zur französischen Armee stoßen sollte, 23 Bataillone, 20 Escadrons, 4 Batterien zu 6 Geschützen, zusammen ungefähr 16000 Mann[1], wurde im Februar mobil gemacht, und Anfang März bei Dresden zusammengezogen. Am 22. März traf hier der Marschall Bernadotte, Prinz von Ponte-Corvo, ein und übernahm den Befehl über das sächsische Corps, welches mit der später zu ihm stoßenden französischen Division Dupas das 9. Corps der französischen Armee bildete.

Das Regiment Prinz Friedrich August gehörte zur 2. Brigade, Generalmajor von Boxberg, der 1. Division, während die Grenadiere des Regiments mit denen vom Regiment von Burgsdorf das Grenadierbataillon von Bose bildeten und bei der 1. Brigade, Generalmajor von Hartitzsch, eingetheilt waren.[2]

Der Sollbestand des Regiments Prinz Friedrich August betrug 1242 Köpfe, der wirkliche Bestand 1204 Köpfe. Der Kapitän von Ryssel wurde als Adjutant zum General von Zezschwitz commandirt. An Munition führte jeder Mann 60 Patronen bei sich; weitere 44 Patronen wurden im Munitionswagen und im Park nachgeführt.

In Gemäßheit königlicher Ordre vom 6. April erhielten die Stabsofficiere einen dreimonatlichen, die Kapitäns und Subalternofficiere einen zweimonatlichen Tractamentsvorschuß zur Beschaffung ihrer Feldausrüstung ausgezahlt.

---

[1] Ordre de Bataille des sächsischen Contingentes siehe in Beilage XLI.
[2] Officiersrangliste des Reg. Prinz Friedrich August siehe in Beilage XLII.

Als Depot wurden zurückgelassen:
Kapitän von Beust, Premierlieutenant von Brück und 200 Mann, von denen der Kapitän, 10 Grenadiere und 48 Musketiere zur Verstärkung der Besatzung des Königsteins, 1 Tambour und 18 Gemeine zu der fliegenden Colonne des Oberst Thielmann commandirt wurden. Das Depot befand sich während des Juni und Juli in Tottleben, im August zu Meißen und im September im Feldlager bei Dresden.

Nachdem der Marschall Bernadotte am 16. April eine Besichtigung über das Corps abgehalten hatte, brach dasselbe von Dresden auf und marschirte über Meißen, Rochlitz, Altenburg, Jena und Gera nach Weimar.

Nachdem inzwischen Napoleon die in Bayern eingedrungene österreichische Armee zum Rückzuge gezwungen hatte, brach das sächsische Corps am 26. April von Weimar auf und erreichte über Ilmenau, Schleusingen, Königshofen, Hof, Wunsiedel, Kemnat, Cham und Straubing am 12. Mai Passau, wo die Infanterie am nächsten Tage den ersten Rasttag seit dem Abmarsche aus Weimar hatte. „Demohngeachtet", meldete General von Zezschwitz, „sind die Leute gut marschirt. So verändert die jetzige Art, Krieg zu führen, die Ansichten. Noch vor einiger Zeit würde man es für ohnmöglich gehalten haben, von Weimar bis Passau, wohin man bei weitem nicht auf dem geraden Wege gelangte, ohne Rasttag marschiren zu können."

Inzwischen hatte Napoleon seine verfügbaren Streitkräfte bei Wien, dem auf dem linken Donauufer stehenden Erzherzog Karl gegenüber, zusammengezogen. Der wichtige Donauübergang bei Linz, welcher auf dem linken Ufer durch einen Brückenkopf gedeckt wurde, war dem Schutze württembergischer Truppen unter General Vandamme anvertraut. Vom Feinde war das 3. Armeecorps unter Feldzeugmeister Graf Kolowrat[1] bei Freistadl zurückgelassen worden, um ein etwaiges Vorgehen des Feindes im Rücken der österreichischen Armee zu verhindern, denselben in seinen Verschanzungen bei Urfar-Linz anzugreifen und über die Donau zurückzuwerfen, oder, falls dies nicht gelänge, ihn wenigstens in dieser Gegend festzuhalten und an seinem Marsche gegen Wien zu verhindern.

Gegen dieses starke Corps war eine beschleunigte Unterstützung der schwachen württembergischen Abtheilungen nothwendig und wurden deshalb die Sachsen eilig herangezogen.

---

[1] Nach von Welden, Der Krieg 1809 zwischen Oesterreich und Frankreich, S. 8, betrug die Stärke des 3. Armeecorps 33⅓ Bataillone, 14 Escadrons = 21026 Mann Infanterie, 1503 Mann Cavallerie Ausrückestärke.

Gefecht bei Linz am 17. Mai 1809.

Am 17. Mai, nachmittags 2 Uhr, traf die früh 3 Uhr von Efferdingen aufgebrochene und durch den starken Marsch und die große Hitze sehr erschöpfte 1. Division der Sachsen bei Linz ein. Die Cavallerie und die Brigade von Hartitzsch gingen sogleich über die Brücke, die Brigade von Bogberg war noch im Anmarsche und sollte in Linz einquartiert werden. Die 2. Division stand noch einen Tagesmarsch zurück. Zu dieser Zeit erfolgte ein Angriff der Oesterreicher auf die Württemberger. Feldzeugmeister Kolowrat hatte, außer einer starken Reserve, sein Corps in vier Colonnen getheilt, von denen zwei, unter Vukasowich und Greneville, über Magdalena und Katzbach vorrückten, um die ungünstige Stellung der Württemberger zu durchbrechen, während eine dritte unter General Sommariva zu einer weit ausgeholten Umgehung der diesseitigen linken Flanke und eine vierte unter General St.-Julien zu einer Scheinbewegung gegen Mauthern abgesendet wurden.

Die Württemberger schlugen sich mit ausgezeichneter Tapferkeit, waren aber nicht im Stande, den Feind zurückzutreiben, und erst als die vorderste Staffel der Sachsen in das Gefecht eingriff, gelang es, besonders durch eine glänzende Attacke der Reiterei, den Feind gegen 6 Uhr abends zurückzuwerfen und ihm 4 Geschütze und über 100 Gefangene abzunehmen.

Während die im Gefecht gewesenen Truppen in der eroberten vorgeschobenen Stellung standen, griff die Umgehungscolonne unter General Sommariva die linke Flanke der Sachsen an und bedrohte dadurch die Stellung im Rücken. Da von dem gewählten Angriffspunkte der nächste Weg gegen den schwächsten Theil des Brückenkopfes führte, so hätte dieser Angriff, wenn er rechtzeitig erfolgte, sehr gefährlich werden können.

Der Marschall Bernadotte führte sofort persönlich das eben angekommene Regiment Prinz Friedrich August, das Bataillon Dyherrn und einen Theil des Regiments Prinz Maximilian nebst einiger Artillerie sowie einigen württembergischen Abtheilungen vor. Der Oberst Brochowsky, obgleich erkrankt, eilte sobald er den Aufbruch seines Regimentes erfuhr, demselben nach und führte es während des ganzen Gefechtes mit Ruhe und Entschlossenheit.

Die Offiziere des Regiments geriethen in nicht geringe Verlegenheit, als der Marschall Bernadotte im Laufe des Gefechtes mit der Aufforderung: „Allons, tiraillez!" an das Regiment heranritt. Da die zum zerstreuten Gefecht bestimmten Schützen bereits an die neugebildeten Schützenbataillone abgegeben waren, mit der übrigen Mannschaft aber diese Gefechtsform nicht geübt war, konnte man den Leuten keine andere Instruction geben, als fächerartig auseinanderzugehen, in Rotten zusammenzubleiben und dann immer vorwärts zu dringen, „wobei manchmal ein wenig ins Blaue hinein gepufft wurde. Da es indessen vorwärts ging, fanden sich die Soldaten bald hinein und hatten guten Erfolg." [1]

Nach längerem Feuergefecht erstürmte das Regiment Prinz Friedrich August abends gegen 10 Uhr die feindliche Artilleriestellung auf dem Pöstlingsberge, worauf der Feind den Rückzug antrat.

Der diesseitige Verlust war sehr unbedeutend. Das Regiment Prinz Friedrich August verlor, außer den Leichtverwundeten, einen Todten und 6 Mann, welche später an den hier erhaltenen Wunden starben. [2]

In seinem Berichte an Se. Majestät schreibt General von Zezschwitz: „Ich muß das Benehmen der Husaren und des Detachement Albrecht und bei der Infanterie besonders das des Regiments Friedrich rühmen, welches sich ausgezeichnet betragen hat."

Das Gefecht war von Wichtigkeit, weil ein Gelingen des feindlichen Planes der französischen Armee ernstliche Schwierigkeiten hätte bereiten können. Auch lernten durch dieses Gefecht Bernadotte und die Sachsen gegenseitig sich schätzen.

Wie schon oben erwähnt, waren die Schützen der Regimenter bereits am 8. Mai brigadeweise in je ein kleines Bataillon zusammengestellt worden. Am 18. Mai waren aus diesen schwachen Abtheilungen von jeder Division 1 Bataillon gebildet worden, der Stamm der so ruhmreichen sächsischen leichten Infanterie. Von dem Regimente Prinz Friedrich August waren als Offiziere dazu abgegeben worden: Premierlieutenant Hennigk, Souslieutenant von Zychlinsky (bisher beim Grenadierbataillon von Bose), sowie Fähnrich von Brzesky.

Für die Regimenter war die Abgabe dieser ausgezeichneten und für das zerstreute Gefecht besonders geschulten Leute ein schwerer Verlust.

Am 22. Mai war eine reitende Batterie zu vier Geschützen gebildet worden.

Am 23. Mai rückten die Württemberger nach Wien ab, nachdem die Sachsen durch die französische Division Dupas (19. Linien- und 5. leichtes Infanterieregiment nebst 1 Batterie) verstärkt worden waren.

---

[1] Nach Mittheilung des Major von Larisch unsers Regiments.
[2] Ueber die Zahl der leichter Verwundeten hat sich keine Angabe auffinden lassen.

Nach Eintreffen des bayrischen Armeecorps unter Marschall Lefebre bei Linz marschirte das sächsische Corps auf der Straße nach Wien weiter und bezog am 4. Juni bei St.-Pölten ein Hüttenlager.

Hier wurde auf Befehl des Kaisers wegen der Schwäche der einzelnen Abtheilungen eine neue Formation des Corps vorgenommen. Je zwei Bataillone wurden in eins zusammengezogen und die überzähligen Offiziere und Unteroffiziere nach Sachsen zurückgeschickt, wo neue Stämme errichtet werden sollten.

Von dem Regimente Prinz Friedrich August gingen zurück: Oberst von Brochowsky, Adjutant von Döring, Auditeur Nöller, 1 Fahnenjunker, 1 Profos mit Knecht; Kapitäns von Holleufer und von Bünau II., Souslieutenants Neuheuser und von Landsberg, Fähnrichs von Helldorf, Oelschlägel, von Lindenau, sowie 4 Feldwebel, 1 Sergeant, 3 Fouriere, 1 Chirurg, 7 Corporale, 6 Gemeine; letztere, zur Bedeckung der Fahne und Equipage bestimmt, bestanden aus Halbinvaliden.

Die Reserveschützen des Regiments wurden an die Schützenbataillone abgegeben. Das Bataillon, von Major von Low commandirt, wurde der 2. Brigade, Oberst von Steindel, der 2. Division, Generallieutenant von Polenz, zugetheilt.[1]

Nachdem Napoleon's Angriff gegen die Stellung des Erzherzogs Karl bei Aspern, am 21. und 22. Mai mit schwerem Verluste zurückgeschlagen worden war, vereinigte er allmählich bei Wien alle verfügbaren Truppen, um den Uebergang über die Donau zu erzwingen.

In den letzten Tagen des Juni marschirten die Sachsen in die unmittelbare Nähe Wiens und rückten am Morgen des 4. Juni auf den westlichen Theil der Lobau-Insel. Napoleon besichtigte die eingerückten Truppen und richtete eine kurze Ansprache an dieselben, in welcher er ihnen sagte, daß er in der morgen bevorstehenden Schlacht auf sie zähle und sie in vier Wochen wieder in ihr Vaterland zurückführen werde.

Der größte Theil der französischen Armee lagerte dicht gedrängt, die Bataillone in Linie hintereinander, auf der Insel. Nach der bereits am 2. Juli an die Corpscommandanten erlassenen Ordre sollte der Uebergang nach Einbruch der Nacht am 4. Juli beginnen, unter dem Schutze von 100 schweren Geschützen, welche die auf dem linken Donauufer gelegenen Ortschaften und Verschanzungen der Oesterreicher unter Feuer zu nehmen hatten.

Erzherzog Karl hatte bereits am 3. Juli die Hauptarmee in einer

---

[1] Eintheilung der sächsischen Infanterie vom 8. Juni siehe in Beilage XLIII.

Flankenstellung hinter dem Rußbach in taktisch vortheilhafter Stellung zwischen Wagram und Markgrafen-Neusiedl aufgestellt. Das 3. Armeecorps ging gegen Hagenbrunn zurück, um das donauaufwärts vertheilte 5. Armeecorps zu unterstützen und nöthigenfalls mit demselben gegen die französische linke Flanke zu operiren.

Das 6. Armeecorps (25½ Bataillone, 16 Escadrons) blieb in den Verschanzungen zwischen Eßlingen, Aspern bis Stadlau, die Avantgarde des Feldmarschalllieutenants Nordmann (4 Bataillone, 20 Escadrons) bei Stadtl-Enzersdorf. Zu ihrer Unterstützung standen 3 Brigaden des 4. Corps (19 Bataillone) zwischen Eßlingen und Enzersdorf. Die Cavalleriereserve stellte sich staffelweise vorwärts Breitenlee, Raschdorf, Süßenbrunn und Aderklaa in der Ebene auf. Das Grenadiercorps marschirte rückwärts von Gerasdorf als allgemeine Reserve auf. Das 6. Corps und die Avantgarde des Generals Nordmann erhielten Befehl, sich in ihren Stellungen möglichst lange zu behaupten; war kein Widerstand mehr möglich, sollte ersteres gegen Stammersdorf zurückgehen und sich hier mit dem 3. Corps vereinigen, letztere über Großhofen und Glinzendorf sich dem 4. Corps anschließen.

Erzherzog Johann erhielt Befehl, mit größter Beschleunigung von Preßburg zur Unterstützung des linken Flügels bei Markgrafen-Neusiedl einzurücken.

Napoleon befahl, daß nach erfolgtem Uebergange (auf der Ostseite der Lobau-Insel) die Armee in drei Treffen aufmarschiren sollte; der rechte Flügel des ersten Treffens bei Schloß Sachsengang, der linke an die Donau gelehnt; das 9. Corps hatte auf den linken Flügel des 2. Treffens zu rücken. Die Artillerie der Corps und der Regimenter hatte in den Zwischenräumen aufzufahren. Alle Bewegungen hatten vom rechten Flügel aus zu erfolgen.

Nach der Wegnahme von Stadtl-Enzersdorf sollte eine allgemeine Linksschwenkung erfolgen, um die feindliche linke Flanke aufzurollen.

Divisionsgeneral Reynier hatte mit 4000 Mann[1] zur Besetzung der Lobau-Insel zurückzubleiben.

Aus diesen Dispositionen scheint hervorzugehen, daß Erzherzog Karl den Uebergang der Franzosen bei Aspern, Napoleon dagegen die Stellung der österreichischen Hauptarmee hinter dem 6. Corps vermuthete.

Der Uebergang der Franzosen begann abends 8 Uhr. In diesem Momente erhob sich ein erdbebenartiges Ungewitter, von Regen und Hagel, von dem heftigsten Sturm und von der dichtesten Finsterniß begleitet.

---

[1] Darunter die sächsischen Grenadierbataillone von Winkelmann und von Hake.

Von 11—12 Uhr nachts beschossen die Oesterreicher mit Positions- und Feldgeschützen die Lobau. Die wenigen Biwakfeuer, welche das Unwetter noch übriggelassen hatte, mußten verlöscht werden, um nicht dem Feinde als Zielpunkte zu dienen.

Das Bataillon Prinz Friedrich August verlor außer einigen Verwundeten drei Mann an Todten durch diese Kanonade. Die Schrecken dieser Nacht blieben allen Betheiligten unvergeßlich.

Schlacht bei Wagram am 5. und 6. Juli.[1]

Das französische 1. Treffen hatte am 5. Juli früh 5 Uhr nach Verdrängung der feindlichen schwachen Vortruppen seinen Aufmarsch vollendet und trat gegen 6 Uhr den Vormarsch gegen die Avantgarde des Generals Nordmann an.

An Stelle des 1. Treffens marschirten die Corps des 2. Treffens, das 5. und 6. Corps unter dem Vicekönig von Italien, die Garde mit dem 11. und Theilen des 7. und 9. Corps auf. Das 9. Corps stand an der Donau vor der Schusterswiese. Gegen 2 Uhr nachmittags war das 9. Corps divisionsweise in geschlossener halber Divisionscolonne hier aufmarschirt.

Das 1. Treffen hatte bis früh 9 Uhr das brennende Enzersdorf nach hartnäckigem Widerstande erobert und die feindliche Linie zurückgedrängt, ging aber vorläufig nicht weiter vor. Erst nach 11 Uhr wurden die Bewegungen gegen Rutzendorf und Glinzendorf langsam fortgesetzt. Gleichzeitig wurden durch energische Angriffe das feindliche 6. Corps und die Avantgarde des Feldmarschalllieutenants Nordmann voneinander getrennt und zum Rückzuge gezwungen.

Das 2. französische Treffen folgte dem ersten. Die Division Dupas war kurz nach erfolgtem Aufmarsche den Befehlen des Marschalls Bernadotte entzogen und auf den rechten Flügel der Corps des Vicekönigs von Italien geschickt worden.

In halboffenen Colonnen marschirte das 9. Corps, Enzersdorf links liegen lassend, gegen Raschdorf vor, welches von dem Bataillon Prinz Anton im ersten Anlaufe erstürmt wurde. Jenseit dieses Ortes entwickelten sich die Colonnen zur Linie und rückten so gegen Aderklaa vor. Trotz des heftigen feindlichen Artilleriefeuers erfolgte der Vormarsch in der größten Ruhe und Ordnung.

Nachdem gegen 7 Uhr abends Glinzendorf und Großhofen erstürmt

---

[1] Hierzu Kartenbeilage XII.

waren, ging das 9. Corps bis in die Höhe des 1. Treffens vor und stellte sich bei Aderklaa auf, Front gegen Wagram. Napoleon, das planmäßige Zurückziehen der Oesterreicher für den Beginn des Rückzuges ansehend, beschloß trotz der vorgerückten Tageszeit die Stellung hinter dem Rußbach energisch anzugreifen.

Baumersdorf wurde von 40 Geschützen lebhaft beschossen und wiederholt, aber vergebens bestürmt. Gleichzeitig gingen vier Colonnen gegen die Höhen jenseit des Rußbaches vor; die erste, aus der Garde bestehend, überschritt südlich, die zweite, eine Division des Corps Macdonald, nördlich von Baumersdorf, die dritte, die Division Dupas des 9. Corps, verstärkt durch sächsische Abtheilungen, südlich von Wagram den Rußbach.

Nach heftigem, von beiden Seiten mit größter Tapferkeit und Erbitterung geführtem Kampfe mußten diese drei Colonnen wieder über den Rußbach zurückweichen.

Die vierte Colonne, aus den Sachsen gebildet, wurde erst mit Einbruch der Dunkelheit zum Angriffe auf Wagram vorgeführt.

Nach lebhaftem Gefechte erstürmte sie den Eingang von Wagram und drang bis zur Mitte des Ortes vor. Allein durch feindliche Bataillone, welche zur Unterstützung der im oberen Theile von Wagram noch Stand haltenden Besatzung gegen die Flanken der Sachsen vorrückten, erlitten diese sehr starke Verluste und konnten nicht weiter vordringen. Noch vermehrt wurde der Verlust durch das Feuer der noch außerhalb des Ortes stehenden sächsischen Abtheilungen, welche von österreichischen Abtheilungen, die sich in den vordersten Gehöften und Gärten eingenistet hatten, beschossen wurden und das Feuer in den Ort hinein erwiderten.

Die bei den Oesterreichern und Sachsen gleiche weiße Uniform trug wesentlich zur Verwirrung bei.

Gegen 11 Uhr nachts mußten die in den Ort eingedrungenen sächsischen Abtheilungen sich wieder zurückziehen.

Das Bataillon Prinz Friedrich August hatte während dieses Ortsgefechtes unmittelbar vor dem Orte „in einem Karree gleich einem Bollwerke unerschüttert gestanden und zum replis der Angreifenden auf den Ort gedient und sich durch seine Haltung den Beifall des Generallieutenants von Zezschwitz sowie des Marschalls Bernadotte erworben".[1]

Anfangs halbwegs zwischen Wagram und Aderklaa gelagert, ging

---

[1] K.-M.-A. Rep. I loc. 31: Rapports des Generallieutenants von Zezschwitz 1809.

Bernadotte bei Tagesanbruch bis in die Höhe des Corps Macdonald zwischen Aderklaa und Süßenbrunn zurück, ohne erstern Ort besetzt zu halten.

Napoleon hatte seine Armee eng zusammengezogen, die Oesterreicher ihre ausgedehnte Stellung beibehalten.

Erzherzog Karl beschloß, am Morgen des 6. Juli den Feind umfassend anzugreifen und vorzüglich mit seinem rechten Flügel, dem 6., 3. und dem Grenadiercorps, gegen die linke Flanke und den Rücken des Feindes zu operiren, während der kleinere Theil seiner Armee Baumersdorf und Markgrafen-Neusiedl festhalten und über Ober-Siebenbrunn dem von Marchegg erwarteten Corps des Erzherzogs Johann die Verbindung offen halten sollte. Die Angriffe sollten gleichzeitig früh 4 Uhr beginnen; allein die Finsterniß der Nacht und die theilweise große Entfernung der Corps bewirkten, daß um diese Zeit nur der österreichische linke Flügel allein das Gefecht eröffnete. Erzherzog Karl mußte daher diesen Flügel, welcher zudem von starken französischen Abtheilungen in seiner linken Flanke bedroht wurde, wieder hinter den Rußbach zurücknehmen. Im Centrum hatte General Graf Bellegarde mit dem größten Theil des 9. Armeecorps (15 Bataillone, 8 Escadrons) Aderklaa und den Abschnitt von da bis zum Rußbache besetzt.

Vergebens versuchte das französische 4. Corps die Oesterreicher hier zu vertreiben. Von dem eben eintreffenden österreichischen Grenadiercorps in der linken Flanke gefaßt, wurde es mit starkem Verluste zurückgeworfen. Dasselbe Schicksal hatten die Sachsen und die Divisionen Molitor und Legrand, welche nacheinander die Erstürmung versuchten.

Das österreichische 3. Armeecorps, welches zwischen Süßenbrunn und Breitenlee sich entwickelte, bedrohte die französische Aufstellung in der Flanke.

Endlich gelang es einem gemeinsamen Angriffe der Corps des Herzogs von Rivoli und des Marschalls Bernadotte, unterstützt von jenen des Herzogs von Ragusa und des Marschalls Macdonald, Aderklaa zu nehmen.

Als Erzherzog Karl gegen 8 Uhr morgens diese Bedrohung seines Centrums bemerkte, ließ er durch das 1. Armeecorps, die Cavalleriereserve und den linken Flügel des Grenadiercorps die bereits über Aderklaa vorgedrungenen Franzosen angreifen und in den Ort zurückwerfen, welchen diese, den energischen und gleichzeitig von mehrern Seiten unternommenen Angriffen der Oesterreicher gegenüber räumen mußten.

Das 9. Corps wurde zur Abwehr der Angriffe des österreichischen 3. Corps auf beiden Seiten der Straße am Neuen Wirthshaus nach Breitenlee aufgestellt.

Gegen 10 Uhr morgens war auch der österreichische rechte Flügel siegreich vorgedrungen und hatte sich vor Breitenlee und Aspern entwickelt. Die französische Division Boudet hatte bis Stadtl-Enzersdorf zurückweichen müssen.

Napoleon beschloß, sich in seiner linken Flanke rein defensiv zu verhalten; nur das 4. Armeecorps wurde zur Unterstützung der Division Boudet bestimmt. Gegen den feindlichen linken Flügel ließ er auf beiden Ufern des Rußbaches starke Colonnen vorgehen, welche bis Mittag den Feind nach Wagram zurückdrückten. Sobald sich die Fortschritte gegen den feindlichen linken Flügel bemerkbar machten, erneuerte Napoleon mit der Armee des Vicekönigs von Italien die Angriffe gegen Aderklaa, gegen welches er eine Artillerielinie von 100 Geschützen bildete, und gegen die Stellung von Breitenlee und Süßenbrunn. Die Oesterreicher hielten trotz der furchtbarsten Verluste tapfer Stand und schlugen die wiederholten Angriffe der Franzosen zurück.

Allein nachdem der österreichische linke Flügel bei Wagram sich theils auf das rechte Ufer des Rußbaches, theils nördlich in der Richtung auf Bockflüß hatte zurückziehen müssen und nachdem eingetroffene Meldungen vom Erzherzog Johann besagten, daß dieser unter keinen Umständen vor 6 Uhr abends Ober-Siebenbrunn erreichen könnte, beschloß Erzherzog Karl die Schlacht abzubrechen.

In guter Ordnung führte er die Armee in eine Stellung zurück, welche sich von Groß-Jedlersdorf über Stammersdorf, Hagenbrunn und Säuring bis Bockflüß erstreckte. Die französische Armee war vorsichtig gefolgt und stand von Jedlersee, rückwärts Gerasdorf bis Wagram, von da auf dem linken Ufer des Rußbaches vor Bockflüß vorbei bis Schönkirchen.

Das 9. Corps war von Breitenlee gegen Leopoldau vorgegangen. Die Avantgarde des Erzherzogs Johann war abends gegen 6 Uhr bis Ober-Siebenbrunn vorgerückt und hatte hier im Rücken des französischen Flügels arge Verwirrungen hervorgerufen, mußte sich aber bei der ungünstigen Lage der Hauptarmee in der Nacht wieder gegen Marchegg zurückziehen.

Napoleon bestimmte in der Nacht, daß der Vicekönig von Italien mit dem 6. Corps und dem 9., mit Ausnahme der Division Dupas, die Operationen gegen das Corps des Erzherzogs Johann fortsetzen sollte. Die sächsischen Abtheilungen wurden zu diesem Zwecke am 7. Juli mittags in einem Biwak bei Enzersdorf vereinigt.

2. Feldzug gegen Oesterreich 1809.

Der beiderseitige Verlust in dieser zweitägigen Schlacht war sehr bedeutend gewesen. Das sächsische Corps allein verlor

an Todten:	14 Offiziere	576 Mann	469 Pferde
an Verwundeten:	104 „	2185 „	59 „
an Vermißten:	8 „	1348 „	117 „
Summa:	126 Offiziere	4109 Mann	645 Pferde.

Das Bataillon Prinz Friedrich August verlor: 28 Mann todt, 4 Offiziere (Major von Liebenau, Kapitän von der Mosel[1], Premierlieutenant von Rohrscheidt, Souslieutenant von Klengel), 130 Mann verwundet, 1 Offizier (Souslieutenant von Larisch) und 46 Mann gefangen und vermißt.

Außerdem waren von den Grenadieren unseres Regiments 6 Mann geblieben, der Major von Bose und Souslieutenant von Logau verwundet.[2] Von der sächsischen Artillerie waren 6 Haubitzen, 9 Kanonen, 2 Protzen, 8 Kugel- und 1 Granatwagen völlig unbrauchbar, meist zerschossen worden. Von den Vermißten kehrten 443 nicht aus der Gefangenschaft zurück, und müssen den Todten zugerechnet werden. Der Verlust der Sachsen an Todten und Verwundeten betrug demnach, bei einer Ausrückestärke von ungefähr 10000 Mann der im Gefecht gewesenen Abtheilungen, über 33 Procent.

Am 7. Juli hatte Marschall Bernadotte einen Tagesbefehl erlassen, in welchem er die Tapferkeit der Sachsen rühmend anerkannte, den Erfolg derselben aber in einer Weise darstellte, welcher mit den thatsächlichen Verhältnissen nicht im Einklange stand.[3]

Dieser Tagesbefehl bot dem Kaiser, welcher die Ehre des Sieges den Franzosen vorbehalten wollte, die erwünschte Gelegenheit, dem ihm persönlich verhaßten Bernadotte seinen Groll empfinden zu lassen. Als dieser die ihm gestellte Zumuthung, den Tagesbefehl zurückzunehmen, mit den Worten zurückwies: „J'en donne le plein pouvoir à quiconque prouvera que je n'ai point dit la vérité", enthob ihn Napoleon seines Commandos und schickte ihn nach Holland. Bernadotte hatte bereits vorher den sächsischen Generalen gesagt: „Je voulais vous conduire au champ de l'honneur et vous n'avez eu que la mort devant les yeux, vous avez fait tout ce que j'étais en droit d'attendre

---

[1] Starb im August an seiner Wunde; ebenso 18 Mann der Verwundeten.
[2] H. St. A. loc. 2309, die auf den Krieg zwischen Frankreich und Oesterreich Bezug habenden Berichte und Nachrichten, fol. 143 ff. Andere Quellen geben den Verlust an Offizieren auf 132 Köpfe an.
[3] Den Tagesbefehl siehe in Beilage XLIV.

de vous, néanmoins on ne vous rendra pas justice, puisque vous étiez sous mon commandement."

Am 9. Juli hielt der Marschall Revue über das Corps, sprach ihm nochmals seine volle Anerkennung aus und machte ihm bekannt, daß der Divisionsgeneral Graf Reynier zu seinem Nachfolger im Commando bestimmt sei.

Am 10. Juli marschirte das sächsische Corps über Glinzendorf bis Siebenbrunn und am nächsten Tage bis an die March, wo man bis zum 13. stehen blieb, bis die zerstörten Brücken über den stark angeschwollenen Fluß wiederhergestellt waren.

Am 13. Juli ging die Nachricht von dem abgeschlossenen Waffenstillstande ein. Die Avantgarde, welche Stampfen besetzen sollte, hatte mit den Oesterreichern, welche der ihnen mitgetheilten Nachricht über den Waffenstillstand keinen Glauben schenken wollten, ein heftiges, aber für die Sachsen siegreiches und ehrenvolles Gefecht zu bestehen.

In der Nacht des 14. Juli rückte Reynier mit der Avantgarde und der 1. Division in Preßburg ein. Das Grenadierbataillon von Bose, 13 Offiziere, 317 Mann wirklich Dienstthuende, kam in die Wasserkaserne, das Bataillon Prinz Friedrich August, 12 Offiziere, 532 Mann, belegte Lab und Zankendorf.[1] Das Generalstabsquartier der 2. Division war in Stampfen.

Am 15. und 16. Juli wurde mit dem österreichischen General Bianchi eine Demarcationslinie festgesetzt, welche vom Einfluß der Thaya in die March an dieser fort und über St.-Johann bis Preßburg lief.

Während des Waffenstillstandes war die Verpflegung der Truppen von den Comitaten zu liefern und sollte dieselbe bestehen aus: 1½ Pfd. Brot, ½ Pfd. Fleisch, 1 Loth Salz, 4 Loth trockenem Gemüse, ½ ungarische Maß Bier oder in dessen Ermangelung ¼ ungarische Maß Wein.

Am 26. Juli wurde den Truppen ein königlicher Tagesbefehl bekannt gegeben, in welchem Se. Majestät seine Anerkennung für ihr tapferes und standhaftes Benehmen in der Schlacht bei Wagram aussprach. Für besonders hervorragende Leistungen wurden Orden und Medaillen bewilligt, welche am 15. August, dem Napoleonstage, bei Gelegenheit der an demselben zu haltenden großen Parade auszugeben waren. Auf Befehl des Kaisers hatten an diesem Tage die Abtheilungscommandeure ihre untergebenen Offiziere zum Diner ein-

---

[1] Die Stärke des sächsischen Corps an wirklich Dienstthuenden bestand am 16. Juli aus: 347 Offizieren, 9625 Mann, 2067 Pferden.

zuladen, und bewilligte er ihnen für jeden eingeladenen Offizier 12 Frcs. Entschädigung aus seiner Privatchatoulle.[1]

Vom 13. September bis 22. October wurde die Infanterie divisionsweise in Hüttenlagern untergebracht und bezog die 2. Division ein solches bei Neudorf.

In Gemäßheit des am 14. October abgeschlossenen Friedens, welcher am nächsten Tage den Truppen bekannt gemacht wurde, war Ungarn zu räumen. Das sächsische Corps, welches nach der am 16. November erfolgten Abreise des Generals Reynier unter den unmittelbaren Befehl des Marschalls Prinz von Eckmühl trat, brach am 15. November auf und erhielt Ortsunterkunft in und vor dem Wiener Walde angewiesen.

Im December wurden anderweite Gebiete im oberen Traunviertel bezogen.

Das Bataillon Prinz Friedrich August marschirte am 10. December ab und rückte über Raumberg, Market, Hohenberg, Mariazell, Lunz, Hallenstein, Weyer, Arhberg am 16. December in die Orte Jauner, Edelberger und Leonstein ein.

Die Wege über das Gebirge waren äußerst beschwerlich und oft mit Gefahr verbunden gewesen. Die Truppen hatten, trotz der sehr dürftigen Marschquartiere, sich durch gute Mannszucht ausgezeichnet, sodaß von den Einwohnern nicht die geringste Klage erhoben wurde.

Der Rückmarsch des Corps nach Sachsen erfolgte in 5 Colonnen. Das Bataillon Prinz Friedrich August bildete mit den zwei Schützenbataillonen, dem Grenadierbataillon Rabeloff und den 3 Escadrons Husaren die 3. Colonne unter Generalmajor von Zeschau.

Das Bataillon marschirte am 29. December nach Kremsmünster, am 30. nach Lambach, wo sich die Colonne vereinigte. Ueber Eggenfelden, Landau, Menghofen, Pfaffenberg, Refering, Regenstauf, Schwandorf, Amberg und Hof marschirend überschritt die Colonne am 22. Januar die sächsische Grenze und vertheilte sich in ihre Standquartiere.

Unter dem 15. Februar trat die Demobilisirung mit entsprechender Beurlaubung von Mannschaften ein.

Der wirkliche Bestand des Bataillons Prinz Friedrich August betrug am 19. Januar 1810: 18 Offiziere, 574 Mann, worunter 2 Offiziere, 272 Mann krank und verwundet.

Durch Königliche Ordre vom 10. Januar 1810 war die frühere Formation zu 2 Bataillonen wieder anzunehmen. Die Mannschaften

---

[1] Verzeichniß der Decorirten unsers Regiments für den Feldzug 1809 siehe in Beilage XLV.

des Depots und des im Lande formirten 2. Bataillons, welches zur Zeit in 4 Divisionen 748 Köpfe zählte, wurden gleichmäßig auf die beiden alten Bataillone vertheilt.

3. Friedensjahre 1810 und 1811.

Bei einer Besichtigung sächsischer Truppen zu Preßburg hatte Kaiser Napoleon zu General von Zeschwitz geäußert: „Man werde nach erfolgtem Frieden wohl Gelegenheit nehmen, die Truppen zweckmäßig zu organisiren." Diese Aeußerung war sofort dem Könige gemeldet worden, und hatte dieser dem dem Kaiserlichen Hauptquartiere zugetheilten Oberstlieutenant von Langenau Befehl ertheilt, ihm die Ergebnisse seiner Bemerkungen, welche er während des letzten Feldzuges und während seines Aufenthaltes im Kaiserlichen Hauptquartiere gemacht habe, einzureichen. Langenau säumte auch nicht, freimüthig die Gebrechen, welche er selber bemerkt und welche den französischen Autoritäten besonders aufgefallen waren, darzulegen und die erforderlichen Abänderungen in Vorschlag zu bringen.

Nach Eingang dieser Denkschrift Langenau's beauftragte der König den inzwischen zum Generalmajor beförderten von Gersdorf mit Ausarbeitung eines Organisationsplanes für die Königlich Sächsische Armee, und noch vor Ende des Jahres 1809 war dieser Plan ausgearbeitet und Seiner Majestät vorgelegt. Mit Zugrundelegung der bewährten französischen Heeresorganisation und mit gewissenhafter Berücksichtigung der besonderen Verhältnisse des Vaterlandes enthielt dieser Plan nicht nur die allgemeinen Grundsätze, sondern auch alle Einzelanordnungen, welche die neue Organisation erforderte.

Als allgemeine Grundsätze wurden festgestellt, daß

1) die Armee eine Kriegsstärke von ungefähr 31000 Mann haben sollte;

2) daß größere Truppeneinheiten den kleineren vorzuziehen seien;

3) daß behufs des leichteren Ueberganges von dem Friedens- auf den Kriegsfuß eine stete Gliederung in Divisionen, jedoch so, daß im Frieden jede Waffengattung in sich vereinigt bliebe, der früheren Eintheilung in Inspectionen vorzuziehen sei; daß endlich

4) eine größere Gleichheit in den Ausgaben für das Militär mit den Einkünften des Staates herzustellen sei.

Für die Infanterie im besonderen wurden folgende Aenderungen vorgeschlagen:

1) Auflösung von 4 Regimentern; dafür

2) Erhöhung der Etats aller übrigen Regimenter von 1754 auf 2068 Mann, einschließlich der Grenadiercompagnien.

3) Umwandlung der Leibgrenadiergarde aus einem Regiment von 913 Mann in 10 Compagnien in ein dergleichen von 1662 Mann in 2 Bataillonen zu je 4 Compagnien.

4) Stete Vereinigung der Grenadiercompagnien von je 2 Infanterieregimentern in ein Grenadierbataillon unter Commando eines Stabsoffiziers.

5) Errichtung von 2 Regimentern leichter Infanterie zu je 1652 Mann in 2 Bataillonen und 8 Compagnien aus den bereits vereinigten Schützen der Infanterieregimenter und Mannschaften der aufzulösenden Regimenter.

6) Friedensformation der Infanterie in 2 Divisionen, wovon die eine zu bestehen habe aus: der Leibgrenadiergarde und 2 Brigaden zu je 2 Linien-Infanterieregimentern.

Die andere aus:

2 Brigaden zu je 2 Linien-Infanterieregimentern,

1 Brigade leichter Infanterie (2 Regim.) und dem Jägercorps.

Die umfangreichen Entwürfe von Gersdorf's wurden auf Königlichen Befehl einer Commission unter Vorsitz des Kriegsministers, Generalmajor von Cerrini, zur Prüfung und Begutachtung überwiesen, welche ihre Arbeit bis 13. Januar 1810 beendete und sich über fast alle Punkte beifällig aussprach.

Nachdem zunächst durch Königliche Verordnung vom 10. Januar 1810 der Rückmarsch der an der Donau stehenden Truppen und die Demobilisirung der Armee befohlen war, wurden zunächst die Regimenter auf ihren alten Bestand von 2 Bataillonen gebracht, und die Mannschaft von den im Lande während des Krieges errichteten zweiten Bataillonen und Rekrutendepots auf beide Bataillone gleichmäßig vertheilt.

Infolge des Gutachtens der Commission über die Gersdorf'schen Vorschläge erfolgten nun im Laufe des Jahres zahlreiche Königliche Verordnungen, welche die entsprechenden Abänderungen befahlen und von denen hier nur diejenigen aufgeführt werden können, welche für die Infanterie von Wichtigkeit sind.

Bereits am 6. Februar trat unter Vorsitz des Kriegsministers eine anderweite Commission zusammen zur Bezeichnung sämmtlicher Offiziere der Infanterie, welche wegen Invalidität oder anderer Unbrauchbarkeit zu entlassen waren.

Verordnung vom 20. Februar enthielt eine große Anzahl von Entlassungen und Ernennungen und verfügte die Aufhebung der zeitherigen Generalinspectorate und die Neuformirung der Armee in Divisionen und Brigaden.¹)

Es wurde ein Generalstab Sr. Majestät des Königs und Generalstäbe für jede Division eingeführt. Die Generalstabskanzlei wurde aufgehoben und dafür ein Generalstabsbureau unter Direction des Chefs des königlichen Generalstabes errichtet.

Die in das Land zurückkehrenden Truppen hatten in den neuen Brigade- und Divisionsverband zu treten.

Die Compagnien hatten ihre Wirthschaftsrechnungen aufzustellen, damit unter dem 1. Mai die Uebernahme der Wirthschaft für Rechnung der Generalkriegskasse erfolgen konnte.

Durch Verordnung vom 14. März ward eine Commission für Entwerfung neuer Exercierreglements für die Infanterie und Cavallerie eingesetzt. Für die Infanterie wurden in dieselbe berufen: die Generallieutenants von Le Coq und von Zeschau, die Generalmajors von Sahr und von Steindel, die Obersten von Langenau und von Vieth.

Eine Verordnung vom 28. März hob die Charge der Cornets und Fähnriche auf, welche auf den entsprechend erhöhten Etat der Souslieutenants zu treten hatten, und bestimmte die Verstärkung der bestehen bleibenden aus den aufgelösten Regimentern.

Das Regiment Prinz Friedrich August erhielt hierbei unter dem 1. Mai:
Vom Grenadierdepot und 1. Bataillon von Thherrn:
    3 Sergeanten, 6 Corporale, 2 Zimmerleute, 97 Gemeine.
Vom Regiment von Oebschelwitz:
    1 Feldwebel, 5 Sergeanten, 3 Corporale, 1 Hautboist, 25 Gemeine.
Vom 2. Bataillon von Burgsdorf:
    1 Feldwebel, 1 Fourier, 16 Corporale, 3 Hautboisten, 2 Tamboure, 109 Gemeine.
Vom Depot von Burgsdorf:
    1 Sergeanten, 1 Tambour, 8 Gemeine.

Es hatte durch diese Verstärkung überzählig:
    1 Feldwebel, 3 Tamboure, 20 Gemeine, während noch 2 Sergeanten am Sollbestand fehlten.

Eine Verordnung vom 16. April ernannte den Geheimen Kriegsrath von Watzdorf zum Inspecteur général aux revues zur Führung der Aufsicht über die bei der Armee vom 1. Mai an für Rechnung der geheimen Kriegskasse zu führende Wirthschaft und besonders über die Geschäftsführung der bei den Regimentern einzuführenden Conseils administratifs.

---

¹ Siehe Beilage XLVI.

Zugleich wurde bestimmt:

Unter dem 1. Mai hatte die Uebernahme der gesammten Wirthschaft auf die Generalkriegskasse zu erfolgen. Die Uebernahme und Berechnung mit den Compagnie-Inhabern hatte durch vom Chef d'Etat major, Generalmajor von Gersdorf, zu ernennende und zu instruirende Commissarien zu erfolgen.

In jedem Regimente war ein Conseil administratif zu wählen, zur Führung der Wirthschaft für die Generalkriegskasse; derselbe hatte die Verpflegsgelder von dieser Kasse in Empfang zu nehmen und solidarisch für deren vorschriftsmäßige Verwendung zu haften. Zu diesem Conseil administratif gehörte der Regimentsquartiermeister des Regiments; zu wählen waren: 1 Stabsoffizier (aber nicht der Regimentscommandeur), 1 Kapitän, 1 Lieutenant, 1 Feldwebel.

Bei jeder Division war ein Sousinspector aux revues zu ernennen, welcher die Regimenter zu bereisen und zu controliren hatte.

Durch einen beifolgenden Etat wurden die Gebührnisse der einzelnen Chargen festgesetzt.[1] Die Löhnung der Unteroffiziere und Gemeinen wurde unter Wegfall aller bisherigen Löhnungszuschüsse erhöht. Für jeden präsenten Unteroffizier und Mann sollte täglich 1½ Pfd. gut ausgebackenes Brot aus dem Militärmagazin geliefert werden. Um die Generalkriegskasse in den Stand zu setzen, die erhöhten Gebührnisse regelmäßig bestreiten zu können, sollten bei jedem Infanterieregiment jährlich 1320 Mann auf 10 Monate beurlaubt werden.

Die Bekleidung der Armee wurde nach den vom Generalmajor von Gersdorf vorgelegten Bekleidungsproben geändert. Die Röcke erhielten kürzere Schößen, auch wurden bei der Infanterie grautuchene Capots und anstatt der Hüte Tschakos eingeführt.

Durch Verordnung vom 24. April wurde das von der oben erwähnten Commission abgeänderte Exercirreglement für die Infanterie genehmigt.

Mit dem 1. Mai 1810 trat die neue Formation in Kraft. Da bei der Infanterie noch ungefähr 1600 Mann überzählig waren, so wurde eine weitere Entlassung von Halbinvaliden, Capitulanten und Ausgedienten vorgenommen, diejenigen aber, welche man, ohne sie in mißliche Lage zu bringen, noch nicht entlassen konnte, wurden vorläufig als Ueberzählige beibehalten. Dem Generalstabe und insbesondere dem Generalmajor von Gersdorf erwuchs aus der Neuformation noch eine bedeutende Arbeit zur Beseitigung von Zweifeln und Schwierigkeiten, welche aber im Laufe des Jahres bewältigt wurde, sodaß mit

---

[1] Tractamentsliste der Offiziere siehe in Beilage XLVII.

Beginn des Jahres 1811 die Neuorganisation als durchgeführt angesehen werden konnte. Veteranen haben die Periode von 1810 bis zum Feldzuge von 1812 als die glänzendste der Armee in Bezug auf Schönheit wie auf Kriegstüchtigkeit der Truppen bezeichnet.

4. Feldzug gegen Rußland 1812.[1]

Die Bewunderung des Kaisers Alexander von Rußland für Napoleon war durch die Vergrößerung des Großherzogthums Warschau, die Einverleibung Oldenburgs in das französische Reich und die drückenden Forderungen der Continentalsperre geschwunden. Rußland unternahm es, durch einen neuen Zolltarif die französische Einfuhr zu erschweren, und verlangte die Räumung Pommerns und Preußens von den französischen Besatzungstruppen. Bei dem Charakter Napoleon's und der Natur seiner Herrschaft, welche nur durch das Schwert aufrecht erhalten werden konnte, war ein Krieg unvermeidlich geworden.

Wenngleich die Verhandlungen zwischen beiden Mächten noch fortgeführt wurden, so hatten doch beide bereits während des Jahres 1811 ununterbrochen an der politischen und militärischen Vorbereitung für den Feldzug gearbeitet, aber erst im nächsten Jahre sollte die Entscheidung über die Herrschaft in Europa fallen.

Auch in Sachsen wurden auf Anordnung des Kaisers Napoleon alle Vorbereitungen für einen Feldzug getroffen.

Bereits gegen Ende des Jahres 1811 wurden einzelne Theile der sächsischen Armee aus ihren Garnisonen in Ortsunterkunft verlegt. So kam das erste Bataillon des Regiments Prinz Friedrich August nach Elstra und 16 umliegende Dörfer, das zweite Bataillon nach 19 Orten bei Kloster Marienstern, das Grenadierbataillon von Liebenau nach Camenz, wohin auch der Brigadestab verquartiert wurde. Der Exercirplatz des Regiments war zwischen Elstra und Preititz.

Am 8. November ließ General Le Coq die Brigade, zu welcher 1 Escadron Garde-du-Corps, 1 Bataillon Husaren, 1 reitende und 1 Fußbatterie stießen, ein gegenseitiges Feldmanöver mit gemischten Waffen bei Königsbrück ausführen.

Das sächsische Heer, welches als Rheinbundscontingent zur großen Armee stoßen mußte, wurde im Laufe des Februar 1812 im nördlichen Theile der Niederlausitz zusammengezogen.

---

[1] Hierzu Kartenbeilage XIII.

Zum Commandeur desselben war Generallieutenant Edler von Le Coq bestimmt. Das sächsische Corps bildete unter Führung des Generals Grafen Reynier das 7. Armeecorps der großen Armee und zählte in 2 Divisionen (18 Bataillone, 28 Escadrons, 56 Geschütze) 21383 Mann und 7173 Pferde.[1]

General von Le Coq hatte sein Hauptquartier in Guben aufgeschlagen. Das 1. Bataillon des Regiments Prinz Friedrich August lag in Niewerle, Jessen, Drehna und Sunto, das 2. Bataillon in Grabo, Grünhöbel und Gablenz, das Grenadierbataillon von Liebenau, bestehend aus den Grenadieren der Regimenter Prinz Friedrich August und Prinz Clemens, in Sorau. Der Sammelplatz der Brigade von Steindel war bei Tegeln.

Am 15. Februar waren die Truppen in diesen Quartieren angekommen. Die Verpflegung war auf die ersten 14 Tage sicher gestellt, Brot und Fourrage konnte in guter Beschaffenheit geliefert werden, auch die Quartiere waren nicht zu eng und die Behörden der Niederlausitz zeigten sich vom besten Willen beseelt; nur die Anlegung der Hospitäler war bei den örtlichen Verhältnissen mit großen Schwierigkeiten verknüpft.

Da von den neuen aus Wien bezogenen Gewehren viele schadhaft geworden waren, wurde auf Befehl des Generals Le Coq ein Artillerie-Offizier an die Brigade von Steindel abgeschickt, um die Gewehre genau zu untersuchen. Nach dem Bericht desselben waren die vorgefundenen Beschädigungen entstanden, weil die Mannschaft mit dem neuen Gewehr nicht sorgfältig genug umgegangen war, obgleich dessen feinerer Bau weit mehr Schonung und Behutsamkeit erforderte als die alten Gewehre, und weil die Büchsenmacher noch keine Vorräthe an Reservestücken besaßen. Im übrigen gab er an, daß man großes Vertrauen in diese Gewehre setze, weil sich beim Anschießen ergeben hatte, daß sie sehr scharf schossen; auf 150 bis 200 Schritt wurde größtentheils gut getroffen und viele Gewehre thaten noch auf 600 Schritt Wirkung. Die Schlösser waren im ganzen gut und hatten viel Kraft, und nur bei etwa einem Drittheil konnte man sagen, daß die Batterien nicht völlig gut verstählt oder die Kraft der Batterie und Schlagfeder nicht in gehöriger Harmonie stehe, welchem Uebelstande durch die Büchsenmacher bald abgeholfen werden konnte. Durch ihre Leichtigkeit empfahlen sich diese Gewehre sehr.

---

[1] Ordre de Bataille des mobilen sächsischen Corps und Offiziersliste des Regiments Prinz Friedrich August bei Beginn des Feldzuges siehe in Beilage XLVIII.

Auf Befehl des Generals Reynier wurden für jeden Mann, einschließlich der Taschenmunition, 180 Patronen mitgenommen. In Guben wurde ein Hauptmunitionsdepot errichtet.

Am 18. März hielt General Reynier bei Guben eine Besichtigung ab über die gesammte Artillerie, das 1. Bataillon Husaren, das Grenadierbataillon von Spiegel, die Regimenter Prinz Friedrich August und Prinz Clemens und das 1. leichte Infanterieregiment und versicherte nach derselben dem General Le Coq, daß er „mit großen Erwartungen über den guten Zustand der Truppen zum Corps gekommen sei, sie jedoch in jeder Art bei weitem übertroffen gefunden habe". Ein Lob, welches bei der Natur des Urtheilenden doppelten Werth hatte.

Am 28. März brach die Armee in mehrern Colonnen von der Gegend von Guben auf.

Das Regiment Prinz Friedrich August bildete mit dem Hauptquartier, dem Infanterieregiment Prinz Clemens, dem Ulanenregiment Prinz Clemens, der 1. Fußbatterie und der Artilleriereserve die erste Colonne. Ueber Pförten, Gassen, Christianstadt, Freistadt, Neusalz, Kuttlau, Fraustadt, Lissa, Gostyn, Kozmin und Raskow marschirte man nach Kalisch, wo die Colonne am 10. April eintraf und bis 13. April Ortsunterkunft bezog.

Am 14. begann der weitere Vormarsch und marschirte das Regiment Prinz Friedrich August über Szczytnicky, Smardzow, Sarnow, Mykorzyce, Bugny, Sulejow, Opoczno, Smogordzow, wo vom 27. April bis mit 10. Mai gerastet wurde, und Biegedice nach Jedtnia, wo das Regiment am 12. Mai eintraf. Das Hauptquartier kam nach Radom. Der Marsch war durch die schlechten und oft weit auseinander liegenden Quartiere ziemlich beschwerlich und der mit dem Quartiermachen beauftragte Offizier, Premierlieutenant von Larisch, hatte einen sehr schweren Dienst bei dem gänzlichen Mangel an Karten, „wenn nicht das Glück eine Präfectur- oder District-Charte zu Gesicht führte", sowie bei der gänzlichen Unkenntniß der polnischen Landessprache, sodaß häufig von den zum Quartiermachen nach entlegenern Orten abgeschickten Unteroffizieren nach längerem Warten die Meldung einging, „daß sie die ihnen zugetheilten Orte gar nicht aufgefunden hätten".[1]

In den ersten Tagen des Mai übernahm der König von Westphalen das Obercommando über den rechten Flügel der großen Armee, bestehend aus dem 5. Armeecorps (Polen) unter dem Fürsten Poniatowsky, dem 7. Corps, dem 8. Corps (Westphalen) unter General

---

[1] G. St.-A. R. 325: Marschquartiere des Regiments Prinz Friedrich August 1812.

Vandamme und dem 4. Reserve-Reiter-Corps unter General Latour-Maubourg. Das sächsische Corps bildete in seiner Stellung bei Radom den äußersten rechten Flügel.

Auf Befehl des Königs von Westphalen wurde vom 7. Corps bei Borek eine Schiffbrücke über die Weichsel geschlagen, der Uebergang durch einen Brückenkopf gesichert und ein Theil der leichten Truppen auf das rechte Ufer vorgeschoben.

Am 1. Juni musterte der König bei Gniewaszow die noch auf dem linken Ufer befindlichen Truppen.

Unter dem 6. Juni wurde Oberst von Brochowsky des Regiments Prinz Friedrich August wegen Alters und Kränklichkeit unter Verleihung des Charakters als Generalmajor und einer Pension von 1000 Thlrn. entlassen. Zum Commandeur des Regiments wurde der Oberst der Infanterie und Königliche Generaladjutant Karl Heinrich Adolph von Boblick ernannt. Am 6. Juni brach General Reynier mit dem gesammten Corps auf, um zwischen Karczow und Praga ein Barackenlager zu beziehen, erhielt aber auf dem Marsche am 7. Juni den Befehl, mit dem ganzen Corps sofort nach Lublin zu rücken. Reynier ließ jedoch nur die leichte Reiterei und die Brigade Sahr dorthin abrücken und stellte die übrigen Abtheilungen staffelweise zwischen Lublin und Gura auf. Durch diese Bewegung war es ihm möglich, gegen den oberen Lauf des Bug aufklären zu lassen und den Oesterreichern sich zu nähern, welche in der Stärke von 30000 Mann unter Fürst Schwarzenberg am 10. Juni von Lemberg aufbrechen und am 20. bei Lublin eintreffen sollten. Die Russen sollten durch diese Bewegung in den Glauben versetzt werden, daß ihre linke Flanke bedroht würde und dadurch von einer Vereinigung mit der russischen ersten Westarmee abgehalten werden.

Allein obgleich Reynier hier Magazine errichten und zum Scheine Quartiere für den König von Westphalen und selbst für Napoleon machen ließ, marschirte die ihm gegenüberstehende zweite russische Westarmee des Fürsten Bagration aus Volhynien gegen Brzesc und Wolkowysk ab und ließ nur eine Division bei Lutzk zurück.

Aus dem österreichischen Hauptquartier erhielt man die Nachricht, daß am 28. Mai der Friede zwischen Rußland und der Türkei abgeschlossen und die russische Moldauarmee im Anmarsche sei. Da die Scheinbewegung gegen die feindliche linke Flanke keinen Erfolg gehabt hatte, zog Reynier sein Corps bis zum 19. Juni wieder in eine Stellung zwischen Praga und Ckuniew zusammen.

Am 20. Juni erhielt er den Befehl, Praga und die Festung Moblin durch seine Aufstellung bis zur Ankunft der Oesterreicher zu decken und die Spitzen seiner Vortruppen bis Brok am Bug und Ostrolenka an der Narew vorzuschieben.

Nachdem die Spitze des österreichischen Corps am 25. Juni bei Sieblce eingetroffen war, marschirte Reynier über Sniadow nach Zambrow und blieb hier vom 28. bis 30. Juni stehen, um das Corps zu vereinigen.

Reynier erhielt hier die Meldung, daß der König von Westphalen mit dem 5. und 8. Corps am 25. Juni von Augustowo den Vormarsch auf Grodno angetreten habe. Durch eine am 27. gegen Surasz an der Narew zur Aufklärung vorgeschickte Abtheilung erfuhr man, daß der Hetman Platof am 24. Juni sich mit seinen Kosaken von Bialystok gegen Grodno, der Fürst Bagration in Eilmärschen sich rechts gegen Slonim gezogen habe und daß der General Essen, der mit angeblich 40000 Mann zwischen Bransk und Bielsk gestanden habe, mit dem größten Theile seines Corps dem Fürsten Bagration gefolgt sei, während der Rest sich nach Brzesc gezogen habe. Jenseit der Narew befanden sich nur noch schwache Kosakenposten.

Zur Vereinigung mit dem 5. und 8. Armeecorps brach Reynier mit dem gesammten Corps am 1. Juli aus dem Lager bei Zambrow auf und marschirte über Sokoly, Surasz, Bialystok (wo ein großes Lazareth und Depot für das Corps errichtet und das Grenadierbataillon von Brause von der Brigade von Klengel als Besatzung zurückgelassen wurde), Wielka-Brzostowitza, Wolkowysk, Zelwa, Sokolow nach Slonim, wo das Corps am 10. Juli eintraf. Am 12. wurde der Marsch fortgesetzt und gelangte man über Polonka, Stalowicze, Snow und Kletzk am 15. Juli mit der Vorhut bis Nieswiez, wo man sich mit den beiden andern Corps vereinigte. Die Armee des Fürsten Bagration war über Minsk zurückgegangen, ohne daß es dem König von Westphalen möglich gewesen wäre, sie festzuhalten und zu schlagen.

Napoleon, unzufrieden mit den Leistungen seines Bruders, stellte ihn unter die Befehle des Marschalls Davoust. Jérôme, der sich durch diese Maßregel gekränkt fühlte, verließ am 16. Juli die Armee und ging nach Cassel zurück.

Für das sächsische Corps waren die Märsche sehr anstrengend gewesen. General von Funck schreibt darüber:

„Auf dem Marsche durch die hohen Ebenen Litauens litten die Truppen viel von der brennenden Sonnenhitze. Bei aller Fruchtbarkeit des Bodens fehlt es diesen gesegneten Kornländern fast gänzlich an Schatten und trinkbarem Wasser. In der unabsehbaren Fläche, wo der Weg fast immer in geraden Linien allmählich bergauf ging, wurde das Auge nur selten durch die Abwechselung eines Hügels oder eines sumpfigen Gebüsches erfreut, und so üppig das Getreide, jetzt meistens in der Blüte, stand, so ermüdend war doch das ewige Einerlei des Anblickes. Die Dörfer lagen versteckt in Vertiefungen, gewöhnlich in einem schmutzigen Moorgrunde, wo ein in tausend kleine Rinnen zertheilter, kaum merkbar fließender Bach zur Befriedigung des Durstes nichts als ein misfarbiges übelriechendes Getränk darbot, und oft mußten die Truppen des Abends noch stundenlang marschiren, um nur die Nacht nicht ganz ohne Wasser zuzubringen. Die Häuser standen leer, die Einwohner waren durch die Drohung, als Verdächtige behandelt zu werden, in verborgene Schlupfwinkel getrieben worden und hatten ihre wenigen Vorräthe mitgenommen, bis auf einen, der uns gerade die beste Erquickung gewährte. Fast in allen Dörfern fanden wir in flachen, kunstlos gebauten Eiskellern herrlich erhaltenes Eis, aber so häufig es war, so reichte es doch zu dem Bedürfnisse so vieler Menschen nicht hin."[1]

Wegen der großen Hitze wurde stets mit Tagesanbruch der Marsch angetreten, und gegen Mittag an einer zur Vertheidigung günstigen Stelle in Gefechtsformation einige Stunden geruht. Infolge der Hitze und des schlechten Wassers hatten die Truppen einen starken Abgang an Kranken an Ruhr und Fieber. Auch viel Pferde gingen durch die Fütterung mit grünem Getreide verloren.

Bereits am 15. Juli wurde direct durch kaiserlichen Befehl die Bestimmung des sächsischen Corps geändert. Aus politischen Gründen wurde das österreichische Corps an die Stelle des sächsischen gezogen, während dieses jenes bei Pruszana und Kobryn ablösen sollte. Es fiel ihm damit die bei seiner Schwäche überaus schwierige Aufgabe zu, das Herzogthum Warschau gegen die russische Reserve-Observationsarmee unter Tormasof (54 Bataillone, 76 Escadrons, 9 Kosakenregimenter, 14 Artilleriecompagnien, 46000 Mann mit 164 Geschützen[2]) zu decken und die Verbindung mit dem rechten Flügel der großen Armee ununterbrochen aufrecht zu erhalten.

In Gemäßheit des kaiserlichen Befehls ging das sächsische Corps in Eilmärschen in die Gegend von Bytyn und Czusowiza (südlich von Slonim) zurück und bezog hier am 18. Juli enge Ortsunterkunft, um das Herannahen der Oesterreicher zu erwarten.

Mit Erfolg konnte man ein Vordringen des Gegners aus Volhynien nur verhindern, wenn man die nördlichen Ausgangspunkte der durch das weite mit Sumpf und Wald bedeckte Gelände zwischen dem Bug

---

[1] von Funck, Erinnerungen aus dem Feldzuge des sächsischen Corps 1812, S. 52.
[2] Bogdanowitsch, Geschichte des Feldzuges im Jahre 1812, Bd. I, S. 105.

und Styr-Flusse führenden Straßen in der Hand hatte. Die wichtigsten dieser Punkte waren Pinsk, Janow, Kobryn, Brzesc.

Reynier schickte daher zur Ablösung der Oesterreicher an diesen Punkten das Ulanenregiment und die Infanteriebrigade von Klengel ab. Da die Entfernung von Pinsk bis Brzesc ungefähr 20 deutsche Meilen beträgt, war diese Abtheilung viel zu schwach, um ihre Aufgabe erfüllen zu können, und nur die bisher eingelaufenen Nachrichten, nach welchen die Russen noch ziemlich entfernt standen und keinen Angriff zu beabsichtigen schienen, mochten Reynier zu dieser halben Maßregel veranlaßt haben.

Um alle Marschkreuzungen mit den Oesterreichern zu vermeiden, blieb Reynier mit dem Reste des sächsischen Corps bis zum 22. bei Bytyn stehen, und marschirte an diesem Tage bis Kosow, am 23. bis Kartuska-Berzzina, wo er von der nach Pinsk abgesendeten kleinen Reiterabtheilung die Nachricht erhielt, daß der Feind mit starken Kräften gegen Janow vorrücke. Reynier schickte sofort Cavallerie zur Verstärkung dorthin ab und folgte am 25. mit dem Rest des Corps bis Bezdecz. Am 26. ging er auf die Nachricht, daß der Feind am Tage vorher den Posten in Janow mit starken Kräften angegriffen habe, gegen diesen Ort vor, erhielt aber auf diesem Marsche die Nachricht, daß der Posten von Brzesc in Feindes Hand gefallen und die Brigade von Klengel von überwältigender Uebermacht bedroht sei. Reynier nahm daher, unter Zurücklassung der Avantgarde zur Beobachtung des bei Janow wieder zurückgedrängten Feindes, seine Marschrichtung auf Kobryn und kam an diesem Tage bis Drohiczyn.

Am 27. brach Reynier mit Tagesanbruch auf und marschirte über Antopol bis Horobetz (5 Meilen). Schon während des Marsches hatte man lebhaftes Kanonenfeuer aus der Gegend von Kobryn gehört, welches gegen 3 Uhr nachmittags plötzlich aufhörte und so dem General Reynier Gewißheit über das traurige Schicksal der Brigade v. Klengel brachte. Von Horobetz aus vorgeschickte Patrouillen waren bald auf starke feindliche Abtheilungen gestoßen und hatten nicht weiter vordringen können.[1]

Ein Angriff auf die Russen war mit den schwachen Kräften unmöglich. Das einzige Mittel, die dem Corps gestellte Aufgabe zu erfüllen, bestand in der sofortigen Vereinigung mit den Oesterreichern, welche noch nicht weit über Slonim hinausgekommen sein konnten.

---

[1] Ueber das Schicksal der heldenmüthigen Brigade von Klengel vgl. (Cerrini) Feldzüge der Sachsen 1812 und 1813, S. 26 fg. — Mittheilungen aus den Papieren eines sächsischen Staatsmannes, S. 167 fg. — Bogdanowitsch, Geschichte des sächsischen Feldzuges 1812, Bd. I, S. 300 fg.

Um einen Vorsprung vor den Russen zu gewinnen, marschirte das sächsische Corps noch in der Nacht 11 Uhr in der Richtung auf Rozanna ab. Der Marsch mußte in größter Stille auf einem schmalen Dammwege durch die Sümpfe angetreten werden; nur des Mittags und in der folgenden Nacht wurde einige Stunden ohne Lager geruht. Die Mannschaft war in ernster Stimmung, da ihnen das Schicksal ihrer Waffengefährten nicht verborgen geblieben war; aber voll Vertrauen in ihre Führer und mit Anspannung aller Kräfte befolgten sie jede Anordnung auf das genaueste.

Am 28. nachmittags war man bis Wislozk gekommen, brach von hier gegen Abend wieder auf, marschirte die ganze Nacht hindurch und erreichte am nächsten Tage nachmittags sehr erschöpft Sieletz, wo man die Nacht über lagerte. Der Feind zeigte sich im Rücken und in der Flanke.

Die Avantgardenabtheilung hatte sich von Janow nach Kartuska-Berzzina zurückgezogen. Am 30. Juli marschirte das Corps bis auf die Höhen südlich von Rozanna und nahm hier Stellung.

Am 1. August marschirte Reynier bis vor Slonim und erwartete die Annäherung der Oesterreicher, welche in Eilmärschen heranrückten.

Am 3. August traf die österreichische Vorhut bei Slonim ein, und die Sachsen rückten auf den rechten Flügel derselben.

Man beschloß, auf getrennten Wegen, da das unwegsame und sumpfige Flußgebiet der Jasiolda ein gemeinsames Vorgehen unmöglich machte, gegen die über Kobryn bis nach Pruszana vorgerückte russische Armee sich in Marsch zu setzen. Während die Oesterreicher über Dziewiallowicze nach Kartuska-Berzzina vorgingen, marschirte Reynier am 4. August über Czernika nach Iwaszzopiki, am 5. nach Podorosk, am 6. nach Nowi Dwor und kam am 7. in Wicklawies, 2 Stunden von Pruszana, an. Gegen Abend wurden die Vorposten der noch eine Stunde weiter vorgeschobenen sächsischen Avantgarde von feindlicher Reiterei angegriffen, wiesen aber dieselbe mit leichter Mühe zurück.

Um die nöthige Verbindung mit dem österreichischen Corps aufzunehmen, welche wegen der russischen leichten Truppen auf einem Umwege von 16 Stunden gesucht werden mußte, blieb Reynier am 8. und 9. August bei Wicklawies stehen. Nachdem er aber die Nachricht von dem Eintreffen der Oesterreicher in der rechten Flanke des Feindes erhalten hatte, warf er am 10. August den russischen General Lambert, welcher mit ungefähr 8000 Mann und 12 Geschützen vor Pruszana stand, nach einer lebhaften Kanonade und einem heftigen Reitergefechte in diesen Ort zurück. Bei Annäherung der Oesterreicher, welche am 8. August die russischen Detachements Tschaplicz und Chowansky bei Malez zum Rückzuge nach Chomsk gezwungen hatten, räumte Lambert Pruszana und ging, verfolgt von den Oesterreichern, in der Richtung auf Kobryn zurück. Der sächsische Verlust betrug 3 Offiziere und gegen 40 Mann an Verwundeten.

An dem Engpasse von Kosembroba hatten die Russen starken Verlust und büßten ein Geschütz ein.

Am 11. August gegen Mittag brach das sächsische Corps von Pruszana auf und marschirte von Kosembroba aus auf einem nach Brzesc führenden Nebenwege bis zu dem Dorfe Zabin, während die Oesterreicher auf der Kobryner Straße bis Gorobeczna vorrückten. Bei Gorobeczna hatten sich von der russischen Armee die Avantgarde unter Lambert sowie die Corps Markof und Kamensky in der Stärke von 24 Bataillonen, 36 Escadrons und 3 Kosakenregimentern gesammelt.[1]

Die Stellung der Russen befand sich auf den Höhen des rechten Ufers eines Zuflusses des Muchawez. Diese Höhen ziehen sich oberhalb und unterhalb Gorobeczna längs des Wassers hin, bei Pobobna (Poddubje) bilden sie einen rechten Winkel mit dem Gewässer und gehen hier ziemlich gleichlaufend mit der von Szereszow nach Tebele führenden Straße, welche in der Nähe von Pobobna durch einen Wald führt. Die Front und rechte Flanke war durch einen breiten Morast gesichert, über welchen nur drei Uebergänge auf Dämmen und Brücken führten. Der eine Uebergang, die Straße nach Kobryn, befindet sich bei Gorobeczna, 4 km westlich davon der zweite bei dem Dorfe Pobobna, während der dritte noch weiter westlich durch die von Szereszow über Tebele nach Kobryn führenden Straße gebildet wird. Letzterer führt an der schmalsten und trockensten Stelle durch den Sumpf. Alle Uebergänge waren so schmal, daß sie nur mit höchstens 6 Mann in der Front überschritten werden konnten.

Die Russen hatten dem Uebergange von Gorobeczna gegenüber eine Batterie von 12 Geschützen aufgestellt.

Tormasof hatte am 11. August das Corps Markof und die Avantgarde des Grafen Lambert in zwei Treffen zu beiden Seiten der großen Straße von Pruszana nach Kobryn, das Corps Kamensky, an diesem Tage vom Fürsten Schtscherbatof commandirt, einen Kilometer dahinter als Reserve aufgestellt. Der Uebergang bei Pobobna wurde nur durch schwächere Abtheilungen beobachtet, während der Uebergang der von Szereszow nach Kobryn führenden Straße und der von derselben durchschnittene Wald nicht besetzt waren.

---

[1] 13000 Mann unter den Generalen Melissino, Tschaplicz und Fürst Chowansky waren nach Chomsk und Pinsk entsendet und hatten sich nicht mehr mit der Hauptmacht vereinigen können.

Noch am Abend des 11. August hatte die 8. Compagnie des 1. leichten Infanterieregiments den jenseitigen Ausgang des Dammes bei Pobobna besetzt und durch Patrouillen entdeckt, daß der rechts davon gelegene Wald nicht vom Feinde besetzt sei.

Auf diese Meldung hin erhielt der Rest des 2. Bataillons des Regiments Le Coq den Befehl, bei Einbruch der Nacht in größter Stille den Damm der Szereszow-Kobryner Straße und den vorliegenden Wald zu besetzen.

Schlacht bei Podobna am 12. August. [1]

Am frühen Morgen des 12. August erhielt Tormasof durch seine Patrouillen die Nachricht, daß eine sächsische Abtheilung bei Pobobna den Sumpf überschritten habe. [2]

Er ließ sofort den Fürsten Schtscherbatof mit der Reserve (10 Bataillone und 2 Dragonerregimenter (in zwei Treffen formirt) die Höhen gegenüber von Zabin und Pobobna besetzen. Die Cavallerie nahm ihre Front gegen den Wald, ohne aber Patrouillen in denselben zu schicken. Reynier, welcher als einzigen angreifbaren Punkt der feindlichen Stellung deren linken Flügel erkannte, hatte am frühen Morgen mit Fürst Schwarzenberg verabredet, daß er mit dem gesammten sächsischen Corps diesen Flügel umgehen und angreifen wolle, während die Oestereicher sich bis über Pobobna ausdehnen und sämmtliche Uebergangspunkte in der Front bedrohen sollten. Die österreichische Reiterbrigade Zechmeister (Regimenter Oreilly und Hohenzollern nebst einer Batterie) wurde der sächsischen Avantgarde zugetheilt, später auch noch ein Theil der Infanteriedivision Bianchi zur Unterstützung nachgeschickt.

Früh 9 Uhr brach das sächsische Corps bei Zabin auf, marschirte, durch eine Höhe gedeckt, hinter Pobobna weg, überschritt den Sumpf und entwickelte sich gegen 11 Uhr in dem Walde gegen die linke Flanke des Feindes.

General Tormasof, obgleich von diesem Angriffe völlig überrascht, entwickelte sofort die Truppen Schtscherbatof's nach seiner linken Flanke und zog, sowie das sächsische Corps sich mehr und mehr nach rechts ausdehnte und als er sich klar wurde, daß ein Angriff der Oesterreicher gegen seine ursprüngliche Front nicht ausführbar war, allmählich

---

[1] Hierzu Kartenbeilage XIV.
[2] Die 8. Compagnie des leichten Infanterieregiments Le Coq wurde am Morgen des 12. August von einer österreichischen Infanterieabtheilung abgelöst und rückte durch den Sumpf über Pobobna zu ihrem Bataillon ab.

sein ganzes Corps zur Verstärkung und Verlängerung des linken Flügels heran. Den beiden Uebergängen bei Gorodeczna und Pobobna gegenüber ließ er je ein Infanterieregiment und eine Batterie stehen.

Die Russen hatten nur eine einzige Rückzugsstraße: über Tebele nach Kobryn. General Reynier suchte daher seine Gefechtslinie bis dahin auszudehnen, ohne daß ihm dies bei der geringen Anzahl seiner Truppen ganz gelungen wäre. Der Wald wurde von der Brigade von Sahr und dem leichten Infanterieregiment von Le Coq besetzt gehalten, und hauptsächlich gegen diese richtete Tormasof seine Angriffe, um dadurch womöglich die Verbindung der Sachsen mit den Oesterreichern zu unterbrechen und um das Vorschreiten des sächsischen rechten Flügels aufzuhalten. Allein alle seine Angriffe scheiterten an dem heldenmüthigen Widerstande dieser Abtheilung.

Auf dem sächsischen rechten Flügel beschränkte sich der Kampf in der Hauptsache auf ein lebhaftes Feuergefecht und behaupteten auch hier beide Parteien ihre Stellung. So wurde der Kampf bis abends 7 Uhr fortgesetzt, bis es dem österreichischen Regiment Colloredo bei einem erneuten Angriffe auf den Engpaß von Pobobna gelang, den Sumpf zu überschreiten und sich mit dem sächsischen linken Flügel zu einem umfassenden Angriffe gegen den feindlichen rechten Flügel zu vereinigen. Der Feind wich hier zurück und die Plänkerzüge der Sachsen und Oesterreicher gingen bis auf die Höhen vor. Die eintretende Finsterniß und die völlige Erschöpfung der Truppen, welche 8 Stunden im hitzigsten Kampfe gestanden hatten, machten endlich dem Gefechte ein Ende.

Die Abtheilungen brachten die Nacht in den im Gefechte innegehabten Stellungen zu, in der Front durch vorgeschobene starke Plänkerlinien gedeckt, welche der feindlichen Postenkette auf ganz nahe Entfernung gegenüberstanden.

Der Feind war zwar etwas zurückgedrängt, hatte aber die beste Gefechtsordnung bewahrt; sein Rückzug war zwar bedroht, aber nicht abgeschnitten, ein erneuter Angriff gegen das schwächere sächsische Corps stand daher für den nächsten Tag zu erwarten. Reynier ersuchte deshalb in der Nacht Schwarzenberg wiederholt um Unterstützung, doch zeigte sich bei Tagesanbruch, daß der Feind die Dunkelheit der Nacht benutzt hatte, in der Richtung auf Kobryn abzuziehen. Nur eine starke Arrieregarde war noch sichtbar, welche zwar durch die Verfolgung der sächsischen und österreichischen Vortruppen bedeutenden Verlust erlitt, aber sich doch in guter Ordnung nach Kobryn zurückzog.

Die Russen hatten nach dem Gefechtsberichte Tormasof's gegen 1300 Mann verloren.

Der sächsische Verlust betrug:
Todte: 1 Offizier, 174 Mann.
Verwundete: 17 Offiziere, 671 Mann.
Gefangene und Vermißte: 2 Offiziere, 66 Mann. 5 Geschütze wurden demontirt, aber sogleich wiederhergestellt.

Von dem Regimente Prinz Friedrich August waren der Lieutenant von Kaufberg und 3 Mann geblieben, 14 Mann waren verwundet. Das Grenadierbataillon von Liebenau verlor 5 Mann todt und 6 Mann verwundet. Der Verlust der Oesterreicher ist nicht näher bekannt geworden.

Die sächsischen Truppen hatten sich ausnahmslos mit ausgezeichneter Tapferkeit geschlagen. Jeder war bestrebt, das Unglück der Kameraden in Kobryn zu rächen. Die meisten Verwundeten gingen nur auf Befehl ihrer Vorgesetzten zum Verbandplatze zurück und eilten, sobald sie verbunden waren, wieder zum Kampfe.

Am 13. August, nachmittags 5 Uhr, kamen die Sachsen und Oesterreicher in Verfolgung der Russen vor Kobryn an. Der Feind hatte zwar alle Vorbereitungen getroffen, die über die Muchawiec führende hölzerne Brücke zu verbrennen, wurde aber durch die schnell anrückende diesseitige Avantgarde daran gehindert und mußte sich in die Moräste über Thywin zurückziehen.

Die Sachsen und Oesterreicher rasteten am 14. August in und bei Kobryn.

Am 15. August wurde der weitere Vormarsch nach Volhynien angetreten. Die Oesterreicher benutzten dazu den über Thywin und Ratno führenden Weg, während die Sachsen über Bulkow und Brzesc nach Rudnia marschirten. Hier verließen sie die große Straße und benutzten einen überaus mühsamen Weg auf Knüppeldämmen und oft durch knietiefes Wasser und Sumpf über Malarita, Oltusz, Orechowo nach Szazl, welches der Feind erst angesichts der am 20. August anrückenden sächsischen Avantgarde räumte.

Man mußte sich hier enger zusammenziehen, da der Feind den Oesterreichern gegenüber noch Ratno besetzt hielt. Als die Russen nach einigem Widerstande die Ufer des Pripiat verlassen hatten, rückten die Sachsen am 24. August bis Luboml vor, von wo die Avantgarde den Feind nach leichtem Gefechte und ohne Verlust vertrieb. Gegen den Bug ausgeschickte Aufklärungsabtheilungen erbeuteten ein ziemlich ansehnliches Magazin, welches der Feind aus Mangel an Fuhrwerken im Walde angehäuft hatte.

Am Nachmittag des 25. August unternahm der Feind, geführt von General Lambert, mit 4 Cavallerie- und 2 Kosakenregimentern sowie einer reitenden Batterie eine Erkundung gegen die sächsische Stellung bei Luboml, ging aber nach kurzem Gefechte wieder zurück.

General Tormasof hatte bis zum 29. August seine ganze Armee auf dem rechten Ufer des Styr, mit dem Hauptquartier in Luzk, versammelt und die Uebergänge über diesen, zur Zeit stark angeschwollenen Fluß zerstört, auch durch theilweise Durchstechung der Dämme auf dem linken Ufer eine Annäherung sehr erschwert.

Das sächsische Corps brach am 28. August von Luboml auf und marschirte über Macejow, Targowica, Turysk und Makowicze nach Kuselin, wo es am 4. September eintraf.

Die Avantgarde unter General von Gablenz wurde bis Torczyn vorgeschoben. Der polnische General Kosinsky war mit ungefähr 4000 Mann polnischer Truppen über Wlodzimirsz bis Pawlowice vorgegangen und schloß sich hier an den rechten Flügel der Sachsen an. Das Hauptquartier des Fürsten Schwarzenberg war in Golowy und seine Vortruppen beobachteten den Styr zwischen Basiszcze und Kolki.

Eine Abtheilung unter Generalmajor von Mohr stand in Pinsk zur Beobachtung des russischen Corps unter General Ertel.

Ein weiteres Vorgehen gegen General Tormasof war nicht räthlich, besonders da man die sichere Nachricht erhalten hatte, daß ein größerer Theil der Donau-Armee zu dessen Unterstützung im Anmarsche sei und gegen Mitte des Septembers dort eintreffen könne.

Man beschränkte sich daher auf Beobachtung und Erkundungen des Styr, wobei die diesseitigen schwachen Cavallerieabtheilungen manchen Verlust hatten. Seit dem 17. September bemerkte man bei dem Feinde erhöhte Regsamkeit, auch fing derselbe an, den Styr an verschiedenen Punkten zu überbrücken.

Bis zum 21. September war der Admiral Tschitschagof mit dem größten Theile der Donau-Armee und einer bei Dubno dazugestoßenen Abtheilung der 13. Division, in der Stärke von 58 Bataillonen, 56 Escadrons, 10 Kosakenregimentern und 204 Geschützen[1] auf dem linken Flügel der Aufstellung des Generals Tormasof eingetroffen. Die Stärke der hier vereinigten beiden russischen Armeen betrug nun mehr als 60000 Mann, welchen die Sachsen, Oesterreicher und Polen nur ungefähr 41000 Mann entgegenstellen konnten.

Der Plan der beiden russischen Heerführer ging dahin, den linken Flügel und das Centrum der Sachsen und Oesterreicher leicht zu beschäftigen, die Polen über den Bug zurückzuwerfen und dann mit Um-

---

[1] Ueber die Einzelheiten vgl. Bogdanowitsch, Geschichte des Feldzuges 1812 Bd. II, S. 411 fg.

gehung des sächsischen rechten Flügels die Verbündeten in die Pripet-Sümpfe zu drängen.

Bereits am 22. September überschritten die Russen den Styr. Reynier und Schwarzenberg, bekannt mit dem starken Zuwachs der feindlichen Armee, durften nicht wagen, mit dem Bug in der Flanke und den Morästen im Rücken den Feind zu erwarten.

Am 23. September hatten die Russen die Polen unter General Kosinsky von Pawlowice zurückgedrängt und starke Infanteriecolonnen mit viel Geschütz gegen den sächsischen rechten Flügel vorgeschoben. Reynier befahl daher den Rückzug nach Turysk, welcher am 24. September früh 2 Uhr angetreten wurde. Die Oesterreicher gingen gleichzeitig nach Kowel zurück. — In Turysk hatte Reynier, als er am 26. mit der 1. Division nach Dolsk weiter marschirte, die Brigade Sahr zurückgelassen, um die Russen möglichst lange an dem Uebergange über die Tura zu verhindern. Nach einem ruhmreichen Gefechte am 26. folgte die Brigade am nächsten Tage nach Dolsk. Der polnische General Kosinsky, welcher mit seinem Corps abgeschickt war, um in Eilmärschen auf das linke Ufer des Bug zur Vertheidigung der Festung Zamosc zu rücken, hatte die Uebergänge über den Fluß von den Russen zerstört gefunden und vor dem russischen Corps des Generals Lambert[1], dessen Vortruppen sich bereits bei Koritnikow und Mosor zeigten, nach Luboml zurückgehen müssen. Eine Vereinigung der Sachsen und Oesterreicher bei Luboml erschien daher geboten.

Am 28. September gegen Mittag trafen die Sachsen nach einem sehr beschwerlichen Nachtmarsche auf schlechten und morastigen Wegen in Luboml ein und besetzten eine Stellung auf den westlich der Stadt sich hinziehenden sanften Höhen, welche nur durch nicht bedeutende Moräste in der Front gedeckt war, auf beiden Flügeln aber leicht umgangen werden konnte. Die Oesterreicher entwickelten sich in und östlich von Luboml. Man beschloß den Feind hier zu erwarten, um seine Absichten und Stärke zu erkennen. Der Feind entwickelte sich am 29. December mit Tagesanbruch vor der Front mit seinen Vortruppen und begann ein lebhaftes Plänkergefecht, in welchem besonders die Oesterreicher einigen Verlust erlitten. Nach einem mislungenen Angriffe der Russen auf den durch den Sumpf führenden Hauptdamm schickte Tschitschagof die Corps Essen III. und Langeron zur Umgehung der sächsischen rechten Flanke nach dem Bug und die Armee Tormasof's zur Umgehung der österreichischen linken Flanke ab und blieb

---

[1] Stärke des Detachements Lambert: 8 Bataillone, 18 Escadrons, 2 Kosakenregimenter, 11 reitende Geschütze. Bogdanowitsch, a. a. O., S. 415.

mit dem Reste der Donau-Armee vor der Front stehen. Reynier und Schwarzenberg, welche den Abmarsch der Umgehungscolonnen bemerkt hatten, traten abends 8 Uhr ihren Abmarsch nach Opalin an. Um bei der Finsterniß der Nacht ein Abirren der Abtheilungen von der Rückzugslinie, die zum Theil querfeldein und auf schlechten Holzwegen führte, zu verhindern, hatte Reynier durch vorausgeschickte Abtheilungen in angemessenen Abständen kleine Feuer anzünden lassen, welche bis zum Durchpassiren der letzten Abtheilung, des leichten Infanterieregiments Le Coq, unterhalten wurden. Das Corps verlor einen einzigen zerbrochenen Infanteriepatronenwagen auf diesem beschwerlichen Rückzuge, auf welchem sich die Leistungsfähigkeit und Disciplin des sächsischen Corps in hellstem Lichte zeigte. Bei Opalin gingen auf einer Schiffbrücke der Artilleriepark und die Equipage des Corps auf das linke Bugufer, wohin auch General Kosinsky folgte, um bei Chelm eine Stellung zur Deckung von Zamosk zu nehmen.

Das sächsische Corps, welches am Morgen des 30. September bei Opalin eintraf, rastete hier einige Stunden und setzte dann den Marsch bis Olszanka fort. Am nächsten Morgen nahm Reynier bei dem etwas nördlicher gelegenen Dorfe Koszary eine Vertheidigungsstellung, bis eine dort über den Bug geschlagene Schiffbrücke vollendet war, ließ darauf die Truppen abtheilungsweise, die Brigade von Sahr zuerst, übergehen und auf dem linken Ufer des Bug eine Stellung beziehen. Dieser Uebergang erfolgte im Angesicht des Feindes, welcher aber gegen die von einer Stellung in die andere mit größter Ordnung abziehenden Truppen nichts zu unternehmen wagte. Reynier war der letzte, der die Brücke überschritt, welche unmittelbar hinter ihm abgebrochen wurde.

Die Oesterreicher waren gleichzeitig bei dem durch einen Brückenkopf gedeckten Städtchen Wlodawa übergegangen.

„Wir waren den Russen in dem Augenblicke entschlüpft, wo sie uns, von den Oesterreichern getrennt, und im Begriffe über einen Strom zu setzen, ereilt zu haben glaubten. Als Reynier die Stellung der zweiten Division in Augenschein nahm, empfingen ihn die Truppen mit einem Lebehoch, wie nach einer gewonnenen Schlacht; sie fühlten, aus welcher Gefahr er sie gezogen hatte." [1]

Das sächsische Corps marschirte unmittelbar nach dem Uebergange noch bis Wlodawa, überschritt am 4. October in Terespol aufs neue den Bug und stellte sich bei Brzesc hinter der Muchawiec so auf, daß das sächsische Corps den rechten, die Oesterreicher den linken Flügel

---

[1] von Funck, Erinnerungen, S. 120.

bildeten. Die südliche Front von Brzesc ließ Reynier durch Verschanzungen sichern.

Der Feind suchte vergebens durch Scheinbewegungen gegen beide Flügel und durch verschiedene mit schwächern Abtheilungen gegen die Oesterreicher unternommene Angriffe die Verbündeten aus dieser Stellung zu verdrängen, bis er endlich am 10. October mit seiner ganzen Macht bei Bulkow die Muchawiec überschritt und sich gegen die linke Flanke und die Rückzugslinie der Oesterreicher entwickelte.

Als Reynier und Schwarzenberg die Entwickelung der gesammten feindlichen Macht[1] erkannten, beschlossen sie den Rückzug, um nicht gegen den Bug oder in das sumpfige Gelände der Ljesna gedrängt zu werden.

Nach Einbruch der Dunkelheit gingen die Sachsen und Oesterreicher hinter die Ljesna zurück, brachen die über diesen nicht breiten, aber ziemlich tiefen Fluß führenden Brücken ab und stellten sich die Oesterreicher bei Tuczenice, die Sachsen bei Kliniki und Terebun auf.

Gefecht bei Kliniki am 11. October 1812.

Als der Feind am 11. October bei Brzesc den Abzug der Verbündeten bemerkte, folgte er sogleich bis an die Ljesna. Da er die Brücken vor der Front der Oesterreicher verbrannt fand, beschränkte er sich diesen gegenüber auf eine kurze Kanonade, und concentrirte gegen 10 Uhr vormittags seine Angriffe auf die nur abgebrochenen Brücken bei Kliniki, welche vom 1. leichten Infanterieregiment und der Batterie von Brause (6 Geschütze) vertheidigt wurden. Die Brigade von Steindel stand hinter diesem Regiment an der Straße nach Wolczyn zur Unterstützung bereit. Das Gefecht, welches von den am Flußufer aufgelöst fechtenden Truppen auf sehr kurze Entfernung mit der größten Erbitterung geführt wurde, war für beide Theile sehr verlustreich. Nach längerm Gefechte war es den Russen endlich gegen 3 Uhr nachmittags gelungen, den kleinern Uebergang über die Ljesna wiederherzustellen, und bereits waren einige Grenadier- und Jägercompagnien herübergedrungen, als sich die Schützen, erbittert durch den

---

[1] Tormasof war zum Commandanten der russischen Westarmee ernannt worden und in das Hauptquartier Kutusof's abgereist. Tschitschagof, welcher den Befehl über die jetzt „dritte Westarmee" genannten vereinigten Corps (103 Bataillone, 116 Escadrons, 16 Kosakenregimenter, 191 Geschütze) übernahm, hatte den Befehl erhalten, die Sachsen und Oesterreicher über die russische Grenze zurückzudrängen, sich mit Wittgenstein in Verbindung zu setzen und der großen Armee den Rückzug abzuschneiden. Bogdanowitsch, a. a. O., S. 419 fg.

Fall ihres Commandeurs, des Majors von Metzsch, mit unwiderstehlichem Anpralle auf den überlegenen Feind stürzten und denselben nach blutigem Handgemenge über die Brücke zurückwarfen. — Als General Le Coq den Uebergang der Russen bemerkte, hatte er sofort aus der Reserve das Grenadierbataillon von Liebenau und das zweite Bataillon Prinz Clemens zur Unterstützung der leichten Infanterie vorgeschickt; allein ehe diese ankamen, hatten die Schützen bereits den Feind wieder zurückgeworfen. Oberstlieutenant von Brietzke, welcher an Stelle des erkrankten Majors von Liebenau das Grenadierbataillon an diesem Tage führte, rühmte in seinem Rapport[1] sehr das Verhalten der Grenadiere an diesem Tage. Gleich bei seinem Antreten war das Bataillon in ein lebhaftes Artilleriefeuer gerathen, ohne sich dadurch aber aufhalten zu lassen. Die erste Grenadiercompagnie wurde zur Unterstützung des rechten Flügels der leichten Infanterie an den Fluß vorgeschickt und führte hier, in Schützenlinie aufgelöst, von dem Beispiel ihres Führers, Hauptmann von Bünau angefeuert, das Gefecht bis zum Eintritt der Dunkelheit.

Die zweite Compagnie ging geschlossen auf dem Damme bis an die Brücke vor und verhinderte hier in Gemeinschaft mit der leichten Infanterie jeden weitern Uebergangsversuch der Russen. Eine Abtheilung derselben wurde unter Lieutenant von Przygrobzky II zur Deckung der Batterie von Brause abgeschickt, von welcher sich der Grenadier Höbel ganz besonders durch Thätigkeit, Kaltblütigkeit und wohlgezieltes Feuern auszeichnete.[2]

Der Verlust der Sachsen in diesem Gefechte bestand in: 1 Offizier, 11 Mann, 11 Pferde todt; 2 Offiziere, 76 Mann verwundet. Der Verlust der Russen findet sich nicht angegeben, muß aber ziemlich bedeutend gewesen sein.

Nach Einbruch der Dunkelheit wurde der weitere Rückmarsch unter dem Schutze des Grenadierbataillons von Liebenau und des zweiten Bataillons Prinz Clemens angetreten. Mit Tagesanbruch kam man in Wolczyn an und blieb hier, da der Feind nur leichte Truppen[3] hatte folgen lassen, den Tag über stehen, um den durch zwei Nachtmärsche und das Gefecht bei Kliniki ganz erschöpften Truppen einige

---

[1] K. M. A., Rep. 28, loc. 57, Nr. 31: Ordens- und Medaillenangelegenheiten betr. 1812—1813.

[2] Die für das Gefecht zur Decoration vorgeschlagenen Mitglieder des Regiments Prinz Friedrich August bei dem Grenadierbataillon von Liebenau siehe in Beilage XLIX.

[3] Nach Bogdanowitsch, a. a. O., S. 247: 7 Jägerbataillone, 3 Kosakenregimenter, 12 reitende Geschütze.

Erholung zu verschaffen. Am 13. October von hier aufbrechend, ging das sächsische Corps in kleinen Märschen, um den Oesterreichern und dem Fuhrwesen einen Vorsprung zu verschaffen, über Boratyniec und Turna zurück, überschritt in der Nacht vom 14. zum 15. October auf einer bei Klimczica geschlagenen Floßbrücke den Bug und marschirte über Sarnaky und Swory nach Biala, wo beide Corps am 17. October hinter dem sehr morastigen Bialabache Stellung nahmen. Die Brigade von Sahr stand vorwärts von Biala an der großen nach Terespol führenden Straße, die Avantgarde noch über die Biala vorgeschoben. Die erste Division hatte ihren rechten Flügel an Biala angelehnt. Nördlich von den Sachsen, mit einem Zwischenraume von ungefähr 1 Stunde, standen die Oesterreicher.

Durch dieses unerwartete Vorgehen wurde ein von Tschitschagof gegen Warschau vorgeschicktes Streifcommando unter dem Flügeladjutant Tschernischef, welches im Rücken der Armee bereits viel Schaden angerichtet hatte, zum schleunigen Rückzuge auf Wlodawa gezwungen.

Sobald Tschitschagof die Meldung von der Annäherung stärkerer feindlicher Abtheilungen erhielt, ließ er das Corps des Generals Essen III. über Brzesk gegen Biala vorgehen und das Corps des Generals Bulatof zu seiner Unterstützung den Ort Peschtschaz, südlich von Zalesie, besetzen.

Gefecht bei Biala am 18. October 1812.

Eine am 18. October morgens von Reynier gegen Zalesie zur Aufklärung vorgeschickte Abtheilung stieß bereits bei dem Dorfe Wotrzewnice auf die anrückende Avantgarde der Russen und mußte sich schleunigst hinter den Sumpf zurückziehen. Der Damm an der Biala-Mühle wurde sofort von dem ersten Bataillon des zweiten leichten Infanterieregiments von Sahr besetzt, gegen welches die Russen alsbald 4 Bataillone, unterstützt von 4 reitenden Geschützen, als Plänker entwickelten. Einige Reiterregimenter, sowie starke Infanterie- und Artilleriemassen wurden vor der Front sichtbar. Reynier ließ darauf die drei sächsischen Batterien ihr Feuer auf die Zugänge zum Damm concentriren und das zweite Bataillon des Regiments von Sahr, das Bataillon Riesemeuschel, sowie das Grenadierbataillon Anger zur Unterstützung vorgehen. Die sächsische Infanterie, welche fast ganz ungedeckt stand, litt stark durch das Feuer der überlegenen feindlichen Plänker. Reynier schickte daher bei der Kosula-Mühle zwei Compagnien des leichten Infanterieregiments von Le Coq mit einem von Fürst Schwarzenberg zur Unterstützung geschickten Bataillon Oesterreicher durch den

Sumpf, welche die feindliche rechte Flanke so überraschend angriffen, daß es der leichten Infanterie gelang, ein nahe am Bachufer aufgefahrenes feindliches Geschütz zu erobern, während ein zweites nur mit Mühe abfahren konnte.

Gleichzeitig mit dieser Abtheilung gingen die Regimenter Prinz Friedrich August und Prinz Clemens über die Brücke bei der Kosula-Mühle. Während letzteres zur Deckung des Ueberganges dort stehen blieb, griff das Regiment Prinz Friedrich August die feindliche rechte Flanke an und drückte sie zurück.

Als kurz darauf auch noch eine österreichische Colonne (von der Division Bianchi) gegen den Rücken der russischen Stellung anrückte, sah sich General Essen zum Rückzuge auf Zalesie gezwungen, verfolgt von der sächsischen Reiterei, welche noch 105 Gefangene einbrachte. Die Russen hatten in diesem Gefechte verloren: 1 Offizier, 125 Mann todt; 16 Offiziere, 193 Mann verwundet.[1] Der sächsische Verlust betrug: 1 Offizier, 14 Mann, 4 Pferde todt; 8 Offiziere, 164 Mann, 4 Pferde verwundet; 8 Mann und 8 Pferde vermißt und gefangen. Vom Regiment Prinz Friedrich August waren 3 Mann geblieben, 18 Mann verwundet.

General Reynier sprach durch Tagesbefehl d. d. Chotycze, den 19. October, dem sächsischen Corps seine vollste Anerkennung über seine Haltung in den Gefechten bei Kliniki und Biala aus.[2]

Auf die Nachricht von dem Gefechte bei Biala hatte Tschitschagof sofort an sämmtliche Corps den Befehl ertheilt, zu einem erneuten Angriffe sich bei Brzesc zu vereinigen. Reynier wartete aber diesen erneuten Angriff nicht ab. Bereits am 19. October mit Tagesanbruch brachen die Verbündeten auf und marschirten über Chotycze nach Stryssew, Drohyczyn gegenüber, wo sie vom 20. bis 27. October ein Lager bezogen.

In dieser Stellung konnten sie Warschau decken und die Bewegungen

---

[1] Bogdanowitsch, a. a. O., S. 433.

[2] „Der General en Chef, Graf Reynier, sieht sich aufs neue veranlaßt, den Truppen seine vollkommene Achtung und große Zufriedenheit über ihr ausgezeichnetes Benehmen in den Gefechten an der Ljesna und bei Biala zu erkennen zu geben. Das erste leichte Infanterieregiment, das Grenadierbataillon von Liebenau und die Regimenter Prinz Friedrich und Prinz Clemens Infanterie von der Division des Generallieutenants von Le Coq und der größere Theil von der Division des Generallieutenants von Funck hatten Gelegenheit, sich in diesen Gefechten besonders auszuzeichnen. Sie haben dieselbe in jenem hohen Grade benutzt, welchen der General en Chef bei allen Theilen der Armee jederzeit bemerkte." G. St. A. K. 108. Bulletins und Nachrichten über die sächsischen Truppen in Rußland 1812.

Tschitschagof's überwachen. Auch erwarteten die Oesterreicher das Herannahen ihrer Verstärkungstruppen und Reynier das Eintreffen der ihm zugetheilten Division Durutte.

Am 27. October bemerkte man, daß plötzlich die Kosakenposten auf dem rechten Ufer des Bug zurückgezogen wurden. Da dies auf einen Abmarsch des Feindes schließen ließ, wurde sofort unter dem Schutze einer kleinen mit Kähnen übergesetzten Abtheilung der leichten Infanterie der Bau von Schiffbrücken begonnen, und am 29. October gingen die Sachsen über den Bug und bezogen ein Lager zwischen Drohyczyn und Siemiatyce, wohin ihnen am nächsten Tage die Oesterreicher und die Brigade Maury der Division Durutte folgten.

Tschitschagof hatte, nachdem er genügende Vorräthe an Lebensmitteln und Fourrage gesammelt hatte, sich entschlossen, dem wiederholt ihm ertheilten Befehle Folge zu leisten und mit einem Theile der Armee gegen Minsk vorzugehen, um hier in Verbindung mit Wittgenstein gegen die Rückzugslinie der großen Armee zu operiren.

Am 30. October trat er seinen Abmarsch über Pruszana nach Slonim an, wo er am 6. November eintraf und am 8. November weiter gegen die Beresina marschirte. Zur Deckung Volhyniens und zur Beobachtung der Sachsen und Oesterreicher blieb der General Sacken mit 47 Bataillonen, 36 Escadrons, 6 Kosakenregimentern, 8 Batterien und 1 Pioniercompagnie in der Stärke von 27000 Mann mit 92 Geschützen bei Brzesc stehen.[1]

Nach allen eingegangenen Nachrichten glaubte Schwarzenberg annehmen zu dürfen, daß die russische Armee mit ihrer Hauptmacht gegen Szereszow und Slonim abmarschirt sei und bei Brzesc und Wisoky nur ungefähr 12—15000 Mann zurückgelassen habe. Da diese Marschrichtung des Feindes die große Armee in eine gefährliche Lage bringen mußte, beschlossen Schwarzenberg und Reynier, unverzüglich zu folgen, um Tschitschagof womöglich einzuholen und zum Stehen zu bringen.

Während die Oesterreicher etwas weiter nördlich auf Parallelwegen marschirten, rückten die Sachsen über Boratyniec, Kleszczel und Orla nach Narewka und Rudnia, und überschritten am 4. und 5. November die Narew. Die grundlosen Wege, mangelhafte Verpflegung und kaltes regnerisches Wetter machten diese Märsche sehr anstrengend.

Das erste Bataillon des Regiments Prinz Friedrich August unter dem Major von Brand war bereits am 2. November mit einer Escadron von Orla nach Narew vorgeschickt worden, um hier den Ueber-

---

[1] Stärke und Eintheilung der Armee unter Sacken, siehe Bogdanowitsch, a. a. O., Bd. III, S. 205 fg.

gang vorzubereiten, hatte sich, als es hier keine Mittel zum Brücken=
bau vorfand, sofort nach Rubnia gewendet und hier den Paß besetzt
sowie die zerstörte Brücke wiederhergestellt.

Während das Corps am 6. November nach Swislocz weiter mar=
schirte, blieb dieses Bataillon, welchem 2 Husarenescadrons und 2
Geschütze zugetheilt wurden, zur Deckung gegen die im Rücken sich
zeigenden feindlichen Abtheilungen bei Rubnia stehen und folgte erst
am nächsten Tage, an welchem das Corps einen sehr nothwendigen
Rasttag hielt, bis Weli-Kriniki.

Am 8. November war das Corps unter dem Schutze der bei Po=
rosow stehenden Avantgarde des Generals von Gablenz nach Horno=
stajewice und Machaily marschirt. Die Avantgarde wurde aber vom
Feinde, der von Rubnia her im Anmarsche war, so stark gegen Po=
rosow zurückgedrängt, daß die Straße von Swislocz nach Hnieskow,
auf welcher das Fuhrwesen und der Haupt-Artilleriepark des sächsischen
Corps marschirten, ganz ungedeckt war.

Das erste Bataillon Prinz Friedrich August erhielt den Befehl,
mit zwei Escadrons von Polenz-Chevauxlegers die Deckung dieser
Colonne zu übernehmen, was ihm auch, ohne Verlust zu erleiden,
gelang.

Da man die Stärke der Russen unter Sacken immer noch unter=
schätzte, setzten die Oesterreicher den Marsch gegen Slonim fort, wäh=
rend Reynier, um den stark nachbringenden Feind zurückzuweisen und
um Klarheit über dessen Stärke zu erlangen, für den 10. November
eine starke Erkundung gegen Rubnia anordnete.

General von Gablenz hatte mit der Hälfte seiner Reiterei, zwei
Bataillonen und vier reitenden Geschützen von Porosow, welches von
dem Reste der Avantgarde besetzt blieb, gegen Rubnia vorzurücken;
das Bataillon von Niesemeuschel und eine Escadron sollten von Hor=
nostajewice gegen Swislocz vorgehen und Major von Brand mit dem
ersten Bataillon Prinz Friedrich August und den beiden Escadrons
von Polenz-Chevauxlegers von Hniesko aus den Feind aus Swislocz
vertreiben und hierauf über Weli-Kriniki gegen Rubnia vorstoßen.

Zur Sicherung der Flanke und des Rückens waren Abtheilungen
nach Poborosk und Lapinika geschickt worden; der Rest des Corps
nahm bei Waliskowczisna Stellung. Diese Erkundung glückte voll=
kommen; der Feind wurde energisch angegriffen und über den Paß
von Rubnia zurückgeworfen. Die Colonne unter Major von Brand
stieß bei Swislocz auf eine starke feindliche Reiterabtheilung, warf
dieselbe zurück, machte 2 Offiziere und 24 Mann Gefangene und er=
beutete wichtige Briefe, aus welchen man ersah, daß die Generale

Essen und Sacken den Sachsen gegenüberstanden, um den Marsch der Verbündeten gegen Slonim aufzuhalten.

Am 11. November ging Reynier mit dem Gros bis Sololnicy vor, um die entsendeten Abtheilungen wieder aufzunehmen und den Parks Zeit zum Marsche auf Wolkowysk zu verschaffen. Das erste Bataillon Prinz Friedrich August mit einer Escadron wurde wieder zur Deckung der Wagencolonne auf dem Marsche und im Biwak bei Wolkowysk entsendet.

Inzwischen war eine erneute Erkundung gegen Rudnia, vom Major von Watzdorf des Generalstabes geführt, auf sehr überlegene feindliche Abtheilungen gestoßen und hatte sich mit Mühe und nicht ohne Verlust auf das Corps zurückgezogen.

Am 12. November war Reynier bis in eine Stellung bei Lapinica marschirt und wollte hier das Corps am 13. ruhen lassen, wurde aber an diesem Tage von starken feindlichen Abtheilungen angegriffen, welche zwar nach hartnäckigem Kampfe zurückgedrängt, aber nicht ganz vertrieben werden konnten. Da man durch die Aussagen der Gefangenen erfuhr, daß die ganze Armee Sacken's sich bei Hornostajewice vereinigt habe, glaubte Reynier, bei der weiten Entfernung vom österreichischen Corps, keinen erneuten Angriff des Feindes erwarten zu dürfen, brach deshalb am 14. November früh 4 Uhr auf und marschirte in zwei Colonnen, die eine über Blankitna, die andere über Izabelin, in eine günstigere Stellung auf dem nördlich von Wolkowysk sich hinziehenden Höhenrücken. Das weitläufig gebaute Städtchen Wolkowysk liegt in einem schmalen Thale auf dem rechten Ufer der von Morgen nach Abend fließenden und ohnweit der Stadt in die Rossa einmündenden Wolkowiec; Hügelreihen gehen auf beiden Ufern parallel mit dem Wolkowiec-Bache. Ueber die Wolkowiec, deren sumpfige Ufer, trotz des Frostes nur auf den Uebergängen überschreitbar waren, führten innerhalb der Stadt zwei Brücken. Oestlich der Stadt verband ein Damm mit Brücke die beiden Ufer. Westlich derselben befand sich eine Brücke auf dem von Wolkowysk nach dem Dörfchen Wola führenden Wege. Ueber die Rossa führen zwei Brücken; die eine südwestlich der Stadt an dem Wege nach Swisloz, die andere nordwestlich derselben auf der Straße nach Bialystok. Die Stellung war somit in der Front und rechten Flanke durch die sumpfigen Wasserläufe gedeckt; die linke Flanke stand ziemlich frei, hatte aber einigen Schutz durch die Wolkowiec, welche sich hier in einem sanften Bogen nach Norden zieht, und durch eine größere Waldparcelle.

Das 7. Corps lagerte auf den Höhen nördlich Wolkowysk in einem Treffen. Die erste Division auf dem rechten, die zweite auf dem linken Flügel. Die jetzt vollzählig (ungefähr 9000 Mann stark) eingetroffene Division Durutte hinter der zweiten Division. Das Hauptquartier kam aus Ermangelung eines andern geeigneten Ortes nach Wolkowysk. Die Cavallerie stand dicht hinter der Stadt, das erste Bataillon des leichten Infanterieregiments Le Coq hielt die Brücken in der Stadt besetzt, Cavalleriefeldwachen waren auf kurze Entfernung auf das südliche Flußufer vorgeschoben.

Das erste Bataillon Prinz Friedrich August war mit je 2 Compagnien zur Vertheidigung der westlich der Stadt befindlichen Uebergänge über die Wolkowiec und Rossa entsendet. Der Feind zeigte sich nur mit Kosakenpatrouillen vor der Front.

Gefecht bei Wolkowysk am 15. und 16. November 1812.[1]

General Sacken, durch Einwohner von Wolkowysk in Kenntniß gesetzt, daß das Hauptquartier mit ganz schwacher Bedeckung sich daselbst befinde, beschloß dasselbe aufzuheben. Am 14. October abends 9 Uhr erließ er eine Disposition, auf Grund welcher 3 Colonnen, jede aus 3 Bataillonen mit 100 Mann leichter Reiterei bestehend, von vorn und beiden Seiten in die Stadt eindringen sollten. Der Oberst Bjelokopitof erhielt Befehl, mit einem Bataillon „direct auf das Haus loszugehen, in welchem der französische General Reynier verquartirt ist". Den 3 Colonnen sollten die übrigen russischen Truppen folgen.[2] Um 10 Uhr abends brachen die 3 Colonnen auf, stießen, durch eine finstere Nacht und heftigen Schneesturm begünstigt, gegen 2 Uhr morgens auf die sächsischen Vorposten und drangen zugleich mit denselben in die Stadt ein.[3] Nur der Geistesgegenwart und der Tapferkeit der schwachen Abtheilungen der leichten Infanterie war es zu danken, daß der Feind in den ersten Straßen der Stadt so lange aufgehalten wurde, bis das Hauptquartier zu Pferde kam und das Gepäck nebst der Kriegskasse und den Vorräthen der Intendantur die rückwärtigen Ausgänge gewann. In der finstern Nacht, die nur durch einzelne brennende Häuser erhellt wurde, herrschte eine furchtbare Verwirrung. Aus dem Lager wurden die beiden Grenadierbataillone von Spiegel und Anger und das zweite Bataillon Prinz Friedrich August zur Unterstützung vorgeführt, ohne bei der Finsterniß und allgemeinen

---

[1] Hierzu Kartenbeilage XV.
[2] Bogdanowitsch, a. a. O., Bd. III, S. 212.
[3] Nur zwei Colonnen gelangten in die Stadt; die dritte, welche auf der westlich der Stadt befindlichen Brücke übergehen sollte, verfehlte den Weg.

Verwirrung viel leisten zu können. Als das 2. Bataillon Prinz Friedrich August, geführt vom Oberst von Boblick, an dem ersten Gehöfte von Wolkowysk eintraf, kam ihm der Major von Egidy vom 1. Schützenregiment entgegen und verlangte eine Division zur Unterstützung der an der westlichen Brücke stehenden Compagnie, welche nach Angabe des Majors von zu großer Ueberlegenheit angegriffen worden sei. Bei der Unmöglichkeit in der Stadt selber in das Gefecht einzugreifen, wurde diesem Wunsche sofort entsprochen und die 5. Compagnie entsendet, während die drei andern Compagnien in Linie aufmarschirten, weil sie von diesem Augenblicke an beschossen wurden. Nach beendigtem Aufmarsche holte ein Adjutant des Generals Reynier noch eine Compagnie, die 8., welche er ebenfalls zur Deckung der Brücken, doch etwas mehr links als die 5., wegführte.

Um die rechte Flanke, welche nach Abmarsch der Avantgarde ganz ungedeckt stand, etwas zu sichern, entsendete der Oberst den Hauptmann von Krafft mit einer halben Division und behielt also nur noch 3 halbe Divisionen bei sich. Die 8. Compagnie war noch in der Ferne sichtbar, als gerade von dem Wege her, auf dem der Major von Egidy die 5. Compagnie fortgeführt hatte, eine Abtheilung sich dem Reste des Bataillons näherte, welche man bei dem Blenden der Feuer, dem das Sehen verhindernden Schneegestöber und dem Rufen der Russen: „Schießt nicht, wir sind Sachsen!" für die zurückgeworfene 5. Compagnie hielt.

Der Feind, dessen Stärke auf wenigstens 2—300 Mann angegeben wird, warf sich plötzlich und ohne einen Schuß zu thun, auf die kleine Schar. Obgleich völlig überrascht, wichen die drei halben Divisionen doch keinen Schritt zurück. Es entstand ein wüthendes Handgemenge, in welchem nur mit Kolben und Bajonett gekämpft wurde.

Ohne Unterstützung erhalten zu haben, gelang es endlich, den Feind zurückzuwerfen, welcher einen todten Offizier und eine größere Anzahl todter und verwundeter Mannschaften auf dem Platze ließ.

Als der Oberst nach diesem Gefecht die Mannschaft sammelte und rangiren ließ, vermißte er die Fahne. „Auf mein Befragen", meldet der Oberst an Generalmajor von Steindel, „wie solche der Fahnjunker Steinbach habe wegkommen lassen, sagte selbiger aus, es hätten ihm zwei russische Offiziers die Säbel auf die Brust gesetzt und ihm stillschweigend die Fahne entrissen."[1]

„Sowohl die Herren Majors als ich und überhaupt alle gegen-

---

[1] Nach Bogdanowitsch, a. a. O., Bd. III, S. 213, war es das russische Infanterieregiment Wjätka, welches die Fahne erbeutete.

wärtigen Individuen haben weder von dem Fahnjunker noch von denen ihn bedeckenden Unteroffiziers und Gefreiten einen Laut gehört, daß die Fahne in Gefahr sei, und dürfte dieses um so mehr auf die Feigheit des Fahnjunkers schließen lassen, weil ihm die selbst angeführte Drohung der russischen Offiziers auch sogar zum Schweigen gebracht hat. Ein Unteroffizier aus dem Fahnenpeloton ist jedoch blessirt."[1]

Das schwache Bataillon hatte einen starken Verlust erlitten; der Kapitän von Krafft, 6 Unteroffiziere, 32 Gemeine waren verwundet. Souslieutenant von Helldorf, 6 Unteroffiziere, 64 Gemeine theils gefangen, zum größten Theil aber wohl gefallen.[2]

Mit Tagesanbruch war es gelungen, den Feind aus dem größten Theile der Stadt zurückzudrängen. Allein dicht vor der Stadt und an den Brücken standen so starke Abtheilungen der Russen, daß Reynier seine Truppen in das Lager zurückzog, was nicht ausschloß, daß sächsische Abtheilungen im Laufe des Vormittags aus der Stadt allerhand Lebensmittel, wollene Decken, ganze Ballen Tuch u. s. w. holten, welche von den Russen beim Plündern der Kaufläden auf die Straße geworfen worden waren.

Ein Rückzug konnte bei der Nähe und Ueberlegenheit des Feindes nur mit großem Verluste angetreten werden. Reynier beschloß daher seine Stellung zu behaupten und schickte mit Tagesanbruch, als er die Lage einigermaßen zu übersehen vermochte, seinen ersten Adjutanten, Major Charlet, nach dem sieben kleine Meilen entfernten Slonim, um Schwarzenberg zu einem Eingreifen gegen des Feindes Rücken zu veranlassen.

Am Vormittag überschritt der Feind mit dem größten Theile seiner Cavallerie die in der linken Flanke der Sachsen liegende Brücke bei der Wolkowiec-Mühle und rückte in zwei dichtaufgeschlossenen Linien gegen die Stellung vor. General von Gablenz führte ihm sofort die ganze, kaum noch 1000 Pferde starke sächsische Reiterei entgegen und warf den wohl dreifach stärkern Feind über die Brücke zurück, welcher hier von der unmittelbar nachgefolgten reitenden Batterie von Roth mit Kartätschen überschüttet wurde. Diese feindliche Cavallerie war durch den energischen Angriff der Sachsen so erschüttert, daß sie nicht wieder zum Gefechte vorgeführt werden konnte.

---

[1] K.M.-A., Rep. 28, loc. 54, Nr. 16: Rapports über kriegerische Vorfälle in der Campagnie 1812 bis med. Martii 1813.

[2] Die Zahl der Todten konnte nicht genau festgestellt werden, da, als man am 16. abends an den Kampfplatz zurückkehrte, man die Leichen entkleidet und zum größten Theil unkenntlich vorfand.

Einen spätern Versuch des Feindes, mit ungefähr drei Bataillonen den Uebergang hier zu erzwingen, wiesen zwei Compagnien des Regiments Prinz Anton und zwei Compagnien des 2. leichten Infanterieregiments zurück und brachen später die Brücke ab.

Die erste Division war inzwischen ebenfalls vom rechten Flügel herangezogen worden. Alle weiteren Versuche des Feindes gegen den linken Flügel wurden zurückgeschlagen.

Das Gefecht hörte aber bis zur Dunkelheit nicht völlig auf. Noch gegen Abend beschoß der Feind mit seinen 12-Pfündern das sächsische Lager und fügte dadurch der ersten Division einigen Schaden bei.

Die Nacht war für die Truppen im höchsten Grade beschwerlich. Bei dem Mangel an Lagerstroh und Feuerungsmaterial, fast ohne Lebensmittel und selbst ohne Wasser, welches durch geschmolzenen Schnee ersetzt werden mußte, war an Erholung der erschöpften Truppen nicht zu denken.

Man lagerte mit dem Gewehr in der Hand, und nur durch Hin- und Herlaufen konnten sich die Leute bei der starken Kälte vor dem Erfrieren bewahren.

Mit Tagesanbruch des 16. November erneuerten sich die Kämpfe, welche jetzt hauptsächlich einen diesseit der Stadt gelegenen ummauerten Kirchhof und eine Judenschenke zum Object hatten.

Sobald eine Pause in dem Schneegestöber eintrat, sah man immer neue feindliche Colonnen von den auf dem jenseitigen Flußufer liegenden Höhen herabrücken. Der Nachmittag war bereits weit vorgeschritten, als der Feind wieder mit einer starken Infanteriecolonne zum Angriffe gegen den sächsischen linken Flügel anrückte. In diesem Augenblicke hörte man aus der Gegend von Izabelin dreimal drei Kanonenschüsse, das verabredete Zeichen, daß die Oesterreicher im Rücken des Feindes angekommen seien. Der Feind stutzte. Reynier ließ sofort das Feuer der Artillerie auf die Stadt richten und gab die neue Parole: „Victoire" und „Wolkowysk".

Einige Bataillone der Division Durutte wurden zum Sturm auf die Stadt befehligt, wurden anfangs zurückgeworfen, drangen aber bei dem wiederholten Versuche ein und brachten den in der neuerdings in Brand gerathenen Stadt zusammengedrängten Russen, welche ohne Widerstand zu leisten nach der Brücke flüchteten, einen sehr starken Verlust bei.

Der Feind zog sich eiligst in der Richtung auf Swisločz zurück, konnte aber bei der furchtbaren Erschöpfung der Sachsen nicht weiter verfolgt werden.

Die österreichische Avantgarde unter General Fröhlich hatte bei Izabelin den größten Theil des russischen Gepäcks erbeutet, aber verabsäumt, den einzigen Rückzugsweg der Russen über die Rossa bei Blankitna zu besetzen, sodaß es diesen gelang, noch in der Nacht vom 16. zum 17. November ihren Rückzug bis Swislocz fortzusetzen. Gleichzeitig mit dieser Bewegung der Russen marschirten die Oesterreicher über Porosof nach Berniki, sodaß sie dem Engpasse von Rudnia näher standen als der Feind.

Allein die Oesterreicher benutzten diese Gelegenheit, den Russen eine entscheidende Niederlage beizubringen, abermals nicht, sondern trafen erst gegen Abend des 18. November bei Rudnia ein, als Sacken mit seinen gesammten Truppen bereits dort angelangt war.

Das sächsische Corps war am Morgen des 17. November von Wolkowysk aufgebrochen und gelangte Abends bis Sokolnicky.

Gefecht bei Rudnia am 18. November 1812.

Am 18. vormittags erreichte die sächsische Avantgarde bei Weli Kriniki die feindliche Nachhut; die feindliche Cavallerie wurde durch einige energische Angriffe zum schleunigsten Rückzuge gezwungen. Während das Corps bei Weli Kriniki stehen blieb, setzte sich Reynier an die Spitze der Avantgarde, welche noch durch das Regiment Prinz Friedrich August verstärkt wurde, und verfolgte den Feind bis Rudnia.

Der Feind hatte den Wald und den Damm vor Rudnia stark mit Infanterie und Artillerie besetzt, vertheidigte sich hier, durch das Gelände begünstigt, mit großer Tapferkeit, bis endlich gegen Abend die österreichische Avantgarde unter General Fröhlich sich gegen seine rechte Flanke entwickelte, und zog sich endlich, nach Abbrennung der Brücke und der zunächst gelegenen Häuser von Rudnia, hinter die Narew zurück.

General Reynier gab den Sachsen am 19. November einen Ruhetag.

Die Verluste der Sachsen während der verschiedenen Gefechte vom 13. bis 18. November hatten 31 Offiziere und ungefähr 600 Mann betragen.

Das Regiment Prinz Friedrich August verlor, außer den am 15. November Gefallenen und Verwundeten, am 16. November 1 Sergeant todt, und am 18. November 18 Mann verwundet.

Ueber die Verluste der Russen finden sich keine speciellen Angaben, doch müssen dieselben sehr bedeutend gewesen sein, da von Wolkowysk bis Rudnia den Sachsen und Oesterreichern 2500 Mann Gefangene, worunter 1 Oberst, 2 Majors und 30 andere Offiziere in die Hände fielen.[1]

---

[1] Ueber die russischen Verluste vergleiche auch Bogdanowitsch, a. a. O., Bd. III, S. 215.

Die russische Armee hatte sich über Bialowiesk auf Brześc und Kobryn zurückgezogen. Das 7. Corps folgte über Szereszow, Wuznia, Pelicze, Kornica und besetzte am 26. November Brześc und Terespol. Die Avantgarde wurde auf den Straßen nach Wlodawa und Rubnia vorgeschoben.

Die Oesterreicher waren über Pruszana bis Kobryn vorgegangen. Der Feind zog sich bei Annäherung der Verbündeten über Ratno bis Luboml, Kowel und Luzk zurück.

Auch während dieses Vormarsches hatten die Sachsen allein 2100 Mann und die Oesterreicher nicht viel weniger gefangen gemacht. In Brześc mußte der Feind ein Lazareth mit 800 Kranken und 200 sächsischen und österreichischen Kriegsgefangenen zurücklassen, und bei einer Erkundung gegen Ratno erbeutete Major von Watzdorff vom sächsischen Generalstabe 19 beladene Munitionswagen.

Bereits am 25. November erhielt Schwarzenberg von dem Herzog von Bassano aus Wilna die dringende Aufforderung, mit dem vereinigten Heere so schnell als möglich nach Minsk zu marschiren.

Nach einem Rasttage ging dementsprechend Schwarzenberg mit dem österreichischen Corps über Pruszana zurück, kam aber nur bis Slonim, während Reynier vorläufig zur Beobachtung Sacken's bei Brześc stehen blieb. Die zu große Entfernung verhinderte beide Feldherren, an den Operationen auf dem Hauptkriegsschauplatze theilzunehmen.

Am 29. November befahl General Le Coq, daß der Fahnenträger Steinbach des 2. Bataillons Prinz Friedrich August, „weil durch sein feiges, ehrloses Benehmen die Fahne verloren gegangen sei und er dadurch sich unwürdig gemacht habe, in einer braven Truppe ferner zu dienen, mittels Entlaßscheines vom Regimente gejagt und im Entlaßscheine die Ursache seiner Entfernung detaillirt angegeben werde". [1]

Am 30. November begann die 1. Division des sächsischen Corps, welcher die 2. Division und die Division Durutte staffelweise folgten, den Abmarsch gegen Slonim. Ueber Rasky, Krewatice, Szereszow, Pruszana, Worozbity, Ostrowek, erreichte dieselbe am 7. December Sielenewice (in der Gegend von Rozanna).

Der von Wolkowysk aus in das Hauptquartier des Kaisers Napoleon abgesendete Adjutant des Generals Reynier kehrte am 7. December von dort wieder zurück und brachte Nachrichten über die völlige Zerrüttung der großen Armee nach dem Uebergange über die Beresina und den

---

[1] K.-M.-A., Rep. 28, loc. 54: Concepte von erlassenen Ordres und Resolutionen auf ergangene Anfragen vom 1. November 1812 bis 16. April 1813.

allgemeinen Befehl, das Herzogthum Warschau zu decken, wobei alle Specialanordnungen Schwarzenberg und Reynier überlassen blieben. Um dieser Aufgabe im Verein mit den Oesterreichern genügen zu können, mußte Reynier einige Tage in der Gegend von Rozanna stehen bleiben, bis Schwarzenberg, welcher seine Avantgarde bis Nieświcz, und starke Abtheilungen zur Erkundung gegen Minsk und Slusk vorgeschoben hatte, sein Corps wieder bei Slonim vereinigen konnte.

Es wurde beschlossen, daß General Reynier an den Bug, Schwarzenberg nach Bialystok zurückgehen sollten. Letzterer hatte Grodno, wo sich noch Magazine und Lazarethe befanden, durch 3000 Mann unter General Fröhlich zu besetzen.

Am 12. December trat Reynier seinen Rückmarsch gegen Brzesc an, welches in der Zwischenzeit von einer schwachen Abtheilung polnischer Truppen besetzt gehalten worden war. Ueber Podorosk, Nowi-Twor, Szereszow, Kamenetz und Ostrometsch traf er am 19. December in Wolczyn ein. Unterwegs war ein Ersatzbataillon von 900 Mann bei dem Corps eingetroffen, auch stieß das bisher in Bialystok gestandene Grenadierbataillon von Eichelberg zu demselben. Während der ganzen Märsche hatte man vom Feinde nichts bemerkt, um so mehr aber von der strengen Kälte zu leiden gehabt, welche am 6. December bereits bis auf 28 Grad gestiegen war. Zahlreiche Kranke mußten an die Hospitäler nach Grodno und Bialystok abgegeben werden.

Der außerordentlichen Thätigkeit des Generals Reynier war es zu danken, daß die Truppen in dieser durch die wiederholten Durchzüge beider Armeen ausgesogenen Gegend noch ziemlich regelmäßig die nothwendigste Verpflegung erhielten.

Das sächsische Corps zählte nach dem Eintreffen der oben angeführten Verstärkung noch zwischen 8000 und 9000 Mann unter den Waffen. Bei den starken Abgängen, welche einzelne Abtheilungen erlitten hatten, wurden in dieser Zeit mehrere Regimenter zu Bataillonen umformirt. Auch das Regiment Prinz Friedrich August wurde von dieser Maßregel betroffen. Am 30. November zählte dasselbe nur noch 580 Dienstfähige. Unter dem 4. December wurden die Mannschaften und Offiziere des 2. Bataillons an das 1. Bataillon vertheilt.

Major von Brand hatte das so formirte Bataillon unter Anführung des Oberst von Boblick zu commandiren. Major von Smolinsky wurde als zweiter Stabsoffizier bei demselben angestellt, Major von Selmnitz erhielt die Erlaubniß, bis auf weitern Befehl und bis zur Wiederformirung des 2. Bataillons sich in einen rückwärts der Armee gelegenen Ort zu begeben.

Von dem aus Sachsen eingetroffenen Ersatzbataillon des Majors

Lehmann erhielt das Regiment 87 Mann zugetheilt, hatte aber 17 Mann an das Grenadierbataillon von Liebenau abzugeben.

Da man von der Annäherung verschiedener russischer Abtheilungen Kenntniß hatte, beschlossen Reynier und Schwarzenberg, das russische Gebiet zu räumen und eine engere Aufstellung auf dem linken Ufer des Bug zu beziehen.

Das sächsische Corps marschirte zu diesem Zwecke am 23. December in die Gegend von Siemiatyce, rastete am 24. und überschritt am 25. und 26. bei Drohiczyn den festgefrorenen Bug. Die Sachsen erhielten Ortsunterkunft bei Siedlce, die Division Durutte bei Sokolow angewiesen. Eine Postenlinie der Cavallerie stand am Bug von Koroczew über Janow bis Terespol. Eine polnische mobile Colonne von 1200 Mann stand in Biala. Die Oesterreicher räumten am 26. Bialystok, wo von den 900 sächsischen Verwundeten und Kranken nur 53 nicht mehr transportable zurückblieben, und bezogen am 29. December Ortsunterkunft bei Pultusk.

Nach dem Abzuge der Oesterreicher aus Bialystok und bei dem Herannahen der Russen wurde die ausgedehnte sächsische Postenlinie langsam zurückgezogen, und nachdem am 28. December eine Stellung hinter der Liwiec mit dem Hauptquartier Czarnoglow bezogen worden war, ging Reynier am 3. Januar 1813 in eine Aufstellung vor Warschau zurück. Die erste Division hatte ihre Stellung auf dem rechten Flügel, zwischen Wienczowna und Minsk, mit dem Sammelplatz bei Milosna.

Das Bataillon Prinz Friedrich August belegte im Verein mit der 1. Fußbatterie das Dorf Deube Wielgie. Nach dem Eintreffen in dieser Stellung befahl General Le Coq, daß zur schnellern Versammlung der Brigaden bei einem feindlichen Angriffe auf allen hoch und günstig gelegenen Punkten Fanale errichtet werden sollten, welche unter sich in Verbindung stehen und bei Annäherung des Feindes in Brand gesteckt werden sollten. Bei der Brigade von Steindel hatte das Regiment Prinz Clemens die Sicherung durch genau vorgeschriebenen Patrouillengang zu übernehmen.

Da in den Operationen ein Stillstand vorauszusehen war, befahl General Le Coq, daß die Compagnien täglich zu einer Uebung oder einem Unterricht im Dienste versammelt würden. Die Gewehre sollten reparirt, die Montirungen möglichst ausgeflickt, die Patronentaschen gereinigt, die Packung der Tornister neu geregelt, das Lederzeug frisch verpaßt und die Tambourspiele wieder in brauchbaren Stand gesetzt werden. Die Beimontirungsvorräthe der Regimenter waren aus Warschau heranzuziehen. „Ich empfehle die Reinlichkeit im Allgemeinen;

der Mannschaft müssen die Haare verschnitten werden; der größere Theil der Mannschaft muß sogar zum Waschen mit Strenge angehalten werden." Die Regiments- und Bataillonscommandeure sollten fleißig Revuen und zwar, wenn die Witterung es irgend gestattete, ohne übergezogenen Capot halten.[1]

Bis zum 11. Januar blieb das sächsische Corps in seiner Stellung, ohne vom Feinde gedrängt zu werden. Am 11. Januar griff der Feind mit überlegener Macht die sächsische Avantgarde an und zwang sie durch Ueberflügelung zum Rückzuge bis Pniewnik. Reynier ließ infolge dessen das Corps eine noch gedrängtere Stellung, gegen Warschau zu, nehmen. Die Brigade von Steindel kam zwischen Wienczowna und der Weichsel zu stehen. Die Parks marschirten nach Sulejow an der Pilica, das sächsische Hospital in Warschau wurde, soweit es die beschränkten Transportmittel erlaubten, geräumt und bis Mitte Januar waren bereits gegen 2000 Kranke von da nach Radom, Petrikau und Kalisch abgeführt. Ebenso wurden die Munitionsvorräthe aus Modlin und der größte Theil des Feldgeräthes aus Warschau nach Kalisch gebracht.

Inzwischen hatte sich nicht nur die von Sacken commandirte Armee bedeutend verstärkt, sondern es näherte sich auch der größte Theil der russischen Hauptarmee dem linken Flügel der Oesterreicher. Schwarzenberg war zwar seit Anfang Januar in geheime Unterhandlungen mit den russischen Heerführern getreten, welche seinem Corps einen unbelästigten Rückzug verschafften; allein seine Bemühungen, eine ähnliche Convention auch für das sächsische Corps zu erlangen, scheiterten.[2]

Nach unbedeutenden Avantgardengefechten am 25. und 26. Januar beschloß Reynier den Rückzug über die Weichsel anzutreten.

Am 28. Januar ging General Le Coq mit der ersten Staffel über den Fluß. Das Bataillon Prinz Friedrich August blieb auf dem rechten Ufer zur Deckung des Abmarsches zurück und besetzte Zerzen, wo es bis zum 30. Januar stehen blieb und an diesem Tage der Division folgte. Am 1. Februar räumte auch die sächsische Avantgarde das rechte Flußufer und die Oesterreicher besetzten Warschau und Praga.

Von dem Vicekönig von Italien war der Befehl eingegangen, daß der französische General Dändels das Commando der Festung Modlin übernehmen sollte.

---

[1] K.-M.-A., Rep. 28, loc. 54: Concepte von erlassenen Ordres und Resolutionen auf ergangene Anfragen vom 1. November 1812 bis 16. April 1813.
[2] Bogdanowitsch, a. a. O., S. 356 fg.

Als Besatzung hatten 4000 Mann Polen und 2000 Mann des 7. Armeecorps zu dienen. General Reynier bestimmte zu diesem Zwecke 1200 Mann der Division Durutte und 600 Sachsen. Letztere hatten nach Anordnung des Generalstabschefs von Langenau zu bestehen aus dem Bataillon von Niesemeuschel und dem 2. Bataillon Prinz Friedrich August. Dasselbe wurde durch Abgaben von Mannschaften des 1. Bataillons bis auf 280 Gemeine gebracht und rückte unter Führung des Majors von Smolinsky am 31. Januar nach Lomna und am 1. Februar nach Katzun, wo es unter die Befehle des Oberst von Bose trat, welcher die Abtheilung nach Modlin führte.

Von Offizieren wurden dem 2. Bataillon zugetheilt: die Premierlieutenants von Raab (aggregirter Hauptmann), Beck, Neuheuser, von Landsberg, von Bourgk, die Souslieutenants Bürger, Berggold, von Egidy, von Schönnermarck, Schmidt auf Altenstädt.

Das Bataillon blieb in Modlin stehen, bis es bei der am 1. December 1813 erfolgten Capitulation der Festung in russische Kriegsgefangenschaft fiel.

Der Oberst von Boblick hatte mit den überbleibenden Offizieren, Unteroffizieren und Mannschaften des Regiments am 1. Februar nach Radszyn abzugehen, hier auch die von der Cavallerie zurückzuschickenden Offiziere und Unteroffiziere zu übernehmen und die Colonne nach Sachsen zur Bildung neuer Truppenkörper zu führen. Die Geschütze des Regiments waren an die Brigade von Sahr abzugeben.[1]

Das Regiment trat somit unter dem 1. Februar aus dem Verbande des 7. Corps, und bleibt nur noch das Schicksal der beiden Grenadiercompagnien bei dem Bataillon von Liebenau zu erwähnen.

Gedeckt durch das österreichische Corps, welches bis zum 6. Februar Warschau besetzt hielt, hatte am 2. und 3. Februar das 7. Corps bei einer Kälte von 15—20 Grad seinen Rückzug in mehrern Colonnen angetreten und am 13. Februar morgens die Gegend von Kalisch erreicht.

Nur die Arrièregarde unter General von Gablenz war seit dem 8. Februar vom Feinde wiederholt beunruhigt worden und hatte einige ruhmreiche Gefechte bestanden.

Die Truppen hatten ziemlich weit von einander liegende Dörfer zum Quartier erhalten, das Hauptquartier des Generals Reynier und der größte Theil der Division Durutte befanden sich in Kalisch, wohin sich für den Fall eines Angriffs alle Abtheilungen zurückziehen sollten.

---

[1] K. M.-A., Rep. 28, loc. 54: Rapports vom Obersten von Langenau.

Gefecht bei Kalisch am 13. Februar 1813.

Da alle Meldungen der Arrièregarde auf einen beabsichtigten Angriff des Feindes mit stark überlegenen Kräften schließen ließen, hatte General Le Coq am Vormittag des 13. Februar bei General Reynier die Erlaubniß nachgesucht, die Truppen in eine engere Aufstellung bei Kalisch zusammenziehen zu dürfen. Reynier, welcher glaubte, daß nur kleinere feindliche Reiterabtheilungen dem Corps gegenüber ständen, hatte dies aber abgeschlagen, und sogar befohlen, daß die von General Le Coq zur Unterstützung und Aufnahme der vorgeschobenen Abtheilungen hinter Kokanin aufgestellten Truppen des Generalmajors von Steindel (Regiment Prinz Clemens und 6=pfündige Fußbatterie Brause) in Quartiere verlegt würden, sowie, daß General Le Coq am Nachmittage die bei dem Dorfe Russow stehenden feindlichen Truppen zurückwerfe.

Das Dorf Kokanin, in welchem Le Coq sein Hauptquartier genommen hatte, war von dem Grenadierbataillon von Liebenau und zwei Compagnien des Regiments Prinz Anton nebst zwei 4=pfündigen Regimentsgeschützen besetzt. Letztere zwei Compagnien standen an dem nach Stawiszyn führenden Dorfausgange, die zweite Compagnie des Grenadierbataillons besetzte den Kirchhof und die drei andern Grenadiercompagnien standen an dem nach Kalisch führenden Dorfausgange als Reserve, abwechselnd immer eine unter dem Gewehr.

Generalmajor von Nostitz mit sechs Compagnien Prinz Anton und zwei Regimentsgeschützen stand in Borkow zur Verbindung mit Generalmajor von Gablenz, welcher Zelaskow und Zborow besetzt hielt.

Die Brigade von Sahr stand in Winiary.

Um den befohlenen Angriff gegen Russow auszuführen, hatte General Le Coq das Regiment von Polenz=Chevauxlegers (3 Escadrons) nach Kokanin vorbeordert. Auf dem Marsche dahin war dieses Regiment einige hundert Schritte über das Dorf Borkow hinausgekommen, als es von Russow her von einer feindlichen Cavalleriecolonne von mehreren tausend Pferden angefallen wurde, welche das schwache Regiment (kaum noch) 200 Pferde stark) zurückdrängte und sich mit großer Schnelligkeit gegen die einzelnen von den Sachsen besetzten Dörfer und gegen Kalisch wendete. Dieser Cavalleriecolonne folgten zwei Infanteriedivisionen und mehrere Batterien auf dem Fuße. Dieser mit Schnelligkeit ausgeführte Angriff der Russen unter Winzingerode unterbrach sofort die Verbindung sämmtlicher sächsischen

Abtheilungen unter sich und mit Kalisch, sodaß jede für sich den Weg zur Vereinigung erkämpfen mußte.[1]

Kaum bemerkten die drei am Dorfausgange von Kokanin stehenden Compagnien des Grenadierbataillons von Liebenau den ungleichen Kampf, in welchen das Regiment von Polenz verwickelt wurde, als die vierte Compagnie, welche gerade auf Wache stand, sich in aufgelöster Form dem Feinde entgegenwarf und denselben vom Dorfeingange zurückdrängte. Die erste und dritte Compagnie waren ebenfalls sofort unter das Gewehr getreten und eilten laufend dem Regimente von Polenz zu Hülfe. Die Entfernung und die Ueberzahl der Feinde verhinderte jedoch hier ein wirksames Eingreifen.

Nachdem das Regiment von Polenz zur Flucht gezwungen war, wandte sich ein Theil der feindlichen Reiterei gegen Kalisch, während der andere sich auf die drei Grenadiercompagnien stürzte. Jede für sich fechtend zogen sich alle drei nach einem kleinen Birkenwäldchen mitten im Felde, ihren Marsch durch Plänker deckend, welche durch ruhiges Feuern die anprallende Cavallerie zurückhielten. In diesem Wäldchen formirten die erste und vierte Compagnie ein Viereck und marschirten in dieser Formation nach der Straße Kokanin-Kalisch.

Die 3. Compagnie unter Premierlieutenant von Wurmb, ungefähr 40 Mann stark, hatte sich vom Feinde länger aufhalten lassen, bildete ebenfalls eine Art von Viereck und folgte auf geringe Entfernung den beiden andern Compagnien. Kokanin war inzwischen vom Feinde völlig umringt, der Rückzug dorthin nicht mehr möglich. Trotz wiederholter Angriffe der feindlichen Reiterei, welche die beiden kleinen Abtheilungen zwangen, Halt zu machen und sich durch ihr ruhiges und wohlgezieltes Feuer Bahn zu brechen, und obwol der Feind sogar mit zwei reitenden Geschützen die Vierecke lebhaft mit Kartätschen beschoß, gelang es dieser braven Truppe doch nach einstündigem Marsche und ununterbrochenem Gefechte bis auf die Höhen vor Kalisch zu gelangen, wo sie sich an die dort im Gefechte stehende Division Durutte anschloß und mit dieser alle Angriffe des Feindes gegen den Eingang der Stadt zurückschlug.

Oberstlieutenant von Liebenau war von einer Kartätschenkugel schwer am Fuße verwundet worden; aber ihn, sowie alle Verwundeten, welche überhaupt noch fortgeschafft werden konnten, brachte das Bataillon mit nach Kalisch.

---

[1] Die unter dem 5. Januar 1813 formirte russische Avantgarde unter Generaladjutant Winzingerode zählte nach Bogdanowitsch, a. a. O., Bd. III, S. 359 fg., 16455 Mann mit 69 Geschützen.

Die beiden Compagnien Prinz Anton und die auf dem Kirchhofe daselbst zurückgelassene zweite Grenadiercompagnie wurden vom Feinde so überraschend und mit solcher Uebermacht umringt, daß sie keinen wesentlichen Widerstand leisten konnten und in Gefangenschaft geriethen.

Dasselbe Schicksal hatte nach tapferer Gegenwehr General von Nostitz mit den sechs Compagnien Prinz Anton in Borkow. Die übrigen Abtheilungen schlugen sich heldenmüthig kämpfend durch, doch wurde die Avantgarde des Generals von Gablenz abgedrängt und mußte sich später an die Oesterreicher anschließen und mit diesen ihren Rückzug durch Galizien antreten, und Generalmajor von Steindel sah sich nach hartnäckigem Kampfe gezwungen, durch die hochangeschwollene Prosna, in welcher das Wasser den Leuten bis an die Brust ging, seinen Rückzug zu nehmen.

Der Verlust der Sachsen in diesem Gefechte war im Verhältnisse zu ihrer Ausrückestärke, welche kaum 6000 Mann betragen hatte, sehr bedeutend und betrug gegen 1000 Mann. Vom Grenadierbataillon von Liebenau waren zwei Mann geblieben, Oberstlieutenant von Liebenau, 1 Feldwebel und 17 Grenadiere verwundet, sowie 1 Zimmermann und 14 Grenadiere auf dem Rückzuge liegen geblieben, von denen man nicht genau wußte, ob sie schwer verwundet oder todt waren. Außerdem waren mit der 2. Compagnie der zweite Stabsoffizier des Bataillons, Major von Zanthier, Kapitän Augermann, die Souslieutenants von Zeschau und von Egidy, 1 Feldwebel, 1 Fourier, 1 Tambour, 1 Zimmermann und 57 Grenadiere in Gefangenschaft gerathen. Auch der Premierlieutenant von Senfft vom Regiment Prinz Friedrich August, Brigadeadjutant beim General von Steindel, war auf dem Rückwege von einer Entsendung zu General Le Coq den Kosaken in die Hände gefallen.[1]

Am 14. Februar trat das Corps bei Tagesanbruch seinen weitern Rückmarsch über Roskow, Kobylin, Rawicz nach Schlichtingsheim an, wo das Gros am 17. Februar eintraf. Der bei Schlichtingsheim befindliche Hundspaß (zwei Brücken in sumpfigem Gelände über zwei Arme des in den Bartschfluß geleiteten Landgrabens) war schon am Morgen des 17. Februar durch das vorausgeschickte Grenadierbataillon von Liebenau und die sächsischen Ulanen besetzt worden, da der Feind, welcher bereits in Posen und Lissa stand, hier noch das ganze Corps von seiner Rückzugslinie hätte abschneiden können.

Am 18. Februar wurde sodann der Marsch bis hinter Glogau

---

[1] K.-M. A., Rep. 28, loc. 57, Nr. 33: Verlustanzeigen von Offizieren und Mannschaften 1812 und 1813.

fortgesetzt, wo das Corps von den Anstrengungen der letzten Märsche auf ganz ruinirten Wegen sich bis zum 22. Februar erholte. Das Geschütz und das schwere Fuhrwesen wurde unverzüglich über Sprottau vorausgeschickt.

Am 22. Februar brach das 7. Corps, welches bei seiner Schwäche an keine Vertheidigung der Oderlinie denken konnte, von Glogau wieder auf, marschirte über Neustädtel, Freistadt, Sprottau, Freiwalde, Rothenburg und Niesky und besetzte am 1. März Bautzen. Der Feind stand in Lauban. Reynier fand in Bautzen eine Depesche des Vicekönigs von Italien vor, in welcher ihm aufgetragen wurde, das rechte Elbufer zu behaupten und Dresden durch seine Stellung zu decken. Am 6. März erhielt Reynier von dem Vicekönige die Mittheilung, daß er sich gezwungen sehe, Frankfurt und Berlin zu räumen und hinter die Elbe zurückzugehen. Reynier ließ daher an demselben Tage den weitern Rückmarsch beginnen und traf am 7. März in Dresden ein, wo das 7. Corps die Neustadt besetzte. Am 20. März erschienen die ersten Kosaken vor der Stadt.

Aus dem Bataillon von Liebenau waren zwei Compagnien formirt worden, welche mit den Resten des Grenadierbataillons von Eichelberg, das 1. Grenadierbataillon unter Commando des Majors von Eichelberg bildeten. Trotzdem zählte dieses Bataillon nur 276 Mann unter den Waffen.

Unter den aus Rußland Zurückgekommenen war nach der verhältnißmäßigen Ruhe das Nervenfieber in erschreckender Weise ausgebrochen. Die ganze in Dresden stehende sächsische Abtheilung hatte noch 1436 Mann Infanterie unter den Waffen.

Am 21. März trennte sich General Le Coq auf Befehl Se. Majestät des Königs von Sachsen, der sich nach Plauen begeben hatte, mit den in Dresden stehenden sächsischen Truppen von den Franzosen und führte dieselben nach Torgau, wo ihre Neuformirung begonnen werden sollte.

Nach dem Uebergange der russischen Avantgarde über die Elbe wurden auch die letzten an diesem Flusse aufgestellten Beobachtungsposten eingezogen, und am 27. März traf der Rest des mobilen Corps, 74 Offiziere, 1762 Mann und 309 Pferde, in Torgau ein und trat unter die Befehle des Festungscommandanten, Generallieutenants von Thielmann, während General von Le Coq dem Könige nach Regensburg folgte.

So bedeutend auch die Abgänge bei dem sächsischen Corps während dieses Feldzuges gewesen waren, so standen sie doch in keinem Verhältnisse zu der gänzlichen Vernichtung des größten Theiles der Hauptarmee.

Infolge der gewissenhaften Fürsorge sämmtlicher Vorgesetzten für möglichste Verpflegung und Bekleidung der Truppe und infolge der ausgezeichneten Kriegszucht der letztern, blieb es bis zuletzt möglich, die Abtheilungen, wenn auch sehr geschwächt, als taktische Körper verwendbar zu erhalten.

Der Feldzug 1812 des 7. Corps liefert daher einen Beweis für die Möglichkeit, einen Krieg selbst unter so ungünstigen Verhältnissen, wie das Klima und die Culturverhältnisse von Polen und Rußland sie bieten, mit Erfolg führen zu können.

5. Feldzug 1813.

Mit der Vereinigung der Reste des sächsischen Heeres in Torgau war die militärische Trennung von Frankreich thatsächlich vollzogen; die politische war eingeleitet durch die Reise des Königs nach Regensburg, wo die Unterhandlungen mit Oesterreich behufs Anschlusses an dessen Politik eröffnet wurden.

Ein directer Anschluß an Preußen und Rußland war, solange französische Truppen in Sachsen standen, und bei dem geringen Vertrauen, welches die preußische Politik dem Könige einflößen mußte, unthunlich.[1]

Vor allem mußte die Armee wieder kampffähig gemacht und die Festungswerke Torgaus vollendet werden. Beides gelang durch die Energie und aufopfernde Thätigkeit aller Betheiligten in überraschend kurzer Zeit.

Am 26. Februar bestand die Besatzung der Festung aus 1 Bataillon Leibgrenadiergarde, 3 provisorischen Bataillonen Linieninfanterie, 1 Bataillon leichter Infanterie und 1 Jägercompagnie.

Am 4. März betrug der Bestand der Infanterie bereits 5261 Mann, am 10. März war die Garnison auf 141 Offiziere und 7018 Mann angewachsen und die Festung im Stande, eine regelmäßige Belagerung von einigen Wochen zu bestehen. Am 29. März konnte die Infanterie in zwei Brigaden, jede zu fünf Bataillonen, unter den Generalen von Steindel und von Sahr eingetheilt werden.

Die vom Könige befohlene Neutralität und Sicherung der Festung gegen jedermann wurde von General von Thielmann gegen alle Versuche erst der Franzosen, dann der Verbündeten aufrecht erhalten, so

---

[1] Ueber Sachsens Politik im Frühjahr 1813 vgl. Gretschel und Bülau, Geschichte des sächsischen Volkes und Staates, Bd. III, S. 450 fg. — (von Zeschwitz) Mittheilungen aus den Papieren eines sächsischen Staatsmannes, S. 191 fg.

sehr er auch zu letztern neigte; doch suchte er das Offizierscorps bei verschiedenen Gelegenheiten dahin zu stimmen, die Festung nöthigenfalls, selbst gegen den Willen des Königs, den Verbündeten in die Hände zu spielen. Ernste Zerwürfnisse mit den Generalen von Steindel und von Sahr, welche offen erklärten, daß sie keine Politik zu treiben, sondern nur den Befehlen des Königs zu folgen hätten, waren die Folge.

Inzwischen hatte sich die politische Lage geändert. Napoleon, welcher mit ungeahnter Schnelligkeit und Thatkraft eine neue Armee gebildet hatte, schlug die Verbündeten am 2. Mai bei Groß-Görschen und zwang sie zum Rückzuge hinter die Elbe. Oesterreich war mit seinen Rüstungen noch so weit zurück, daß es selbst den Schein vermeiden mußte, gegen Napoleon unterhandelt zu haben, und verzögerte deshalb die Ratification des mit dem Könige von Sachsen abgeschlossenen Vertrags; Napoleon ließ dem Könige erklären, daß, wenn er nicht unverzüglich nach Dresden zurückkehre und die sächsischen Truppen zu seiner Verfügung stelle, er das Land als ein erobertes ansehen und behandeln werde. — Um seinem Lande das schlimmste Schicksal zu ersparen, war der König von Prag aufgebrochen, langsam reisend und an der Grenze noch harrend, ob vielleicht die ersehnte Nachricht aus Wien kommen würde. Am 12. Mai traf der König wieder in Dresden ein. Am 13. Mai hatte General von Thielmann die königliche Ordre erhalten, welche ihm befahl, „die Festung Torgau und deren Besatzung den Befehlen des anderweit zum Commandanten des 7. Armeecorps bestimmten Generals Grafen Reynier zu untergeben". Noch an demselben Tage verließ General von Thielmann die Festung und begab sich in das russische Hauptquartier, wo er als Generaladjutant des Kaisers Alexander angestellt wurde. General von Sahr übernahm das Festungscommando und vollstreckte jenen königlichen Befehl.

Am 11. Mai fand die Vereinigung der Sachsen mit der Division Durutte statt, welche zusammen wieder das 7. Corps bildeten.

Das sächsische Corps war zwar wieder auf 11700 Mann angewachsen, allein nur etwa 8000 Mann waren davon streitfähig. Der Rest lag noch in den Hospitälern. Generallieutenant von Le Coq, welcher am 15. Mai in Torgau eintraf, übernahm den Oberbefehl über das sächsische Heer, hatte aber zunächst in Torgau zurückzubleiben, um die Ausbildung und Formirung der Armee zu vollenden.

General von Sahr erhielt einstweilen das Commando über die mobile 6651 Köpfe starke sächsische Division.[1]

---

[1] Ordre de Bataille der mobilen Division siehe in Beilage L.

Das Bataillon Prinz Friedrich August, welches mit 808 Köpfen, einschließlich der Kranken, aus Torgau ausmarschirte, gehörte zur ersten Brigade unter Generalmajor von Mellentin und wurde, da Oberst von Boblick sich krank auf dem Königstein befand, vom Major von Brand commandirt.

Die Cavallerie des 7. Corps bestand nur aus ungefähr 300 Mann sächsischer Reiter. Die Division Durutte war ebenfalls nur 5000—6000 Mann stark und mit zwei Batterien versehen.

Am 14. Mai erhielt die sächsische Division von Reynier den Befehl zum Aufbruche, verließ, aus Mangel an Zugpferden fast ohne alle Bagage, mittags 2 Uhr Torgau und marschirte mit der Division Durutte bis Annaburg, wo sie am nächsten Tage rastete.

Ueber Dahme marschirte sodann das Corps, welches den Befehl erhalten hatte, in Verbindung mit dem 3. und 5. französischen Corps unter dem Oberbefehl des Marschalls Ney gegen Berlin zu operiren, bis Luckau. Hier wurde am 18. Mai die Bestimmung des Corps geändert. Anstatt nach Baruth, wie schon befohlen war, marschirte das 7. Corps am 19. Mai über Kalau nach Alt-Döbern und Groß-Jauer und am folgenden Tage nach Hoyerswerda.

Schlacht bei Bautzen.

Am 21. Mai brach das Corps früh 4 Uhr von Hoyerswerda auf und traf nach einem anstrengenden Marsche Nachmittag 3 Uhr hinter dem Dorfe Klix ein.

Seit frühem Morgen war die Schlacht bei Bautzen im Gange. — Napoleon hatte des Feindes linken Flügel und Centrum nur beschäftigt und den entscheidenden Angriff durch Marschall Ney gegen den feindlichen rechten Flügel und die Rückzugsstraße desselben ausführen lassen.

Als die Sachsen bei Klix eintrafen, konnten sie nur noch mit ihrer Artillerie gegen die feindliche große Batterie bei Wurschen in das Gefecht eingreifen, da der Feind bereits um 4 Uhr in drei Colonnen und in guter Ordnung seinen Rückzug antrat. Die sächsische Infanterie stand während dieses Geschützkampfes in geschlossenen Colonnen in der Nähe der Batterie zur weitern Verwendung bereit, verlor aber trotz des heftigen feindlichen Feuers nur einen Mann todt und sechs Mann verwundet. Von dem Bataillon Prinz Friedrich August wurde ein Mann verwundet.

Nachdem der Feind seinen Rückzug angetreten hatte, wurde das 7. Corps vorgezogen, überschritt bei Klix die Spree, formirte sich hinter dem Windmühlenberge bei Gleina in Colonnen und rückte gegen

5 Uhr, über Preititz gegen Belgern vor. Die feindliche Arrièregarde, unter General von Kleist, der mittleren feindlichen Colonne hatte bei diesem Orte eine alte Schanze stark mit Artillerie besetzt, während die feindliche rechte Colonne in einer Stellung zwischen Bricsnitz, Rackel und Cannewitz das französische 3. und 5. Corps an seinem Vormarsche gegen Weißenberg verhinderte.

Der feindlichen Stellung bei Belgern gegenüber marschirte das 7. Corps brigadeweise in Colonnen auf. Die vorgezogene Artillerie eröffnete im Verein mit einigen links davon stehenden Batterien des 5. Corps ein lebhaftes Feuer gegen die Schanze und zwang den Feind endlich, die Stellung zu räumen und seinen Rückzug bis Weißenberg fortzusetzen.

Mit der Nachhut hielt der Feind eine Stellung auf den Höhen von Kötitz fest.

Das 7. Corps folgte bis Nechern, die übrigen Corps standen hinter demselben bis Bautzen.

Am 22. Mai gingen die feindlichen Corps von Kleist und Barklay mit Tagesanbruch über Königshayn und Ebersbach nach Görlitz zurück. Ihre Nachhut bei Kötitz eröffnete früh gegen 5 Uhr das Artilleriefeuer gegen das 7. Corps, welches von diesem sofort lebhaft erwidert wurde. In Colonnen formirt und rechts von dem Reitercorps Latour Maubourg begleitet, ging das 7. Corps gegen Kötitz vor, vertrieb die feindliche Nachhut und folgte ihr bis vor Roth- und Wasserkretscham, wo der Feind eine vortheilhafte Stellung auf den Höhen jenseit des Löbauer Wasser genommen hatte. Um den Feind in der Flanke zu fassen, ging das 7. Corps bei Weißenberg über das Wasser und zwang ihn durch diese Bewegung und durch ein lebhaftes Artilleriefeuer, seine Stellung zu räumen und bis hinter den Schöpsbach zurückzugehen, wo er bei den Dörfern Schöps und Meuselwitz erneut sich aufstellte.

Auch hier wirkte sein Feuer auf das anrückende 7. Corps sehr mörderisch, doch wurde er durch die schnelle Umgehung der Höhen bei Schöps durch die Reiterei des Generals Latour-Maubourg bald gezwungen, sich bis Reichenbach zurückzuziehen, wo er von dem Corps des Generals Miloradowicz aufgenommen wurde.

Gefechte bei Reichenbach und Markersdorf am 22. Mai 1813.

Der Feind hatte die hinter Reichenbach gelegenen das Vorgelände beherrschenden Höhen mit einer zahlreichen Artillerie besetzt. Sein linker Flügel, aus einer starken Reiterei bestehend, stand zwischen

Sohland und dem Töpferberge. Reichenbach selbst und der am Fuße des Töpferberges befindliche Wiesengrund waren von russischen Jägern besetzt. Der rechte Flügel lehnte sich an die Waldungen auf den ebenfalls nicht unbedeutenden Höhen von Mengelsdorf.

Das 7. Corps wurde, als es die Höhen bei Meuselwitz überschritt, mit einem heftigen Artilleriefeuer empfangen, welches von den sächsischen Batterien kräftig erwidert wurde. Nach kurzem Halt ging die sächsische Infanterie im Sturmschritt auf Reichenbach los. Die Brigade Mellentin, das Grenadierbataillon und das leichte Infanteriebataillon von Le Coq an der Spitze, erstürmten Reichenbach. Während diese beiden Bataillone den Ort völlig vom Feinde säuberten, zogen sich das Bataillon Prinz Friedrich August und das Bataillon von Steindel auf der Westseite wieder heraus und entwickelten sich gegen die am Fuße des Töpferberges aufgestellten russischen Jäger. Rechts von ihnen ging die 2. sächsische Brigade, gefolgt von der Division Durutte, gegen die feindliche Infanterie vor, griff sie in Front und linker Flanke an und trieb sie mit starkem Verluste und in Unordnung zurück.

Währenddessen waren die Spitzen der übrigen französischen Colonnen, die leichte Reiterei voran, von Sohland her gegen die feindliche linke Flanke im Anmarsche, wurden aber von der feindlichen Cavallerie energisch zurückgeworfen.

Die sächsische Infanterie sah sich infolge dieses Vordringens der feindlichen Cavalleriemassen gezwungen, ein großes Viereck zu formiren, bis die schwere Reiterei des Generals Latour-Maubourg die feindliche Reiterei zum Rückzuge zwang.

Da jetzt auch das französische 5. Corps, Lauriston, den feindlichen rechten Flügel bei Mengelsdorf zu umfassen drohte, ging der Feind bis hinter Holtendorf zurück und nahm auf den nördlich der Straße gelegenen Höhen Stellung.

Während das sächsische Corps auf dem Töpferberge und zwischen diesem und Reichenbach sich wieder in Colonnen formirte, kam Kaiser Napoleon herangesprengt, stieg vor den sächsischen Truppen ab und sprach dem General von Sahr seine volle Zufriedenheit mit dem tapfern Benehmen derselben aus.

Es war bereits 4 Uhr nachmittags, als der Kaiser befahl, daß das 7. Corps den Feind auch noch aus der neuen Stellung vertreiben solle. Reynier stellte ihm vergeblich vor, daß das Corps durch den seit früh 5 Uhr fast ununterbrochen geführten Kampf erschöpft sei und nicht unbedeutende Verluste erlitten habe.

Nach kurzem Halte ging das 7. Corps theils auf, theils südlich der nach Görlitz führenden Straße weiter vor, vertrieb die feindlichen

Abtheilungen, welche den zwischen Reichenbach und Markersdorf befindlichen Wald besetzt hielten, und gelangte bis vor Markersdorf.

Als die Colonnen aus dem Walde traten, bemerkte man, daß starke feindliche Reitermassen nördlich der Straße sich vorbereiteten, das Corps bei seinem Eintritte in den Engpaß von Markersdorf in Flanke und Rücken anzugreifen. Dem sofort abgeschickten combinirten Grenadierbataillon gelang es jedoch, eine nördlich der Straße gelegene hervorragende Höhe vor dem Feinde zu erreichen, hier ein Carree zu bilden und dadurch den Feind von seinem beabsichtigten Angriffe abzuhalten.

Der Feind hatte, als die sächsischen Colonnen vor Markersdorf ankamen, von den jenseits Holtendorf gelegenen Höhen aus ein heftiges Artilleriefeuer, hauptsächlich mit Granaten, eröffnet, doch erlitten die Sachsen verhältnißmäßig geringen Verlust, weil der Feind sie überschoß. Eine der ersten Kugeln übrigens tödtete, unmittelbar hinter den Sachsen, den in Napoleon's Nähe stehenden französischen Ingenieurgeneral Kirchner und verwundete den Marschall Duroc, welcher in der folgenden Nacht in Markersdorf starb.

Nach lebhaftem Gefechte mußte der Feind Markersdorf und das fast damit zusammenhängende Holtendorf räumen, doch gelang es den Sachsen nicht, über den Schöpsbach vorzudringen. Die eintretende Finsterniß machte endlich dem Kampfe ein Ende. Die Vorposten standen sich, nur durch den Schöpsbach getrennt, dicht gegenüber.

In den verschiedenen Gefechten dieses Tages hatte das Bataillon Prinz Friedrich August verloren: 2 Mann todt, 2 Offiziere, die Lieutenants von Schindler und von Wittern, und 13 Mann verwundet und 8 Mann vermißt.

Am 23. Mai hatte General Miloradowicz noch vor Tagesanbruch sich nach Görlitz zurückgezogen, hier die Neiße überschritten, die Brücke angezündet und sich auf den jenseitigen Höhen aufgestellt.

Gefechte bei Leopoldshain und Trotschendorf am 23. Mai.

Das 7. Corps überschritt mittags 12 Uhr die Neiße auf einer oberhalb Görlitz geschlagenen Brücke. Die übrigen französischen Corps folgten.

Der Aufmarsch auf den Höhen des rechten Neißenufers erfolgte im wirksamen Feuer der bei Leopoldshain aufgestellten feindlichen Batterie und war mit ziemlichem Verluste verknüpft, doch gelang es der diesseitigen Artillerie bald, das feindliche Feuer zu dämpfen. Der Feind zog sich auf der Laubaner Straße bis hinter Trotschendorf zurück, behielt aber zur Deckung seines Rückzuges Leopoldshain und den dicht dahinter gelegenen Wald mit starken Abtheilungen besetzt.

Nachdem die sächsischen Batterien den Angriff vorbereitet hatten, erstürmte die leichte Infanterie Leopoldshain, welches der Feind bei seinem Abzuge in Brand steckte.

In dem Walde entspann sich ein überaus hartnäckiges und verlustreiches Gefecht. Die leichte Infanterie war etwas zu hitzig gefolgt und wurde anfangs von dem Feinde, der seine Plänker immer mehr verstärkte, wieder zurückgedrängt, ging aber, als die übrige Infanterie das brennende Dorf durchschritten hatte, mit erneutem Eifer wieder vor. Um den hartnäckigen Widerstand des Feindes zu brechen, ließ nun Reynier das Bataillon Prinz Friedrich August und das Bataillon von Steindel, gefolgt von der Batterie der Brigade Mellentin, auf der Straße in den Wald vordringen. Dieser in Colonnenformation mit Energie ausgeführte Stoß zersprengte die feindlichen Plänkerlinien und zwang sie zu beschleunigtem Rückzuge, wobei einige hundert Mann abgeschnitten und gefangen wurden. Nachdem der Wald völlig vom Feinde gereinigt war, nahm das 7. Corps eine Stellung auf der jenseit des Waldes gelegenen Windmühlenhöhe; Trotschendorf wurde von den sächsischen Vorposten besetzt.

Der Verlust des Bataillons Prinz Friedrich August an diesem Tage betrug: 2 Mann todt, 12 Mann verwundet, 2 Mann vermißt.

Die feindliche Nachhut stand bei Lichtenberg. Die feindliche Hauptmacht hatte sich gegen den Queiß zurückgezogen und zwar Barklay und York auf Tammendorf, Blücher auf Siegersdorf und Naumburg, Wittgenstein auf Lauban.

Von der französischen Armee standen am Abend des 23. Mai das Reitercorps Latour-Maubourg rechts neben dem 7. Corps; das 5. (Lauriston) war auf der Bunzlauer Straße bis Schützenhain vorgedrungen; das 4. (Bertrand) stand bei Hermsdorf; das 11. (Macdonald) bei Schönberg; das 3. (Ney) und 6. (Marmont) bei Görlitz.

Die sächsische Division hatte in diesen drei Gefechtstagen verloren:
    1 Offizier, 39 Mann todt.
    × Offiziere, 500 Mann verwundet.
    9× Mann vermißt.

Der Abgang an Offizieren war um so schmerzlicher, da es dem Corps ohnehin an solchen gebrach und ein großer Theil der den Truppen zugetheilten noch krank oder verwundet sich in den Hospitälern befand.

„Auch in jenen blutigen Tagen bewährte sich abermals der alte Ruhm der sächsischen Waffen in hohem Grade; jeder Einzelne war eifrig bemüht, seine Pflicht auf das strengste zu erfüllen. Die neuen Leute fochten mit Unerschrockenheit und Muth ungeachtet der außerordentlichen und fortwährenden Fatiguen und ungeachtet es ihnen wegen der schnellen Bewegung des Corps einige Tage gänzlich an Lebensmitteln fehlte."[1]

Das Vordringen des Corps Lauriston gegen den rechten und des Corps Bertrand gegen den linken Flügel des Feindes bewog diesen, seine Stellung vor Anbruch des 24. Mai zu verlassen. Das 4. Corps übernahm von diesem Tage an die Avantgarde. Das 7. Corps marschirte über Kieslingswalde, Hennersdorf, Heidegersdorf und Ullersdorf an den Queiß, überschritt auf einer, statt der verbrannten, schnell geschlagenen Brücke diesen Fluß und nahm vor der Stadt Naumburg in der Richtung gegen Bunzlau Stellung.

Am 25. Mai setzte das Corps seinen Marsch in der Richtung auf Liegnitz fort, überschritt bei Schlemmer nach Anlegung einer Brücke den Bober, und nahm bei Neu-Jerschwitz Stellung.

Nachdem sich das Corps am 26. wieder in Marsch gesetzt und bei seiner Marschrichtung auf Heynau das Dorf Steinsdorf erreicht hatte, hörte man von rechts das Feuer eines lebhaften Gefechtes des 3. und 5. Corps mit den feindlichen Corps. General Reynier veränderte daher seine bisherige Marschrichtung, um sich als Reserve diesen Corps zu nähern. Südlich von Steinsdorf wurde zu diesem Zwecke eine Stellung genommen, ohne daß das Corps in das Gefecht hätte eingreifen können.[2]

Am 27. Mai wurde der Marsch auf Liegnitz fortgesetzt. Die französischen Armeecorps waren auf dem linken Flügel des 7. Corps in Schlachtordnung aufmarschirt und zogen sich in dieser Form südlich um und durch Liegnitz. Sämmtliche Corps nahmen an der Stadt Stellung und das 7. Corps erhielt die seinige auf beiden Seiten der sogenannten großen und kleinen Straße nach Jauer. Das Hauptquartier des Kaisers war in Liegnitz.

Der Feind hatte überraschend die Richtung seines Rückzuges geändert und den größten Theil seines Heeres gegen Schweidnitz gezogen, während nur eine stärkere Nachhut beim Kloster Wahlstadt stehen blieb.

Das 7. Corps rastete am 28. Mai bei Liegnitz.

Am 29. traf bei den sächsischen Vorposten in Neudorf ein russischer Oberst als Parlamentär mit Schreiben an den Herzog von Vicenza (Caulincourt) ein, um wegen Abschluß eines Waffenstillstandes zu unterhandeln. Die Unterhandlungen wurden zwar angenommen, allein die

---

[1] K.-M.-A., Rep. 28, loc. 57: Rapports des Generallieutenants von Sahr 1813.
[2] Es war dies der gelungene Ueberfall der französischen Division Maison durch General von Blücher bei Michelsdorf.

Operationen nicht unterbrochen. Das 7. Corps setzte am 29. und 30. Mai seinen Marsch ohne bedeutende Ereignisse in der Richtung auf Neumark fort und nahm bei Tiezendorf eine Stellung zur Beobachtung der Schweidnitzer Straße.

Am 31. Mai wurde durch eine nach Obermoys vorgeschickte Patrouille die Verbindung mit dem Cavalleriecorps Latour-Maubourg aufgesucht und an diesem Orte hergestellt.

Gegen Mittag brach das Corps sodann auf und marschirte über Leuthen bis Arnoldsmühl am Schweidnitzer Wasser. Die Division Durutte, die an diesem Tage die Vorhut hatte, stieß an diesem Wasser auf energischen Widerstand von feindlichen Jägern, welche die Brücke bereits in Brand gesteckt hatten, durch das zur Unterstützung vorrückende Bataillon des 2. leichten Infanterieregiments aber nach lebhaftem Gefechte zurückgeworfen wurden. Die nicht völlig abgebrannte Brücke wurde sogleich wiederhergestellt. Das Corps nahm hierauf auf beiden Seiten des Wassers eine Stellung, bezog aber am 1. Juni ein Lager bei Puschwitz. Die Vorposten standen in Schmelwitz. Die Feindseligkeiten sollten vorderhand eingestellt werden.

Nachdem die Franzosen den Feind zur Aufhebung der Blokade von Glogau gezwungen und Breslau besetzt hatten, wurde am 4. Juni zu Poischwitz ein Waffenstillstand geschlossen.

Infolge der Bestimmungen desselben trat das 7. Corps am 7. Juni seinen Rückmarsch über Obermoys, Jauer, Goldberg, Löwenberg und Lauban nach Görlitz an, und bezog an der Neisse zwischen Görlitz und Lauban Ortsunterkunft. Das Bataillon Prinz Friedrich August kam nach Gosma und Wendisch-Ossig zu liegen.

Die sächsischen Truppen hatten durch die starken Märsche bei sehr mangelhafter Verpflegung bis zum Abschlusse des Waffenstillstandes einen bedeutenden Abgang an Kranken gehabt und zählte die sächsische Division kaum noch 4000 Mann unter den Waffen. Die Kranken wurden in der Hauptsache in das Lazareth nach Görlitz geschafft.

Am 1. Juli hielt Reynier eine Besichtigung über die sächsische Infanterie ab, nach welcher er sich sehr befriedigt über den Zustand derselben aussprach.

Am 24. Juli zählte das Bataillon Prinz Friedrich August, welches in der Zwischenzeit wiederholt Nachschübe von Reconvalescenten erhalten hatte, 21 Offiziere, 1 Regimentschirurg, 2 Compagniechirurgen, 783 Unteroffiziere und Gemeine. Von diesem Bestande gingen jedoch ab: Kapitän von Tiling und Souslieutenant von Brzeski, commandirt nach Torgau zur Ausbildung der Ersatzmannschaften, Adjutant von Hartitzsch, commandirt als Brigadeadjutant, und Premierlieutenant von

Larisch, commandirt zu General Reynier „zum Zeichnen", sowie der Regimentschirurg zur Dienstleistung bei dem Depot, ferner 1 Corporal als Oberkrankenwärter und 12 Mann als Krankenwärter in den Hospitälern und 6 Mann als Burschen bei abwesenden Offizieren.

Krank und verwundet lagen in Hospitälern: 2 Kapitäne (Feullner und von Schlottheim), 1 Souslieutenant (von Wittern), 1 Regimentstambour, 259 Unteroffiziere und Gemeine.

Krank und verwundet bei der Truppe: Premierlieutenant von Schindler, 1 Chirurg, 13 Unteroffiziere und Gemeine.

Vermißt waren: 1 Tambour und 31 Gemeine. Zum Dienst verblieben sonach nur 13 Offiziere, 459 Unteroffiziere und Gemeine.

Das Bataillon benutzte die Ruhe während des Waffenstillstandes zum fleißigen Exerciren. Außerdem wurde auf Befehl des Kaisers täglich nach der Scheibe geschossen, wobei für die besten Schützen Geldprämien ausgesetzt wurden.

Um die Mannschaft frisch zu erhalten sollte ferner hinter dem Lager eines jeden Bataillons ein besonderer Spielplatz eingerichtet werden, die Art der Spiele aber keinerlei Zwang von oben unterworfen, vielmehr den Leuten überlassen werden, hier diejenigen Spiele zu betreiben, welche in ihrer Heimat gebräuchlich waren.[1]

Inzwischen hatte General von Le Coq in Torgau die Ausbildung der Rekruten und die Neuerrichtung der Truppenkörper mit außerordentlichem Erfolge gefördert. Unter dem 27. Juni bereits theilte er dem Generallieutenant von Sahr mit, daß die Bildung einer zweiten Division beabsichtigt würde. Zu diesem Zwecke sollten, außer der Ergänzung der leichten Infanterie, wieder neu aufgestellt werden: 1 Bataillon Grenadiere, sowie je 1 Bataillon der Regimenter Prinz Friedrich August, Prinz Anton, von Steindel und von Low. Ferner sollten aus den zwei in Torgau stehenden provisorischen Bataillonen von Bose und von Metzradt je 1 Bataillon für die Regimenter Prinz Maximilian, von Rechten, König und von Niesemeuschel gebildet werden.

An Mannschaften zu diesen Ergänzungen und Verstärkungen fehlte es zwar nicht, wohl aber an Offizieren, Unteroffizieren und Spielleuten. Obgleich man jedem Bataillon nur 1 Commandeur und 12 Offiziere zutheilen wollte, fehlten doch zur Aufstellung obiger fünf Bataillone, selbst nach Einrechnung der als krank beurlaubten, immer noch 42 Offiziere. General von Sahr erhielt daher den Befehl, alle bei der mobilen Division über diesen Normaletat befindlichen Stabs- und Oberoffiziere nach Torgau zur Dienstleistung zurückzuschicken.

---

[1] K.-M.-A., Rep. 28, loc. 57: Rapports des Generallieutenants von Sahr 1813.

Um dem Mangel an Unteroffizieren abzuhelfen, bestimmte General Le Coq, daß von jeder Compagnie sechs Gefreite zu dienstleistenden Corporals ernannt und zur Auszeichnung von den Offizieren „Sie" genannt werden, sowie das bisherige Abzeichen der Unteroffiziere auf dem Aermel tragen sollten. Die wirklichen Corporale sollten einen zweiten Streifen auf dem Aermel erhalten.

Zur weitern Vermehrung der Armee war eine Rekrutirung von 6000 Mann angeordnet worden.

Bei dem Regimente Prinz Friedrich August wurden im Juli provisorisch der adelige Cadet Ferdinand Freiherr von Hansen und der bisherige Corporal des Husarenregiments Karl Heinrich Adolf Pitschel als Lieutenants angestellt.

Die Kapitäne von Krafft und von Tiling wurden zu aggregirten Majors ernannt. Das in Modlin stehende zweite Bataillon des Regiments wurde über den Etat geführt.[1]

Durch königliche Ordre vom 27. Juli wurde die mobile Armee wieder in zwei Infanteriedivisionen unter Commando des Generallieutenants von Le Coq formirt. Das Regiment Prinz Friedrich August gehörte zur 2. Brigade, Generalmajor von Mellentin, der 1. Division, welche dem directen Befehle des Generals Le Coq unterstellt war.

Das Commando des Regiments Prinz Friedrich August führte, da Oberst von Boblick noch nicht wieder dienstfähig war, Major von Brand; das 1. Bataillon commandirte Major von Töring, das 2. Major von Tiling. Major von Krafft wurde dem Depot in Torgau zugetheilt.[2]

Die Truppen hatten, da die im Depot und in den Lazarethen befindliche Mannschaft zum Etat gerechnet wurde, einen Effectivbestand von nur 14300 Mann. Die Division Durutte zählte ebenfalls nur 8000 Mann mit zwei Batterien à 8—6 pfündigen Geschützen, sodaß das 7. Armeecorps höchstens 23000 Mann mit 1600 Pferden (13 Escadrons sächsische Ulanen und Husaren) und 68 Geschützen zählte.

Nach seinem Eintreffen im Lager bei Görlitz erließ General Le Coq einen Tagesbefehl, um die so nothwendige Ausbildung der Mannschaft, welche bei einem großen Theile noch nicht hatte stattfinden können, zu regeln.

Die neue Mannschaft sollte täglich vormittags von 7—9 und nach-

---

[1] K. M.-A., Rep. 28, loc. 56: Eingegangene Ordres von General Le Coq. 1813, Vol. I.
[2] Eintheilung der mobilen Armee und Offiziersliste des Regiments Prinz Friedrich August siehe in Beilage LI.

mittags von 4—1/2 6 Uhr exerciren, die alte Mannschaft täglich einmal. Von den Rekruten sollten täglich von jedem Regiment 50—60 Mann, jeder Mann vier Schuß, nach der Scheibe schießen. In den ersten Tagen sollte „im strengsten Sinne des Wortes en détail" exercirt werden und erst nachdem der General sich von den Fortschritten jeder Abtheilung überzeugt haben würde, behielt er sich vor, weitere Anleitungen zu geben. Der theoretische Unterricht der jüngern Offiziere im Exerciren, sowie über alle Gegenstände des Dienstes im Lande und im Felde war fleißig zu betreiben, ebenso die praktischen Uebungen der Unteroffiziere im Exerciren. Mit den Offizieren und Unteroffizieren sollte als Vorübung öfter en seelet exercirt werden.

Jedoch war es nur kurze Zeit möglich diesen Befehlen nachzukommen.

Die Verhandlungen der kriegführenden Mächte zu Prag blieben erfolglos, und die Zeit des Waffenstillstandes war von allen Parteien nur zur Verstärkung der Armee benutzt worden. Durch den Anschluß Oesterreichs an die Verbündeten hatte sich das Verhältniß der Streitkräfte sehr zu Ungunsten Napoleon's verändert. Seine Stellung in Sachsen wurde durch die Verbündeten, welche ihre Armeen in drei großen Gruppen in der Mark, Schlesien und Böhmen aufgestellt hatten, in beiden Flanken umfaßt und selbst im Rücken bedroht. Der Vortheil der innern Linie wurde aufgehoben durch die numerische Ueberlegenheit der Verbündeten und durch die Befolgung des zu Trachenberg festgesetzten Operationsplanes, nach welchem die einzelnen Armeen der Verbündeten gegen Napoleon's Stellung an der Oberelbe vordringen, aber stets, ohne sich in eine entscheidende Schlacht einzulassen, zurückweichen sollten, wenn er persönlich mit Uebermacht gegen eine derselben vorginge.

Bereits vor Aufkündigung des Waffenstillstandes hatte Napoleon Vorkehrungen getroffen, daß bei Ausbruch der Feindseligkeiten ein Heer von drei Armeecorps, außer dem 7. das 4., Bertrand, und das 12., Oudinot, nebst dem 3. Reitercorps des Divisionsgenerals Herzog von Padua, unter Oudinot's Oberbefehl gegen Berlin vordringen sollte. Die Stärke dieser Armee belief sich auf nicht ganz 75000 Mann, worunter 13000 Mann Reiterei, mit 240 Geschützen.

Die bei Berlin stehende feindliche Nordarmee unter dem Kronprinzen von Schweden zählte 125616 Mann mit 334 Geschützen.[1]

---

[1] Die Stärke der Verbündeten nach Plotho. Nach (Wagner) „Plane der Schlachten und Treffen, welche von der preußischen Armee in den Feldzügen 1813, 14 und 15 geliefert worden", 1. Heft, S. 27 fg.: 100150 Mann.

Am 12. August nachts erhielt das 7. Corps den Befehl, nach Luckau aufzubrechen und dort weitere Befehle zu erwarten.

Am 13. August war die 2. sächsische Division aus dem Lager bei Görlitz aufgebrochen; am nächsten Tage folgte ihr die 1. Division, marschirte bis in die Gegend von Crebe, Klitten und Micka, am 15. August bis Spremberg, am 16. August nach Kalau und vereinigte sich am nächsten Tage bei Kalau mit den übrigen Divisionen des Corps.

Am 18. August, bei Aufkündigung des Waffenstillstandes, schickte das 7. Corps alle Kranken nach Torgau zurück, ließ das Bataillon Prinz Maximilian zur Verstärkung der französischen Besatzung von Luckau zurück und vereinigte sich bei Schenkendorf. Der Marsch wurde von hier an in einer Colonne fortgesetzt. Die 2. Division, welche die Spitze hatte, nahm mit der leichten Cavalleriebrigade Stellung bei dem Dorfe Merzdorf an der Grenze der Mark Brandenburg, die 1. Division mit dem Hauptquartier kam nach Groß-Zischt, die Division Durutte stand in Reserve bei Damsdorf; das 4. und 12. Corps standen in der Gegend von Baruth.

Am 19. August entwickelte sich das französische Heer aus seiner gedrängten staffelförmigen Aufstellung zwischen Baruth und Damsdorf derart, daß das 4. Corps bei Baruth stehen blieb, das 7. über Lino bis Schönfeld vorging und das Centrum bildete, das 12. Corps sich nach Luckenwalde auf den linken Flügel zog. Dieser Aufmarsch hatte nicht nur eine Marschkreuzung des 7. und 12. Corps zur Folge, sondern verursachte auch späterhin bedeutende Nachtheile, weil der Oberbefehlshaber sich auf dem äußersten linken Flügel befand. Der linke Flügel und der Rücken der Armee wurden durch ein in Treuenbriezen und Belitz stehendes russisches Corps von 6000 Mann, welches seine Vorposten bis Jüterbogk vorgeschoben hatte, beunruhigt.

Am 20. August blieb das französische Heer ruhig stehen. Nur die 2. sächsische Division hatte im Walde vor Schönweide ein unbedeutendes Vorpostengefecht.

Die feindliche Vorhut, aus der Brigade des Generals von Thümen bestehend, stand im Lager bei Thyrow und hielt außerdem noch Trebbin, Nunsdorf, Willmersdorf und den hinter diesem Orte gelegenen verschanzten Berg, sowie die Uebergänge über einen morastigen Abzugsgraben zwischen Willmersdorf und Wittstock besetzt.

Am 21. August eröffnete die 2. sächsische Division nach lebhaftem Gefechte den Engpaß von Nunsdorf und warf den Feind nach Willmersdorf zurück. Gleichzeitig hatte das 12. Corps nach einem bedeutenden Gefechte Trebbin genommen und war das 4. Corps gegen Zossen vorgerückt und stand abends bei Dergischow.

5. Feldzug 1813.

In Erwartung eines ernstlichen Angriffes zog der Feind am 22. August seine Corps enger zusammen.

Die Brigaden von Thümen und von Borstell hielten als Vorhut Thyrow und Mittenwalde besetzt.

Der rechte Flügel, die russischen Corps unter von Winzingerode und Worouzow, stand bei Gütergotz. Die Reiterei des Generals Tschernichef hielt Belitz und Treuenbrietzen besetzt und schickte Streifparteien nach Trebbin, Luckenwalde, Jüterbogk und bis Luckau vor.

Das Centrum, die schwedische Armee, stand bei Ruhlsdorf.

Auf dem linken Flügel stellte sich das preußische 3. Armeecorps (von Bülow) bei Heinersdorf auf, das 4. (Tauenzien) ging bis Blankenfelde vor und bezog ein Lager zwischen Kienitz und Brusendorf, letztern Ort mit einer Abtheilung unter Major Helbig besetzt haltend.

Das Corps des Generalmajors von Wobeser (13 Bataillone, 8 Escadrons, 1 Batterie) marschirte nach Buchholz, das des Generalmajors von Hirschfeld (18 Bataillone, 12 Escadrons, 1 Batterie) kam nach Saarmund, die Reservecavallerie unter Generalmajor von Oppen (28 Escadrons, 2 reitende Batterien) stand in Ludwigsfelde, zur Unterstützung des Generals von Thümen.

Reynier hatte früh bei Tagesanbruch die Gegend nördlich von Nunsdorf erkundet; das 7. Corps stellte sich in Colonnen, die Division Durutte an der Spitze, auf den nördlich von Nunsdorf gelegenen Höhen auf. Die vier französischen Corpscommandeure trafen hier zusammen und besprachen sich über das weitere Vorgehen gegen Berlin. Man beschloß, die Willmersdorfer Höhe und Wittstock anzugreifen, um dadurch den General von Thümen zum Rückzuge zu nöthigen; auch sollte der Posten von Jühnsdorf genommen und das 4. Corps jenseits des dortigen Engpasses aufgestellt werden.

Nachdem das 12. Corps gegen 11 Uhr vormittags bis Christinendorf vorgerückt war, trat das 7. Corps an. Die Division Durutte, unterstützt von einem Theile der Division von Sahr, eroberte mit starkem Verluste Wittstock und den dahinter befindlichen langen und schmalen vom Feinde hartnäckigst vertheidigten Damm. Eine Brigade des 12. Corps und die Brigade von Brause der 1. sächsischen Division erstürmten den Berg von Willmersdorf. Nach 6 Uhr abends war das Gefecht beendigt. Der Feind hatte sich nach Heinersdorf zurückgezogen. Während der Nacht standen die Division Durutte bei Kerzendorf, die 2. sächsische Division bei Löwenbruch, die 1. sächsische Division auf der Windmühlenhöhe von Wittstock und unterhielt die Verbindung mit dem 4. Corps bei Jühnsdorf. Letzteres hatte zwar die dort befindlichen

Verschanzungen weggenommen, aber nicht gewagt, den Engpaß zu überschreiten.

Bereits am Abend des 22. August hatte ein starker Regen begonnen, welcher auch am nächsten Tage anhielt.

Schlacht bei Groß-Beeren am 23. August 1813.[1]

General Reynier hatte am 23. August noch vor Tagesanbruch einen sächsischen Offizier zum 4. Corps geschickt, um die Absichten des Generals Bertrand für diesen Tag zu erfahren. Letzterer schickte die Meldung zurück, „daß er zwar im Besitze des Postens von Jühnsdorf sei, den Engpaß mit seinem Corps aber nicht eher überschreiten könne, bis der ihm gegenüberstehende Feind durch Bewegungen in dessen rechter Flanke bedroht und zum Rückzuge veranlaßt werde, weshalb denn General Reynier mit dem 7. Corps gegen Groß-Beeren vorrücken müsse".

Reynier schickte diese Meldung sogleich weiter an den Marschall Oudinot und befahl der 2. sächsischen Division und der leichten Reiterbrigade, sofort auf der durch Groß-Beeren nach Berlin führenden Straße vorzurücken, sobald sie in ihrer rechten Flanke, bei dem 4. Armeecorps, Geschützfeuer hören würde.

In Gemäßheit dieses Befehles brach die 2. sächsische Division früh 10 Uhr aus ihrem Lager auf, gefolgt von der Division Durutte; die Reiterbrigade von Gablenz marschirte in gleicher Höhe zur rechten Hand.

Hinter diesen beiden Divisionen folgte das gesammte Fuhrwesen des Corps; die 1. Division marschirte an der Queue und brach erst 12 Uhr aus ihrer Stellung bei Wittstock auf.

Marschall Oudinot hatte das Vorrücken des 7. Corps gebilligt und versprochen, mit dem 12. Corps und dem Reitercorps des Herzogs von Padua gleichzeitig von Trebbin aus vorgehen zu wollen.

Bei dem Austritte aus dem Walde, gegen 4 Uhr nachmittags, erblickte die Division von Sahr auf eine Viertelstunde Wegs vor sich das Dorf Groß-Beeren. Das Dorf und der Höhenrücken, auf welchem dasselbe gelegen, war von einer feindlichen Avantgarde unter dem Befehle des Majors von Sandrart, in der Stärke von drei Bataillonen, dem Leibhusaren-Regiment und vier Geschützen besetzt.

Die Division von Sahr marschirte am Waldrande auf, eröffnete mit ihren beiden Batterien das Gefecht und schickte das Grenadierbataillon von Spert, welchem das Bataillon König zur Unterstützung

---

[1] Hierzu Kartenbeilage XVI.

folgte, zum Sturm auf das Dorf vor. Der Angriff gelang und die feindliche Avantgarde zog sich nach Ruhlsdorf zurück.

Die 1. sächsische Division hatte, sobald sie das Geschützfeuer hörte, die der 2. Division folgende Wagencolonne abseits fahren lassen, war auf dem nach Neu-Beeren führenden Wege mit möglichster Beschleunigung vorgegangen und hatte sich auf dem linken Flügel der 2. Division in Colonnen formirt.

General Reynier war bei der vorgerückten Tageszeit überzeugt, daß das Gefecht für diesen Tag beendet sei. Er ließ Groß-Beeren, wohin die Quartiermacher abgeschickt wurden, um Quartiere für die höhern Stäbe zu machen, von dem halben Grenadierbataillon von Sperl besetzen, während die andere Hälfte dieses Bataillons in das Holz zwischen Groß- und Klein-Beeren entsendet wurde.

In der That hatte auch der Kronprinz von Schweden befohlen, bis auf den Weinberg vor Berlin zurückzugehen, und die Truppen traten bereits an, um diese Bewegung auszuführen, als General von Bülow, die Schwäche der diesseitigen Streitkräfte erkennend, den Befehl zum Angriff auf die Stellung von Groß- und Klein-Beeren ertheilte.

Gegen Klein-Beeren, welches von Groß-Beeren durch ein sumpfiges, nur bei letzterm Orte überschreitbares Fließ getrennt ist, wurde die 5. Brigade, Generalmajor von Borstell (11 Bataillone, 9 Escadrons, 1½ Batterie) entsendet, welche, als sie den Ort unbesetzt fand, sich überraschend gegen die rechte Flanke des sächsischen Corps entwickelte. Den Angriff auf Groß-Beeren führten die 3. Brigade, Generalmajor Prinz von Hessen-Hamburg (11 Bataillone, 5 Escadrons, 1 Batterie) und die 6. Brigade, Oberst von Krafft (9 Bataillone, 4 Escadrons, 1 Batterie), welchen dicht aufgeschlossen die 4. Brigade, Generalmajor von Thümen (8 Bataillone, 3 Escadrons, 1 Batterie) folgte. Vertheilt hinter der Infanterie folgte die Reservecavallerie (26 Escadrons, 2 reitende Batterien). Das Gefecht wurde von General von Bülow mit einer starken, 300 Schritt vor die Infanterie vorgezogenen Artillerie auf 1800 Schritt Entfernung eröffnet, welche bald bis auf 1100 Schritt vorging und mit 64 Geschützen das Dorf Groß-Beeren und die 2. sächsische Division unter Feuer nahm. General Reynier hatte eine Batterie von 44 Geschützen auf der Windmühlenhöhe aufgestellt, welche aber durch das überlegene feindliche Feuer stark litt.

Die Division Durutte behielt Reynier in Reserve hinter dem linken Flügel der Division von Sahr, die Division Le Coq blieb auf dem äußersten linken Flügel in der Nähe des Waldes und formirte bei dem weitern Vordringen des Feindes, welcher starke Cavalleriemassen zeigte, ein großes hinten offenes Viereck.

Trotz der wiederholten Meldungen des Grenadierbataillons von Sperl, welches von der Brigade von Borstell gegen Groß-Beeren zurückgedrängt wurde, wollte Reynier an keinen ernstlichen Angriff in seiner rechten Flanke glauben, da er überzeugt war, daß das 4. französische Corps mindestens bis Blankenfelde und Diebersdorf vorgedrungen sei. Erst im letzten Augenblicke schickte er zwei Bataillone, König und Prinz Anton, mit einer halben Batterie von der Windmühlenhöhe ab, welche sich südlich von Groß-Beeren mit der Front gegen das Fließ aufstellten. Die halbe Batterie wurde sofort durch eine jenseits des Fließes aufgefahrene Batterie zum Schweigen gebracht; die Infanterie wurde von der aus Groß-Beeren vordringenden feindlichen Infanterie in der linken Flanke mit Kolben und Bajonett angefallen; es entstand ein wüthendes Handgemenge. Von der Uebermacht überwältigt, geriethen die Bataillone König und von Sperl auf ihrem Rückzuge nach dem Walde an einen breiten, tiefen und schlammigen Abzugsgraben, über den nur ein Steg führte, und verloren hier viel Leute, welche theils vom Feinde gefangen wurden, theils bei dem Versuche, den Graben zu durchwaten, ertranken.

General Reynier hatte, als der Feind in Groß-Beeren eindrang, der Division Durutte Befehl gegeben, zur Unterstützung der Division von Sahr vorzurücken. Allein diese Truppe, welche am Tage zuvor sich so brav geschlagen hatte, wurde in diesem Moment von einem solchen panischen Schrecken erfaßt, daß sie sich zum größten Theile auflöste und die Gewehre wegwerfend nach dem Walde flüchtete.

Die Division von Sahr behielt ihre Stellung auf der Windmühlenhöhe bei, bis die Artillerie ihre Munition verschossen hatte. Da die feindliche Brigade von Borstell bereits ihren Rücken bedrohte, warf sich General von Sahr an der Spitze des Regiments von Low diesem Feinde entgegen und hielt in einem mit größter Erbitterung geführten Bajonettkampfe denselben so lange zurück, daß es gelang, die Geschütze, bis auf vier 6-pfündige, welche demontirt oder ohne Bespannung waren, zurückzubringen.

Die erste Division, gegen deren linke Flanke eine preußische reitende Batterie aufgefahren war, hatte dieselbe durch das gutgezielte Feuer ihrer beiden Batterien zum Schweigen gebracht und ihr fünf Geschütze demontirt.

Als die Division Durutte floh, war die Division zur Unterstützung der 2. Division abmarschirt, unterbrach aber auf anderweiten Befehl des Generals Reynier ihren Flankenmarsch, um eine Aufstellung zur Deckung des Weges von Neu-Beeren zu nehmen.

Erst nachdem das Geschütz und der Rest der 2. Division ihren

Rückzug in den Wald vollendet hatten, folgte das Gros der 1. Division. Um ein Nachdringen des Gegners zu hindern, blieb der Generalmajor von Brause mit dem Regiment Le Coq, dem Bataillon von Rechten, dem 2. Bataillon Prinz Friedrich August, der Jägercompagnie und mit der 12-pfündigen Reservebatterie noch einige Zeit vor dem Eingange in den Wald halten.

Der Feind hatte sich mit dem größten Theile seiner Infanterie auf dem Windmühlenberge entwickelt und hier auch eine starke Artillerie aufgestellt, welche die Nachhut und den Eingang in den Wald lebhaft beschoß. Die sächsische Batterie kam zwar in Gefahr, von vorgeschobenen Abtheilungen des Feindes (2 Bataillone und das Leibhusarenregiment) genommen zu werden; doch wagte der Feind bei der festen Haltung der sächsischen Nachhut keinen energischen Angriff.

Nachdem die Dunkelheit völlig eingebrochen war, trat die Nachhut den Rückzug in den Wald an, erreichte abends 10 Uhr Löwenbruch und blieb hier einige Stunden stehen, um der Artillerie und dem Fuhrwesen Zeit zum Durchschreiten des Engpasses von Wittstock zu verschaffen.

Die Schlacht von Groß-Beeren, welche auf französischer Seite jedes einheitliche Zusammenwirken der drei Corps vermissen läßt und infolge dessen zu einer völlig zweck- und nutzlosen Aufopferung eines Theiles des 7. Corps führte, brachte dem sächsischen Corps einen Verlust von 28 Offizieren, 2096 Unteroffizieren und Gemeinen und 376 Pferden. Außerdem büßte das sächsische Corps 7 Geschütze und 53 Patronen- und Requisitenwagen ein, welche theils zerschossen, theils in die Luft gesprengt wurden, theils stecken blieben.[1]

Von dem Regiment Prinz Friedrich August waren 4 Mann todt, 15 Mann verwundet, 5 Mann gefangen und 7 Mann vermißt.

Das 7. Corps ging während der Nacht durch Wittstock, blieb am 24. August früh 8 Uhr auf der Windmühlenhöhe südlich dieses Ortes stehen, und trat, nachdem die dortige Brücke verbrannt war, seinen weitern Rückzug über Runsdorf, wo einige Stunden gerastet wurde, nach Kummersdorf an. Von hier marschirte die Division Durutte nach Dümde, die Division von Sahr[2] nach Lino, die Division von Le Coq nach Schönfeld.

---

[1] Der Hauptverlust traf die an diesem Tage nur acht Bataillone starke Division von Sahr, welche 11 verwundete und 9 gefangene Offiziere, an Unteroffizieren und Gemeinen 116 Todte, 238 Verwundete, 1564 Gefangene und Vermißte einbüßte.

[2] An Stelle des durch zwei Bajonettstiche schwer verwundeten Generals von Sahr übernahm Oberst von Bose die Führung der 2. Division.

Das 12. Corps war nach Jänickendorf, das 4. nach Baruth zurückgegangen. Am 25. August ging das 7. Corps in eine Stellung zwischen Werben und Schönfeld zurück.

Von der 1. Division wurden zur Deckung des Rückzuges das 2. Bataillon des leichten Infanterieregiments Le Coq nach Neuendorf, zwei Compagnien des 1. Bataillons desselben Regiments nach Gottow und das 2. Bataillon Prinz Friedrich August bis an den zwischen Gottow und Schönweide hinlaufenden Graben entsendet.

Als das Bataillon Prinz Friedrich August vor Gottow eintraf, stieß es auf feindliche Cavallerie, warf dieselbe energisch zurück und besetzte den Ort, wodurch die Sicherung des Marsches von der großen Berliner Straße her bewirkt wurde. Das Bataillon hatte auch bei diesem Zusammentreffen eine ausgezeichnete Haltung bewiesen und einigen Verlust erlitten.

Nachdem das Corps seine Stellung bei Werben bezogen hatte, rückten die entsendeten Abtheilungen, welche sich den Feind durch Feuer vom Leibe halten mußten, wieder bei demselben ein.

Am 26. August blieb das 7. Corps stehen. Der Feind verdrängte die schwache Abtheilung Polen von der Division Dombrowsky, welche Jüterbogk besetzt hielt, aus dieser Stadt und beunruhigte mit starken Kosakenschwärmen die sächsischen Vorposten. Das 4. Corps rückte näher an Jüterbogk heran und stellte sich bei Hohenschleuzer auf.

Die französische Armee war nun vereinigt, während die feindliche auf einer Linie von Belitz bis Baruth auf mehr als vier Meilen zerstreut stand.

Anstatt diese Gelegenheit zu einem energischen Angriff zu benutzen, zog sich die französische Armee am 27. August nach einem hitzigen Gefechte zwischen der Nachhut des 4. Corps und dem Corps des Generals von Borstell noch enger bei Jüterbogk zusammen. Das 4. und 12. Corps standen in und bei Jüterbogk, die Division Le Coq zwischen der Stadt und Rohrbeck, Front gegen die Wittenberger Straße, die Division von Sahr auf den Weinbergen bei der Stadt und die leichte Reiterbrigade am Fuße derselben, Front gegen die Treuenbrietzener Straße. In Luckau, welches bei der jetzigen Lage der Dinge ganz zwecklos noch besetzt gehalten wurde, mußte sich das Bataillon Prinz Maximilian mit der französischen Garnison der Abtheilung des Generals von Wobeser kriegsgefangen ergeben.

Am 28. August schlug das 4. Corps zwei Angriffe des Generals von Woronzow auf Jüterbogk ab und verfolgte denselben gegen Abend bis in die Nähe von Treuenbrietzen.

Das 7. Corps marschirte, nach einer Erkundung gegen Zinna,

in Divisionscolonnen bis Mellnsdorf zurück. Während des ganzen Marsches wurde das Corps von starken feindlichen Reiterabtheilungen umschwärmt, weshalb man gezwungen war, in Gefechtsformation über die Felder zu marschiren.

Am nächsten Tage gingen das 4. und 12. Corps nach Zahna und Wergzahna, das 7. Corps gegen Marzahna und Kropstädt zurück. Die Division Durutte stellte sich bei Jahmo, die Division Le Coq auf dem nördlich von Kropstädt befindlichen Höhenrücken, die Division von Sahr und die Reiterbrigade bei Marzahna auf.

Feindliche Abtheilungen, Reiterei und reitende Artillerie unter den Generalen Woronzow und Orurk, griffen wiederholt die zweite sächsische Division an und versuchten, sie von ihrer Verbindung mit Kropstädt abzuschneiden. Die Division erhielt daher den Befehl, sich an die Division Le Coq heranzuziehen. Von letzterer waren zum Schutze dieser Bewegung, und um die linke Flanke der Stellung vor Umgehung zu schützen, das 1. Bataillon Prinz Friedrich August und das 1. Bataillon von Steindel in den den linken Flügel der Stellung gegen Jahmo hin umfassenden Wald vorgeschoben worden, hatten hier starke Plänkerlinien entwickelt und dadurch die Absicht des Feindes vereitelt.

Der Feind entwickelte allmählich immer stärkere Kräfte gegen Front und beide Flanken der sächsischen Stellung und schien zum allgemeinen Angriffe übergehen zu wollen, als ihn die von Wergzahna heranrückenden Colonnen des 12. Corps veranlaßten, sein Vorhaben aufzugeben und seinen linken Flügel zurückzuziehen.

Am 30. August vereinigten sich die französischen Corps bei Kropstädt und Marzahna; die Brigade von Mellentin wurde in das Holz gegen Wettien und Jahmo entsendet.

An diesem und dem folgenden Tage zog Marschall Oudinot, anstatt gegen den Feind, der von Niemeck bis Luckau auf 10 Meilen auseinandergezogen war, mit vereinten Kräften etwas zu unternehmen, seine Corps immer mehr zusammen und ging am 31. August, als die feindlichen Vortruppen einen Angriff vorzubereiten schienen, noch weiter gegen Wittenberg zurück. Die Stellung zog sich vom rechten Flügel bei Euper in schräger Richtung über Tobien und die Rothenmark bis gegen die Elbe. Die Division Le Coq stand bei Teuchel, die Divisionen von Sahr und Durutte auf den Höhen zwischen Tobien und Wittenberg.

Die Stellung war völlig ungedeckt und besonders der rechte Flügel des 4. Corps stand völlig in der Luft. Der Feind griff auch alsbald dieses Corps an, wurde hier, besonders durch eine verdeckte Batterie, blutig abgewiesen und versuchte sodann mit gleich ungünstigem Erfolge einen Angriff auf die Brigade von Kyssel.

Bis zum 4. September zogen sich die feindlichen Corps in einem weiten Halbkreise um die Stellung der Franzosen zusammen. General von Dobschütz mit der Vorhut des Tauenzien'schen Corps stand auf den Höhen von Jahna, Tauenzien marschirte nach Seyda. General Woronzow stand vor Dobien, General von Borstell hinter den Engpässen von Köpping und Jahmo; seine Vorposten hatten Verbindung mit dem Corps Dobschütz. General von Bülow lagerte mit zwei Brigaden bei Marzahna, eine Brigade war zur Unterstützung des Generals von Borstell nach Kropstädt und Wergzahna geschickt.

General von Winzingerode stand bei Hohen-Werbig, die Schweden bei Rabenstein, das Corps des Generals von Hirschfeld marschirte nach Göritz und entsendete ein Bataillon nach Roßlau zur Beobachtung der Elbe.

Das 4. Corps kämpfte am 4. September mit wechselndem Glücke den ganzen Vormittag, um den Feind aus dem vor Thiesen liegenden Holze zu vertreiben, was am Nachmittage, nicht ohne bedeutenden Verlust, gelang.

An diesem Tage traf Marschall Ney bei dem Heere ein, um den Oberbefehl zu übernehmen.

Marschall Oudinot, mit dessen Operationen der Kaiser im höchsten Grade unzufrieden war, wurde jedoch nicht entfernt, sondern behielt das Commando des 12. Corps.

Am Nachmittage des 4. September musterte Marschall Ney die Corps in ihren Stellungen.

Entschlossen, einem allgemeinen Angriffe zuvorzukommen, ergriff Ney am nächsten Morgen die Offensive.

Corpsweise in Staffeln aus der Mitte brach das französische Heer auf, mit Ausnahme der polnischen Division von Dombrowsky, welche vor Wittenberg stehen blieb.

Das 12. Corps stieß gegen 10 Uhr auf die Vorhut des Generals von Dobschütz und drängte diese aus ihrer Stellung bei Zahna auf das Tauenzien'sche Corps nach Zalmsdorf zurück. Dieses Corps, welches besonders durch das überlegene französische Artilleriefeuer einen sehr starken Verlust (gegen 3000 Mann) erlitten hatte, ging bis auf die Weinberge bei Jüterbogk zurück.

Das 12. Corps blieb in der Nacht bei Seyda, das 4. bei Zalmsdorf und das 7. zwischen diesem Orte und Letza stehen. Die Kosaken umschwärmten fortwährend das Lager, sodaß das 7. Corps sich nach allen Seiten durch Feldwachen sichern mußte.

General von Bülow hatte, sobald er sichere Kunde von dem Vordringen der Franzosen erhielt, beschlossen, links abzumarschiren, um den Feind in Flanke und Rücken anzugreifen. Der Kronprinz von Schweden billigte seinen Plan, bestimmte die beiden preußischen Corps zum Angriffe, versprach mit den Russen und Schweden als Reserve zu folgen und ertheilte diesen Abtheilungen Befehl, sich bei Lobessen zusammenzuziehen.

General von Bülow marschirte noch an diesem Tage mit der 3., 4. und 6. Brigade und der Reservereiterei bis Kurz-Lipsdorf und bezog hier ein Lager. Um die Annäherung nicht zu verrathen, durften in der Nacht keine Feuer angemacht werden. Die 5. Brigade blieb auf ausdrücklichen Befehl des Kronprinzen hinter Kropstädt stehen.

Schlacht bei Dennewitz am 6. September 1813.[1]

Am 6. September früh 8 Uhr marschirte die französische Armee aus ihren Lagern in Staffeln vom linken Flügel ab. Das 4. Corps mit einem halbstündigen Vorsprunge zur Linken des 7., welchem das 12. in der Entfernung einer Stunde folge.

Das 7. Corps marschirte in vier Colonnen in gleicher Höhe, die 1. Division auf dem linken Flügel, rechts davon die 2. Division, dann der Artilleriepark und das gesammte Fuhrwesen, auf dem rechten Flügel die leichte Reiterbrigade. Die Division Durutte folgte der 1. Division.

Die Marschrichtung des 4. Corps ging auf Nieder-Gersdorf, die des 7. auf Rohrbeck.

General Tauenzien hatte bei Annäherung des französischen Heeres sich etwas rechts gezogen, um sich dem Corps von Bülow zu nähern, und die Höhen südwestlich von Jüterbogk gegen Kaltenborn hin besetzt.

Ohnweit Nieder-Gersdorf stieß das 4. Corps auf den Feind und trieb denselben in einem sehr lebhaften Gefechte bis auf die hinter Nieder-Gersdorf gegen Jüterbogk sich hinziehenden Höhen zurück. Während dieses zweistündigen Gefechtes war das 7. Corps, im Rücken des 4. Corps bei Dennewitz rechts vorbeimarschirend, auf Rohrbeck vorgerückt.

Noch war es eine Viertelstunde von diesem Orte entfernt, als plötzlich das Bülow'sche Corps, über Kaltenborn und Talichau vorbrechend, das 4. Corps in der linken Flanke umfaßte und schnell zurückdrängte.

---

[1] Hierzu Kartenbeilage XVII.

Marschall Ney ließ die an der Queue des sächsischen Corps marschirende Division Durutte zur Unterstützung des linken Flügels des 4. Corps durch Dennewitz vorrücken und die Höhe von Nieder-Gersdorf besetzen.

Da aber diese Unterstützung nicht genügend war und auch von Göhlsdorf her sich feindliche Massen näherten, mußten auch die beiden sächsischen Divisionen sofort zur Verlängerung des linken Flügels verwendet werden.

Der Marsch der sächsischen Divisionen ward in hohem Grade erschwert durch das Zurückjagen der Cavallerie und des Fuhrwesens des 4. Corps und durch Kosakenhaufen, welche jenen folgten, die Sachsen umschwärmten und bereits das sächsische Fuhrwesen bedrohten. Die Sachsen sahen sich daher genöthigt, ihren Marsch in Vierecken anzutreten.

Die Division Durutte, welche sich an diesem Tage wieder mit großer Tapferkeit schlug und das feindliche erste Treffen zurückgeworfen hatte, wurde in ihrer linken Flanke von einer stärkern feindlichen Abtheilung umfaßt, mit 18 Geschützen auf 300 Schritt beschossen und hierdurch gezwungen, langsam gegen Dennewitz zurückzugehen.

Der Feind hatte nun die Höhen von Nieder-Gersdorf und das Dorf Göhlsdorf besetzt.

In der Voraussetzung, daß das 12. Corps dem bedrohten linken Flügel bei Göhlsdorf zumarschiren und hier die Schlachtlinie verlängern würde, befahl General Reynier der Division Le Coq Göhlsdorf zu nehmen, und der 2. Division, ersterer als Reserve zu folgen. General Le Coq ließ durch das Grenadierbataillon von Spiegel und das Regiment von Steindel den Angriff auf Göhlsdorf ausführen; das Regiment Prinz Friedrich August folgte in Vierecken dem Angriffe.

Nach hartnäckigem Widerstande des Feindes ward das Dorf unter Mitwirkung der sächsischen Artillerie erobert und besetzt.

Die Brigade von Branje war gleichzeitig mit einer 6=pfündigen Batterie, unterstützt von der auf der Höhe von Göhlsdorf aufgefahrenen 12=pfündigen sächsischen und einer reitenden französischen Batterie, auf die rechts von Göhlsdorf sich hinziehenden Höhen vorgedrungen.

Die 2. sächsische Division stand in Reserve bei der Artillerie auf den Höhen vor Göhlsdorf. Hinter dem rechten Flügel des 7. Corps stellte sich die Reiterdivision de France und hinter der Mitte neben dem Hauptartilleriepark, zur Beobachtung der bei Rohrbeck sich zeigenden feindlichen Reiterei, die sächsische leichte Reiterbrigade auf.

Der Feind war überall vor der 1. Division zurückgewichen. Wiederholte Angriffe gegen Göhlsdorf, welche der Feind mit größter

Energie, aber mit zu schwachen Kräften unternahm, wurden zurückgeschlagen und die beiden sächsischen Brigaden hatten bereits jenseits des Dorfes Feld gewonnen und ihre Artillerie auf die dortigen Höhen vorgezogen, welche die aus Nieder-Gersdorf und Wellmersdorf vorrückenden feindlichen Massen beschossen. In dieser Stellung hielt sich die sächsische 1. Division ungefähr eine halbe Stunde lang in der vergeblichen Hoffnung, das 12. Corps herannahen zu sehen, um mit demselben des Feindes Mitte und rechten Flügel angreifen zu können.

Das 4. Corps hielt sich noch auf der Windmühlenhöhe rechts von Dennewitz.

Trotz des lebhaften Feuers der sächsischen Artillerie bildete der Feind neue Angriffscolonnen gegen Göhlsdorf, griff dasselbe mit der 3., 4. und 6. Brigade in der Front und beiden Flanken an, drückte die Brigade von Mellentin nach Göhlsdorf zurück und zwang sie nach hartnäckigem Widerstande das Dorf zu räumen und sich mit der Brigade von Brause auf die Höhen vor dem Dorfe zurückzuziehen.

Während dieses Gefechtes um Göhlsdorf hatte Marschall Ney die Brigade Jarry der Division Durutte auf die Windmühlenhöhe rechts von Dennewitz, welche vom 4. Corps verlassen worden war, entsendet.

Jetzt endlich trafen einige Bataillone und eine Batterie der Division Guilleminot vom 12. Corps auf dem linken sächsischen Flügel ein.

General Reynier, von neuer Hoffnung erfüllt, ließ sogleich die gesammte Artillerie ihr Feuer auf Göhlsdorf richten und, nachdem diese genügend vorgearbeitet, die Brigade von Mellentin aufs neue zum Sturme auf dieses Dorf sowie die Brigade von Brause, verstärkt durch ein Bataillon Prinz Anton, gegen die Höhen rechts des Dorfes vorgehen. Beide Angriffe waren erfolgreich und die Brigade von Mellentin setzte sich jenseits des Dorfes fest.

Das 12. Armeecorps war nun völlig auf dem linken Flügel der 2. sächsischen Division eingetroffen, anstatt aber gegen den rechten Flügel des Bülow'schen Corps vorzugehen, erhielt es vom Marschall Ney den Befehl, gegen Dennewitz abzumarschiren, wo es bei seinem Eintreffen sofort in die Flucht des 4. Corps verwickelt wurde. Alle Vorstellungen Reynier's, welcher die entscheidende Wichtigkeit von Göhlsdorf erkannt hatte, waren vergeblich geblieben.

Die Brigaden von Mellentin und von Brause, welche sich fast verschossen hatten, waren kaum noch in der Lage, einen längeren Widerstand zu leisten; die 2. Division konnte bei ihrer Schwäche, infolge der starken Verluste bei Großbeeren, keine Entscheidung bringen. Die Division Durutte, nur noch aus der schwachen Brigade Devaux bestehend, mußte einem erneuten überlegenen Angriffe weichen, das 4. Corps war bis Rohrbeck zurückgeworfen worden.

Die Division Le Coq stand jetzt, ähnlich wie bei Großbeeren die 2. Division, allein dem umfassenden Angriffe des 3. preußischen Corps gegenüber. Letzteres wurde jetzt noch durch den größten Theil der Brigade von Borstell verstärkt, welche gegen 5 Uhr in der linken Flanke der Brigade Mellentin eintraf. Von Nieder-Gersdorf her drang bereits eine feindliche Colonne gegen die Stellung der 2. sächsischen Division vor. Unter diesen Umständen mußte die 1. Division ihre Stellung, in welcher sie sich vier Stunden lang rühmlichst geschlagen hatte, endlich räumen.

Die französische Cavallerie versuchte den Rückmarsch der Sachsen durch einen Angriff zu unterstützen, stieß aber auf die preußische Reservecavallerie, welche auf den feindlichen rechten Flügel vorgezogen worden war, und wurde von dieser und von der starken feindlichen Artillerie mit bedeutendem Verluste geworfen und zersprengt.

Die sächsische Infanterie ging in Vierecken zurück. Die Division Le Coq und einige Bataillone Bayern vom 12. Corps deckten den Rückzug, indem sie in Bataillonsvierecken en échiquier, das Geschütz in den Zwischenräumen und später auch den Hauptartilleriepark aufnehmend, in bester Ordnung auf Oehna zurückgingen.

Hier hatten sich das Fuhrwesen und ein großer Theil der Reiterei der französischen Armee angehäuft. Das sächsische Corps und die bayerischen Bataillone des 12. Corps nahmen vor dem Orte nochmals Stellung, um dem Fuhrwesen Zeit zum Abfahren zu verschaffen, und suchten das lebhafte Vordringen des feindlichen rechten Flügels zu verhindern, welcher die Franzosen von den Straßen von Jüterbogk nach Wittenberg und Torgau abzuschneiden bestrebt war.

Das Feuer der feindlichen leichten Artillerie vermehrte die Unordnung der in und bei Oehna zusammengedrängten Fuhrwerke und Reitermassen im höchsten Grade, sodaß ein Theil der letzteren sich auf die sächsischen Colonnen warf, sie durchbrach und mehrere Kanonen umstürzte.

Fast gleichzeitig mit diesem Durchbrechen der französischen Reiterei drang auch, zu spät erkannt, preußische Reiterei zwischen die sächsischen Vierecke ein, hieb hier einige Trainsoldaten der Artillerie nieder, mußte aber, ohne ein einziges Viereck durchbrochen zu haben, mit Verlust wieder zurückgehen.

Marschall Ney befahl den Rückzug auf Dahme zu nehmen, doch Reynier und Oudinot sahen ein, daß bei der Verfassung des Heeres nur noch der Rückzug auf Torgau möglich sei, wo die Armee unter dem Schutze der Festung sich wieder ordnen konnte.

Bei diesen widersprechenden Ansichten der Feldherren und bei der Unordnung, mit welcher sich alle Truppengattungen und deren Fuhrwerke kreuzten, war es trotz aller Mühe nicht möglich, eine Trennung des sächsischen Corps zu verhüten.

General Reynier mit dem größten Theile der zweiten Division, dem Husarenregimente und der reitenden Batterie, ging auf dem nächsten Wege, Langen-Lipsdorf links, Körbitz rechts lassend, über Linde, Löben, wo er die Elster überschritt, durch Annaburg nach Torgau. Der General von Mellentin mit dem Regiment von Steindel und dem 1. Bataillon Prinz Friedrich August war, Körbitz links lassend, ebenfalls auf Löben marschirt und hatte sich gegen 9 Uhr abends im Walde hinter Körbitz mit der Colonne des Generals Reynier vereinigt. Erst hier hörte die Verfolgung des Feindes, welcher die Colonne während des ganzen Marsches mit Granaten beschoß, auf.

Das zweite Bataillon Prinz Friedrich August war mit den übrigen sächsischen Truppen unter Führung des Generals Le Coq zurückgegangen. Diese Colonne hatte unter fortwährendem Gefechte gegen den verfolgenden Feind die Richtung auf Dahme eingeschlagen, bis zu dem Wege, der von Jüterbogk nach Schönwalde führt, war auf diesem bis Ahlsdorf weiter marschirt, hatte hier eine Stunde gerastet und nachts 12 Uhr den weiteren Rückzug über Brandis nach Arnsnest, wo die Brücke über die Elster hergestellt wurde, und von da über Zülsdorf nach Torgau angetreten. Am 7. September gegen Mittag trafen beide sächsische Colonnen bei Zwetha vor Torgau ein. Die Sachsen wurden bei Grabitz und Werda, die Reste der Division Durutte bei Kreischau aufgestellt.

Das 12. Corps hatte seinen Rückzug vor und neben den Sachsen, aber in großer Unordnung, ausgeführt, mit Ausnahme der Bayern, welche mit den Sachsen in guter Haltung wetteiferten. Das 4. Corps, bei welchem sich Marschall Ney befand, ging über Dahme zurück, hatte auf dem Rückzuge noch starken Verlust an Mannschaften und Heergeräthe und traf einige Stunden später als die anderen Corps ebenfalls in Torgau ein.

Das sächsische Corps hatte, außer dem Verluste in der Schlacht, auf dem Rückzuge in der Nacht ebenfalls noch viele Mannschaften, sowie Geschütze und Fuhrwerke eingebüßt, welche theils vor Erschöpfung liegen geblieben waren, theils sich verirrt hatten und so dem Feinde in die Hände gefallen waren.

Der Verlust des sächsischen Corps vom 30. August bis 7. September betrug 28 Offiziere, 3313 Unteroffiziere und Gemeine, worunter 16 Offiziere und 1082 Mann todt und verwundet, und 312

Pferde. Außerdem gingen verloren: sieben 6-pfündige, zwei 12-pfündige Kanonen, drei 8-pfündige Haubitzen und 40 Munitionswagen.

Das Regiment Prinz Friedrich August verlor 16 Mann todt, 3 Offiziere (Premierlieutenant von Klengel, die Souslieutenants von Lindenau und von Hausen) und 164 Mann verwundet, 267 Mann gefangen und vermißt.[1]

Am 8. September marschirte das 7. Corps durch Torgau und bezog, nachdem die Truppen infolge ihrer starken Verluste bei dem Fort Zinna anderweit formirt worden waren, Lager; die 1. Division und die Reiterbrigade bei Süptitz, die 2. Division bei Zinna und die Division Turutte bei Großwig.

Es wurde bei dieser Neuformirung zwar die Eintheilung in zwei Divisionen zu je zwei Brigaden beibehalten, die Regimenter aber in Bataillone zusammengezogen, sodaß die Brigaden aus je drei Bataillonen bestanden.

An Stelle des verwundeten Generallieutenants von Sahr übernahm der an diesem Tage eintreffende Generallieutenant von Zeschau das Commando der 2. Division. Die überzähligen Geschütze und sämmtliche Regimentsfuhrwerke blieben in Torgau zurück. Ebendahin wurden alle überzähligen Offiziere und Unteroffiziere geschickt, um bei den Depotabtheilungen Dienste zu thun.[2]

Das mobile sächsische Corps zählte noch 229 Offiziere, 8144 Mann unter den Waffen und 2230 Pferde (Reiterei, Artillerie und Parks).

Von dem Regimente Prinz Friedrich August befanden sich 13 Offiziere, 516 Unteroffiziere und Gemeine bei dem mobilen Corps, 5 Offiziere, 323 Mann waren im Lazareth, 10 Mann waren commandirt, 232 Mann wurden als vermißt geführt.[3]

Major von Krafft und Hauptmann von Brück wurden zu dem Depot nach Torgau commandirt, über welches der Oberst von Seydewitz den Befehl übernahm.

Aus den Bewegungen des Feindes konnte man entnehmen, daß er in der nächsten Zeit mit der ganzen Armee, oder wenigstens mit den leichten Truppen auf das linke Elbufer übersetzen würde, um gegen die rückwärtigen Verbindungen der französischen Armee zu operiren.

Marschall Ney ließ deshalb seine Corps sich mehr nach Wittenberg zu ausdehnen. Durch den unglücklichen Ausgang der Schlachten bei Groß-

---

[1] K.-M.-A., Rep. 28, loc. 57, Nr. 33: Verlustanzeigen an Offizieren und Mannschaften 1812 und 1813.

[2] Eintheilung des sächsischen Corps vom 7. September an, siehe Beilage LII.

[3] K.-M.-A., Rep. 28, loc. 56: Etats der königl. sächsischen Truppen in den Monaten April bis September 1813.

5. Feldzug 1813.

beeren und Dennewitz eingeschüchtert, hatte er die Initiative vollständig aufgegeben und ließ sich seine Maßregeln von den Unternehmungen des Feindes vorschreiben.

Da er, bei der Ueberlegenheit der feindlichen Cavallerie an Zahl und Tüchtigkeit, seine eigene Cavallerie nicht weit vorzuschieben wagte, war er über die feindlichen Unternehmungen sehr ungenau unterrichtet und alle seine Bewegungen während des Septembers waren infolge dessen schwankend und unentschieden.

Das 7. Corps ging am 9. September auf der Straße gegen Düben vor und erreichte diesen Ort am 10. September. Die Brigade Mellentin stellte sich auf dem linken Muldenufer auf der Straße nach Leipzig auf, die Division Durutte hatte auf demselben Ufer bei Nieder-Glaucha Stellung genommen. Abtheilungen des 4. und 12. französischen Corps waren bereits am 8. September gegen Eilenburg, Wurzen und Grimma marschirt. Man erfuhr, daß feindliche Abtheilungen, besonders Cavallerie, längs der Mulde streiften. Der Feind hatte auf der Elbe alle Fahrzeuge auf das rechte Ufer geschafft.

Am 11. September erhielt das 7. Corps den Befehl zum Vorrücken. Die Division Durutte marschirte über Düben nach Kemberg, die sächsischen Divisionen rückten nach Schmiedeberg. Am 12. September erhielt das Corps den Befehl, nach Torgau zurückzugehen; auf dem Marsche dahin erhielt es aber bei dem Dorfe Troßin den anderweiten Befehl des Marschalls Ney, gegen Dommitzsch vorzurücken. Die Brigade Mellentin bezog ein Lager hinter der Stadt an der Straße nach Troßin. Nach Pretzsch und den Dörfern Proschwitz und Wörblitz wurden Abtheilungen von je einer Compagnie leichter Infanterie und einer Escadron vorgeschoben.

Da der Feind keine ernstlichen Anstalten machte, die Elbe zu überschreiten, blieb das 7. Corps bis zum 20. September hier stehen und wurde durch 600 Mann Genesene und neue Mannschaft aus dem Depot zu Torgau verstärkt.

Das Bataillon Prinz Friedrich August erhielt hier eine Verstärkung von 1 Offizier, 2 Corporalen, 127 Mann.

Marschall Ney verlegte sein Hauptquartier nach Torgau, welches zum Hauptdepot-Ort der ganzen französischen Armee bestimmt wurde.

Das 12. französische Armeecorps wurde in dieser Zeit aufgelöst. Die Division Guilleminot desselben wurde dem 7. Corps zugetheilt. Die beiden sächsischen Divisionen sollten auf Befehl des Kaisers zu Einer verschmolzen werden, doch blieb die Ausführung dieses Befehles noch bis zur eintreffenden Zustimmung des Königs ausgesetzt.

Man erhielt die Nachricht, daß der Feind bei Dessau über die

Elbe gegangen sei, bei Elster ebenfalls einen Uebergang vorbereite, daß ferner feindliche Reiterei in Kemberg eingetroffen sei und der General von Thielmann mit 5—6000 Pferden in der Gegend von Merseburg und Naumburg stehe.

Am 20. September erlangte General Reynier durch Aufklärungsabtheilungen die Bestätigung, daß Dessau von 18 schwedischen und preußischen Bataillonen besetzt sei und der Uebergang über die Elster begonnen habe.

Am 21. September rückte deshalb General Reynier über Großtorgau und Schmiedeberg bis Großwig und Reinhards vor. Die 1. Division stellte sich vor letzterem Orte auf der Straße nach Kemberg auf und beobachtete die nach Düben und Kemberg führenden Straßen. Die 2. Division besetzte die Höhen zwischen Großwig und Reinharbs. Die Division Turutte stand bei Scholis, die Division Guilleminot bei Schmiedeberg.

Das 4. französische Corps rückte in die bisherige Stellung des 7. Corps bei Dommitzsch.

Das sächsische Corps erhielt an diesem Tage die königliche Genehmigung zu seiner Zusammenziehung in Eine Division, deren Commando der Generallieutenant von Zeschau zu übernehmen hatte. Generalmajor von Mellentin erhielt das Commando über sämmtliche Depotabtheilungen in Torgau. Das Bataillon Prinz Friedrich August gehörte zur ersten Brigade unter Commando des Oberst von Brause. Der Bestand desselben betrug: 15 Offiziere, 580 Mann.

Am 22. September setzte das 7. Corps seinen Marsch gegen Kemberg fort und nahm eine Stellung bei dem Dorfe Rotta. Die leichte Reiterbrigade und das Bataillon König bezogen die Vorposten bei dem Dorfe Reuden. In der Nacht führte der Major von Bünau dieses Bataillon unter dem Vorgeben, zu einer Erkundung vorzurücken, zum Feinde über.

Dieser Vorfall fand bei allen Sachsen, so sehr ihnen auch die Franzosen als Verbündete verhaßt waren, die allgemeinste Mißbilligung. General Reynier ließ sofort die Sachsen von den Vorposten zurücknehmen und diese durch französische Truppen besetzen. Die Brigade von Brause wurde am 23. September auf die Höhe südlich von Lubast zurückgenommen.

Am 24. September blieb die erste Brigade in ihrer Stellung, die zweite Brigade und die leichte Reiterbrigade marschirten nach Gomlo.

Das 4. französische Corps fand durch eine gegen Wartenburg vorgeschobene Erkundung, daß die Brücke und der Brückenkopf vom Feinde fertig gestellt waren.

Bei Elster sollten 80000 Preußen stehen. Die Festung Wittenberg wurde an diesem Tage von dem Feinde stark beschossen.

Am 25. September wurde die sächsische Division nach Trebitz gezogen, die Division Guilleminot marschirte gegen Wartenburg bis zum Dorfe Globig, die Division Morand des 4. Corps rückte bis Wartenburg zur Beobachtung des Brückenkopfes.

Da man an diesem Tage die sichere Nachricht erhielt, daß ein bedeutender Theil der feindlichen Nordarmee die Elbe bei Roßlau und Aken überschritten und Dessau, Oranienbaum und Wörlitz besetzt hatte, erhielt das 7. Corps den Befehl, am nächsten Tage in drei Colonnen gegen diese Orte vorzugehen, während das 4. Corps gegen Wartenburg stehen blieb.

Die sächsische Division bildete die linke Flügelcolonne und marschirte über Rotta und Uthausen nach Goldewitz bei Oranienbaum, wohin sich auch die mittlere Colonne, die Division Guilleminot, zog, während die rechte Flügelcolonne, die Division Durutte, Wörlitz besetzte. Letztere beiden Colonnen waren auf feindliche Abtheilungen gestoßen und hatten dieselben zurückgedrängt.

Da man hier anscheinend nur schwächere Abtheilungen des Feindes vor sich hatte, so besorgte Marschall Ney einen überlegenen feindlichen Angriff auf Wartenburg und befahl noch an demselben Abend den Rückmarsch des 7. Corps für den 27. September. Da jedoch in der Nacht die Nachricht einlief, daß der Feind die Brücke bei Wartenburg wieder abgebrochen und den Brückenkopf geräumt habe, so blieb das 7. Corps in seinen Stellungen. Marschall Ney, welcher nun mit Sicherheit den feindlichen Uebergang bei Roßlau vermuthete, zog auch das 4. Corps, mit Ausnahme der Division Dombrowsky und einiger Beobachtungsposten, heran.

Die Absicht des Feindes, die Aufmerksamkeit des Marschalls auf diesen Punkt zu lenken, um zu dem Uebergange bei Wartenburg freie Hand zu erlangen, gelang somit vollkommen.

Der Marschall hatte am 28. September Dessau durch die Brigade Brunère der Division Guilleminot besetzen und am 29. September die feindlichen Abtheilungen nach einem lebhaften Gefechte bis in den starken Brückenkopf bei Roßlau zurückwerfen und in den nächsten Tagen den Brückenkopf, den er nicht direct anzugreifen wagte, durch Verschanzungen einschließen lassen. Von der sächsischen Division blieben die Reiterbrigade und die Sappeure hinter Louisium, bei Pöllnitz und vor dem Brückenkopfe stehen, die Infanterie wurde am 3. October zur Beobachtung der Elbe zwischen Dessau und Wittenberg in die Gegend von Wörlitz verlegt. Das Bataillon Prinz Friedrich August besetzte an diesem Tage früh ½9 Uhr Wörlitz; zwei Compagnien desselben besetzten den Posten an der Elbe, die beiden andern wurden in die Stadt verlegt. Inzwischen hatte die schlesische Armee sich schnell der Elbe genähert, am 29. September bei Wartenburg eine neue Brücke geschlagen, den nicht ganz zerstörten Brückenkopf besetzt und am 30. September das in der Eile wieder herangezogene 4. Corps nach tapferem Widerstande gänzlich geschlagen und mit starkem Verluste zum Rückzuge über Klizschena und Gräfenhainichen gegen Raguhn gezwungen. Die Verbindung zwischen den beiden französischen Corps war somit unterbrochen und das 7. Corps mußte in eine sehr gefährliche Lage gerathen, wenn die feindliche Nordarmee energisch über Aken vorging.

Es mußte schleunigst der Rückzug angetreten werden. In der Nacht vom 3. zum 4. October ging General Reynier, nachdem er die Muldenbrücke bei Jonitz hatte abbrennen lassen, mit den französischen Infanteriedivisionen und der sächsischen Reiterbrigade über Raguhn und Jeßnitz nach Delitzsch zurück. Die sächsische Infanteriedivision sammelte sich bei Oranienbaum und marschirte über Möhlau und Jeßnitz, wo sie die Muldenbrücke ebenfalls hinter sich zerstörte, nach Beerendorf bei Delitzsch. Bei diesem Gewaltmarsche von 4½ Meilen verloren die Truppen viele Mannschaften, welche erschöpft liegen blieben und den dicht auffolgenden Kosaken in die Hände fielen.

Das 4. französische Corps hatte sich bei Raguhn wieder mit dem 7. Corps vereinigt und lagerte am 4. October bei Holzweißig. Das 6. französische Corps unter Marmont war in die Gegend von Eilenburg vorgerückt und hatte einige Bataillone zur Vertheidigung des Muldenüberganges bei Düben entsendet, welche hier die Preußen an der Wiederherstellung der Brücke verhinderten.

Von der schlesischen Armee, deren Hauptquartier in Düben war, stand am 5. October das Corps von York bei Gräfenhainichen, General Sacken bei Dommitzsch, General Langeron bei Düben, Söllichau und Tornau. Die Nordarmee hatte an demselben Tage die Elbe bei Aken und Roßlau überschritten, war hier und bei Dessau stehen geblieben und hatte nur die Vorhut bis Raguhn und Jeßnitz vorgeschoben und das Corps Woronzow nach Cöthen, sowie das Corps von Bülow zur Belagerung von Wittenberg abmarschiren lassen.

Das 7. Corps hatte sich am 5. October nachmittags bei Delitzsch gegen Düben hin enger zusammengezogen, wobei die sächsische Infanteriedivision eine Stellung zwischen Döbernitz und Broda bezog. Da der Marschall Ney mit den drei schwachen Corps, welche zusammen nicht mehr 60000 Mann zählten, den beiden feindlichen Armeen, welche jede einzelne ihm überlegen war, keinen erfolgreichen Widerstand leisten konnte, so befahl er den Rückmarsch derselben gegen Wurzen, um hier weitere Befehle des Kaisers zu erwarten. Das 6. Corps ging jedoch gegen Taucha zurück und zog sogar am 7. October die Besatzung von Eilenburg an sich. Der Feind besetzte sofort diesen wichtigen Uebergangspunkt. Das 4. und 7. Corps marschirten am 6. October in eine Stellung zwischen Püchau und Wurzen. Die Divisionen Guilleminot und Durutte standen in erster Linie zwischen Plagwitz und Püchau, dahinter die Sachsen bei Liebschütz.

Der Feind war nur mit Kosakenabtheilungen gefolgt. Erst am 8. October näherten sich die beiden feindlichen Armeen einander; die Nordarmee stellte sich zwischen Zörbig und Jeßnitz auf dem linken Muldenufer, die schlesische Armee zwischen der Mulde und Mokrehna auf dem rechten Muldenufer auf. Der Kaiser Napoleon hatte beschlossen, die schlesische Armee vor ihrer Vereinigung mit der Nordarmee zu schlagen.

Am 8. October traf er mit einem Theile der Garden in Wurzen ein. Das 3. und 11. Corps sowie das Reitercorps Sebastiani waren von Dresden her im Anmarsche.

Am nächsten Tage wurde mit Tagesanbruch der Vormarsch gegen Düben angetreten. Die sächsische Division marschirte durch Eilenburg, welches bereits am vorigen Tage dem Feinde wieder abgenommen worden war, bis über Klitzsche hinaus, wo es nebst andern französischen Corps und der Reiterei der Garde brigadenweise in geschlossenen Colonnen sich aufstellte.

Um 10 Uhr erschien der Kaiser, empfangen von einem begeisterten Vive l'Empereur! bei allen französischen Abtheilungen; nur bei den Sachsen herrschte tiefstes Stillschweigen.

Nach dem Abreiten der Fronten vor die Mitte des 7. Corps zurückgekehrt, ließ er sämmtliche Offiziere und Unteroffiziere desselben vor der Front sich versammeln und hielt an dieselben eine Ansprache, in welcher er die erlittenen Unfälle am Feinde zu rächen versprach, seinen Haß gegen Preußen ausdrückte und zu dessen Vernichtung die tapfere Mitwirkung der Sachsen verlangte. Auf die sodann an die Sachsen gerichtete Frage, ob sie Treue ihrem Könige und Erfüllung ihrer Pflicht bei der nächsten Schlacht geloben wollten, antworteten dieselben mit einem lauten Ja!

Waren auch Alle bereit, ihrer Soldatenehre in jeder Beziehung Genüge zu leisten, so war doch der tiefe Ingrimm gegen die aufgezwungenen Bundesgenossen nicht zu vertilgen. Auch die Verleihung von 5 Orden der Ehrenlegion[1] an jedes Bataillon konnten diese Gesinnung nicht ändern. Mit ernster Miene ritt der Kaiser, welcher die Gesinnung der Sachsen wohl erkannte, weiter; stumm traten diese wieder in ihre Colonnen zurück.

In geschlossenen Colonnen marschirte hierauf Alles gerade gegen Düben vor. Gegen Abend nahm die sächsische Division eine Stellung bei Priestäblich, die Division Guilleminot näher an Düben, die Division Turulte hinter den Sachsen, die Reiterbrigade bei Gärschlitz.

Das Corps des Generals von Sacken in Mokrehna, welches den Befehl zum Abmarsche verspätet erhalten hatte, gerieth durch das Vordringen der Franzosen auf Düben in die Gefahr, völlig abgeschnitten zu werden, und mußte durch einen Gewaltmarsch über Jeßnitz die Vereinigung mit der schlesischen Armee herstellen.

Am 10. October ging das 7. Corps durch Düben. Der Feind zog sich bei Annäherung der Colonnen überall zurück. Die sächsische Division nahm anfänglich die Marschrichtung auf Gräfenhainichen, erhielt aber später den Befehl, auf der Straße gegen Kemberg vorzugehen, und nahm abends bei dieser Stadt Stellung. Die Reiterbrigade rückte nach Reuden.

Die beiden feindlichen Armeen standen zwischen Mulde und Saale und bereiteten sich vor, letzteren Fluß an verschiedenen Punkten zu überschreiten. Napoleon's Plan, die schlesische Armee vor ihrer Verbindung mit der Nordarmee zu schlagen, war also gescheitert.

Da die Hauptarmee der Verbündeten an diesem Tage bereits gegen Borna vordrang, suchte Napoleon die schlesische und Nordarmee zu verleiten, auf das rechte Elbufer zurückzugehen, um dieselbe dadurch zu verhindern, an einer südlich von Leipzig gegen die Hauptarmee zu schlagenden Schlacht theilnehmen zu können.

Der Kronprinz von Schweden ließ sich nur durch die entschiedensten Vorstellungen des Generals Blücher von seinem Plane, über Aken auf das rechte Elbufer zurückzugehen, abhalten. Mit Ausnahme des Corps des Generals von Tauenzien, welches auf beiden Ufern der Mulde, mit den Vorposten bei Wörlitz und Oranienbaum, stand und Verbindung mit General von Thümen hielt, sowie der Abtheilung des Generals von Hirschfeld, welche den Brückenkopf bei Aken, Bernburg und Dessau besetzt hielt, überschritten an diesem Tage die beiden feindlichen Armeen die Saale.

Die Division Dombrowsky, gefolgt von der Reiterdivision Seba-

---

[1] Die für den Feldzug 1813 dem Regimente Prinz Friedrich August verliehenen Decorationen siehe in Beilage LIII.

stiani, brach am 11. October mit Tagesanbruch gegen Wittenberg auf. Das 7. Corps folgte früh 9 Uhr auf demselben Wege, überschritt gegen Abend hier die Elbe und ging südlich der Festung gegen die preußischen Parallelen vor. General von Thümen mußte seinen Rückzug gegen Coßwig antreten und büßte eine ziemliche Anzahl Gefangener ein. Die sächsische Division bezog eine Stellung bei dem Dorfe Tanchel an der Straße nach Treuenbrietzen.

Marschall Ney war mit dem 3. Corps gegen Wörlitz vorgegangen, das 4. und 11. Corps standen auf dem linken Elbufer bei Wittenberg. General von Tauenzien hatte Dessau geräumt und sich bei Roßlau auf das rechte Elbufer gezogen.

Das Corps des Generals von Thümen hatte sich hinter dem Engpasse von Griebau aufgestellt, den rechten Flügel an die Elbe angelehnt. General Reynier ließ am 11. October den Feind durch die Division Dombrowsky in der Front beschäftigen und seine linke Flanke durch zwei Reiterdivisionen umgehen.

Um nicht von seinem Rückzuge nach Coßwig und Roßlau abgeschnitten zu werden, mußte General von Thümen sich zurückziehen. Nur der Unentschlossenheit der französischen Cavallerie und der Ungeschicklichkeit der reitenden Artillerie hatte er es zu danken, daß er mit verhältnißmäßig geringem Verluste gegen Abend den Wald jenseits des Dorfes Kliden erreichte.

Vor dem Walde bezogen die französische Reiterei und die Division Dombrowsky eine Stellung. Die Division Turutte stellte sich vor, die sächsische Division hinter Coßwig auf. Die Division Guilleminot blieb bei Griebau in Reserve.

General von Tauenzien hatte in der Nacht zum 13. October das Corps Thümen an sich gezogen und war mit demselben nach Zerbst zurückgegangen, nachdem er die Brücken bei Roßlau theilweise zerstört hatte.

Am 13. October setzte General Reynier seinen Vormarsch gegen Roßlau fort. Die an der Spitze befindliche Division Dombrowsky brachte einige Gefangene ein und erbeutete 50 mit Zwieback beladene Wagen. Aufklärungsabtheilungen der sächsischen leichten Reiterbrigade nahmen 2 Officiere und einige 40 Mann Preußen gefangen.

Die Division Dombrowsky besetzte Roßlau, vertrieb den General von Hirschfeld durch Artilleriefeuer aus dem Brückenkopfe bei Aken, stellte die nur theilweise zerstörten Brücken bei Roßlau wieder her und ging auf das linke Elbufer über.

Eine Reiterdivision ging bis Zerbst vor und verfolgte die Nachhut des gegen Berlin sich abziehenden Generals von Tauenzien bis zum Dorfe Deetz.

Die sächsische Division war bis zum Dorfe Klicken vorgerückt und hatte das Bataillon Prinz Friedrich August auf der großen Straße von Coßwig nach Zerbst bis zum Tolbes-Bache vorgeschoben, um die Verbindung mit der bei dem Dorfe Düben stehenden leichten Reiterbrigade herzustellen.

Der Kaiser hatte eine Meldung des Marschalls Ney erhalten, „daß man auf dem rechten Ufer der Elbe unabsehbare Colonnen von Parks und Bagage entdeckt, welche stromaufwärts gehen und von der Brücke von Aken kommen."[1] Durch diese unrichtige Meldung getäuscht, glaubte Napoleon mit Bestimmtheit annehmen zu dürfen, daß der größere Theil der feindlichen Nordarmee auf das rechte Elbufer übergegangen sei und somit wenigstens 40—50000 Mann an der für den 15. oder 16. October bei Leipzig vorausgesetzten Hauptschlacht nicht würden theilnehmen können.

Sämmtliche französischen Corps erhielten den Befehl, über Düben gegen Leipzig abzumarschiren. General Reynier sollte nur für den Fall, daß er mit Gewißheit dem Gegner eine Niederlage beibringen könnte, ein Gefecht annehmen und über Düben abmarschiren.

Am Abend des 13. October ließ Reynier einen großen Theil der Cavallerie, die Reserveartillerie und die Equipage nach Wittenberg abrücken.

Am 14. October früh 2 Uhr brach die sächsische Division auf, marschirte über Coßwig nach Wittenberg, überschritt hier die Elbe und setzte den Marsch über Kemberg bis nach Rotta und Gniest fort. Die leichte Reiterbrigade stellte sich bei Reuden auf. Die beiden französischen Divisionen lagerten bei Kemberg.[2]

Am 15. October, früh 6 Uhr, trat das 7. Corps seinen Weitermarsch nach Düben an und biwakirte daselbst. Die Division Durutte und die sächsische Reserveartillerie hatten noch an demselben Abend die Mulde überschritten und waren bis Welaune marschirt. General Reynier, welcher noch keine weitern Befehle erhalten hatte, überschritt am 16. October früh 7 Uhr mit den übrigen Abtheilungen die Mulde und stellte sich bei Welaune in Colonne formirt auf.

Seit dem frühen Morgen hörte man starken Kanonendonner aus der Gegend bei Leipzig. General Reynier schickte einen sächsischen Ordonnanzoffizier an den Kaiser, um sich die nöthigen Befehle zu er-

---

[1] Aster, Die Gefechte und Schlachten bei Leipzig, Bd. II, S. 178.
[2] K.-M.-A., Rep. 28, loc. 56: Acta über die Bewegungen und Stellungen des mobilen Armeecorps vom 20. September bis mit 16. October 1813 (Tagebuch des Corps vom 8. bis mit 14. October).

bitten und um zu melden, daß er mit dem Corps bis Schön-Wölka marschiren und dort weitere Befehle erwarten würde.

Reynier, dem die Gesinnung der sächsischen Truppen bekannt war und der sie zu würdigen verstand, ließ hier deutlich merken, daß im Falle die Verbündeten siegten und der König sein Bündniß mit Frankreich auflöste, er auch die sächsischen Truppen nicht nur nicht hindern wolle, die Reihen der französischen Armee zu verlassen, sondern selbst geneigt sei, diesen für das Interesse und das Wohl des Königs so wesentlichen Schritt zu begünstigen.[1]

Gegen Mittag traf endlich ein Offizier vom Prinzen von Neufchatel bei Reynier ein und brachte ihm den Befehl, über Eilenburg nach Leipzig zu marschiren. Gegen 1 Uhr brach das Corps auf, erreichte abends 8 Uhr Eilenburg und marschirte hier in zwei Linien zwischen der Delitzscher und Dübener Straße auf. Auf dem Marsche hatte man alle Anzeichen der anstrengenden Märsche der übrigen Corps getroffen.

Verlassene und geplünderte Munitions- und Verpflegungswagen, welche theils von den Kosaken in die Luft gesprengt, theils wegen völliger Erschöpfung der Pferde stehen geblieben waren, gefallene Pferde und andere Trümmer boten ein trauriges Bild. In Eilenburg, welches von bayrischen Truppen besetzt war, befanden sich massenhafte kaiserliche Fuhrwerke, welche nach Torgau gehen sollten.

Das 7. Corps hatte kaum seine Stellung bei Eilenburg bezogen, als es Befehl erhielt, sofort nach Leipzig zu marschiren.

Nachts 11 Uhr brach dasselbe wieder auf, erreichte am 17. October früh 4 Uhr Taucha, ruhte hier in Colonnen bis zu Tagesanbruch und marschirte sodann gegen Leipzig weiter.

Die tiefe Ruhe, welche bis dahin bei Leipzig geherrscht hatte, wurde, als das Corps bis zu dem Vorwerke Heiterer Blick gelangt war, durch eine heftige Kanonade in der Gegend von Schönefeld unterbrochen und kurz darauf stürzten französische Reiterei vom Corps des Herzogs von Padua, Artillerie und Fuhrwesen dem Corps entgegen und an demselben vorbei nach Taucha zu.

General Reynier ließ sofort die sächsische Division in zwei Linien nach der rechten Flanke mit der Front gegen Schönefeld sich entwickeln und die Artillerie einige Hundert Schritte vor derselben in Stellung gehen, eine Bewegung, welche von den Sachsen mit der größten Ordnung und Pünktlichkeit ausgeführt wurde.

Da kein Angriff des Feindes erfolgte, ging das 7. Corps brigaden-

---

[1] After, a. a. O., Bd. I, S. 566.

weise in geöffneten Colonnen gegen die St. Thekla-Kirche vor, weil man westlich von Taucha die Spitzen feindlicher vorrückender Colonnen bemerkte. Da diese aber nicht weiter vorgingen, blieb das 7. Corps zwischen Schönefeld und Abtnaundorf, Front gegen die Parthe stehen. Nachmittags sollte die Front mehr gegen die St. Thekla-Kirche genommen werden, doch erhielt das Corps, ehe diese Bewegung noch völlig ausgeführt war, Gegenbefehl und blieb halten, bis nachmittags gegen 4 Uhr die sächsische Division Befehl erhielt, nach Paunsdorf zu marschiren, dort Biwaks zu beziehen und abzukochen. Die leichte Reiterbrigade blieb beim Heiteren Blick, die Division Durutte zwischen Schönefeld und Paunsdorf, die Division Guilleminot östlich der St. Thekla-Kirche, Front gegen Taucha stehen.[1]

General Reynier erhielt in der Nacht den Befehl des Kaisers, die sächsische Division nach Torgau abgehen zu lassen, doch war diese Bewegung bei den Stellungen, welche die feindlichen Corps inzwischen eingenommen hatten, nicht mehr auszuführen.[2]

Schlacht bei Leipzig am 18. October 1813.[3]

Am 18. October rückte die sächsische Division auf Befehl Reynier's mit Tagesanbruch nach dem Heitern Blick und erwartete hier in Colonnen, mit der Front nach Taucha formirt, die Ankunft dieses Generals. Nach 7 Uhr traf derselbe bei den Sachsen ein, eröffnete dem General von Zeschau den vorstehenden Befehl des Kaisers und befahl so lange halten zu bleiben, bis er erkundet habe, ob dieser Marsch ausführbar sei.

Nachdem er sich von der St. Thekla-Kirche aus von der Unmöglichkeit des Durchkommens nach Eilenburg überzeugt hatte, kehrte er gegen 8 Uhr zu den Sachsen zurück, ließ die Infanteriedivision, die Artillerie und eine Husarenescadron nach Paunsdorf zurückmarschiren und sich hier in Brigadecolonnen zu beiden Seiten der Wurzener Straße, Front gegen Wurzen, aufstellen, während die leichte Reiterbrigade, das leichte Infanteriebataillon von Sahr und die reitende Batterie zur Beobachtung der Parthe und des Abschnittes zwischen dem Heitern Blick und der Parthe stehen blieben.

Während des Rückmarsches der sächsischen Infanterie nach Pauns-

---

[1] Gegen Abend marschirte diese Division auf Befehl des Kaisers zur Besetzung von Lindenau ab.
[2] Aster, a. a. O., Bd. II, S. 63.
[3] Hierzu Kartenbeilage XVIII.

dorf, wo sie früh 9 Uhr eintraf, wiederholte sich das traurige Schauspiel vom vorigen Tage.

Französische Trains, Munitionsparks, Troß und Soldaten in buntem Gemenge, durch Platow's und Bubna's Truppen aus ihren Biwaks zwischen Sommerfeld, Engelsdorf und Zweinaundorf aufgestört, stürzten sich in wilder Flucht zwischen und an den sächsischen Colonnen vorbei nach Leipzig. Reynier ließ sogleich zwei sächsische Batterien einige hundert Schritte vorgehen und hemmte durch deren Feuer das weitere Vordringen des Feindes.

In dieser Zeit erhielt die sächsische Infanterie die Mittheilung, daß die leichte Reiterbrigade entschlossen sei, sich den Verbündeten anzuschließen. General von Zeschau erklärte den ihn um seine Zustimmung zu dem gleichen Verfahren bestürmenden Brigadiers, „daß er ohne ausdrücklichen Befehl des Königs nichts thun werde, was seiner Pflicht entgegen sei".

Marschall Ney hatte inzwischen bei dem Vordringen des Feindes über die Parthe seine Truppen so weit zurückgenommen, daß der rechte Flügel, die Division Durutte, sich an Paunsdorf anlehnte, während der linke Flügel Schönefeld besetzt hielt.

Infolge dieser Aufstellung und des starken Vordringens der Oesterreicher unter Bubna gegen Paunsdorf ließ General Reynier die Sachsen nun folgende Aufstellung nehmen:

Abtheilungen der Division Durutte, verstärkt durch zwei Compagnien des leichten Infanteriebataillons Le Coq, besetzten Paunsdorf. Die Brigade von Ryssel stellte sich, in zwei Linien formirt, zwischen Paunsdorf und der Windmühle von Stünz auf, während die Brigade von Brause hinter Paunsdorf an der Kunststraße in Colonnen zur Unterstützung stand. Die zur Unterstützung dieser Brigade bestimmte sechspfündige Fußbatterie war unter Bedeckung von 50 Husaren über die Straße vorgeschoben. Der Rest der Husarenescadron stand hinter dem rechten Flügel der zweiten Brigade. Zur weitern Deckung der rechten Flanke stand französische Reiterei zwischen der Windmühle und dem Dorfe Stünz, und zwei Compagnien des Bataillons Le Coq hielten das dicht bei diesem Dorfe befindliche Gebüsch besetzt. Das Corps des Generals Lauriston stand zwischen Stünz und Stötteritz.

Nachdem die Division Bubna anderthalb Stunden lang Paunsdorf und die sächsischen Abtheilungen durch Artillerie lebhaft hatte beschießen lassen, griff General von Zechmeister mit dem 6. Jägerbataillon den Ort an und zwang nach längerm verlustreichen Kampfe den Vertheidiger, denselben zu verlassen. Kaum hatten sich die feindlichen Jäger hier festgesetzt, als der Ort an mehrern Stellen in Brand gerieth. Gedeckt von dem Rauche dieses Brandes drangen die Sachsen und Franzosen wieder vor, warfen sich mit Energie auf die Eingänge und Lücken der Umzäunung und drängten den Feind wieder heraus. Die feindlichen Jäger sammelten sich unter dem Schutze des in einiger Entfernung vor dem Dorfe aufgestellten Regiments Liechtenstein und gingen, unterstützt vom Peterwardeiner Bataillon, bald darauf wieder gegen den Ort vor, gefolgt vom 5. Jägerbataillon und dem Regiment Kaiser-Husaren unter General Neuperg. Paunsdorf wurde von ihnen wieder genommen, und General Reynier, welcher kein großes Gewicht auf den Besitz dieses Ortes legte, hielt es nicht für angezeigt, die weichenden Truppen der Division Durutte durch die sächsische Brigade von Brause zu unterstützen, nahm vielmehr seine Linie bis vor Sellerhausen zurück.

Hier erhielt General von Zeschau die Nachricht von dem Uebergange der leichten Reiterbrigade.

Die Brigadiers der Infanterie veranlaßten nun den General, sofort einen Adjutanten an den König zu schicken, um ihm das Vorgefallene zu melden und ihm vorzustellen, daß unter den obwaltenden Umständen nur seine Genehmigung der Trennung des sächsischen Corps von den Franzosen das theilweise Uebertreten seiner Truppen verhindern und wesentlichen Nutzen für das Land bewirken könne. Eventuell wurde um die Erlaubniß nachgesucht, nach Leipzig zum Schutze der Person Sr. Majestät rücken zu dürfen.

Die Brigadiers waren übrigens unter sich einverstanden, den Uebergang sofort auszuführen, sobald der an den König abgesendete Offizier zurückkäme und man aus der ertheilten Antwort ersähe, daß derselbe im französischen Hauptquartier zu unfrei sei, um selbständig handeln und die gemachte Vorstellung berücksichtigen zu können.

Einen Theil der Offiziere machten die Brigadiers mit ihrem Entschlusse bekannt, die Unteroffiziere und Mannschaften aber nicht, um nicht die Disciplin zu untergraben.

Bald nach 2 Uhr kehrte der nach Leipzig geschickte Offizier mit der abschlägigen Antwort des Königs zurück, welche General von Zeschau sofort den Brigadiers mittheilte mit der Erklärung, daß er den Befehl des Königs pünktlich befolgen werde. Nach einiger Widerrede gaben sich jene anscheinend zufrieden, ertheilten aber im geheimen mehrern Bataillonscommandeurs ihre Anweisungen für die Ausführung des Ueberganges.[1]

General Bubna entwickelte nach und nach vor und zu beiden

---

[1] Vgl. Aster, a. a. O., Bd. II, S. 55 fg., 128 fg., 144 fg.

Seiten von Paunsdorf seine ganze Division und hatte starken Verlust durch das Feuer der sächsischen und französischen Artillerie. Es entspann sich hier ein ziemlich zwei Stunden währendes stehendes Feuergefecht.

Marschall Ney legte dem Besitze von Paunsdorf eine andere Wichtigkeit bei als General Reynier, und befahl diesem, als er die Aufgabe dieses Ortes erfuhr, denselben zurückzuerobern.

General Reynier verwendete hierzu ein Bataillon der Division Durutte, welches aber bald von der ganzen Division unterstützt werden mußte, vertrieb nach hartnäckigem Kampfe die Oesterreicher und bemächtigte sich zum dritten male des Dorfes.

Zur Unterstützung dieses Angriffes war die Brigade von Brause als rechte Staffel der Division Durutte gegen die Windmühlenhöhe von Stünz vorgegangen und hatte sich rückwärts von Paunsdorf in zwei Linien aufgestellt. Das Bataillon Prinz Friedrich August war hierbei aus der zweiten in die erste Linie vorgezogen worden und war hier auf dem linken Flügel in einer Senkung des Geländes dicht an der Straße aufmarschirt. Die Brigade von Ryssel stand in Colonnen seitwärts von Sellerhausen.

Inzwischen hatte gegen 3 Uhr nachmittags die Vereinigung des linken Flügels der Nordarmee mit dem rechten Flügel der Armee unter Bennigsen (Division Bubna) vor Paunsdorf stattgefunden.

Durch ein verstärktes concentrisches Feuer auf diesen Ort wurden die Franzosen zur schleunigen Flucht gegen Stünz und Sellerhausen veranlaßt, welche die unter sie geschleuderten Braunraketen des Kapitäns Bogue zur vollständigen Auflösung steigerten.

Zu dieser Zeit, gegen 3 Uhr nachmittags, fand nun der Uebergang der sächsischen Division zu den Verbündeten statt.

General Reynier hatte, als die Flucht der Franzosen aus Paunsdorf begann, der zwölfpfündigen sächsischen Batterie den Befehl zugeschickt, hinter die Brigade von Ryssel zurückzugehen. Die gesammte sächsische Artillerie protzte auch auf, ging aber in Sectionscolonne gegen den Feind vor. Die Infanterie der ersten Brigade folgte in Colonne und kurz darauf trat auch die zweite Brigade an und näherte sich mit starken Schritten der ersten Brigade.

General von Zeschau glaubte, daß die Befehle des Generals Reynier falsch verstanden worden wären, eilte der zweiten Brigade entgegen, konnte aber, da er den Brigadier nicht bei derselben fand, keine Auskunft über dieses Vorrücken erhalten. Er ritt nun eiligst zur ersten Brigade und fand hier vor der Front des Bataillons Prinz Friedrich August, welches eben auch vorzurücken begann, den General von Ryssel.

„Ahnend, was vor sich gehen sollte", berichtet von Zeschau in seinem Tagebuche, „jagte ich auf Ryssel zu und stellte ihn seines eigenmächtigen Verfahrens wegen zur Rede. Er antwortete mit klaren Worten, daß er mit den Truppen überzugehen entschlossen sei. Nach einem kurzen, sehr lebhaften Wortwechsel, wobei ich ihm sagte, daß er zu befehlen aufgehört habe, schien mir das Wichtigste zu sein, die Bewegung der Truppen zu hemmen. Ich befahl daher dem Bataillon Prinz Friedrich, Halt zu machen und ohne meinen Befehl sich nicht vom Platze zu entfernen, und ebenso eilte ich zur zweiten Brigade zurück, commandirte selbst: Halt! Gewehr bei Fuß! und übergab dem Major von Hollenfer das Commando der Brigade. Eben kam General Reynier, dem ich Meldung von dem Vorfalle machte. Ich erhielt von ihm, da er selbst den General von Ryssel auf dem Wege nach dem Feinde zu sah, den Auftrag, schleunigst dafür zu sorgen, daß die zweite Brigade auf ihren vorigen Platz marschire."

Während nun General von Zeschau den Rückmarsch derselben anordnete und zur ersten Brigade ritt, war auch schon die Artillerie, die am weitesten vorn stand, in Bewegung nach dem Feinde hin. Reynier jagte ihr selbst nach und befragte ihren Commandanten darüber, kehrte aber sogleich um, als seine Frage unbeantwortet blieb und die Artillerie unaufhaltsam, anfänglich im raschen Schritt, zuletzt aber im Trabe, fortging.

Das feindliche Feuer richtete sich eben auf die aus Paunsdorf zurückeilende französische Infanterie und Kugeln und Granaten sowie Brandraketen folgten derselben. Ihre Artillerie flüchtete in der Carriere auf der Wurzener Straße. Ein Theil dieser Flüchtlinge warf sich hierbei auf das Bataillon Prinz Friedrich August, brachte dieses in Unordnung und schnitt es nebst dem General von Zeschau von den zurückgebliebenen Sachsen ab.

Inzwischen gelang es dem General doch, den Rest der zweiten Brigade zu erreichen. Er setzte sich an die Spitze desselben und führte ihn, da er eine falsche Richtung angenommen hatte, auf die Straße und dann auf seinen früher innegehabten Standort. Diese Abtheilungen verloren hierbei verschiedene Verwundete, besonders von Brandraketen, die unter ihnen einschlugen. Das Bataillon Prinz Friedrich August ward bei diesem Melée von feindlicher Reiterei gesprengt und umstellt, auch ein Theil desselben gefangen genommen.[1]

Nach Mittheilungen des damaligen Premierlieutenants von Larisch traten die Kosaken gegen den gefangenen Theil des Bataillons in

---

[1] Aster, a. a. O., Bd. II, S. 150 fg.

keiner Weise feindlich auf, sondern streichelten sie und riefen ihnen zu: „Brave Leute, brave Sachsen!" Die Gefangenen wurden sodann zu dem Feinde hinübergeführt und vor den russischen General von Benkendorf gebracht. Diesem erklärte der Premierlieutenant von Larisch im Namen der übrigen Offiziere, „daß sie nicht als Ueberläufer, sondern als Gefangene betrachtet sein wollten", worauf man ihnen die Waffen und den Soldaten die Tornister abnahm und sie für den Abend nach dem Heitern Blick und am nächsten Morgen nach Taucha zurückbrachte.[1] Als man sie hier wieder vor den genannten General brachte, belobte dieser sie dafür, daß sie die Gefangenschaft dem Uebertritte vorgezogen hatten, und ließ ihnen die abgenommenen Waffen und Tornister reichen.

Bevor dieser Theil des Bataillons in Gefangenschaft gerieth, hatte sich der Major von Tiling, ein heftiger Gegner der Franzosen, von dem Bataillon getrennt und den General Ryssel bei seinem Uebertritte begleitet. Major von Brand hatte in dem Augenblicke, als die flüchtenden Franzosen das Bataillon in Unordnung brachten, „Links um" commandirt, um das Bataillon aus der Verwirrung fortzuführen, war aber nur von einem Theile des Bataillons verstanden worden, welcher ihm folgte und sich dem zurückgebliebenen Reste des Bataillons Prinz Anton anschloß. Als diese beiden Abtheilungen aus dem heftigsten Feuer heraus waren, formirten sie ein Bataillon und wurden hinter die Rietschke geführt, vereinigten sich hier mit der sächsischen Sappeurcompagnie und marschirten sodann auf Reynier's Befehl nach Leipzig ab. Dieser Rest des sächsischen Corps bestand noch aus 6 Stabs- und 18 Oberoffizieren sowie 593 Mann.[2]

---

[1] Hieraus dürfte die falsche Angabe in dem sonst so zuverlässigen Werke: von Cerrini, Die Feldzüge der Sachsen in den Jahren 1812 und 1813, S. 322, entstanden sein, daß das Bataillon Friedrich, als Besatzung in Taucha zurückgelassen, hier nebst andern französischen Truppen nach der hartnäckigsten Gegenwehr von den Russen umringt und gefangen worden sei. Auch in dem trefflichen Werke: Schuster und Franke, Geschichte der sächsischen Armee, S. 364, findet sich dieser Irrthum.

[2] Als General von Zeschau sich bei dem Könige mit den Worten meldete: „Zu Ew. Majestät komme ich in diesem Augenblicke zwar mit der Ueberzeugung, meine Pflicht erfüllt zu haben, aber von dem mir anvertrauten Corps bringe ich nur wenige zurück!" antwortete ihm der König mit unbeschreiblicher Güte: „Desto größer ist der Werth derer, die treu geblieben."

Reynier, dem Zeschau schriftlich meldete, daß der König ihn des Commandos enthoben habe, antwortete ihm: „Es thut mir wegen der Ehre der sächsischen Truppen, welche ich mit Vergnügen befehligte, weil sie sich während des letzten Feldzuges vollkommen gut betragen haben, sehr leid, daß sich ein Theil der-

Am äußern Grimmaischen Thore hatten sich die Massen der zurückgehenden Truppen, Geschütze und Fuhrwerke aller Art so gestopft, daß ein Durchkommen unmöglich war. Erst am 19. October bei Tagesanbruch konnten die Sachsen dieses Thor durchschreiten, erhielten Befehl, an das Hallesche Thor zu rücken, erhielten aber dort eingetroffen die Weisung, an das innere Grimmaische Thor zu marschiren und dort weitern Befehl zu erwarten.

Gegen 9 Uhr traf dieser ein, worauf diese Abtheilung auf den Marktplatz marschirte und sich neben dem sächsischen Gardebataillon vor der Wohnung des Königs aufstellte.

Vom General von Zeschau bekamen die hier versammelten Sachsen die Anweisung, daß wenn die Verbündeten gegen sie anrückten, sie mit einem Tuche winken und das Weitere erwarten sollten.

Gegen $1/2$ 10 Uhr ritt der Kaiser, nachdem er sich bei dem Könige verabschiedet hatte, die Front der Sachsen ab, wobei er mit dem Major von Dreßler, Commandeur des Gardebataillons, einige Worte wechselte.

Gegen 12 Uhr drangen die Preußen durch das innere Grimmaische Thor ein und eilten über den Markt durch die Hainstraße gegen das innere Ranstädter Thor, wo noch lebhaft gefochten wurde.

Während sie an den Sachsen vorbeimarschirten, riefen sie denselben Hurrahs zu, welche diese durch ein Lebehoch erwiderten.

Diesen ersten preußischen Abtheilungen folgten Truppen von der russischen Reservearmee. General von Bennigsen ließ durch den Major von Wedell dem Könige eine russische Schutzwache anbieten, was dieser sofort annahm, worauf zwei russische Grenadierbataillone vor dem Hause desselben aufgestellt wurden.

---

selben durch ein so schmähliches und unwürdiges Verfahren, während der Schlacht zum Feinde überzugehen, beflecken konnte. — Ich muß jedoch die gute Haltung, welche die Infanterie unter dem feindlichen Feuer gezeigt, und die Ordnung, womit die von Ihnen zurückgeführten Truppen den Rückmarsch ausgeführt haben, loben. Ich sollte meinen, diejenigen, welche sich als treue Diener ihres Herrschers gezeigt haben, verdienten in die Garde aufgenommen zu werden.

Es wird mir stets Vergnügen machen, Ihnen meine Zufriedenheit in Betreff Ihres Benehmens unter den obwaltenden Umständen zu erkennen zu geben und zu bezeugen, daß Sie, indem Sie nicht von dem Complot der Entweichung unterrichtet waren, alles gethan haben, was man von einem Ehrenmanne verlangen kann.

Genehmigen Sie ꝛc.
Leipzig, den 18. October, abends $9^{1}/_{2}$ Uhr.
Der Generalcommandant en Chef des 7. Armeecorps
Reynier."

Aster, a. a. O., Bd. II, S. 227.

5. Feldzug 1813.

Gegen 12 ½ Uhr führte der Oberst von Ryssel die auf dem Markte befindlichen sächsischen Abtheilungen nach dem Grimmaischen Thore, den Monarchen entgegen, welche eben ihren Einzug halten wollten. Als eben die zwei ersten Züge des Gardebataillons das Thor durchschritten hatten, trafen gegen 1 Uhr der Kaiser von Rußland, der König von Preußen und Fürst Schwarzenberg mit einem sehr zahlreichen Gefolge ein, vom lauten Jubelgeschrei der Bevölkerung begrüßt. Die sächsischen Abtheilungen wurden hierauf wieder getrennt. Ein Theil wurde vor und hinter das Petersthor verlegt, ein Theil der Garde wurde in den zweiten Hof des Hauses, wo das königliche Quartier sich befand, verwiesen, die übrigen, worunter auch der Rest des Bataillons Prinz Friedrich August, bezogen vor dem Grimmaischen Thore, rechts der Wurzener Straße, ein Biwak. In diesem Biwak, in welchem die Sachsen jeder geregelten Verpflegung entbehrten, blieben sie bis zum 23. October liegen.

Der Theil des Bataillons Prinz Friedrich August, welcher bei Paunsdorf in Gefangenschaft gefallen war, wurde am 19. abends hier wieder mit den übrigen vereinigt.

Am 21. October nachmittags wollte der Kronprinz von Schweden hier eine Besichtigung über die Sachsen halten, zu welcher auch das Grenadierbataillon, welches bis jetzt noch in der Stadt verblieben war, gezogen wurde. Nach mehrstündigem vergeblichen Warten bezog man wieder das alte Biwak, umgeben von schwedischen und russischen Truppen, welche auf demselben Gelände lagerten.

Am 23. October früh erhielt man die Nachricht, daß die Königliche Familie als Gefangene, von Kosaken escortirt, früh 5 Uhr nach Berlin abgereist sei. Das schwere Opfer, welches der größere Theil der sächsischen Armee mit ihrer militärischen Ehre für das Wohl ihres Königs und Vaterlandes gebracht hatte, war also umsonst gewesen.

Am Vormittage dieses Tages hielt Fürst Repnin, welcher zum Gouverneur von Leipzig ernannt worden war, eine kurze Besichtigung über die Sachsen, welche alsbald wieder ergänzt und neuorganisirt werden sollten, und befahl ihren Abmarsch nach Borna.

Am 24. October wurden sie sodann von dort in die Gegend von Eilenburg geführt, um sich mit den übergegangenen sächsischen Abtheilungen wieder zu vereinigen.[1]

---

[1] Diese Abtheilungen, welche sich den Oesterreichern angeschlossen hatten, waren auf Befehl des Kaisers von Oesterreich bis Zeitz marschirt und rückten nach Uebereinkunft der verbündeten Mächte am 26. October in eine Stellung zwischen Wurzen und Eilenburg.

General Thielmann erhielt den Oberbefehl über das sächsische Corps.

Fürst Repnin wurde zum Generalgouverneur von Sachsen, welches völlig als erobertes Feindesland betrachtet und behandelt wurde, ernannt.

Bei der vorläufigen Formirung erhielt der Oberst von Brause das Commando über die Infanterie, welche in zwei Brigaden unter den Majors von Hollensen und von Selmnitz eingetheilt wurde. Die Reiterei, drei Escadrons Husaren, eine Escadron Ulanen, eine Escadron Kürassiere führte Major von Taubenheim.

Ein preußisches Corps unter Generallieutenant Graf Tauenzien wurde zur Blokade von Torgau bestimmt. Bis dasselbe durch Ergänzungstruppen die nöthige Stärke erlangt haben würde, wurden die Sachsen diesem Corps zugetheilt. Am 30. October marschirten sie von Eilenburg ab, bezogen Ortslager zwischen Staupitz und Mokrehna und nahmen am 2. November nach einer Erkundung, bei welcher ihnen in der Nähe des großen Teiches ein mit Palissaden beladener Wagenzug nebst dessen Bedeckung von 1 Offizier, 30 Mann und 50 Pferden in die Hände fiel, eine nähere Aufstellung gegen die Festung. Diese Stellung erstreckte sich von der Elbe an über Bennewitz, Staupitz und Melpitz bis an die Eilenburger Straße.

Das Dorf Loßwig und ein daselbst von den Franzosen erbautes Blockhaus wurde von der sächsischen Infanterie besetzt.

Zwei gegen die sächsische Aufstellung gerichtete Ausfälle der Franzosen am 3. und 5. November wurden glücklich, aber mit dem nicht unbedeutenden Verluste von 1 todten und 5 verwundeten Offizieren und gegen 100 Soldaten zurückgeschlagen.

Am 4. November hatte der Gouverneur von Torgau die in der Festung bei den Depots noch befindlichen sächsischen Offiziere und Soldaten entlassen.

Bis zum 14. November blieben die Sachsen, ohne weiter angegriffen zu werden, vor der Festung stehen. An diesem Tage wurden sie von einer starken preußischen Brigade abgelöst und marschirten über Eilenburg nach der Gegend von Merseburg auf das linke Ufer der Saale, wo sie zu dem bevorstehenden Feldzuge gegen Frankreich neu formirt werden sollten.

6. Feldzug in Flandern 1814.

Die sächsische Armee bestand infolge der Feldzüge 1812 und 1813 nur noch aus Trümmern und mußte völlig neu organisirt werden, um an dem ferneren Kampfe gegen Frankreich theilnehmen zu können. Dem in russische Dienste getretenen Generallieutenant von Thielmann wurde durch eine kaiserlich russische Ordre vom 23. October die Neuformation der Armee übertragen, welche baldmöglichst auf 20000 Mann Linientruppen gebracht werden sollte.

Thielmann beschloß, um zunächst kriegsfähige Abtheilungen herstellen zu können, von einer Ergänzung der alten Regimenter vollständig abzusehen und vorläufig nur provisorische Bataillone und Regimenter zu bilden, in welche die vorhandenen Offiziere und Mannschaften vertheilt wurden. Zur Ausfüllung der Cadres und zur Aufstellung der weiteren Abtheilungen mußte auf das allmähliche Eintreffen der zahlreichen Gefangenen, die Herstellung der Kranken und Verwundeten und die Ausbildung der neu ausgehobenen Rekruten gewartet werden.

Nach dem Organisationsplane sollte die Infanterie bestehen aus 1 Grenadier= und 3 Linienregimentern, jedes zu 3 Bataillonen, 2 leichten Infanterieregimentern zu je 2 Bataillonen und 1 Jägerbataillon.

Wenn man auch bei den zuerst formirten Abtheilungen die Angehörigen der alten Regimenter möglichst zu vereinigen suchte, so konnte dies selbstverständlich bei erst später aufgestellten Bataillonen nicht mehr der Fall sein, vielmehr wurden die Cadres derselben mit den Mannschaften, wie sie allmählich eintrafen, ausgefüllt.

Die vorhandenen Offiziere wurden von vornherein auf die verschiedenen Abtheilungen vertheilt. So kommt es, daß wir Offiziere und Mannschaften des Regiments Prinz Friedrich August bei allen provisorischen Regimentern vorfinden.

Am stärksten waren dieselben bei der Neuformation bei dem 2. Bataillon des 2. provisorischen Regiments vertreten, wie aus folgender Zusammenstellung sich ergibt[1]:

	Stärke:	vom Regiment Prinz Friedrich:	von andern Regimentern:
5. Compagnie	158 Mann	101 Mann	57 Mann
6. „	158 „	102 „	56 „
7. „	158 „	138 „	20 „
8. „	158 „	146 „	12 „
Summa:	632 Mann	487 Mann	145 Mann

[1] K.-M.-A.: Monatslisten vom mobilen Theile des 2. Linien Infanterieregiments vom November 1813 bis Juli 1815.

Die Offiziere des Regiments Prinz Friedrich August befanden sich im Frühjahre 1815 bei folgenden Abtheilungen:

Beim 1. provisorischen Regimente: Kapitän von Hartitzsch, Premierlieutenants von Klotz und Beck, Souslieutenant von Linsingen.

Beim 2. provisorischen Linienregimente: Oberstlieutenant von Brand, Adjutant von Klengel, Kapitäne von Brück und von Glaser, Premierlieutenants von Larisch, Keßler, von Bourgk; Souslieutenants von Egidy, von Brzesky, von Witzleben, von Altrock, von Mühlen, von Wittern, Höck, von Sternstein, Pitzschel.

Beim 3. provisorischen Linienregimente: Oberstlieutenant von Liebenau, Major von Smolinsky, Kapitäne Mewes und von Raab, Souslieutenants von Helldorf, von Schönermarck, Bürger, von Schmidt auf Altenstädt.

Beim Depot: Souslieutenant von Hausen.

Beim provisorischen Grenadierregiment: Major von Tiling, Major von Töring, Souslieutenant Fuchs.

Beim 1. Landwehrregiment: Major von Selmnitz.

Beim 4. Landwehrregiment: Kapitän von Landsberg.

Es dürfte daher gerechtfertigt sein, hier die Schicksale des 2. Bataillons des 2. provisorischen Regiments, welchem fast der gesammte Rest des Regiments Prinz Friedrich August nach der Schlacht bei Leipzig einverleibt worden war, zu verfolgen, um so mehr, als das 3. provisorische Regiment, welches später den alten Namen des Regiments erhielt, zu dieser Zeit nur erst aus Cadres bestand, zu deren Ausfüllung später die Reste des Regiments Prinz Friedrich August von der Besatzung von Modlin verwendet wurden.

Bis Anfang December 1813 waren 8 Bataillone Infanterie, 9 Escadrons, 2 reitende Batterien à 6 Geschütze und 2 Fußbatterien à 8 Geschütze, sowie 1 Compagnie Sappeure, zusammen ungefähr 9000 Mann mit 1600 Pferden, nothdürftig zum Abrücken bereit und Thielmann hatte beschlossen, am 12. December mit denselben zur Vereinigung mit der Armee des Kronprinzen von Schweden über Hildesheim nach dem Rhein abzumarschiren, als am 8. December dieser Marschbefehl wieder aufgehoben werden mußte, weil ein Befehl des Kaisers von Rußland dem Führer und dem Corps anderweite Bestimmung ertheilte.

General von Thielmann sollte zunächst zur weiteren Organisation der sächsischen Truppen im Lande zurückbleiben, die Sachsen aber im Verein mit Truppen Thüringens, Anhalts und anderer kleinerer Staaten das 3. deutsche Armeecorps bilden, zu dessen Commandeur der Herzog Karl August von Weimar ernannt wurde.

Unter dem 24. December übernahm letzterer mittelst Tagesbefehl das Commando. Die sächsischen Truppen, welche seit dem 18. December Ortsunterkunft bei Querfurt bezogen hatten, benutzten die Zeit, sich noch durch Heranziehung einiger Abtheilungen sowie durch Vereinigung mit dem weimarischen Füsilierbataillon zu verstärken. General von Thielmann erhielt den Befehl, die weiteren Verstärkungen des Corps in bestimmten Zeitabschnitten nachfolgen zu lassen. Gleichzeitig mit den Sachsen wurde die thüringisch-anhaltische Division unter Prinz Paul von Württemberg mit thunlichster Beschleunigung formirt.

Am 2. Januar 1814 brachen die Sachsen aus ihren Quartieren in drei Colonnen in einer Effectivstärke von 9360 Köpfen und 2167 Pferden gegen Westphalen auf.

Das 2. provisorische Linienregiment zählte beim 2. Bataillone (einschließlich Regimentsstab) 14 Offiziere, 584 Mann, beim 3. Bataillone 14 Offiziere, 578 Mann.[1]

Da das preußische 2. Corps zu derselben Zeit von Erfurt aus nach Westphalen marschirte, so mußten die Sachsen den Weg über das unwirthliche und unwegsame Eichsfeld, über Göttingen, Münden, Cassel und Paderborn nach Lippstadt einschlagen, wo am 14. Januar Quartiere bezogen wurden.

In Cassel hatte der Herzog von Weimar die durchmarschirenden Abtheilungen besichtigt.

Der Herzog hatte den Auftrag erhalten, das in Holland operirende 3. preußische Corps des Generallieutenants von Bülow zu unterstützen.

Am 18. Januar brachen die Sachsen von Lippstadt auf und marschirten über Münster gegen Arnheim. Da der Herzog mit seinem Generalstabschef nach Breda vorausgegangen war, um mit Generallieutenant von Bülow nähere Verabredungen zu treffen, so übernahm Generallieutenant von Le Coq, der an diesem Tage aus Sachsen bei dem Corps eingetroffen war, die weitere Führung desselben.

Plötzlich eingetretenes Thauwetter und dadurch verursachte Dammbrüche und Ueberschwemmungen verhinderten die Sachsen, den Rhein an den vorgeschriebenen Punkten zu überschreiten. Man mußte sich entschließen, über Zwolle nach Kampen am Zuidersee zu marschiren, um die dortige feste Brücke zu benutzen. Der Uebergang über den Rhein bei Arnheim, Rheenen, Kulenburg, Bösekom und Breeswyk, über die Waal bei Bommel und Gammern und über die Maas bei Aalsten war überaus beschwerlich, da theils Treibeis, theils die zu schwache Eisdecke dabei hinderlich waren.

Vom 5. bis 7. Februar standen die Sachsen bei Breda. Die Fran-

---

[1] Das 1. Bataillon des Regiments wurde erst formirt und folgte später nach.

zogen hielten noch die wichtigsten und festesten Plätze von Flandern besetzt, Gorkum, Bergen op Zoom und Antwerpen waren in ihrer Gewalt. Gegen letztere beiden Städte war auf dem rechten Scheldeufer ein englisches Beobachtungscorps aufgestellt, welches durch preußische Truppen und eine sächsische Abtheilung unter Generalmajor von Gablenz verstärkt wurde.

General von Bülow brach nach Eintreffen des 3. deutschen Armeecorps gegen Brüssel auf, welches General Graf Maison ohne Widerstand räumte und sich auf Lille zurückzog.

General von Bülow folgte ihm bis Mons, während der Herzog von Weimar mit dem Gros seines Corps am 8. Februar von Breda abmarschirte und über Mecheln nach Brüssel rückte.

Nachdem General von Winzingerode das die große Straße nach Laon sperrende Avesnes durch einen glücklichen Handstreich genommen hatte, trat General von Bülow mit seinem Corps den weiteren Vormarsch auf Laon an. Da der Herzog zur Deckung Hollands gegen etwaige Versuche des Generals Maison und zur Beobachtung der vom Feinde besetzten Festungen zu schwach war, ließ General Bülow seine 5. Division unter Generallieutenant von Borstell (10 Bataillone, 14 Escadrons, 20 Geschütze), sowie das fliegende Corps des Majors von Hellwig zu seiner Unterstützung zurück, bis die erwarteten Verstärkungen beim 3. deutschen Armeecorps eingetroffen sein würden.

Die dem Herzog von Weimar nun zufallende Aufgabe, die Provinzen von Flandern und namentlich Brüssel gegen alle Versuche des Generals Maison zu decken, war um so schwieriger, als letzterer, gedeckt von der Reihe der französischen Festungen, seine Streitkräfte ungehindert und unbemerkt an einem beliebigen Punkte zusammenziehen und die deutschen Postirungen mit Uebermacht angreifen konnte.

Der Herzog sendete die Division Borstell mit dem fliegenden Corps Hellwig zur Behauptung des rechten Flügels nach Tournay, ließ von einem Theile der sächsischen Truppen unter Generalmajor von Ryssel den Posten von Mons besetzen und stellte den Rest derselben unter Generallieutenant von Le Coq als eine Reserve für beide Posten in Lenze und Ath auf. Das Hauptquartier kam nach Ath. Die beiden Bataillone des zweiten provisorischen Linien-Infanterieregiments gehörten zum Posten von Mons.[1]

In Mons wurden die ehemaligen Festungswerke, welche im wesentlichen noch erhalten waren, durch die Garnison und 1500 aufgebotene

---

[1] Die Einzelheiten der Postirung siehe in Bucher, Der Feldzug des 3. deutschen Armeecorps in Flandern, S. 22 fg.

Arbeiter der Landbevölkerung wieder so weit hergestellt, daß die Stadt gegen einen Handstreich vollkommen gesichert erschien. Dasselbe geschah in Tournay.

Die Bekleidung, mit welcher die Truppen in Sachsen abgerückt waren, war höchst mangelhaft. Viele hatten keine Mäntel, ein großer Theil nur leinene Beinkleider. Der Krankenstand war infolge dessen bei der rauhen und regnerischen Witterung ein sehr hoher. Es wurden daher in Breda und später in Löwen Hospitäler eingerichtet.

Die Munition war sehr knapp bemessen, da der mobile Reservepark nur eine einfache Ausrüstung mitführte, der Hauptpark aber erst später aus Sachsen nachfolgen sollte. Es mußten daher von der Infanterie Arbeitscommandos gestellt werden, um die aus den festen Plätzen Hollands gelieferte französische und englische Munition, welche für das Caliber der sächsischen Gewehre nicht paßte, umzuarbeiten.

Erkundung von Maubeuge am 25. Februar 1814.

Die Verbindung des 3. deutschen Corps mit dem Corps des Generals von Bülow wurde durch die Festung Maubeuge in empfindlicher Weise erschwert; alle Transporte mußten in Mons die gerade Straße verlassen und über Solre sur Sambre und Beaumont nach Avesnes geführt werden, bedurften aber auch auf diesem Wege noch starker Bedeckungen, um gegen Unternehmungen von Maubeuge aus gesichert zu sein. Die Wegnahme dieser Festung erschien daher dringend wünschenswerth.

Es wurde zu diesem Zwecke zunächst eine größere Erkundung dieses Ortes und der im Bereiche desselben liegenden Straßen angeordnet und General von Ryssel damit beauftragt. General von Le Coq sollte durch eine gleichzeitige Scheinbewegung gegen Condé die Aufmerksamkeit des Feindes dorthin ablenken.

General von Ryssel vereinigte seine Truppenabtheilungen bei Givry, südlich von Mons, und verlegte sie am 24. Februar in enge Quartiere bei Solre sur Sambre und Jeumont.

Am 25. Februar wurde von hier in 3 Colonnen aufgebrochen. Die rechte Colonne, 1 Schwadron pommersche Husaren, 2 Compagnien preußische Füsiliere ging auf dem linken Sambreufer bis Assevent vor; die mittlere Colonne, 1 Schwadron pommersche Husaren, $^1/_2$ reitende sächsische Batterie, 3 Compagnien des sächsischen 2. leichten Regiments, 2 Compagnien preußische Füsiliere, besetzte, auf dem rechten Sambreufer in gleicher Höhe mit der linken Flügelcolonne vorrückend, den Wald von Ronssies und die Mühle daselbst; die linke Flügelcolonne,

1 Schwadron des sächsischen Kürassierregiments, 1 Compagnie des 2. leichten Infanterieregiments, ¹/₂ Batterie reitender Artillerie, 2 Bataillone des 2. Linien-Infanterieregiments, ¹/₂ Batterie der zwölfpfündigen Batterie, marschirte über Cerfontaine und Ferrière la Grande auf der Straße von Beaumont gegen die Südfront der Festung vor und besetzte, auf Büchsenschußweite von letzterer, die alten Werke des Camp fortifié de Rouissies, deren Brustwehren genügenden Schutz gegen das feindliche Feuer boten. Als Reserve waren dieser Colonne 2 Schwadronen des sächsischen Kürassierregiments gefolgt.

Der Feind zeigte sich sehr thätig auf den Wällen und beschoß die deutschen Colonnen lebhaft, ohne ihnen jedoch Schaden zuzufügen. Am Nachmittage erhielt General von Ryssel den Befehl, wieder in die bisherige Aufstellung zurückzugehen. Man hatte durch diese Erkundung die Gewißheit erlangt, daß Maubenge nur durch eine regelrechte Belagerung genommen werden könnte.

General Maison scheint infolge der diesseitigen Bewegungen gegen Maubeuge und Condé angenommen zu haben, daß der deutsche rechte Flügel geschwächt worden sei. Er unternahm daher gegen denselben von Lille sowie von Antwerpen aus verschiedene Vorstöße, welche den Herzog von Weimar zwangen, die Division von Borstell durch die am 25. Februar in Brüssel eingetroffene Thüringisch-Anhaltische Division unter Prinz Paul von Württemberg zu verstärken und die sächsischen Truppen mehr nach rechts zu verschieben. Das 2. Linienregiment wurde nach Ath verlegt, wo es bis auf weitere Ordre stehen bleiben und eine neuformirte halbe Batterie französischer Sechspfünder unter Lieutenant Hirsch an sich ziehen sollte.

Nachdem die Versuche des Generals Maison gegen Oudenarde gescheitert waren und er den Rückzug auf Courtray angetreten hatte, entschloß sich der Herzog von Weimar, den Feind anzugreifen, wo er ihn fände, um womöglich für die Zukunft eine fernere Bedrohung seiner rechten Flanke unmöglich zu machen.

Zu diesem Zwecke vereinigte der Herzog in Warcoing unter dem Befehle des Generals von Borstell den größten Theil seiner Truppen, während in Tournay die unentbehrlichste Besatzung und die stehende Vorpostenlinie vor den Festungen zurückgelassen wurde. Das Commando über diese Vorposten, sowie über die Besatzung von Tournay, wo das 2. Linienregiment am 7. März früh von Ath her eintraf, übernahm Generallieutenant von Le Coq.

An Tapferkeit miteinander wetteifernd, schlugen die preußischen und sächsischen Abtheilungen am 6. und 7. März den Feind in den Gefechten bei Coighem, Zweweghem und Harlebeke zurück und besetzten Courtray.

Der Feind hatte sich anscheinend ganz auf Lille zurückgezogen.

Am 9. März ließ der Herzog von Weimar die Truppen wieder in die Stellungen von Tournay, Leuze und Mons abrücken. Trotz dieses Sieges blieb die Stellung des schwachen 3. deutschen Armeecorps eine sehr bedenkliche. Mit Freuden wurde daher die Ergänzung des Corps begrüßt, mit welcher Generallieutenant von Thielmann am 12. März in Brüssel eintraf. Es waren dies: das 1. Bataillon des 2. Linienregiments, das 1. und 2. Landwehrregiment jedes zu 3 Bataillonen, 1 Marschbataillon, Ersatzmannschaften der Grenadiere und Linieninfanterie, 1 Marschbataillon, Ersatzmannschaften der leichten Infanterie, 2 Bataillone des Contingents von Anhalt-Dessau-Köthen, sowie die 4. Schwadron des Kürassierregiments. Das 1. Bataillon des 2. Linienregiments nebst dem 2. Landwehrregiment stieß zu den Truppen unter Generallieutenant von Le Coq bei Mons.

Nach dem Eintreffen der Verstärkungen unter Generallieutenant von Thielmann hielt es der Herzog von Weimar für geboten, Maubeuge ernsthaft angreifen zu lassen.

Generallieutenant von Le Coq erhielt zu diesem Zwecke das provisorische Grenadierregiment, das 2. Bataillon des 2. leichten Infanterieregiments, das 3. Bataillon des 2. provisorischen Linien-Infanterieregiments, 2 Bataillone des 2. Landwehrregiments, 2 Compagnien thüringische freiwillige Jäger zu Fuß; 2 Escadrons Kürassiere, 1 Escadron thüringische Jäger zu Pferde, 1 Escadron pommersche Husaren, 12 schwere Feldgeschütze und 12 englische 24-Pfünder und Haubitzen; zusammen: 7½ Bataillone, 4 Escadrons, 24 Geschütze, überwiesen.

Am 17. März von Mons aufbrechend erreichte Generallieutenant von Le Coq am 18. März auf beiden Ufern der Sambre vorgehend Requignies und Boussois und schob seine Vorposten nach Cerfontaine, Roussies und Assevent vor.

Am 19. März löste das 3. Bataillon des 2. Linien-Infanterieregiments die in Cerfontaine stehende Schützencompagnie von Vorposten ab. Nachdem am 21. März noch das 3. ostpreußische Landwehrregiment bei Cerfontaine eingetroffen war, ließ Generallieutenant von Le Coq das Corps näher an die Festung herangehen und das auf dem rechten Sambre-Ufer gelegene verschanzte Lager von Roussies besetzen, ohne vom Feinde daran gehindert zu werden. Mit Einbruch der Dämmerung begann hier der Bau von Batterien.

Zur Deckung der Arbeiten wurden einige Compagnien vorgeschoben und in Gräben möglichst gedeckt angelegt. Ein Ausfall der Franzosen am 22. März wurde, wenn auch mit ziemlichem Verluste, zurückgeschlagen.

Am 23. März früh zwischen 4 und 5 Uhr begann die Beschießung der Festung, welche aber nur geringen Erfolg hatte. Bei der unzureichenden Munition konnte nur langsam gefeuert werden. Gegen 9 Uhr morgens schlug eine feindliche Granate in das im Graben der Redoute befindliche Munitionsmagazin und sprengte dasselbe mit 140 Bomben in die Luft. Eine Aufforderung zur Uebergabe wurde von dem Festungscommandanten, Oberst Schouller, abgelehnt. Da an einen Sturm nicht zu denken war und die Munition kaum noch für einen Tag ausreichte, so befahl der anwesende Herzog von Weimar die Aufhebung der Belagerung. Nur mit der größten Mühe gelang es in der Nacht bei dem ganz aufgeweichten Boden die Geschütze aus den Schanzen auf die gepflasterte Straße zu schaffen. Die Truppen wurden gegen Morgen in ihre frühern Stellungen zurückgeführt und die Festung blokirt gehalten, wozu auch noch Abtheilungen von der in Mons stehenden Abtheilung des Generalmajors von Ryssel herangezogen wurden, welche während der vorhergehenden Tage mit der Beobachtung von Valenciennes und Condé beauftragt gewesen waren. Auch das 2. Bataillon des 2. Linien-Infanterieregiments wurde mit zu diesem Dienste verwendet.

Während dieser Zeit fanden auf dem rechten Flügel des 3. deutschen Corps mehrfache Zusammenstöße statt, von welchen das Gefecht an der Marque am 21. März, das Gefecht bei Courtray am 31. März und der Angriff der Franzosen auf Tournay an demselben Tage die wichtigsten waren.

Noch in den ersten Tagen des April unternahm General Maison von Valenciennes aus mit 13000 Mann eine Erkundung über Maubeuge und Condé hinaus, zog sich aber auf die erhaltene Nachricht von der Capitulation von Paris und der Entthronung des Kaisers wieder nach Lille zurück.

Am 12. April wurde durch Bevollmächtigte des Herzogs von Weimar und des Generals Maison zu Pont-à-Tressin ein Waffenstillstand mit fünftägiger Aufkündigungsfrist abgeschlossen.[1]

Infolge des Waffenstillstandes wurde das 3. deutsche Armeecorps der bessern und leichtern Verpflegung wegen in weitere Quartiere in den Arrondissements Mons, Charleroy, Gent, Brügge, Tournay, Courtray, Termonde und Oudenarde verlegt.

Das 2. Linien-Infanterieregiment sammelte sich am 18. April in

---

[1] Die Convention in K.-M.-A., Rep. 28, loc. 56: Acta, Bewegungen und Stellungen des 3. deutschen Armeecorps, Januar bis April 1814.

Mons, marschirte am 19. nach Ath und den 20. nach Setteghen und bezog am nächsten Tage die Quartiere im Arondissement Gent.

Am 21. April ging der Herzog von Weimar nach Paris und übergab das Commando an General von Thielmann, welcher aber ebenfalls am 2. Mai nach Paris sich begab, worauf Generallieutenant von Le Coq die Führung des Armeecorps übernahm.

Inzwischen waren weitere Verstärkungen für das sächsische Corps unter Führung des Oberst von Seydewitz eingetroffen. Es wurden jedoch nur die Linientruppen, worunter das 1. Bataillon des 3. provisorischen Infanterieregiments, zum Corps herangezogen, während die gesammte Landwehr und die Freiwilligen von General von Gablenz nach Sachsen zurückgeführt wurden.

Im Mai marschirten die Sachsen über Brüssel in die Gegend von Aachen, wo sie am 19. Mai eintrafen und in der Umgegend Quartiere bezogen.

Am 26. Mai traf Generallieutenant von Thielmann wieder bei dem Corps ein und übernahm am 9. Juni auf Befehl des Kaisers Alexander endgültig das Commando des 3. deutschen Armeecorps, welches gleichzeitig unter die Befehle des Generals Graf Kleist von Nollendorf gestellt wurde.

In den nächsten Tagen hielt Generallieutenant von Thielmann Besichtigungen über die einzelnen Truppentheile ab und sprach in einem Tagesbefehle vom 16. Juni seine Zufriedenheit mit dem Zustande derselben aus.

Am 19. Juni brach das Corps wieder auf und bezog am 25. Juni Quartiere zwischen Coblenz und Bonn.

Als der Kaiser von Rußland in der Nacht zum 7. Juli in Coblenz eintraf, war das Corps längs der Straße aufmarschirt und defilirte sodann früh 5 Uhr in der Stadt vor demselben.

Ein Tagesbefehl Thielmann's versicherte den Truppen die Zufriedenheit des Kaisers mit ihrer schönen Haltung und militärischen Ordnung und sprach zugleich den Dank des Generals für den rastlosen Eifer aus, welchen sämmtliche Offiziere bei der Vervollkommnung der untergebenen Truppen mit so gutem Erfolge angewendet hatten.

Am 5. August erhielt das sächsische Corps vom General Graf Kleist den Befehl, das Kurfürstenthum Hessen zu besetzen, um durch diese Maßregel den Kurfürsten zu bewegen, seinen Verpflichtungen als Reichsstand nachzukommen.

Am Tage des Aufbruchs, den 9. August, ließ General Graf Kleist die sächsischen Truppen in und bei Coblenz die Revue passiren; am 13. und 14. August traf das Corps in Marburg und Umgegend ein.

General von Thielmann war eifrigst bestrebt, den erhaltenen unangenehmen Auftrag dem Lande möglichst wenig drückend zu machen. Die angewiesenen Quartiere, zum Theil noch mit kurhessischen Truppen belegt, erwiesen sich als völlig unzureichend, sodaß außer der schlechten Verpflegung der Soldaten auch den armen Einwohnern unerschwingliche Lasten erwuchsen. Nur allmählich besserten sich diese für alle Theile sehr drückenden Verhältnisse.

Bereits Ende Juli, als die Sachsen noch bei Coblenz standen, hatte ein Artikel in dem dort erscheinenden Rheinischen Merkur, welcher die größten Schmähungen gegen Se. Majestät den König Friedrich August enthielt, die tiefste Entrüstung in den Herzen aller treuen Sachsen hervorgerufen.

Ein Offizier ließ sich hierdurch zu der Uebereilung hinreißen, den Redacteur in seiner eigenen Wohnung zur Rede zu stellen und durch eine Patrouille arretiren zu lassen. General von Le Coq hatte, sobald er den Vorfall erfuhr, den Redacteur sofort wieder entlassen, den Offizier arretirt und Meldung an General von Thielmann erstattet. Letzterer schickte den Offizier sogleich nach Sachsen in das Depot zurück und erließ ein Schreiben an die Brigadiers, in welchem er zugleich seine Ansichten über das Verhältniß der Armee zu ihrem gefangenen Monarchen aussprach und den Grundsatz aufstellte, „daß jeder Sachse des Eides gegen seinen König entbunden sei und keinen andern Souverän, als die alliirten Mächte anzuerkennen habe". In ähnlicher Weise hatte General von Thielmann am 3. August, dem Geburtstage des Königs von Preußen, den Toast ausgebracht: „Auf daß bald das ganze nördliche protestantische Deutschland unter dem gerechten, weisen, kräftigen und milden Scepter Sr. Majestät des Königs Friedrich Wilhelm vereinigt werde." Aus Sachsen liefen von verschiedenen Seiten Nachrichten ein, daß der Wunsch für baldige Rückkehr des gefangenen Königs sich von Tag zu Tag lauter ausspreche und daß man dort bereits in dieser Hinsicht mehrere officielle Schritte unternommen habe.

Endlich glaubte die Armee, um allen entgegengesetzten Auffassungen entgegenzutreten, klar und offen aussprechen zu müssen, daß ihr Uebertritt bei Leipzig durchaus nicht in der Absicht geschehen sei, sich von dem Könige zu trennen, sondern, daß man durch diesen Schritt nur im Sinne des im französischen Hauptquartiere unfreien Königs zu handeln geglaubt habe, und daß man den Eid, durch welchen man an den angestammten Herrscher geknüpft sei, für unverletzlich und ungelöst erachte.

Aus diesen Gründen und in diesem Sinne hatten die gesammten

Offiziere der sächsischen Armee regimenter- und parteienweise verschiedene an die verbündeten Monarchen gerichtete Adressen unterzeichnet und am 1. September dem General von Thielmann in Marburg überreicht. Dieser überschickte am nächsten Tage die Adressen an General Graf Kleist und setzte zugleich den Minister von Stein von diesem Schritte der sächsischen Armee in Kenntniß, welchen er nicht als alleinigen Ausdruck der Anhänglichkeit der Offiziere an ihren König betrachtete, sondern darin vorzüglich eine höhere politische Tendenz und den Einfluß des österreichischen Cabinets gefunden haben wollte. Er stellte beiden gegenüber nicht nur den Schritt der sächsischen Offiziere als revolutionär dar, sondern beantragte zugleich die Entfernung des Generals von Le Coq und des Generalstabschefs, Obersten von Zezschwitz, welche er als die Hauptstützen der sächsischen Gesinnung im Heere ansah.

Inzwischen marschirte das sächsische Corps am 8. September wieder nach dem Rheine ab und kam am 15. September nach Coblenz und Umgegend.

Hier beschied General von Thielmann sämmtliche Brigadiers und Regimentscommandeure zu sich, um ihnen eine Ordre des Generals Graf Kleist mitzutheilen. Letzterer hatte, durch Thielmann's Darstellung beeinflußt, die Angelegenheit nicht minder streng beurtheilt und die Abänderung des größten Theils der Adressen angeordnet, sowie befohlen, daß General von Le Coq und Oberst von Zezschwitz unverzüglich nach Sachsen zurückgesendet würden, um dort dem russischen Generalgouvernement zu einer strengen Untersuchung übergeben zu werden.

Infolge dessen wurden die Adressen, um ihre Beförderung zu erreichen und da die Aenderung nur auf eine erneute Angelobung des Gehorsams gegen die Verbündeten hinauslief, an dessen Verweigerung niemand gedacht hatte, insofern geändert, daß die Offiziere erklärten, ihre Pflichten gegen den König von Sachsen als Regenten noch nicht für immer aufgehoben, sondern nur als unterbrochen zu betrachten.

Von der Zurücksendung der beiden Offiziere sah General Graf Kleist, um die Erbitterung der Sachsen nicht noch mehr zu steigern und auf die furchtlose Erklärung des Generals von Liebenau, mit sämmtlichen Cavallerieoffizieren das Schicksal des Generals von Le Coq theilen zu wollen, vorderhand ab.[1]

Nach dem Einrücken der Sachsen in die Ortsunterkunft bei Coblenz

---

[1] Das Nähere über diese Angelegenheit siehe in Graf Holtzendorff, Beiträge zu der Biographie des Generals Frhrn. von Thielmann, S. 159 fg.

fanden die gewöhnlichen Herbstübungen, erst in Regimentern, dann in Brigaden statt, welche am 28. September mit einem Manöver des ganzen Corps in der Gegend von Mahen und Pollich ihren Abschluß fanden.

Außer Generallieutenant von Thielmann wohnte auch General Graf Kleist diesem Manöver bei und sprach sich sehr anerkennend über den Verlauf desselben aus.

Am 16. November brachte ein Kurier aus Dresden die für alle Sachsen tief erschütternde Nachricht, daß am 8. November eine preußische provisorische Regierung für Sachsen eingesetzt worden sei, und nur die Kunde von dem Proteste Sr. Majestät des Königs Friedrich August hob die gesunkene Hoffnung auf Erhaltung des Vaterlandes wieder in etwas.

Mit schwerem Herzen, aber einig in dem Gefühl der Treue gegen ihren angestammten Landesherrn feierten die Sachsen in ihren Quartieren am 23. December den Geburtstag des Königs; besonders festlich bei der Brigade Le Coq.

General von Le Coq wurde am 23. Januar 1815 vom Generalgouvernement nach Sachsen zurückberufen.

Bereits am 18. Januar 1815 waren wieder Veränderungen in den Quartieren der sächsischen Truppen eingetreten, und diese in und bei Cöln vereinigt, wohl um sie von jeder möglichen Berührung mit den Oesterreichern fernzuhalten, was bei dem auf dem Wiener Congresse ausgebrochenen Zwiespalte zwischen Preußen und Oesterreich bedenklich erschien.

7. Theilung der Armee 1815.

In Cöln erhielt Generallieutenant von Thielmann die Nachricht von der vom Congresse beschlossenen Theilung Sachsens. Ohne dazu Befehle erhalten zu haben, forderte er sogleich unter dem 22. Februar die Brigadiers auf, die Offiziere zu befragen, welchem Herrn sie künftig dienen wollten. Erklärten sich auch nur verhältnißmäßig wenig Offiziere, durch Familien- und Besitzverhältnisse dazu veranlaßt, für den Uebertritt in preußische Dienste, so wurden doch durch diesen voreiligen Schritt Thielmann's die Einigkeit des Offizierscorps, welche bisher die letzte Stütze in dieser schweren Zeit gewesen war, und das Vertrauen der Soldaten in ihre Führer unwiederbringlich vernichtet.

Am 1. März erfolgte die für Sachsens Schicksal so unheilvolle Rückkehr Napoleon's nach Frankreich.

7. Theilung der Armee 1815.

Der General Graf Kleist ließ auf die Nachricht von dem Eintreffen Napoleon's in Paris das 3. deutsche Armeecorps bei Aachen zusammenziehen. Unter dem 2. April ging dieser Führer, welcher die schwierige Lage der Sachsen zu würdigen verstand, zu einer anderweiten Bestimmung ab und übernahm General von Gneisenau bis zum Eintreffen des Fürsten Blücher das Obercommando über die Sachsen, welche am 10. April in Lüttich einrückten. Die Generale von Thielmann, von Ryssel und von Brause traten in preußische Dienste, sodaß in dieser Zeit kein einziger sächsischer General sich mehr beim Corps befand. Am 30. April überbrachte General von Grolmann eine Ordre des Königs von Preußen, nach welcher aus sämmtlichen Regimentern des sächsischen Corps zwei Brigaden formirt werden sollten. Zur ersten Brigade sollten die Regimenter bestimmt werden, welche hauptsächlich aus Soldaten derjenigen Provinzen bestanden, die künftig zu dem preußischen Antheile gehören würden, während die zweite Brigade aus denjenigen Regimentern gebildet werden sollte, welche der Mehrzahl nach aus den Provinzen formirt waren, die unter sächsischer Regierung zu verbleiben hatten.

Fürst Blücher befahl unter dem 2. Mai die Theilung so vorzunehmen, daß alle Individuen je nach ihrer Heimatsangehörigkeit entweder der preußischen oder der sächsischen Brigade zugetheilt wurden, sodaß also alle Verbände in sich zerrissen werden sollten. Da von seiten des Königs von Sachsen keine Zustimmung zu einer Theilung der Armee erfolgt war und kein sächsischer Commissar zu derselben zugezogen werden sollte, bereiteten sich jene bekannten, vom Gesichtspunkte der militärischen Disciplin beklagenswerthen, vom Gesichtspunkte des Patriotismus und der Treue gegen den Landes- und Kriegsherrn erklärlichen Auftritte in Lüttich vor.[1]

Das 2. Linien-Infanterieregiment hatte an denselben keinen Antheil genommen. Als am nächsten Morgen, den 3. Mai, befohlen wurde, die Stadt zu räumen und in die Gegend von Verviers und Mastricht zu rücken, marschirte das Regiment in der größten Ordnung und Ruhe ab. Die Bestimmung des Regiments war nach Herve. Das Regiment war jedoch noch nicht weit von der Stadt entfernt, als sich in demselben die Nachricht verbreitete, die Grenadiere weigerten sich, anderswohin als dorthin, wo das Garbebataillon sich befände, zu marschiren. Sofort erfaßte auch dieses Regiment die größte Unruhe, der

---

[1] Ausführlichen Bericht des Generalstabschefs, Oberst von Zezschwitz, über die Vorfälle am 2. Mai siehe in von Zezschwitz, Mittheilungen aus den Papieren eines sächsischen Staatsmannes, S. 376 fg.

Marsch stockte und alle erklärten einmüthig, „sie könnten, wenn sie nicht für schlechte Kameraden gehalten sein wollten, ihre Grenadiere nicht verlassen".

Erst den dringlichsten Vorstellungen des Obersten von Seydewitz und des auf die ihm abgestattete Meldung sofort herbeigeeilten Oberst von Zezschwitz gelang es, das Regiment zum Gehorsam zurückzubringen, von dem es nachher keinen Augenblick wieder abwich. Den bringenden Vorstellungen des Obersten von Zezschwitz und einiger andern Stabsoffiziere gelang es endlich am 4. Mai, von Fürst Blücher die Genehmigung zu erhalten, daß die Theilung vorläufig auf dem Papiere erfolge, die Truppen selber aber vereint blieben.

Die Sachsen erhielten am 10. Mai anderweite Quartiere in der Gegend von Paderborn angewiesen. Einen Tagemarsch vor Paderborn wurde die Bestimmung insoweit abgeändert, daß die Quartiere des einen Theils der Truppen bei Cassel, des andern bei Rinteln angewiesen wurden.

Das 2. und 3. Bataillon des 3. provisorischen Linien-Infanterieregiments, welche unter Oberstlieutenant von Liebenau um diese Zeit aus Sachsen eingetroffen waren, standen bei Siegburg.

König Friedrich August hatte der am 27. April vom Congreß ihm gestellten Wahl, zur Abschließung der Beitrittsverträge Vollmachten zu ertheilen, oder zu gewärtigen, daß die ihm gemachten Anträge ganz zurückgenommen und über die nach den Beschlüssen des Congresses ihm verbleibenden Landestheile anderweit verfügt werden würde, sich nicht länger entziehen können. Am 18. Mai wurde der Friedensvertrag mit den Bevollmächtigten Oesterreichs, Preußens und Rußlands abgeschlossen. Durch Patent vom 22. Mai entließ der König die Einwohner und Soldaten der abgetretenen Provinzen ihres Eides. Generallieutenant von Le Coq wurde zum Commissar bei der Theilung des Heeres ernannt und ging sofort zur Armee ab.

Obwohl die Ankunft desselben täglich zu erwarten stand, hatte Fürst Blücher den unverzüglichen Beginn der Theilung, ohne auf die Ankunft des sächsischen Commissars zu warten, angeordnet. Oberst von Zezschwitz legte zwar Protest ein, mußte sich aber dem Geschäfte unterziehen, bis General von Le Coq eintraf. Der preußische Commissar, Generalmajor von Lobenthal, verstand es, der schwierigen Lage des Obersten von Zezschwitz Rechnung zu tragen. Er ließ mit der Theilung der commissariatischen Vorräthe beginnen und zwar nach dem Maßstabe: $^4/_9$ an Preußen, $^5/_9$ an Sachsen.

Nach Eintreffen des Generals von Le Coq begann die Theilung der Infanterie. Der General von Le Coq las jeder Truppenabtheilung

7. Theilung der Armee 1815.

die von Sr. Majestät dem Könige erlassene Eidesentlassungs-Acte vor, entband im Namen des Königs die preußisch gewordenen Mannschaften ihrer bisherigen Pflichten, ermahnte sie zum Gehorsam in ihren neuen Verhältnissen und nahm sodann von ihnen einen rührenden, herzlichen Abschied.

General von Lobenthal, aufs tiefste von den traurigen Scenen bei der Trennung dieser alten Waffenbrüder ergriffen, bat General von Le Coq, ihn künftig von der Gegenwart zu dispensiren und die ihm zuzuweisende Mannschaft an den Ort zu schicken, welchen er jedesmal bestimmen werde.

Ueber den Verlauf der Theilung meldete General von Le Coq unter dem 19. Juni an Se. Majestät:

„Vorgestern ist dieselbe beendigt worden. Alle Regimenter und Bataillone haben sich hierbei auf eine höchst würdevolle, lobenswerthe Art betragen. Ebenso allgemein als grenzenlos war der Schmerz, da ich einen so großen Theil dieser treuen Soldaten ihres Eides und ihrer Pflichten gegen Ew. Königl. Majestät entließ, und ich kann versichern, noch nie ein so schmerzhaftes, herzzerreißendes Geschäft ausgeführt zu haben; doch überzeugte ich mich nun selbst und die ganze Welt muß es aus diesem Betragen der Truppen erkennen, daß nicht Widerspenstigkeit gegen militärische Gesetze, sondern nur Treue für ihren angebeteten Monarchen es war, welche die unglücklichen Auftritte der letzten Wochen hervorbrachten. Hätte man Ew. Majestät Allerhöchste Einwilligung abgewartet und diese mit dem Befehle der Theilung der Truppen bekannt machen können, Alles wäre vermieden worden und die Soldaten würden sich mit eben der Würde und dem ruhigen Ergeben in ihr trauriges unvermeidliches Schicksal gefügt haben, als jetzt, wo nur durch unaufhaltsame Thränen, aber auch nicht durch das leiseste Murren der Schmerz der Trennung sich aussprach.

„Generalmajor von Lobenthal, ein wackerer Mann, hat sich hiervon eben so gut, als wir alle überzeugen müssen, und jeder Unpartheyische wird nun über die eigentlichen Urheber der vorgefallenen Excesse keinen Zweifel mehr haben können."[1]

Vom 2. provisorischen Linien-Infanterieregiment wurden 885 Unteroffiziere und Soldaten an Preußen abgegeben, 1139 Mann blieben bei Sachsen. Von den Offizieren dieses Regiments traten in preußischen Dienst: die Kapitäne Moritz, Schmidt, von Vietinghoff, von

---

[1] K.-M.-A., Rep. B., loc. 14, Litt. O, Nr. 2: Die Angelegenheiten des in Frankreich gestandenen Königl. Sächs. mobilen Truppencorps vom Juni bis Ende December 1815.

Beust, von Stutterheim; die Premierlieutenants von Seebach und von Linsingen; die Souslieutenants von Miltau, von Göckel, von Niebecker, von Brzesky.

Unter dem 22. Mai hatte Se. Majestät von Laxenburg aus folgenden Tagesbefehl an seine Truppen gerichtet:

„Soldaten! Ich habe lange nicht zu Euch gesprochen. Die Verhältnisse, welche es hinderten, sind Euch bekannt. Ich habe aber stets an Eurem Schicksale Theil genommen und die mannichfaltigsten Beweise von Anhänglichkeit, Liebe und Treue mit Rührung erfahren. Umstände, die unabwendbar waren, haben mich genöthigt, einen großen Theil Eurer Waffenbrüder von Euch zu trennen und sie mit schmerzlichem Gefühle fremden Händen zu übergeben. Ihr seid ein kleiner Haufe geblieben, aber nicht die Zahl, welche ein Heer ausmacht, sondern die innere Kraft, der Geist, welcher dasselbe beseelt, macht solches ehrwürdig.

„Euren Muth habt Ihr immer bewährt, und von diesem bin ich überzeugt, neue Proben zu erhalten, aber eine gute Mannszucht, strenger Gehorsam gegen die Befehle Eurer Obern, pünktliche Ordnung in allen Euern Dienstverhältnissen und gute Behandlung der Einwohner, es sei in Freundes- oder Feindesland, ist ebenso nothwendig zu Eurem guten Rufe. — Lasset es Euer Bestreben sein, daß in ganz Deutschland, ja in ganz Europa der Name «Sachsen» nur mit Achtung ausgesprochen werde! Seid dagegen auch meines steten Andenkens und meiner landesväterlichen Liebe versichert.

gez. Friedrich August."

Zweites Buch.

Von der Neuformation der Armee 1815 bis zur Rückkehr aus dem Feldzuge 1866.

8. Neuformation der Armee und Betheiligung des Regiments am Feldzuge 1815.

Die bei Sachsen gebliebenen Theile der Armee, im ganzen noch ungefähr 12000 Mann, marschirten, nachdem die Mannschaften der Infanterie kurz nach erfolgter Theilung neu verpflichtet worden waren, aus ihren Quartieren nach der Gegend von Osnabrück, um hier neu organisirt zu werden.

Der Plan dieser Organisation war bereits im Mai mit dem zu diesem Zwecke nach Laxenburg berufenen Generallieutenant von Le Coq festgestellt worden. Dieser, vom 7. Juni 1815 datirten, Neuformation war die provisorische Organisation vom December 1813 zu Grunde gelegt.

Die Infanterie sollte bestehen: aus dem Leib-Grenadierregiment, 3 Linien-Infanterieregimentern und 1 leichten Infanterieregiment. Die Regimenter wurden vorläufig zu 2 Bataillonen formirt, zur Ergänzung derselben, sowie zur Bildung der 3. Bataillone wurden die noch im Lande befindlichen Landwehrregimenter sowie der aufgelöste Banner freiwilliger Sachsen verwendet.[1] Die noch überbleibenden Mannschaften wurden zur Bildung eines Landwehr-Reserveregiments sowie eines Depotbataillons verwendet.

Das 3. Linien-Infanterieregiment, dessen Stamm seinerzeit der aus Moblin zurückgekehrte Rest des 2. Bataillons Prinz Friedrich August gebildet hatte, erhielt bei der Neuformation wieder diesen Prinzen zum Chef. Commandeur desselben wurde Oberst von Liebenau, Oberstlieutenant von Wurmb, Bataillonscommandeure die Majors von Holleufer (aggr. Oberstlieutenant), von Eychelberg und von Smolinsky.[2]

Die Uniform des Regiments war: Röcke, Westen und lange Beinkleider von weißem Tuche und weiß gefüttert. Die Röcke mit ver-

---

[1] Etat eines Linien-Infanterieregiments im Jahre 1815 siehe in Beilage LV.
[2] Offiziersliste des Regiments siehe in Beilage LVI.

kürzten aufgehalten Schößen und hellblauem Vorstoße. Kragen, Aufschläge und Klappen hellblau, 2 Reihen gelbe Knöpfe; schwarze Tuchgamaschen mit gelben Knöpfen (im Sommer Leinwandhosen und weißleinene Gamaschen), Tschakos mit gelben messingenen Schildern und Bataillenbändern, die der Unteroffiziere mit einer Tresse besetzt.

Der Rock der Offiziere mit verlängerten aufgehalten Schößen, Tschakos mit goldenem Stickereibesatz und silbernem Cordon; ungarische Stiefel; als Interimsuniform der Offiziere Rock von weißblau melirtem Tuche mit hellblauen Aufschlägen, hellgraue lange Beinkleider, Hut.

Die Landwehr und die 3. Bataillone aller Regimenter trugen dunkelblaue Röcke mit verkürzten Schößen, rothen Kragen und Aufschlägen zum Ueberknöpfen, mit gelben Knöpfen und Tschakos. Die Regimentstamboure, die Hautboisten und die Tamboure trugen Hüte mit Tressen, bez. Bordenbesatz und rothem Federstutz.

Sowohl der Herzog von Wellington als der Fürst Schwarzenberg hatten sich erboten, die Sachsen unter ihr Commando zu nehmen. Der König entschloß sich, das letztere Anerbieten anzunehmen. Die Vereinigung mit den Oesterreichern im Elsaß sollte baldmöglichst erfolgen. Die noch fehlenden Ausrüstungsstücke, Pferde, Ersatzmannschaften und Munition sollten umgehend von Sachsen aus nach dem Main abgehen, um dort zu dem sächsischen Corps zu stoßen.

Das sächsische Corps marschirte nach vollendeter Neuformirung in drei Colonnen von Osnabrück nach dem Main ab. Das Regiment Prinz Friedrich August gehörte zur 3. Colonne unter Führung des Obersten von Seydewitz, vereinigte sich am 12. Juli bei Neuenkirchen und erreichte über Arolsen, Corbach, Frankenberg, Wetter, Gladenbach, Wetzlar, Usingen und Königstein marschirend am 27. Juli die Gegend von Mainz.

Das Obercommando über die sächsischen Truppen[1] übernahm der Herzog Ernst von Sachsen-Coburg, welcher am 2. August in Frankfurt eintraf.

Durch Schreiben des Feldmarschalls Fürst Schwarzenberg vom 22. Juli war Generallieutenant von Le Coq aufgefordert worden, baldmöglichst in Frankreich einzurücken und sich an die Oesterreicher bei Dijon anzuschließen.

Auf Veranlassung des Erzherzogs Karl wurde die Marschroute, nach welcher die Sachsen am 12. August bei Dijon eintreffen sollten, ab-

---

[1] Ordre de Bataille des mobilen sächsischen Corps im Jahre 1815 siehe in Beilage LVII.

geändert, weil er die Sachsen persönlich durch die Festung Mainz führen wollte, um ihnen einen besonderen Beweis seiner Hochachtung zu geben.

Am 4. August nahm der Erzherzog die Revue über die vor der Festung aufgestellten Truppen ab und zwar: die Leib-Kürassiergarde, die beiden Schützen= und das Jägerbataillon, die Regimenter Prinz Anton und Prinz Friedrich August sowie die 2. Artilleriebrigade, und führte sodann die Colonne durch die Festung. Er sprach sich sehr lobend über die gute militärische Haltung dieser Truppen aus und befahl durch Tagesbefehl ihnen bekannt zu geben, „daß Er sich sehr gefreut habe, die braven Sachsen wiederzusehen, welche sich nicht nur durch Tapferkeit im Kriege, sondern auch vorzüglich in der letzten Zeit durch unerschütterliche Treue gegen Fürst und Vaterland ausgezeichnet hätten".

An demselben Tage traf ein Kurier des Fürsten Schwarzenberg aus Paris bei dem Corps ein mit dem Befehle, zur Uebernahme der Blokade von Schlettstadt und Neubreisach unter die Befehle des Erz= herzogs Johann zu treten.

Der Marsch sollte über Coussel, Homburg, Zweibrücken, Savern, Molsheim und Tambach nach Colmar gehen, wo das Hauptquartier und die nicht zur Blokade der beiden Festungen verwendeten Truppen als Reserve stehen zu bleiben hatten.

Am 15. und 16. August lösten die Sachsen die bisherigen Blo= kadecorps (Oesterreicher und Badenser) vor den beiden Festungen ab. In Schlettstadt hatte der Commandant, General Saint Suzanne, bereits die weiße Fahne der Bourbons aufgesteckt und auf Befehl des Königs die Nationalgarde, 4000 Mann, aus der Festung entlassen.

In Neubreisach wehte noch die dreifarbige Fahne und wurde der 15. August, der Napoleonstag, festlich begangen. Mit beiden Festungen waren schon früher Waffenstillstandsconventionen auf unbestimmte Zeit, mit Schlettstadt auf 24stündige, mit Neubreisach auf 4stündige Auf= kündigung, abgeschlossen worden.

Das Blokadecorps vor letzterer Festung bestand unter General= major von Leyßer aus 2 Bataillonen Prinz Friedrich August, 1 Ba= taillon Prinz Maximilian, dem 1. leichten Infanterie= und dem Jäger= bataillon, 4 Escadrons Husaren, 2 reitende Batterien.

Am 23. August ließ der Commandant, General Dremoncourt, nach Rückkehr eines von ihm an General Rapp nach Straßburg ge= sandten Kuriers, zwar ebenfalls die weiße Fahne aufziehen und mit 100 Kanonenschüssen salutiren, allein in der Festung herrschte große Gärung, welche wiederholt in Thätlichkeiten ausbrach, sodaß man jederzeit auf Wiedereröffnung der Feindseligkeiten gefaßt sein mußte.

Am 26. August trafen in Colmar unter Führung des Generalmajors von Nostitz das Reserve-Landwehrregiment (3 Bataillone) sowie 3 Landwehrbataillone, welche als 3. Bataillone zu den Linienregimentern gehörten, in bester Verfassung aus Sachsen ein.

Der Bestand des Regiments Prinz Friedrich August war nach
dem Eintreffen des Landwehrbataillons: 60 Offiziere, 2171 Mann.
Es fehlten somit nur 7 Mann am vollen Etat.

Am 28. August hatte das Regiment die Ehre, vor seinem hohen
Chef, dem Prinzen Friedrich August und vor dem Prinzen Clemens
die Revue zu passiren. Dieselben waren aus Sachsen gekommen, um
die mobilen Truppenabtheilungen zu besichtigen.

Anfang September waren in Neubreisach die Nationalgarden ebenfalls entlassen worden; eine Aufhebung der Blokade sollte dem Commandanten aber erst dann zugestanden werden, wenn die Festung von
allen Linientruppen und der Artillerie geräumt sein würde. Nach
längern Unterhandlungen war dies auch am 20. September erfolgt.
Die Truppen blieben nun nur noch zur Beobachtung vor der Festung
stehen, um eine erneute Verproviantirung oder Bewaffnung derselben
zu verhindern, und zwar auf der obern Seite der Festung General
von Leysser mit 6 Escadrons, 2 Bataillonen, 2 reitenden und 1 Fußbatterie, auf der untern Seite Oberst von Lindenau mit dem Regiment Prinz Friedrich August, 2 Escadrons Ulanen und zwei 12-pfün-
digen Batterien.

Nachdem unter dem 20. November zwischen den verbündeten Mächten
und Frankreich der zweite Pariser Friede abgeschlossen worden war,
erhielt das sächsische Corps den Befehl nach Sachsen zurückzumarschiren.
Eine Abtheilung von 5000 Mann, unter Befehl des Generals von
Gablenz, hatte in Frankreich zurückzubleiben.

Der Rückmarsch wurde in drei Colonnen angetreten. Das Regiment
Prinz Friedrich August bildete mit 2 Escadrons Ulanen, den Artillerie-
parks und dem Commissariat die 2. Colonne, marschirte am 22. No-
vember von Dambach ab und erreichte über Molsheim, Brumpt, Sulz,
Weißenburg, Billichheim, Neustadt, Kirchheim, Oppenheim, Frankfurt,
Hanau, Gelnhausen, Steinau, Neuhof, Fulda, Rastdorf, Vach, Eisenach,
Gotha, Erfurt, Buttelstädt, Kösen und Weißenfels am 22. December
Leipzig.

Von Leipzig aus marschirten die einzelnen Bestandtheile der Colonne nach ihren neuen Garnisonen ab. Das Regiment Prinz Friedrich August marschirte nach Dresden und erhielt hier die große Infanteriekaserne in der Neustadt überwiesen.

Nach dem Eintreffen wurde das Regiment auf dem Kasernenhofe

im Karree aufgestellt und ein feierlicher Gottesdienst abgehalten, welchem Se. Königliche Hoheit Prinz Friedrich August und General Le Coq beiwohnten.

Am 2. Januar 1816 hielt Se. Majestät der König zu Dresden vor dem Löbtauer Schlage eine Revue über die aus Frankreich zurückgekehrten Truppen ab.

9. Friedensjahre 1816—1848.

Die Verhältnisse, welche der König bei seiner Rückkehr nach Sachsen vorfand, erinnerten nur zu sehr an die, welche er bei seinem Regierungsantritte vorgefunden hatte. Der Feldzug 1813 und die Folgen desselben hatten die wichtigsten Städte und den fruchtbarsten Theil des Landes bis zur völligen Erschöpfung in Anspruch genommen; 367 1/2 Quadratmeilen mit 864404 Einwohnern waren an Preußen abgetreten worden.

Die größte Sparsamkeit in allen Zweigen der Staatsverwaltung war erforderlich, um den tief erschütterten Credit des Landes wieder erstarken zu lassen. Selbstverständlich mußten auch die Ausgaben für das Militär für eine längere Reihe von Jahren auf das unbedingt Nothwendige beschränkt bleiben. Dennoch geschah alles, um die Armee schlagfertig zu erhalten und durch innere Tüchtigkeit die geringe Stärke auszugleichen.

Mit Rücksicht auf die Bestimmungen der Deutschen Bundesacte vom 9. Juni 1815, der im Jahre 1818 festgestellten Grundzüge der Kriegsverfassung des Deutschen Bundes, der Wiener Schlußacte vom 15. Mai 1820 und der durch Bundesgesetz vom 9. April 1821 festgestellten Kriegsverfassung des Deutschen Bundes wurde nach eingehenden Berathungen die endgültige Organisation des sächsischen Heeres festgestellt.

Das sächsische Corps bildete mit den Contingenten vom Kurfürstenthum Hessen, Herzogthum Nassau und Herzogthum Luxemburg das 9. deutsche Bundesarmeecorps; die sächsischen Truppen als solche die 1. Division des letztern. Die Stärke des sächsischen Contingents wurde nach 1 % der auf 1,178802 Einwohner angenommenen Bevölkerungsziffer berechnet. Für die herzoglich sächsischen und fürstlich reußischen Staaten hatte Sachsen an Cavallerie, Artillerie und Train 755 Mann und 401 Pferde zu stellen, wogegen diese 954 Mann Infanterie aufzubringen hatten.

Der Kriegsetat des sächsischen Bundescontingentes betrug 12000

Mann und 1711 Pferde ausschließlich des Trains und der Nichtstreitbaren, worunter 9284 Mann Infanterie.¹

Nach der Ende 1822 vollendeten Reorganisation der Armee setzte sich die Infanterie folgendermaßen zusammen:

1. Brigade: Gardedivision 370 Mann, Leibregiment und 1. Linienregiment „Prinz Anton" à 1745 Mann. 2. Brigade: 2. Linienregiment „Prinz Maximilian" und 3. Linienregiment „Prinz Friedrich August" à 1745 Mann.² 1 Halbbrigade leichte Infanterie (3 Bataillone).

Die gesammte Linieninfanterie, mit Ausnahme der Gardedivision, trug weiße Röcke mit grünen Kragen und 2 Reihen gelber Knöpfe. Die Linieninfanterie weißes, die leichte Infanterie schwarzes Lederzeug. Die Regimentszeichen auf den Tschakos waren grün mit verschiedener, beim 3. Regimente rother, Füllung. In letzterer waren die Compagnienummern von 1—12 aus gelbem Metalle angebracht. Die Feldmützen waren von grünem Tuche mit Schirm.

Die Bewaffnung der Infanterie bestand aus Steinschloßgewehren, meist französischen Ursprungs, welche durch Anbringung größerer Zündlöcher zum Selbstaufschütten und Ersatz der konischen durch cylindrische Ladestöcke, sowie der vielfach schadhaft gewordenen nußbaumenen durch sehr gerade rothbuchene Schäfte abgeändert wurden. Das Seitengewehr der Unteroffiziere war mit Gefäßbügel versehen; als Auszeichnung trugen dieselben Säbelquasten von weiß und grüner Wolle.

Im Jahre 1816 bezog das Regiment Prinz Friedrich August Ortsunterkunft zwischen Dresden und Dohna. Obgleich nur einmal, am Tage nach der Musterung, im Regimente exercirt wurde, mußten doch die Bataillone wegen Reinigung und Umbaues der Kaserne bis spät in den Herbst in den angewiesenen Quartieren liegen bleiben, sodaß das 3. Bataillon erst Anfang November nach Dresden zurückkehrte.

Im Jahre 1817 erschien für die Truppen im Friedensstande ein neues Wirthschaftsreglement.

Nach Auflösung des Landwehr-Reserveregiments und des Landwehr-Depotbataillons wurde die Errichtung einer in den Waffen zu übenden Armeereserve angeordnet, zu welcher die Offiziere von den Linienregimentern zu commandiren waren.

Für die Garnison Dresden wurden von diesem Jahre an Ruder- und Schwimmübungen eingeführt.

---

¹ Der Etat des gesammten sächsischen Corps betrug 1822: 13367 Mann und 2032 Pferde.

² Etat eines Linien Infanterieregiments von 1822 an siehe in Beilage LVIII.

9. Friedensjahre 1816—1848.

Das Regiment bezog auch in diesem Jahre Ortsunterkunft zwischen Dresden und Dohna.

Das Schlußmanöver der 2. Brigade Mellentin fand zwischen „der grünen Wiese" und Dobritz statt. Se. Königl. Hoheit Prinz Friedrich August commandirte dabei das 1. Bataillon des Regiments.

In der Nacht vom 1. zum 2. Mai 1818 brannte das alte Schloß in Pillnitz nieder; das Regiment hatte bis zum 16. Juli täglich Wach- und Arbeitercommandos dorthin zu geben. Von diesem Tage an wurden 100 Mann, unter Führung des Lieutenants von Schönnermark stehend dazu commandirt und in Pillnitz einquartiert.

Von demselben Tage an bis Ende Juli wurde von den Rekruten des Regiments ein Lager bei Dresden, südlich des Dünenkammes zwischen der Königsbrücker Straße und der Prießnitz bezogen; an derselben Stelle, wo 1813 ein französisches Lager sich befunden hatte. Die Rekruten des Regiments bildeten drei Compagnien, während eine vierte von denen des Linien-Depotbataillons gebildet wurde. Major Erdtel des Regiments führte das Commando. Zum Kochen für die Rekruten war alte Mannschaft commandirt. Trotz fortwährenden Regens während der ersten 10 Tage blieb der Gesundheitszustand der Abtheilung ein sehr guter, weil die Verpflegung gut und reichlich geliefert werden konnte. Dresdener Kaufleute und Rittergutsbesitzer der Umgegend hatten in bedeutenden Posten trockene Gemüse, Bier und Branntwein für das Lager zum Geschenk gemacht. Jeden Abend erhielt die Mannschaft Mehlsuppe.

Die alte Mannschaft bezog im August bataillonsweise auf je 14 Tage wegen Reinigung der Kasernenräume Ortsunterkunft zwischen Wilsdruff, Meißen und der Elbe.

Im September fand eine Herbstübung der Brigade zwischen Wilsdruff und Tharandt statt. Hierbei producirte Major von Smolinsky dem commandirenden Generallieutenant blecherne Brandpatronen, welche mit sehr gutem Erfolge aus den Gewehren geschossen wurden.

Für die schlechtern, vielbestraften Subjecte wurde in diesem Jahre eine 2. Disciplinarklasse eingeführt, welche zur Unterscheidung auf der rechten Achselklappe eine 2 führte.

Am 20. September wurde das 50jährige Regierungsjubiläum Sr. Majestät des Königs von allen Truppentheilen festlich begangen.

Im Jahre 1819 wurde bestimmt, daß zur Belebung des wissenschaftlichen Sinnes und zur Förderung der militärisch-technischen Ausbildung der Offiziere, jüngere Offiziere zu einem zweijährigen Cursus in die Militärakademie nach Dresden commandirt werden sollten. Bis zum Jahre 1866 fortbestehend, hat diese Einrichtung den segensreichsten Einfluß auf die Tüchtigkeit des sächsischen Offizierscorps ausgeübt. Zur weitern Förderung des Studiums der Offiziere wurden in diesem Jahre auch die Regimentsbibliotheken neu errichtet. Dieselben hatten bereits früher bestanden, doch waren vor Ausbruch des russischen Feldzuges die sämmtlichen Bibliotheken an die Militärvorrathsanstalt abgegeben worden.

Nach der Auflösung eines großen Theiles der alten Regimenter und bei der völlig neuen Zusammensetzung der Offizierscorps auch der bestehen gebliebenen, ließ Generallieutenant von Le Coq sämmtliche Bibliotheken vereinigen und sodann sachgemäß auf die einzelnen Regimenter vertheilen.

Im September hielt die Brigade Mellentin ihre Herbstübungen zwischen Dresden und Dippoldiswalde ab.

Im Jahre 1820 kamen die bei den Regimentern angestellten Oberstlieutenants und zweiten Souslieutenants sowie die Quartiermeister in Wegfall, doch wurden die damaligen Inhaber dieser Chargen bis zu ihrem Abgange den Regimentern zur Dienstleistung überwiesen. Die Oberstlieutenantscharge wurde von nun an nur als Charaktererhöhung an die ältesten Majors verliehen. An Stelle der Quartiermeister traten Wirthschaftschefs.

Das Herbstmanöver wurde westlich des Plauenschen Grundes abgehalten.

Nach Auflösung der Armeereserve und des Linien-Depotbataillons sowie nach der 1821 abgeschlossenen endgültigen Organisation der Infanterie wurden viele Offiziere überzählig, welche zur Dienstleistung einstweilen den Regimentern überwiesen wurden.

Die Bekleidung, Bewaffnung und Wirthschaft der aus den Landwehrbataillonen hervorgegangenen 3. Bataillone erfolgte von jetzt an nach den gleichen Bestimmungen wie bei den andern Bataillonen.

Die Erlaubniß Schnurrbärte zu tragen, welche bisher nur den Grenadieren und der leichten Infanterie zugestanden hatte, wurde nach Aufhebung der Grenadierbataillone auf die gesammte Infanterie ausgedehnt.

Nach Beendigung des mit dem Leibgarde-Kürassierregimente zwischen Gieshübel, Königstein und Pirna abgehaltenen Herbstmanövers wurde die bisherige Brigade Mellentin aufgelöst. Die Gardedivision, das neuformirte Leibregiment und das 1. Infanterieregiment Prinz Anton bildeten nun die 1. Brigade, die Regimenter Prinz Maximilian und Prinz Friedrich August die 2. Brigade unter Commando des Generallieutenants von Nostitz.

Die Garnisonen der Regimenter wurden in diesem Jahre neu

9. Friedensjahre 1816—1848.

geregelt. Als stehende Infanteriegarnison hatte in Dresden nur die Gardedivision zu verbleiben, während jedes Jahr ein Linien-Infanterieregiment beziehungsweise die leichte Infanterie als Garnison dorthin rücken sollte. Der Garnisonwechsel hatte stets am 1. October zu erfolgen. Das Dresden verlassende Regiment hatte in der Regel einige Wochen vor dem Ausmarsche Zeltlager in der Nähe von Dresden zu beziehen und von hier aus den Wachtdienst zu versehen.

Das Regiment Prinz Friedrich August erhielt als neue Garnison Zwickau (Stab, 2. und 3. Bataillon) und Schneeberg (1. Bataillon) angewiesen. Die Mannschaften wurden in diesen Städten in Bürgerquartieren untergebracht.

Am 1. Januar 1822 fand die Einführung eines neuen Strafgesetzbuches und durch Decret vom 19. Februar 1822 eine Reorganisation des Militärgerichtswesens statt.

Da dem am 1. Mai in Kraft tretenden neuen Strafgesetzbuche als Anhang auch neue Kriegsartikel beigefügt waren, so wurden sämmtliche Truppen Anfang Mai in ihren Garnisonen auf dieselben verpflichtet.

Das General-Kriegsgerichtscollegium war Oberbehörde und übte außerdem die unmittelbare Gerichtsbarkeit aus über alle Stabsoffiziere vom Major aufwärts, über alle nicht regimentirten Offiziere, auch die auf Wartegeld stehenden, und Militärbeamte, sowie über ganze Regimenter und Bataillone, welche wegen gemeinschaftlicher Vergehen in Untersuchung geriethen.

Die demselben untergeordneten Kriegsgerichte wurden bei jeder Truppenabtheilung, die ihr eigenes Commando hatte, eingeführt. Die Regimentscommandanten waren Gerichtsherren.

Während des im September bei Mittweida in Verbindung mit Artillerie stattfindenden Manövers der 2. Brigade wurden den Regimentern neue Fahnen verliehen; es sind dieselben, welche jetzt noch das 2. und 3. Bataillon des Regiments führen.

Se. Königliche Hoheit Prinz Friedrich August schlug die ersten Nägel bei der Fahnenweihe ein.

Anstatt der bisher getragenen Schuhe und Gamaschen wurden für die Mannschaft Stiefel mit weichen Schäften eingeführt.

Vom Jahre 1823 an wurden die Rekruten in besonderen Cantonnements gemeinsam ausgebildet und erst nach erfolgter Ausbildung in die Compagnie eingestellt.

In diesem Jahre fand das Cantonnement der Rekruten des 2. und 3. Bataillons in Bockwa, Hohendorf und Schedewitz statt.

Dem Bajonettfechten, welches durch Hauptmann von Zelmnitz bei der leichten Infanterie eingeführt und zu solcher Vollendung gebracht worden war, daß die von ihm verfaßte „Bajonettfechtlehre" nebst „Fechtregeln" vom Generalcommando für die gesammte Infanterie eingeführt wurde, wurde von jetzt an die größte Aufmerksamkeit geschenkt und dasselbe auch bereits während der Ausbildung der Rekruten eifrigst betrieben. Das System des Hauptmanns von Selmnitz wurde allmählich von zahlreichen anderen deutschen Armeen angenommen.

Im September hielt das Regiment seine Herbstübungen zwischen Zwickau und Lichtenstein ab.

An Stelle des Generallieutenants von Nostitz, welcher Commandant der Festung Königstein wurde, erhielt unter dem 17. October Generalmajor Bevilaqua das Commando der 2. Brigade.

Im Jahre 1824 trat ein neues Exercirreglement in Kraft, welches unter mehrmaliger Revision (in den Jahren 1841 und 1853) bis zur Einführung des preußischen Exercirreglements 1866 die Grundlage aller Exercirvorschriften blieb.

Jedes Infanteriebataillon sollte von jetzt an 5 Souslieutenants und 1 Portépeejunker auf dem Etat haben.

Die Rekruten des 2. und 3. Bataillons wurden in diesem Jahre in Reinsdorf ausgebildet. Die Herbstübungen in der Brigade wurden im Verein mit einer Artillerieabtheilung bei Pexig abgehalten.

Durch Mandat vom 25. Februar 1825, die Ergänzung der Armee und die Entlassung vom Militär betreffend, wurde die Dienstzeit auf acht Jahre in der activen Armee und vier Jahre in der Reserve, sowie die Ergänzung des Heeres aus der zwanzigjährigen Mannschaft festgesetzt.

Letztere wurde je nach ihrer größern oder geringern Entbehrlichkeit in vier Hauptklassen eingetheilt, von welchen die vierte zunächst zur Aushebung gelangte. Ueberstieg in einem Rekrutirungsbezirke die Zahl der für tüchtig Befundenen die zu stellende Quote, so war zur Losung zu verschreiten. Im entgegengesetzten Falle waren nach Bedarf auch die höhern Hauptklassen heranzuziehen. Es war gestattet, freiwillig sich Meldende anzunehmen.

Die Rekruten hatten in diesem Jahre ein Cantonnement in den Dörfern südlich von Werdau, das Brigadeexerciren, zu welchem auch das 1. Reiterregiment und Artillerie zugezogen wurden, fand bei Chemnitz statt.

Am 1. October bezog das Regiment im regelmäßigen Turnus auf ein Jahr die Garnison Dresden.

Eine im Jahre 1826 zusammengetretene Commission berieth über Percussionirung der Gewehre; jedoch unterblieb dieselbe auf speciellen Befehl des Königs. Dagegen wurden die Zündlöcher verkleinert, festes Korn und Visir angebracht und die Läufe gebräunt.

9. Friedensjahre 1816—1848.

In der Bewirthschaftung trat eine Veränderung insofern ein, als von jetzt ab die Leibes- und Beimontur als „Bekleidung" in den Besitz des Mannes auf Abrechnung überging. Das monatliche Bekleidungsgeld betrug pro Mann 20 Gr. 9 Pf.

Die Herbstübung des Regiments wurde zwischen Pennrich und der Elbe abgehalten. Während derselben hatte das Regiment zu Gorbitz eine Vorstellung im Bajonettfechten vor dem Großherzog Bernhard von Sachsen-Weimar.

Am 5. Mai 1827 starb Se. Majestät König Friedrich August I., tief betrauert von seinem Volke; die Armee legte auf ein Jahr Trauer an.

Se. Königliche Hoheit Prinz Anton übernahm die Regierung.

Zur Auszeichnung für Unteroffiziere und Mannschaften, welche länger als acht Jahre dienten, wurden Chevrons von Tuch in der Farbe der Aufschläge auf dem linken Oberärmel eingeführt. Für je vier Jahr längere Dienstzeit war ein neuer Chevron anzubringen.

Das Rekrutencantonnement wurde in diesem Jahre in Bockwa, Oberhohndorf und Oberkainsdorf, die Brigadeübung mit Artillerie zwischen Nossen, Wilsdruff und Meißen abgehalten.

Im Jahre 1828 fand das Rekrutencantonnement zwischen Crimmitschau und Berga, das Regimentsexerciren bei Crimmitschau statt.

Unter dem 23. December 1829 (dem Geburtstage des Königs Friedrich August I.) wurde der Militär-St.-Heinrichsorden erneuert und erhielt die noch jetzt geltenden Statuten.

Als fünfte Klasse wurde demselben die zuerst unter dem 17. März 1796 als Ehrenzeichen für Unteroffiziere und Gemeine gestiftete goldene und silberne Militärverdienstmedaille angefügt.

Die 2. Brigade hatte im Verein mit Artillerie eine Herbstübung bei Mittweida.

Der hochverdiente commandirende General des sächsischen Corps, Generallieutenant Edler von Le Coq, sah sich nach vollendeter fünfzigjähriger Dienstzeit wegen zunehmender Kränklichkeit genöthigt, Anfang des Jahres 1830 seinen Abschied zu nehmen.

Mit Beginn des Frühjahrs trat er eine Reise nach dem Süden an, wo er Heilung seiner schweren Leiden erhoffte, aber nur bis Brieg im Canton Wallis gelangte, wo er am 30. Juni verschied. Um diesen treuen und tapfern Führer zu ehren, legte auf Befehl des Königs die gesammte Armee eine vierzehntägige Trauer an. Se. Königliche Hoheit Prinz Friedrich August wurde an seiner Stelle zum commandirenden General ernannt.

Da die leichte Infanterie in diesem Jahre die Garnison in Dresden bezogen hatte, gaben die Regimenter der 2. Brigade in zweimonatlichem Wechsel die Wachtcommandos in Leipzig und Waldheim.

Zur dritten Säcularfeier der Uebergabe der Augsburger Confession, am 25. Juni, wurden in sämmtlichen Garnisonen Kirchenparaden abgehalten. Böswillige und völlig aus der Luft gegriffene Entstellungen der Gesinnung der Regierung hatten an diesen Tagen zu unruhigen Auftritten in Dresden und Leipzig geführt, welche aber, ohne daß ein Einschreiten der Truppen nothwendig geworden wäre, beigelegt wurden.

Eine an sich schwache, aber thätige revolutionäre Partei, angestachelt von den Staatsumwälzungen in Frankreich und Belgien, benutzte die erregte Stimmung, um Anfang September ihrem Haß gegen einzelne obrigkeitliche Personen und gegen die damalige Staats- und Gemeindeverfassung Ausdruck zu geben.

Das Regiment Prinz Friedrich August sollte am 1. October die leichte Infanterie in Dresden ablösen und die Quartiermacher waren bereits dahin abgegangen, als in Leipzig am 2. September ernste Unruhen ausbrachen, zu deren Dämpfung das Schloßwachtcommando: 1 Offizier und 50 Mann vom 2. Infanterieregiment, und ein dorthin beordertes Commando von 50 Pferden des 2. Reiterregiments, völlig unzureichend waren.

Zur Wiederherstellung der Ordnung wurden am 5. September die Cavallerie auf 200 Pferde verstärkt, 1 combinirtes Bataillon des 2. Infanterieregiments in der Stärke von 600 Mann als Reserve nach Wurzen verlegt und am 6. eine combinirte Abtheilung der leichten Infanterie, 9 Offiziere, 174 Mann von Kesselsdorf aus, sowie vom 3. Infanterieregiment ein combinirtes Bataillon in der Stärke von 438 Mann unter Führung des Oberstlieutenants von Spiegel von Zwickau aus mit Wagen nach Leipzig abgesendet. Letztere Abtheilung fuhr früh 5 Uhr ab und traf abends 8 Uhr in Leipzig ein. Sämmtliche Abtheilungen traten in Leipzig unter Commando des Oberstlieutenants von Taubenheim des 2. Reiterregiments.

Die Ankunft dieser Abtheilungen genügte, um in Leipzig die Ordnung wiederherzustellen.

Ernstere Unruhen fanden in dieser Zeit in Dresden statt, wobei zur Wiederherstellung der Ordnung von der Waffe Gebrauch gemacht werden mußte.

Wiederholt mußten im Herbst dieses Jahres noch Abtheilungen des 3. Infanterieregiments nach Werdau, Mylau und in das Voigtland entsendet werden, um den Anordnungen der Behörden Schutz und Nachdruck zu verleihen. Anfangs standen diese einzelnen Abtheilungen unter dem Commandanten des 1. Bataillons, Oberstlieutenant Geißler.

9. Friedensjahre 1816—1848.

Von Anfang October an ging nach und nach das ganze 2. Bataillon unter Major Plöß in das Voigtland ab. Am 12. October umstellte dasselbe mit Feldwachen und Posten die Stadt Treuen, wo grobe Ausschreitungen vorgefallen waren und die Frohnfeste zerstört worden war. Die 8. Compagnie rückte in die Stadt und unterstützte die Actuarien des Kreisamtes Plauen bei der Ermittelung und Arretirung der Rädelsführer.

Nachdem die Compagnie die Stadt wieder verlassen hatte, mußte sie am Nachmittage nochmals einrücken, da die Bevölkerung die Gefangenen befreien und ihre Abführung mit Gewalt verhindern wollte.

Später wurde das Bataillon zu gleichem Zwecke nach Oelsnitz und Plauen verlegt, von wo es Ende December nach Zwickau zurückkehrte.

Andere Theile des Regiments hatten im Erzgebirge die Ordnung aufrecht zu erhalten; so zwei Compagnien des 1. Bataillons im Verein mit einer Escadron in Schwarzenberg, andere Abtheilungen in Chemnitz. Ueberall bei diesen sehr beschwerlichen Expeditionen hatten die Mannschaften eine treffliche Mannszucht gezeigt und sich nicht im geringsten von der vielfach an sie herantretenden Verlockung der aufgeregten Bevölkerung verführen lassen.

Am 13. September hatte Se. Majestät König Anton den Prinzen Friedrich August zum Mitregenten ernannt. Die Armee trat unter den neuerrichteten königlichen Generalstab, welcher durch Verschmelzung der Geheimen Kriegskanzlei mit dem Generalcommandostabe gebildet wurde.

Nach Dresden wurden als stehende Garnison das Leibregiment und das 2. Infanterieregiment, sowie vom October 1831 an drei Schwadronen des Gardereiterregiments verlegt.

Auch im Laufe des Jahres 1831 kam es zu tumultuarischen Auftritten in Leipzig und Dresden, welche aber durch die dortigen Garnisonen unterdrückt wurden. Das 3. Infanterieregiment hatte seine Urlauber eingezogen und lag auf den Dörfern um Zwickau und Schneeberg.

Zum Schutze gegen das Einschleppen der an verschiedenen Orten Preußens und in Böhmen ausgebrochenen Cholera wurde ein Cordon gezogen, welchem die genaueste Ueberwachung des Verkehrs mit den verseuchten Orten oblag. Hauptmann von der Planitz ging mit einer Abtheilung des Regiments zu diesem Zwecke nach Strehla ab. Größere Abtheilungen besetzten unter Commando des Oberstlieutenants von Spiegel, welcher Quartier in Annaberg nahm, die böhmische Grenze von der Elbe bis nach Ebmath an der bayrischen Grenze.

Vom 11. November an ward eine Abtheilung gegen Reuß von

Pausa bis Mißlareuth aufgestellt, jedoch am 26. December wieder zurückgezogen und zur Verstärkung des Cordons an der böhmischen Grenze verwendet. Auch in der Gegend von Zittau waren Abtheilungen des Regiments unter Hauptmann von Bourgk aufgestellt, sodaß vom Regiment gegen 1200 Mann zu diesem sehr beschwerlichen Dienste verwendet waren. Die Militär- und Civilbehörden bestrebten sich, mit vereinten Mitteln den Gesundheitszustand der Commandirten zu erhalten. Jeder Mann erhielt eine flanellene Leibbinde und Löhnungszulagen; auf Posten, wo die armen Einwohner den Soldaten keine warme Lagerstätte verschaffen konnten, wie z. B. in Ober-Sachsenberg, lieferte die Wirthschaftsverwaltung wollene Lagerdecken. Anfang Mai 1832 kehrten die Commandos, mit Ausnahme derjenigen auf den Hauptstationen Reizenhein und Hellendorf, in die Garnison zurück.

Nach Einführung der neuen Staatsverfassung vom 4. September 1831 wurde ein Kriegsministerium errichtet. Kriegsminister wurde der Generallieutenant von Zeschau. Der königliche Generalstab wurde aufgelöst; zum commandirenden General der Armee wurde Generallieutenant von Cerrini ernannt.

Im Februar 1832 feierte der Commandant des Regiments, Oberst von Liebenau, sein fünfzigjähriges Dienstjubiläum. Er wurde bei dieser Gelegenheit durch Verleihung des Comthurkreuzes vom St. Heinrichsorden ausgezeichnet; das Officierscorps des Regiments widmete ihm einen kunstvoll gearbeiteten silbernen Pokal.

Im September fand eine Herbstübung bei Zschopau statt, welcher auch Se. Königliche Hoheit der Prinz-Mitregent beiwohnte und während derselben Gelegenheit nahm, seinem Regimente seine volle Anerkennung für den bewährten guten Geist und die treffliche Mannszucht desselben auszusprechen, da während der langen Zersplitterung desselben auf dem Choleracordon sich fast gar keine Bestrafungen nothwendig gemacht hatten.

Während des Manövers erhielt man die Nachricht, daß der in Zwickau krank zurückgebliebene Oberst von Liebenau am 28. September gestorben sei. Um diesem tapfern und stets väterlich für das Wohl seiner Untergebenen besorgten Führer die letzte Ehre zu erweisen, erbat und erhielt das Regiment die Erlaubniß, mit dem vollen Staube nach Zwickau zu marschiren, um ihm die Ehrensalven über das Grab zu geben.

Der bisherige Commandeur des 3. Schützenbataillons Wolf Friedrich von Jeschky wurde unter Beförderung zum Oberst unter dem 1. December zum Commandeur des 3. Regiments ernannt.

Die Uniform der Infanterie erlitt in diesem Jahre eine durchgreifende Aenderung. Die weiße Grundfarbe derselben wurde aufgegeben. Die Linieninfanterie erhielt Röcke von grünem, Kragen, Aufschläge, Beinkleider und Feldmützen von hellblauem Tuche. Die Röcke hatten zwei Reihen Knöpfe.

Die Regimenter unterschieden sich durch die Farbe der Regimentszeichen, Aufschlagspatten und Achselklappen der Mannschaft.

Bei dem 3. Infanterieregiment waren dieselben grün. Die Tschakos erhielten eine veränderte Form mit Sonnendecoration.

Die Offiziersepaulettes erhielten um die Bänder von gewirkter Tresse einen glatten metallenen Kranz. Die bisherigen Gradabzeichen durch Tressenbesatz am Kragen fielen weg, dafür wurden solche durch metallene Sterne auf den Epaulettes eingeführt. Der General, Oberst und Hauptmann hatten deren drei, der Generallieutenant, Oberstlieutenant und Premierlieutenant deren zwei, der Generalmajor, Major und Souslieutenant deren einen.

Die Musiker und Spielleute erhielten mehr oder minder decorirte Tuchepaulettes mit metallenen Kränzen und wollenen, bei der Linieninfanterie blauen Fransen, bei den Musikern und Brigadesignalisten mit Gold durchwirkt.

Die Offiziere des 3. Regiments trugen bei dem Begräbniß des Obersten von Liebenau und bei der Musterung bereits die neue Uniform, während die Mannschaft noch die weißen Uniformen abzutragen hatte.

Die Dienstabzeichen der Mannschaft durch Chevrons wurden abgeschafft und dafür bronzene und silberne Dienstzeichen für fünfzehn und fünfundzwanzigjährige Dienstzeit eingeführt.

Unter dem 8. April 1833 erschien für die Armee ein neues Dienstreglement, welches unter anderm auch die Benennung verschiedener Offiziersgrade abänderte. Für Kapitän, Premierlieutenant, Souslieutenant, Chirurg wurden jetzt die Bezeichnungen Hauptmann, Oberleutnant, Leutnant, Arzt eingeführt.

Das Herbstmanöver fand im Verein mit dem Gardereiterregiment und einer Abtheilung Artillerie bei Mügeln statt.

Unter dem 26. October 1834 erschien ein Gesetz über Erfüllung der Militärpflicht, welches die Dienstpflicht in der Armee auf sechs Jahre, in der Kriegsreserve auf drei Jahre festsetzte und gleichzeitig Stellvertretung für eine Einstandssumme von 200 Thlrn. auf die ganze Dienstzeit einführte.

Diese Einrichtung, welche, mit Ausnahme des Zeitraums von 1849 bis 1851, bis zur Reorganisation der Armee 1867 fortbestanden hat, gewährte die Möglichkeit, trotz starker Beurlaubung jederzeit den vollen Stand an ausgebildeten Mannschaften zu haben, sobald die Beurlaubten eingezogen wurden, und schuf ein ganz ausgezeichnetes, dienstkundiges Unteroffiziercorps, welches an der guten Haltung und den kriegerischen Leistungen der Armee in den Jahren 1849 und 1866 wesentlichen Antheil gehabt hat.

Das Regiment hatte in diesem Jahre eine Herbstübung bei Frankenberg.

Im Jahre 1835 wurde infolge der organisatorischen Gesetze über die Gerichts- und Verwaltungsbehörden auch das General-Kriegscollegium beseitigt, an dessen Stelle das Oberkriegsgericht mit dem Generalauditeur an der Spitze eingeführt wurde.

An Stelle der Militärstrafcompagnie trat, unter gleichzeitiger Auflösung der Eisenstrafanstalt, eine Militärstrafanstalt.

Da die Bräunung der Gewehre den Witterungseinflüssen keinen genügenden Widerstand bot und sich leicht abgriff, wurde sie in diesem Jahre wieder ganz abgeschafft.

Während des Brigademanövers, südlich von Lommatzsch und bei den Katzenhäusern, wurde am 15. September das funfzigjährige Dienstjubiläum des Oberstlieutenants von Spiegel gefeiert. Er erhielt bei dieser Gelegenheit das Comthurkreuz des St.-Heinrichsordens und von den Offizieren des Regiments einen Ehrensäbel, auf dessen Klinge die Namen der Schlachten und Gefechte, denen er beigewohnt hatte, eingravirt waren.

Am 6. Juni 1836 verschied zu Pillnitz Se. Majestät König Anton und bestieg Se. Königliche Hoheit Prinz Friedrich August den Thron. Zum Chef des 3. Regiments, welches 38 Jahre lang seinen Namen geführt hatte, ernannte er am 9. Juni seinen Neffen, Se. Königliche Hoheit Prinz Georg.[1]

Die Gewehre der Infanterie wurden in diesem Jahre percussionirt und Zündhütchentäschchen eingeführt, welche vorn auf dem Kreuzungspunkte des Riemzeugs angebracht wurden.

Das Regiment Prinz Georg hatte in diesem Jahre eine Herbstübung bei Crimmitzschau.

Oberstlieutenant von Spiegel wurde unter Verleihung des Charakters als Oberst pensionirt.

Das von ihm geführte 3. Bataillon erhielt der aggregirte Major von Petrikowsky und als dieser am 7. December 1837 ebenfalls in Pension trat, übernahm Oberstlieutenant Graf zu Solms das 3., der vom Regiment Prinz Albert anher versetzte Major von Sichart das

---

[1] Offiziersliste des Regiments Prinz Georg 1836, siehe in Beilage Nr. LIX.

1. Bataillon. Nach Abgang des Oberstlieutenants Plötz 1838 erhielt Major von Süßmilch das 3., Oberstlieutenant Graf Solms das 2. Bataillon.

Im Jahre 1837 fand ein Brigadeexerciren mit Artillerie bei Glauchau statt. Das Regiment war vollständig mit Percussionsgewehren ausgerüstet, welche sich während der im heftigsten Regen abgehaltenen Hauptmanöver gut bewährten.

Im Herbste 1838 hatte das Regiment eine Herbstübung bei Reichenbach. Nach der Rückkehr aus derselben bezog das Regiment die neuerrichteten Kasernen in Zwickau und Schneeberg. Der günstige Einfluß dieser Einrichtung auf Disciplin und Gesundheitszustand der Truppe bewährte sich glänzend. Das Regiment hatte von diesem Zeitpunkte an ein Drittheil weniger Krankenbestand als bisher.

Ende dieses und Anfang des nächsten Jahres wurden für die Armee Feldmützen neuer Probe eingeführt. Dieselben hatten die Form der in der französischen Armee üblichen bonnets de police, hatten aber aus Zweckmäßigkeitsrücksichten vorn einen Schirm erhalten, wodurch sie an Kleidsamkeit bedeutend einbüßten. Die Mützen der Offiziere des 3. Regiments erhielten einen rothen Streifen.

Das Rekrutencantonnement des 2. und 3. Bataillons war 1839 bei Lichtenstein; im Herbst war ein Brigademanöver bei Döbeln, an welches sich größere Uebungen anschlossen, zu welchen die leichte Infanterie, die Reiterbrigade, 2 Fuß- und 1 reitende Batterie gezogen wurden und die sich bis in die Gegend von Roßwein ausdehnten.

Am 14. November trat Oberst von Jeschky in Pension; der bisherige königliche Generaladjutant Friedrich Maximilian von Mandelsloh erhielt das Commando des Regiments.

Im Jahre 1840 hatte das Regiment eine Herbstübung bei Oelsnitz, welcher Se. Majestät der König einige Tage beiwohnte.

Im Jahre 1841 wurden die sächsischen Truppen durch eine Bundescommission, bestehend aus dem österreichischen Feldmarschalllieutenant von Hrabowsky, dem bayrischen Generallieutenant von Zandt und dem großherzoglich hessischen Generallieutenant von Stosch bei Dresden und Mittweida inspicirt. Am 23. September hatte die 2. Infanteriebrigade mit der leichten Infanterie und 2 Batterien Revue und Manöver vor Sr. Majestät dem König bei Altmittweida und am 24. folgte ein gegenseitiges Manöver, an welchem auch das 2. Reiterregiment theilnahm.

Das im Laufe des Jahres 1841 neurevidirte Exercirreglement für die Infanterie ward 1842 in Kraft gesetzt. Dasselbe umfaßte zwei Theile; der erste handelte von der Ausbildung des einzelnen

Mannes und der Compagnie, der zweite von der Ausbildung eines Bataillons und den Uebungen mehrerer vereinigter Bataillone. In diesem Reglement wurde bereits ausgesprochen, daß für ein einzelnes Bataillon zum Angriff wie zur Vertheidigung die Aufstellung und Bewegung in Compagniecolonnen am geeignetsten sei.

Der Sollbestand der Regimenter wurde um 150 Mann vermehrt.

Die bisherigen stutzartigen Regimentszeichen der Linieninfanterie wurden abgeschafft und durch ovale Pompons ersetzt.

Wegen der Misernte dieses Jahres fand keine Herbstübung statt.

Der Brigadecommandeur, Generalmajor Bevilaqua, nahm seinen Abschied; Oberst von Mandelsloh wurde unter Beförderung zum Generalmajor zum Brigadier ernannt.

Das Commando des Regiments Prinz Georg erhielt der bisherige Commandant der Gardedivision Oberst Curt von Einsiedel.

Für den in Pension tretenden Oberstlieutenant von Sichart wurde der aggregirte Major vom Regiment Prinz Maximilian, von Altrock, als Commandeur des 2. Bataillons zum Regiment versetzt.

Im Jahre 1843 wurden, um den Anforderungen des Bundes bezüglich der Zahl der Unteroffiziere zu entsprechen, und den bisherigen Gefreiten mehr Autorität zu verleihen, dieselben unter Aufhebung dieser Charge in gleicher Anzahl zu Vicecorporalen ernannt. Statt der zwei Bordelitzen auf beiden Seiten des Kragens bestand deren Auszeichnung aus einer unterwärts am Kragen umlaufenden Borde.

Nach einem Rekrutencantonnement bei Kirchberg übte die Brigade zunächst bei Waldheim und nahm später an den großen Marschmanövern zwischen Bischofswerda und Meißen theil.

Im November wurde der Commandant des 3. Bataillons Major von Süßmilch-Hörnig in gleicher Eigenschaft zum 2. Schützenbataillon versetzt. An seine Stelle kam der aggregirte Major des Regiments Prinz Albert, Martini.

Die Stelle des am 1. December mit Oberstlieutenants-Charakter pensionirten Commandeurs des 1. Bataillons Major von Koppenfels erhielt der aggregirte Major vom 1. Schützenbataillon, Aster.

Im Jahre 1845 hatte das Regiment eine Herbstübung bei Zschopau.

Die von der republikanischen Partei hervorgerufene Bewegung in Leipzig, welche in einem Angriffe gegen Se. Königliche Hoheit den Prinzen Johann sich kundgab und durch das energische und pflichtgetreue Auftreten der dort garnisonirenden beiden Schützenbataillone schnell unterdrückt wurde, gab die Veranlassung zum Einbeordern sämmtlicher Beurlaubten. Dieselben wurden später wieder mit voller Bekleidung und Ausrüstung, mit Ausnahme der Waffen, entlassen, wodurch man den Vortheil gewann, sie an jeden beliebigen Ort wieder einberufen zu können.

Im Jahre 1846 erhielt die Infanterie und Fußartillerie neue, oben spitz zulaufende Tschakos, ähnlich den bei der französischen Armee eingeführten Käppis.

Im Herbst hatte die 2. Brigade zunächst ein Brigademanöver bei Nossen und Wilsdruff und nahm sodann an der Zusammenziehung der ganzen Armee zwischen Hohnstein und Pirna theil, wo dieselbe aufs neue von der Bundesinspection, an deren Spitze wieder der Feldmarschalllieutenant von Hrabowsky stand, gemustert wurde. Ihre Königlichen Hoheiten die Prinzen Ernst und Georg in Bayern traten hierbei als Leutnants bei Compagnien der Brigade ein.

Am 28. September fand auf der Hochebene zwischen Groß-Sedlitz und dem Lindigt-Vorwerke eine Revue über sämmtliche hier zusammengezogene Truppen statt.

Im Jahre 1847 erhielt die Kriegsreserve eine veränderte Einrichtung, infolge deren sie auch in Friedenszeiten in unmittelbarer dienstlicher Verbindung mit der activen Armee blieb. Jedem Regimente wurde eine größere Anzahl Reservisten zugetheilt, welche jedes Jahr auf 14 Tage zu Uebungen eingezogen werden sollten.

Da die politische Lage immer unsicherer wurde und der Ausbruch von Unruhen zu befürchten stand, wurde in diesem Jahre keine Zusammenziehung der Truppen vorgenommen.

Nach der Pensionirung des Generalmajors von Mandelsloh übernahm der Generalmajor von Buttlar das Commando der 2. Brigade, an dessen Stelle aber bereits zu Ende des Jahres Generalmajor von Heintz kam.

Auch im Regiment selbst wurden im Laufe dieses Jahres sämmtliche Stabsoffiziersstellen neu besetzt.

Major Martini war am 18. Mai gestorben; Oberst von Einsiedel und Major von Altrock gingen in Pension, Major Aster wurde am 13. December zum Oberstlieutenant und Stadtcommandant von Dresden ernannt. An ihrer Stelle erhielten der bisherige Stadtcommandant von Dresden, Oberst Moritz Ferdinand Gustav von Rochhausen, das Commando des Regiments, der aggregirte Major von Hake des Regiments das 3. Bataillon, die Hauptleute von Gutbier des Regiments und von Friederici der Gardedivision wurden Majors und erhielten ersterer das 1., letzterer das 2. Bataillon.

Die von der revolutionären Partei mit allen Mitteln hervorgerufene und im Gange erhaltene Aufregung der Volksmassen kam in faſt ganz Deutſchland zum Ausbruche, als die Ereigniſſe in Paris vom 23. und 24. Februar 1848 bekannt wurden. Adreſſen und Petitionen, Volksverſammlungen und Demonſtrationen gegen Beamte und Beſitzende leiteten die traurigen Auftritte dieſes und des folgenden Jahres ein. Alle Nachgiebigkeit der Regierung wurde nur als Schwäche derſelben angeſehen und ermuthigte nur zu immer tollern Forderungen, hatte aber auch das Schlimme, daß ſelbſt die treueſten Diener der Krone und beſonders viele Civilbeamte nicht mehr wußten, wie ſie ſich dem zielbewußten Andrängen der Bewegungspartei gegenüber zu verhalten hatten. Nur in den Truppen fand ſich ſchließlich der eherne Damm, an welchem die wilden Wogen der Revolution zerſchellten. Dieſe Treue der Truppen iſt um ſo höher anzuſchlagen, als in dieſer Zeit nicht nur die Bewegungspartei jedes Mittel anwendete, um die Mannſchaften in ihre Kreiſe zu ziehen, ſondern auch das aus dieſer Partei hervorgegangene Miniſterium bewußt oder unbewußt alles that, um Ordnung und Disciplin zu lockern.

Bereits unter dem 4. März waren in Sachſen die Urlauber aller Regimenter eingezogen worden. In Leipzig zeigte ſich zuerſt eine ſolche Erregung der Bevölkerung, daß militäriſche Vorſichtsmaßregeln getroffen werden mußten.

Außer der dort ſtehenden Halbbrigade leichter Infanterie wurden in den nächſten Ortſchaften um die Stadt das Leib-Infanterieregiment, das Regiment Prinz Georg, das 2. leichte Reiterregiment und eine reitende Batterie unter dem Commando des Generalmajors von Heinz vereinigt.

Die hier beabſichtigten energiſchen Maßregeln kamen nicht zur Ausführung.

Der als königlicher Commiſſar nach Leipzig entſendete Miniſter von Carlowitz kehrte, da er jede ernſte Maßregel unterlaſſen zu müſſen glaubte, unverrichteter Sache nach Dresden zurück. Die Entlaſſung der misliebigen Miniſter und die Berufung des volksthümlichen Miniſteriums Braun-Oberländer, welches die Vereidigung der Armee auf die Verfaſſung, freies Vereins- und Verſammlungsrecht, auch für das Militär, allgemeine Volksbewaffnung und völlige Preßfreiheit an die Spitze ſeines Programms ſtellte, waren die nächſten Folgen dieſer Nachgiebigkeit der Regierung.

Das neue Miniſterium ließ ſofort die bei Leipzig zuſammengezogenen Truppen in ihre Garniſonen zurückgehen.

Das Regiment Prinz Georg wurde am 22. März auf die Verfaſſung vereidigt. Die eingezogenen Urlauber wurden wieder entlaſſen.

Bereits am 29. März bewies die Zerſtörung der Nagelfabriken

zu Elterlein und Mittweida bei Schwarzenberg und am 5. April die Plünderung und Niederbrennung des fürstlich Schönburg'schen Schlosses zu Walbenburg die Nothwendigkeit, die entfesselten Leidenschaften des Volks mit Energie niederzuhalten.

In die Umgebung von Schwarzenberg wurden Abtheilungen des 1. Bataillons des Regiments verlegt und zwar Oberstleutnant von Seydlitz nach Mittweida, Leutnant Puscher nach Markersbach. Auf Anordnung des Civilcommissars, Geheimen Regierungsrath Eisenstuck, rückte letzterer später mit 50 Mann nach Johann-Georgenstadt, um hier die Behörden zu schützen.

Das 2. Bataillon kam nach Chemnitz, dessen zahlreiche Fabrikbevölkerung einen Ausbruch der Unruhen befürchten ließ.

In Walbenburg hatte eine Massendeputation von Webern, Strumpfwirkern, Bauern und Knechten, gegen 1000 Mann stark, unter Drohungen den Erlaß von Abgaben, Zinsen und Gefällen gefordert. Obgleich der Fürst vieles bewilligt hatte, wurde doch für den 5. April eine Volksversammlung nach Walbenburg berufen.

Der Fürst hatte sich direct an das Ministerium des Innern gewendet, um Schutz seines Eigenthums zu erlangen.

Durch die königliche Kreisdirection zu Zwickau waren 2 Schwadronen des 2. leichten Reiterregiments unter Major von Bobenhausen sowie 2 Compagnien des 3. Bataillons vom Regiment Prinz Georg unter Major von Hake nach Walbenburg beordert. Die Truppen waren an die Anordnungen des königlichen Commissars, Regierungsrath Heubner, gewiesen.

Während am Morgen des 5. April die noch durch eine Schwadron verstärkte Reiterei in Walbenburg eintraf, blieben die beiden Compagnien auf Anordnung des Commissars in Remissen, etwa 1 1/2 Stunde von Walbenburg, stehen.

Auch die Reiterei konnte nur die Flucht des Fürsten schützen, nicht aber die Zerstörung des Schlosses verhindern, da die Regierungsräthe Heubner und Harz trotz aller Vorstellungen der Offiziere „im Namen der Regierung" das Zurückziehen der Truppen verlangten, „weil ohne großes Blutvergießen hier nicht mehr zu helfen sei und sie die Verantwortung nicht auf sich nehmen könnten".

Am 7. April ließen die Commissare die Truppen, welche über die ihnen aufgezwungene Unthätigkeit im höchsten Grade erbittert waren, wieder in ihre Garnisonen zurückgehen.

Die radicale Partei setzte inzwischen ihre Bemühungen, die Bande der Disciplin in der Armee zu lockern und die Soldaten ihren Bestrebungen geneigt zu machen, fort, ohne daß ihr dies außer bei einigen schwachen oder schlechten Subjecten gelungen wäre, welche auf Kosten ihrer Verführer in den politischen Vereinen der Genußsucht fröhnen wollten.

Das Ministerium ertheilte den Soldaten die Berechtigung, an den Wahlen zur Nationalversammlung theilzunehmen, Volksversammlungen und Vaterlandsvereine zu besuchen, Druckjachen ohne Genehmigung zu veröffentlichen und ordnete die Anrede mit „Sie", die Erlaubniß überall Taback zu rauchen, und die möglichste Beschränkung der Paraden und des Dienstes überhaupt an.

Die Commandobehörden mußten mit gebundenen Händen diesem Treiben zusehen.

Während in Sachsen es anscheinend ruhiger geworden war, brachen im Juli ernstere Unruhen in Altenburg aus. Die herzogliche Regierung erbat sich sächsische Truppen zur Unterdrückung derselben, infolge dessen am 19. Juli das 2. leichte Reiterregiment, das 1. Bataillon des Regiments Prinz Georg, das 1. Schützenbataillon und eine reitende Batterie den Bahnhof in Altenburg besetzten. Die Stadt war überall verbarrikadirt, das Schloß förmlich im Belagerungszustand, doch genügte das Erscheinen der Truppen, um die Ruhe für den Augenblick wiederherzustellen.

Die seit dem 18. Mai in Frankfurt am Main tagende Nationalversammlung hatte unter Zustimmung der deutschen Fürsten Sr. K. K. Hoheit dem Erzherzog Johann die provisorische Centralgewalt als Reichsverweser übertragen.

Von dem deutschen Reichsministerium wurde infolge dessen eine besondere Feierlichkeit angeordnet, welche bei dem Regimente in einer Parade am 6. August bestand, bei welcher die Truppen zum ersten mal Cocarden in den deutschen Farben, Schwarz-Roth-Gold, neben der sächsischen Cocarde anlegten. Auch die Fahnen wurden mit gleichfarbigen Bändern versehen.

In Reuß-Gera waren ebenfalls Unruhen ausgebrochen.

Das 3. Bataillon des Regiments und eine Schwadron des 2. Reiterregiments rückten am 13. August dort ein, besetzten Schloß und Stadt und stellten bald wieder die Ordnung her.

Im September kam es in Chemnitz, am 6. October in Zwickau zu erheblichen Tumulten. An letztern Excessen hatten sich leider auch 7 Mann des 3. Bataillons betheiligt. Um einem Weiterverbreiten der schlechten Gesinnung im Bataillon energisch vorzubeugen, erhielt dasselbe Befehl, am 11. October mittags auf den Schießanger bei Zwickau auszurücken, wo bereits die beiden andern Bataillone des Regiments, das 2. Bataillon des Leibregiments und 2 Schwadronen des 1. leichten Reiterregiments bereit standen.

Die Schuldigen wurden hier dem Regimentsgerichte übergeben und ihrer strengen, aber gerechten Bestrafung zugeführt.

Das 3. Bataillon wurde nach Schneeberg verlegt, während das 1. Bataillon nach Zwickau kam.

In Gemäßheit von Beschlüssen der Reichsgewalt erschien in Sachsen unter dem 9. November ein Gesetz, welches die Bestimmungen über Erfüllung der Militärpflicht theilweise abänderte.

Unter Aufhebung der Stellvertretung wurde die allgemeine Wehrpflicht eingeführt.

Die Armee zerfiel in zwei Abtheilungen, deren erste die Mannschaften der drei ersten Dienstjahre umfaßte, während zu der zweiten die Mannschaften der drei letzten Dienstjahre gehörten. Letztere sollten im Frieden ständig beurlaubt werden. Es wurde dadurch nothwenbig, das bisherige Bekleidungssystem abzuändern und die Bekleidung, welche bisjetzt Eigenthum des Mannes gewesen war, für Rechnung des Staates zu übernehmen. Obwol bei dem Uebergange zu diesem neuen System von den Behörden mit größter Schonung und Gewissenhaftigkeit vorgegangen wurde, erregte diese Maßregel doch große Misstimmung bei den Soldaten, welche bei dem ziemlich reichlich bemessenen Berechnungsgelde verhältnißmäßig bedeutende Ersparnisse hatten machen können.

Mit Einführung der allgemeinen Wehrpflicht war zugleich eine bedeutende Verstärkung der Armee verbunden, welche aber in diesem Jahre nur vorbereitet werden konnte und deren Ausführung durch die Mobilmachung einer Brigade für den Feldzug in Schleswig-Holstein bis zu deren Rückkehr unterbrochen wurde.

10. Feldzug in Schleswig-Holstein 1849.

König Christian VIII. von Dänemark hatte im Jahre 1846 einen "offenen Brief" erlassen, in welchem er das Dänische Recht der weiblichen Erbfolge auch auf die Herzogthümer Schleswig und Holstein ausdehnte, wodurch das Erbrecht des Herzogs Christian von Augustenburg auf letztere verletzt wurde. Die hochgehende Erregung der deutschen Bevölkerung der Herzogthümer, welche nicht in einem dänischen Gesammtstaat aufgehen wollte, und sich auf das „up ewig ungedeelt" des alten Landrechts von 1460 berief, fand in Deutschland lebhaften Anklang, obwol nur Holstein, nicht aber Schleswig zum Deutschen Bunde gehörte.

Am 28. Januar 1848 hatte der eben auf den Thron gelangte

König Friedrich VII. eine Verfassung für den Gesammtstaat Dänemark ertheilt und gehofft, durch die liberalen Concessionen, die er darin gewährte, die nationale Abneigung der beiden Herzogthümer zu versöhnen. Allein die beiderseitige Erbitterung war bereits zu sehr angewachsen.

Am 24. März setzten die Herzogthümer eine provisorische Regierung mit dem Herzog von Augustenburg, Graf Reventlow und Beseler an der Spitze, ein und suchten den Schutz des Teutschen Bundes nach.

Das aus den Herzogthümern gebürtige Militär verließ fast ausnahmslos die dänische Fahne und stellte sich der provisorischen Regierung zur Verfügung. Der Teutsche Bund und der König von Preußen erklärten sich für die Vereinigung der Herzogthümer unter dem Herzog von Augustenburg, und Preußen, vom Bunde mit Regelung der Sache beauftragt, ließ ein Truppencorps in Holstein einrücken, welches im April und Mai die Dänen bis Jütland zurückwarf.

Von Rußland gedrängt, schloß Preußen unter schwedischer Vermittelung am 26. August zu Malmö einen Waffenstillstand mit Dänemark ab, welcher aber weder den Anforderungen der kopenhagener Volkspartei noch dem Selbstgefühl der Schleswig-Holsteiner Genüge leistete.

Beide Theile rüsteten während des Winters mit größtem Eifer. Die Hoffnung der deutschen Centralgewalt, den Waffenstillstand, der am 26. März 1849 ablief, zu verlängern, ging nicht in Erfüllung. Für diesen Fall war im Februar angeordnet worden, daß zur Wahrung der deutschen Ansprüche 10000 Mann Preußen, sowie Theile des 7., 9. und 10. Bundesarmeecorps in die Herzogthümer einrücken sollten, während 24000 Mann Oesterreicher und 12000 Mann Preußen als zweites Aufgebot bereit gehalten werden sollten. Die Bundestruppen hatte der preußische Generallieutenant von Prittwitz zu commandiren. Das Commando der schleswig-holsteinischen Truppen führte Generalmajor von Bonin.

Sachsen hatte eine Brigade von 6000 Mann zu stellen, welche als 1. Brigade der 2. Division unter dem hannöverischen Generalmajor von Wyneden zugetheilt wurde.[1]

Nachdem die Ordre des Reichs-Kriegsministeriums am 6. März 1849 in Dresden eingegangen war, wurden die in Thüringen stehenden sächsischen Abtheilungen zurückgezogen, um das nach Holstein abrückende Contingent zu ersetzen. Zum Commandeur der mobilen sächsischen

---

[1] Eintheilung der deutschen Truppen in Schleswig-Holstein siehe in Beilage Nr. LX.

Brigade wurde Generalmajor von Heintz bestimmt. Se. Königliche Hoheit Prinz Albert erhielt die Erlaubniß den Feldzug mitzumachen, und wurde dem Hauptquartier des Generallieutenants von Prittwitz zugetheilt.

Das Regiment Prinz Georg erhielt am 17. März abends den Mobilmachungsbefehl, und bereits am nächsten Morgen mußte das 3. Bataillon von Schneeberg abmarschiren, um sich mit den beiden andern Bataillonen in Zwickau zu vereinigen.[1]

Die Mannschaft des Regiments bestand zur größern Hälfte aus Rekruten, welche sich noch in der Ausbildung befanden, und denen jede Kenntniß des Felddienstes, des zerstreuten Gefechts und die Uebung im Zielschießen fehlte. Infolge der eben erst in Kraft getretenen Abänderung der Wirthschaft war auch die Bekleidung zum Theil sehr mangelhaft, und besonders die Rekruten konnten nur nothdürftig mit Westen und Hosen versehen werden.

Der Hauptmann von Löben blieb daher mit 12 Schneidern bei dem Abmarsche des Regiments in Zwickau zurück, um das Fehlende möglichst bald zu ergänzen. Da ein Theil der Gewehre nicht mehr als kriegstüchtig angesehen werden konnte, wurden auf Antrag des Obersten von Rockhausen 200 neue Gewehre aus dem Hauptzeughause zu Dresden direct nach Berlin geschickt, um dort bei dem Durchmarsche umgetauscht zu werden.

Das Regiment marschirte über Glauchau, Waldenburg, Frohburg, Borna in eine Ortsunterkunft bei Leipzig, wo Se. Majestät der König am 22. März eine Revue über die hier zusammengezogenen Theile der mobilen Brigade (3. Infanterieregiment, 6 Schützencompagnien, das Garbereiterregiment, die 6=pfündige Batterie) abhielt.

Am 23. März früh 7 Uhr fuhr das 2. Bataillon mit der Eisenbahn nach Berlin ab, wo es nachmittags 5 Uhr eintraf.

Se. Königliche Hoheit der Prinz von Preußen, General der Cavallerie von Wrangel und zahlreiche andere hohe Offiziere empfingen das Bataillon auf dem Bahnhofe.

Unter Vorantritt der Musikcorps der Garde=Grenadierregimenter Kaiser Franz und Kaiser Alexander und geleitet von einer unabsehbaren Menschenmasse marschirte das Bataillon nach dem Gensdarmen=Markte, von wo die Mannschaft in die Quartiere entlassen wurde. Offiziere, Unteroffiziere und die Hälfte der Mannschaft erhielten für den Abend Theaterbillets.

Die Stabsoffiziere und Compagniecommandanten wurden von

---

[1] Offiziersliste des Regiments Anfang 1849 siehe in Beilage Nr. LXI.

General von Wrangel zum Diner eingeladen, mit der ausdrücklichen Bestimmung, im Marschanzuge zu bleiben.

Da die Bahn durch anderweite Transporte in Anspruch genommen war, fuhr das Bataillon erst am 26. früh 7 Uhr unter den Klängen der Kapelle eines Artillerieregiments von Berlin ab, wurde in Spandau ebenfalls festlich begrüßt und traf nachmittags 5 Uhr in Hamburg ein. Am nächsten Morgen früh 7 Uhr fuhr es von hier nach Rendsburg, langte vormittags 11 Uhr daselbst an, wurde aber nicht, wie ursprünglich bestimmt, dort einquartiert, sondern in drei nahegelegene Dörfer verlegt. Der Bataillonsstab kam nach Nobiskrug, einem Gasthofe an der Straße nach Kiel.

Das 1. und. 3. Bataillon waren am 27. März von Leipzig nach Berlin, am nächsten Tage von hier nach Hamburg befördert worden und trafen am 28. März in Rendsburg ein.

Nach dem Eintreffen dieser beiden Bataillone kamen der Brigade- und Regimentsstab, das 1. und 2. Bataillon nach Rendsburg, das 3. Bataillon nach Oster- und Wester-Rönfeld, Schulldorf, Schucht, Audorf und Nobiskrug zu liegen.

Am 2. April belegte das Regiment Groß- und Klein-Dannewerk (Stab und 1. Bataillon), Mielberg (2. Bataillon) und Groß- und Klein-Reide (3. Bataillon). Vor dem Ausmarsche aus Rendsburg hatten die Truppen pro Mann 1 Pfd. Zwieback, 3 Portionen Reis und 3 Loth Salz als eisernen Bestand zu fassen. Die Offiziere erhielten doppelte Portionen.

Vom 2. April an war die Verpflegung aus dem Magazin zu Schleswig zu entnehmen.

Bei Magazinverpflegung hatte gemäß Verordnung des Reichs-Kriegsministeriums die tägliche Mundportion zu bestehen aus: $1\frac{1}{2}$ Pfd. Brot oder 1 Pfd. Zwieback, $\frac{3}{4}$ Pfd. Fleisch oder $\frac{1}{2}$ Pfd. Speck, 12 Loth Kochmehl, oder 6 Loth Reis, oder 10 Loth Graupen, oder 10 Loth Grütze, oder $\frac{1}{2}$ Pfd. Erbsen, oder 3 Pfd. Kartoffeln; $1\frac{1}{2}$ Loth Salz, $\frac{1}{8}$ Quart Branntwein, oder $1\frac{1}{2}$ Loth gebrannten Kaffee. An Lagerstroh war zu liefern für Compagniecommandanten und höhere Offiziere 80 Pfd., Leutnants 20 Pfd., Unteroffiziere und Soldaten 10 Pfd. Für je 100 Mann als Koch- und Wärmeholz nach Maßgabe der Witterung und Jahreszeit $\frac{1}{2}$ bis höchstens $\frac{3}{4}$ Klafter.

Als Feldzulage erhielten die sächsischen Offiziere, außer freier Verpflegung, der Brigadier 75 Thlr., der Oberst 50 Thlr., der Oberstleutnant und Major 30 Thlr., der Hauptmann 25 Thlr., der Leutnant 15 Thlr. und der Porteepeejunker 10 Thlr. monatlich bewilligt.

Am 3. April kam das Regiment nach Schleswig und Schubby

(1. Bataillon) zu liegen und sollte am 4. in und bei Oeversee verquartiert werden. In der Nacht kam jedoch der Befehl, daß die gesammte Brigade an diesem Tage mittags 12 Uhr am Bilschauer Kruge, an der Flensburger Straße, bereit stehen sollte. Nach einem ermüdenden Marsche hier eingetroffen, wurde die Brigade nach kurzer Rast in Quartiere verlegt. Das Regiment kam nach Jarplund (Stab und 2. Bataillon), Weding (1. Bataillon) und Barderup (3. Bataillon).

Das Hauptquartier des Generallieutenants von Prittwitz war an diesem Tage in Seegard. Die Reichsarmee war ziemlich vereinigt. Die Reservedivision war bereits in den ersten Tagen des April bis nach Schleswig, die Reservebrigade bis Gottorf vorgegangen. Die 1. und 2. Division sollten die schleswig-holsteinischen Truppen im Sundewitt ablösen, welche letztere als Avantgarde des Reichsheeres nach Norden vordringen sollten.

Die Dänen hatten sich auf ihre befestigte Stellung bei Düppel zurückgezogen.

Am 5. April nachmittags bezog das Regiment die Vorposten in einem Halbkreise nördlich von Flensburg. Das 1. Bataillon besetzte auf dem rechten Flügel den Engpaß von Crusan, das 2. Bataillon Bau und das 3. Bataillon Harrislew.

Am 6. April bezog das 3. Bataillon die Vorposten auf dem Höhenzuge nördlich von Quars, die beiden andern Bataillone des Regiments mit dem größten Theile der Brigade lagen hinter demselben in engen Quartieren und Biwaks.

Generallieutenant von Prittwitz hatte an diesem Tage zur Besetzung des Sundewitt als rechten Flügel von der 1. Division 9 Bataillone und $2^{1}/_{2}$ Batterien, als linken Flügel 13 Bataillone und 5 Batterien der 2. Division bestimmt. Die 3. Division hatte Ortsunterkunft bei Flensburg bezogen.

Am 3., 4. und 5. April hatten Gefechte zwischen den schleswig-holsteinischen Truppen und den Dänen stattgefunden; letztere vermutheten einen größern Angriff der Deutschen und standen am 6. April vor den Schanzen zum Gefechte bereit.

An diesem Tage stieß ein Theil der vorgehenden hannöverischen Brigade auf die bis Uldernp und Auenbüll vorgeschobenen dänischen Abtheilungen, drängte diese anfänglich zurück, wurde aber später durch einen mit ungestümer Tapferkeit von den dänischen Vortruppen ausgeführten Gegenangriff mit starkem Verluste zurückgeworfen.

Diese wiederholten Gefechte ließen einen entscheidenden Kampf als nahe bevorstehend erscheinen. Allein unter dem Eindrucke des unglücklichen Seegefechtes bei Edernförde befahl der in Sonderburg anwesende dänische Kriegsminister, die Truppen aus dem Sundewitt nach Alsen zurückzuziehen und somit die wichtige Flankenstellung im Sundewitt aufzugeben, welche durch die Mitwirkung der dänischen Kanonenboote im Veunig-Bond und der schweren Strandbatterien auf Alsen, sowie durch die starke und geschickt befestigte Stellung auf den Düppeler Höhen schwer anzugreifen und für die Deutschen noch schwerer zu behaupten war.

Man glaubte die ungefähr 35000 Mann zählende Armee nicht stark genug, gleichzeitig das Sundewitt und Friedericia zu besetzen, wenn man nicht Jütland einem feindlichen Einfalle preisgeben wollte.

Für das Sundewitt glaubte man 20000 Mann, für Friedericia 12000 Mann zu bedürfen.

Vom 8. April an wurden die Düppeler Höhen von den Dänen nur noch durch Vorpostenabtheilungen besetzt gehalten, welche aber jederzeit schnell von Alsen her unterstützt werden konnten. Dieses Zurückgehen der Dänen blieb den Deutschen vorläufig noch unbekannt.

Das Regiment Prinz Georg war am 6. April mit dem Stabe nach Wilsbeck und dem 2. Bataillon nach Lundtoft verlegt worden, während das 1. und 3. Bataillon bei Quars biwakirten. Am Abend wurde letzteres alarmirt und zur Unterstützung der hannöverischen Vorposten bis Kjeding vorgeschoben, wo es die nächsten Tage stehen blieb.

Der Stab und das 1. Bataillon rückten am nächsten Tage nach Leygaard, das 2. Bataillon nach Grüngrift.

Für den 9. April hatte Generallieutenant von Prittwitz ein weiteres Vorgehen der 1. und 2. Division gegen die dänische Stellung angeordnet. Generalmajor von Heintz erließ dazu für die sächsische Brigade nachts gegen 12 Uhr folgende Ausführungsbestimmungen:

„Das Schützenbataillon und das 3. Bataillon Georg brechen um 5 Uhr auf. Ersteres geht gegen Auenbüll vor und entsendet eine Compagnie in seine rechte Flanke, letzteres, über Beuschau jenem folgend, eine Compagnie in die linke über Ulderup.

„Das Schützenbataillon geht ferner von Auenbüll gegen Satrup vor und besetzt dieses; das Bataillon Georg folgt ihm.

„Die Reserve, 2 Bataillone Georg und die 6-pfündige Batterie, bricht so auf, daß sie um 5 Uhr in Kjeding ankommt und dem Vortrupp über Beuschau nach Auenbüll folgt."

Die Erwartung, bei diesem Vorgehen auf den Feind zu stoßen, ging nicht in Erfüllung, da dieser in seine verschanzte Stellung auf den Düppeler Höhen sich zurückgezogen hatte.

Die Avantgarde besetzte die angewiesene Stellung; das Schützenbataillon bezog die Vorposten, das 3. Bataillon Prinz Georg biwakirte als Unterstützung derselben am Kirchhofe von Satrup. Ein Ploton des Bataillons unter Leutnant Scheffel ging aufklärend, ohne auf Widerstand zu stoßen, bis an den Alsensund vor.

Am 10. April übernahmen das 1. und 2. Bataillon Prinz Georg die Vorposten.

Am 11. April wurden, nachdem ein eiserner Bestand an Lebensmitteln für einige Tage an die Truppen ausgegeben worden war, die Vorposten der sächsischen Brigade, welche das 1. Bataillon Prinz Georg gab, auf Befehl des Generallieutenants von Prittwitz bis Rackebüll, dicht an den Fuß der befestigten Höhen von Düppel, vorgeschoben.

Die Vorpostenlinie des Bataillons schloß auf dem rechten Flügel bei der Düppelkirche an das altenburgische Bataillon, auf dem linken Flügel, in der Gegend von Reventlow, an die hannöverische Brigade an. Das Vorpostengros der Sachsen lag in Rackebüll, das Gros der Brigade zwischen Auenbüll und Beuschau.

Am 12. April übernahm das Regiment Prinz Max die Vorposten. Nachmittags kam es zu einem Vorpostengefechte der Altenburger mit den Dänen, welches sich bis zum Einbruche der Dämmerung fortsetzte.

Gefecht bei Düppel am 13. April 1849.[1]

Um die Stärke der feindlichen Streitkräfte auf den Höhen von Düppel und in dem Brückenkopfe zu erkunden und um diese beherrschenden Höhen womöglich in seinen Besitz zu bekommen, hatte Generallieutenant von Prittwitz befohlen, daß vier Bataillone und die Artillerie der bayrischen Brigade am 13. April auf der südlichen Straße nach Sonderburg so frühzeitig vorgehen sollten, daß sie mit Tagesanbruch auf den Höhen von Düppel eingetroffen sein konnten.

Die sächsische Brigade erhielt am späten Abend des 12. April den Befehl, dieses Unternehmen zu unterstützen und zu diesem Zwecke zu derselben Zeit, wo das Vorrücken der Bayern erfolgen sollte, die vier Bataillone der Avantgarde, die Artillerie und die Pionierabtheilung bei Rackebüll zum Vorrücken bereit zu halten. Sobald das Unternehmen der Bayern gelänge, sollten diese Truppen auf der nördlichen Straße nach Sonderburg über Suurlykke gegen die Höhen vorgehen und auf denselben ebenfalls festen Fuß fassen.

Für den Fall, daß der Angriff der Bayern mislänge, sollten die sächsischen Bataillone die Stellung der Avantgarde bei Rackebüll unter allen Umständen festhalten.

---

[1] Hierzu Kartenbeilage XIX. Die Darstellung nach den im K.-M.-A., loc. 9: Acten von der mobilen Brigade in Schleswig-Holstein Nr. 9, befindlichen Berichten.

Die in Auenbüll und Satrup verbleibenden sächsischen Bataillone hatten sich zum sofortigen Ausrücken bereit zu halten. Die hannöverischen Bataillone in Ost- und West-Schnabeck sollten während des Unternehmens unter den Waffen stehen.

Um das Unternehmen völlig geheimzuhalten, erhielten die Truppen die Befehle erst gegen Mitternacht.

Oberst von Rockhausen erhielt gegen Mitternacht vom Generalmajor von Heintz den Befehl, früh $^1/_2$4 Uhr das 1. und 2. Bataillon des Regiments in aller Stille in Satrup zu vereinigen und hier weitere Befehle zu erwarten.

Die beiden Batterien hatte er mit Befehl zu versehen, früh 2 Uhr in Satrup zum Abmarsche bereit zu stehen; die halbe Batterie sollte sich dicht jenseit Satrup an die beiden Batterien anschließen.

Die Vortruppen: das Schützenbataillon, das 3. Bataillon Prinz Georg, das 3. Bataillon Prinz Max, die beiden Batterien und die Pionierabtheilung, standen früh 3 Uhr bei dem Kruge von Rackebüll in möglichst verdeckter Aufstellung bereit, während das 1. Bataillon Prinz Max auf Vorposten in der Linie Düppelkirche-Reventlowmühle stand.

Generalmajor von Heintz hatte die Stabsoffiziere der Brigade im Kruge von Rackebüll vereinigt, um ihnen seine Anordnungen für den Vormarsch zu ertheilen.

Der Chef des Corps-Generalstabes, Generalmajor von Hahn, war dabei anwesend. Gegen 4 Uhr hörte man einzelne Flintenschüsse, welche dem Klange nach hinter dem Düppeler Berge fielen und das Eintreffen und den Angriff der Bayern verkündeten. Generalmajor von Hahn ließ die sächsischen Vortruppen sofort antreten.

Die Bayern hatten ihren Angriff auf die Schanzen so energisch und überraschend ausgeführt, daß der Feind beim ersten Anlaufe dieselben räumte und in Unordnung nach dem Brückenkopfe an der Sonderburger Straße floh.

Von der sächsischen Abtheilung ging das Schützenbataillon, die Pionierabtheilung an der Spitze, als Avantgarde gegen Suurlykke vor. Das 3. Bataillon Prinz Georg folgte mit einem Abstande von 500 Schritt in halboffener Sectionscolonne.

Die Straße war von da an, wo sie den von Oster-Düppel kommenden Bach überschreitet, bis hinter Suurlykke durch drei doppelte Verhaue gesperrt, welche aber von den Pionieren und Zimmerleuten rasch und geräuschlos beseitigt wurden, sodaß erst, nachdem man Suurlykke passirt hatte, die Colonne von den am Alsensunde liegenden feindlichen Strandbatterien bemerkt und unter ein anfangs wirkungsloses Feuer genommen wurde.

Das Schützenbataillon ging auf der nördlichen Sonderburger Straße, bis zu deren Vereinigungspunkt mit der südlichen Straße, vor, traf hier ½5 Uhr mit den Bayern zusammen, welche die an letzterer Straße befindlichen Knicks besetzt hatten und von denen ein Bataillon soeben den Rückmarsch nach der Höhe angetreten hatte, und nahm deren Stellung ein.

Das 3. Bataillon Prinz Georg war bereits vorher rechts von der Straße abgegangen und nach der düppeler Windmühle marschirt. Gegen ½5 Uhr hier eingetroffen, erhielt es hinter dem Höhenzuge eine Stellung zwischen den rechts rückwärts stehenden Bayern und dem links stehenden Schützenbataillon angewiesen. Mit letzterm stellte Leutnant Sachse mit der 16. Section die Verbindung her; auf den höchsten Punkten wurden Beobachtungsposten aufgestellt.

In dieser Stellung verharrte das Bataillon, sowol vom Brücken= kopfe als auch von den Strandbatterien und einigen Kanonenbooten lebhaft, aber mit geringem Erfolge, beschossen, bis gegen 7 Uhr.

Die beiden Batterien, welche auf einer von Knicks eingefaßten schmalen Anhöhe ungefähr 400 Schritt südlich vom Steenhof auf= gefahren waren und mit sehr gutem Erfolge in das Gefecht eingegriffen hatten, waren durch das überwältigende Feuer der feindlichen Strand= batterie um diese Zeit genöthigt worden zurückzugehen, wobei die 12=pfündige Batterie durch Scheuwerden der Pferde in einen Sumpf gerieth und 3 Geschütze stecken lassen mußte.

Das Schützenbataillon ging auf Befehl des Generals von Prittwitz aus seiner vorgeschobenen Stellung auf die Höhe bei der Düppelmühle zurück und besetzte einen in der Richtung auf Suurlykke sich hin= ziehenden Knick.

Die Aufgabe des Gefechtes schien gelöst zu sein, da die Höhen mit ihren Verschanzungen sich völlig in den Händen der bayrischen und sächsischen Truppen befanden.

Der Feind, welcher wahrscheinlich den Unfall der Batterie bemerkt hatte und das Zurücknehmen des Schützenbataillons für den Anfang eines Rückzuges ansehen mochte, brach mit ungefähr 5 Bataillonen aus dem Brückenkopfe gegen die Stellung der Sachsen vor, besetzte den von der frühern Besatzung des 2. Regiments verlassenen Steenhof und entwickelte sich mit starken Schützenschwärmen vor der Front des 3. Bataillons Prinz Georg.

Oberstleutnant von Hake ließ das 1. Ploton unter Oberleutnant von Liebenau zum Plänkern vorrücken und zugleich das Windmühlen= gehöfte besetzen, während das 2. Ploton unter Leutnant Mangels= dorf rechts vorwärts vom Bataillon hinter einer dänischen Verschanzung so aufgestellt wurde, daß es das 1. Ploton unterstützen konnte und zugleich die Verbindung mit den Bayern aufrecht erhielt.

Der Leutnant Sachse erhielt die 15. Section zur Verstärkung und besetzte ein links vorwärts vom Bataillon gelegenes Gehöft, wodurch die Verbindung mit dem Schützenbataillon unterhalten und die linke Flanke des Bataillons gedeckt wurde.

Nachdem das Plänkergefecht einige Zeit gedauert hatte, wurden das 1. und 2. Ploton durch bayrische Truppen abgelöst und rückten wieder in das Bataillon ein. Letzteres erhielt hierauf den Befehl, sich ungefähr 500 Schritt links rückwärts hinter dem Höhenzuge aufzustellen.

Hier angekommen, wurde die 9. Compagnie unter Oberleutnant von Liebenau zur Besatzung eines vor der Front gelegenen Knicks, welcher sich an das von Leutnant Sachse besetzte Gehöft anschloß, vorgeschoben.

Der Angriff der Dänen auf den Knick und besonders das Gehöft wurde bald darauf so heftig und mit solcher Uebermacht ausgeführt, daß beide Objecte geräumt werden mußten. Sehr ungünstig für die Vertheidigung des Gehöftes war der Umstand, daß der Feind ungesehen bis auf 30 Schritte an dasselbe herankommen konnte.

Oberleutnant von Liebenau wurde hierbei erschossen. Da durch diese Stellung des Feindes das Bataillon in seiner linken Flanke sehr bedroht und die Verbindung desselben mit dem Schützenbataillon gefährdet war, erhielt Hauptmann d'Elsa Befehl, mit dem 7. Ploton vorzugehen, das zurückgehende 8. Ploton des Leutnants Sachse aufzunehmen und vereint mit diesem das Gehöft mit dem Bajonett wiederzunehmen.

Dieser Angriff gelang. Gleichzeitig ging auch die 9. Compagnie wieder vor, warf die Dänen von dem Knick zurück und besetzte denselben aufs neue.

Das Bataillon erhielt jetzt den Befehl, sich einige hundert Schritt weiter links nach einer Vertiefung zu ziehen und ungefähr 400 Schritt rückwärts des Gehöftes sich aufzustellen. Die 9. Compagnie rückte wieder in das Bataillon ein, da die rechts stehenden befreundeten Truppen sie in der Besatzung des Knicks ablösten.

Die 12. Compagnie wurde bald darauf durch einen erneuten Angriff der Dänen gezwungen, das Gehöft wieder zu räumen und sich auf das Bataillon zurückzuziehen. Das Bataillon hatte in seiner Stellung das heftigste Geschütz- und Kleingewehrfeuer (Spitz- und Doppelkugeln) auszuhalten, ohne dasselbe erwidern zu können. Der Adjutant von Töring wurde hier schwer verwundet, sein Pferd getödtet.

10. Feldzug in Schleswig-Holstein 1849.

Da die Schützen sich etwas links gezogen hatten, mußte das Bataillon dieser Bewegung folgen, kam einige hundert Schritt weiter links hinter eine Verschanzung zu stehen und erhielt den Befehl, diese Stellung um jeden Preis zu halten. Die 10. Compagnie besetzte nun den von den Schützen geräumten vor der Schanze gelegenen Knick.

Der Hauptmann von Brandenstein wurde bei der Vertheidigung desselben schwer verwundet.

Die 12. Compagnie ging nochmals vor und entriß durch einen energischen Bajonettangriff das vor kurzem verlassene Gehöft wiederum den Dänen.

Gegen 9 Uhr ging der Feind zurück und stellte das Feuer ein.

Das Bataillon erhielt den Befehl, in seine frühere Stellung hinter dem Gehöfte zurückzugehen. Die von ihm geräumte Stellung besetzten die Schützen, mit Ausnahme des Gehöftes, welches die 12. Compagnie besetzt hielt, bis sie von der 11. Compagnie abgelöst wurde.

Gegen ³/₄10 Uhr ging der Feind aufs neue vor. Die 11. Compagnie räumte das Gehöft, gleich darauf aber nahm die 10. Compagnie das Gehöft mit dem Bajonett wieder und ebenso die 9. Compagnie den links von dem Gehöfte gelegenen von den Schützen verlassenen Knick. Die 10. Compagnie wurde aber bald durch eine starke feindliche Colonne gezwungen, das Gehöft zu verlassen, worauf das Bataillon, unter Zurücklassung des 3. und 6. Plotons als Reserve, sich mit dem Bajonett auf das Gehöft warf, die feindliche Colonne zum Rückzuge zwang und das so lange umstrittene Object behauptete, bis es gegen 3 Uhr nachmittags von dem 2. Bataillon hier abgelöst wurde. In der Zwischenzeit wurde das Gehöft von der feindlichen Artillerie in Brand geschossen.

Nach erfolgter Ablösung durch das 2. Bataillon erhielt das durch den zehnstündigen hartnäckigen Kampf sehr erschöpfte 3. Bataillon eine Stellung bei Oster-Düppel angewiesen. —

Das 2. Bataillon hatte von früh ½4 Uhr an mit dem 1. Bataillon hinter dem Kirchhofe von Satrup in Bereitschaft gestanden. Eben im Abkochen begriffen, erhielt dasselbe gegen 11 Uhr den Befehl zum Vorrücken. Gegen ³/₄12 Uhr abmarschirend, ging es auf der Straße über Rackebüll vor und erreichte gegen 1 Uhr den Straßenübergang über den von Oster-Düppel kommenden Bach).

Durch das Feuer der Strandbatterien auf Alsen erlitt es hier einigen Verlust.

Das Bataillon erhielt hier den Befehl, das 3. Bataillon in der Gefechtslinie abzulösen. Es ging sofort gegen die Höhen vor bis an eine dort befindliche dänische Schanze, und ließ die 5., 6. und 7. Compagnie als Plänker vorgehen, welche einen Knick vorwärts der Schanze besetzten, die ausgeschwärmten Abtheilungen des 3. Bataillons und einen Theil der Schützen in der Gefechtslinie ablösten, und die Verbindung nach rechts mit den Hessen, nach links mit den Schützen aufnahmen.

Gegen 3 Uhr begannen diese Compagnien das Feuergefecht und führten dasselbe bis gegen 8 Uhr abends fort, ohne daß der Feind nochmals zum Angriffe vorgegangen wäre. Kurze Zeit nach Ablösung des 3. Bataillons hatte sich in der Schützenlinie das Gerücht verbreitet, die Stellung wäre von den sich verstärkenden Dänen umgangen, worauf sich ein Theil der Plänker der 6. und 7. Compagnie in den Graben der Redoute warf. Die dadurch in der Pläukerlinie entstandene Lücke wurde sofort durch die bisher hinter der Redoute stehen gebliebene 8. Compagnie ausgefüllt und die zurückgegangenen Plänker der 6. und 7. Compagnie gesammelt und als Unterstützung aufgestellt.

Nach Beendigung des Gefechtes bezog das Bataillon bis zum Abend des 14. April in der gewonnenen Stellung die Vorposten.

Das 1. Bataillon erhielt gegen 1 Uhr den Befehl, von Satrup nach der Düppelkirche zu marschiren und hier weitere Befehle zu erwarten. Der Regimentsadjutant von Tschirschky meldete dem General von Prittwitz das Eintreffen des Bataillons und brachte den Befehl zurück, bis über die Düppelkirche in die Nähe von Düppel neben das altenburgische Bataillon als Reserve vorzugehen. Bis 6 Uhr abends stand das Bataillon hier bereit, ohne Verwendung zu finden, worauf es nebst dem 3. Bataillon an dem westlichen Abhange des Düppeler Berges bei Oster-Düppel ein Biwak bezog.

Die beiden im Gefecht gewesenen Bataillone hatten sich sehr brav und mit großer Ausdauer geschlagen, was um so rühmlicher war, als der größere Theil der Mannschaft noch nicht völlig ausgebildet war, und besonders das 3. Bataillon wiederholt in Gefechtslagen kam, wo die Einwirkung der Offiziere und Unteroffiziere nur gering sein konnte.[1]

Das 3. Bataillon verlor:
   Todt: 1 Offizier, Oberleutnant von Liebenau,
      4 Soldaten,
      1 Dienstpferd.
   Verwundet: 2 Offiziere, Hauptmann von Brandenstein, Oberleutnant Adjutant von Döring,
      28 Unteroffiziere und Soldaten.

---

[1] Die für das Gefecht dem Regiment verliehenen Decorationen siehe in Beilage Nr. LXII.

Das 2. Bataillon verlor:
  2 Mann todt,
  1 Offizier, Leutnant von Flemming,
  1 Porteépeejunker von Minkwitz,
  14 Unteroffiziere und Soldaten verwundet.

An ihren Wunden starben noch:
  Oberleutnant von Döring,
  Leutnant von Flemming,
  2 Unteroffiziere, 4 Soldaten.

Erwähnenswerth ist noch, daß allein bei dem 3. Bataillon 156 Kugeln Gewehre und Bekleidungsstücke getroffen hatten, ohne eine Verwundung herbeizuführen.

Das 2. Bataillon hatte während des Gefechts 391 Dutzend Kugelpatronen und 5004 Stück Zündhütchen, das 3. Bataillon 440 Dutzend Kugelpatronen und 7760 Zündhütchen verbraucht.

Außer dem schönen Beispiel von Muth und Unerschrockenheit, welches die Offiziere ihren Leuten gaben, wirkte vor allen die Gegenwart Sr. Königlichen Hoheit des Prinzen Albert begeisternd auf die Truppen ein, welcher sie im heftigsten Geschütz- und Gewehrfeuer aufsuchte und dessen Ansprache durch weithin schallende Jubelrufe dankbar erwidert wurde.

Nach dem Erlöschen des Gefechts erging der Befehl, die Bataillone in ihren innehabenden Stellungen möglichst eng zusammenzuziehen, nur noch schwache Plänkerlinien vorn zu lassen, für diese ein Replis aufzustellen und das Gros der Bataillone etwas zurückzuziehen und biwakiren zu lassen.

Das Commando über die Vortruppen wurde dem kurhessischen Generalmajor von Spangenberg, das Commando der Vorposten dem altenburgischen Oberst von Diederichs übertragen.

Am 14. April übernahm das 1. Bataillon die Vorposten, während der Stab und das 2. Bataillon nach Auenbüll, das 3. Bataillon nach Rackebüll in enge Quartiere verlegt wurden. Am 15. April bezog das 2. Bataillon, am 16. das 3. Bataillon die Vorposten.

Am 15. und 16. April wurden die Gebliebenen auf den Kirchhöfen zu Düppel und Satrup unter militärischen Ehrenbezeigungen beerdigt.

Um den Feind an einem weitern Vorbrechen von Alsen her zu verhindern, ließ General von Prittwitz die gewonnenen Höhen befestigen. Es wurden drei geschlossene Werke erbaut; eins auf dem rechten Flügel, westlich der abgebrannten Düppelmühle, das zweite auf dem linken Flügel, ungefähr 500 Schritt südlich vom Steenhofe, das dritte, als Hauptredüit, hinter der Mitte der Stellung. Die beiden

Flügelwerke wurden durch Infanterielaufgräben miteinander verbunden. Bis zum 10. Mai waren diese Werke unter Leitung des preußischen Ingenieurmajors von Dechen von den preußischen und sächsischen Pionieren und starken Arbeitercommandos der Infanterie fertiggestellt worden.

Generallieutenant von Prittwitz hatte durch Ordre vom 17. April befohlen, daß von den sächsischen Truppen 2 Compagnien nach Flensburg und 2 Compagnien nebst 1 Zug des Gardereiterregiments nach Glücksburg zur Ablösung der an diesen Orten stehenden preußischen Truppen abzuschicken seien. Oberst von Rochhausen bestimmte auf erhaltenen Befehl dazu das 3. Bataillon, welches am 19. nach Hollebüll und Unbeleff marschirte, in Bau den Zug Cavallerie an sich zog und am 20. April mittags seine Bestimmungsorte erreichte. Oberstlieutenant von Hake hatte sein Quartier in Glücksburg zu nehmen und wegen der weiten Entfernung von der 2. Division direct an das Hauptquartier zu melden.

In Flensburg, wo die 11. und 12. Compagnie lagen, wurden von der Commandantur täglich 107 Mann zum Wachtdienst verlangt, und in und bei Glücksburg mußte ebenfalls täglich eine volle Compagnie zum Wachtdienst und zum Beziehen einiger Feldwachen verwendet werden. Vor letzterm Orte kreuzten fortwährend zwei feindliche Kanonenboote und ein Dampfschiff, ohne aber etwas Feindliches zu unternehmen.

Die beiden andern Bataillone des Regiments blieben im Sundewitt stehen, wechselten öfters die Quartiere und bezogen abwechselnd mit den übrigen Infanterieabtheilungen die Vorposten. Obwohl mehrmals alarmirt, kamen sie doch nicht wieder zum Gefechte, da die Dänen sich darauf beschränkten, von Zeit zu Zeit Patrouillen aus dem Brückenkopfe gegen die Höhen vorzuschicken und durch Kanonenboote die Stellung der Teutschen zu bedrohen.

Nach Besetzung der Düppelstellung bestimmte Generallieutenant von Prittwitz die holsteinischen Truppen und die preußische Division, welcher auch das Gardereiterregiment zugetheilt wurde, zum Vorrücken gegen Jütland, während die 2. Division und die Reservedivision zur Vertheidigung des Sundewitt zurückbleiben sollten.

Am 5. Mai traf die Reservedivision unter Generallientenant von Bauer ein und löste die 2. Division in der Stellung bei Düppel ab. Letztere erhielt weiter rückwärts bei Seegard und Feldstedt Ortsunterkunft angewiesen und hielt sich zur Unterstützung der Reservedivision bereit. Vom Regiment Prinz Georg kamen der Stab und das 2. Bataillon nach Hollebüll, das 1. Bataillon nach Hoterup.

Als später der Feind sich auf Alsen zu verstärken schien, wurde die sächsische Brigade in engere Quartiere verlegt, um schneller die Reservedivision unterstützen zu können. Der Stab des Regiments Prinz Georg kam infolge dessen am 18. Mai nach Quars, das 2. Bataillon nach Torsbüll und Quars, das 1. Bataillon blieb in Holerup.

An demselben Tage wurde zur Feier des Geburtstags Sr. Majestät des Königs vormittags ein Feldgottesdienst abgehalten. —

Das sächsische Kriegsministerium hatte durch Ordre vom 7. Juni die Vermehrung der Armee auf 25000 Mann anbefohlen. Jedes der Infanterieregimenter hatte ein neues Bataillon zu formiren.

Zu diesem Zwecke hatten auch von den in Holstein befindlichen Truppen die Stämme der 3. Bataillone, nachdem sie die Mannschaft zur Verstärkung an die 1. und 2. Bataillone abgegeben hatten, sowie von diesen letztern die Stämme für je eine Depotcompagnie nach Sachsen abzugehen.

Vom Regiment Prinz Georg wurden dazu bestimmt:
Vom 3. Bataillon:
  Stab: Oberstleutnant von Hake, aggregirter Major von
      Wurmb,
     Adjutant von Seydlitz,
     1 Fahnenträger,
     1 Bataillonssignalist,
     1 Wirthschaftsoffizier,
     1 Bataillonsarzt,
     1 Büchsenmacher.
  9. Compagnie:
    Hauptmann von Löben[1],
    Oberleutnant Jahn,
    Leutnant ô Byrn,
    18 Unteroffiziere und Soldaten.
  10. Compagnie:
    Leutnant von Seckendorf,
    15 Unteroffiziere und Soldaten.
  11. Compagnie:
    Oberleutnant von Gutbier,
    16 Unteroffiziere und Soldaten.
  12. Compagnie:
    Hauptmann d'Elsa,
    Leutnant Käuffer,
    32 Unteroffiziere und Soldaten.

---

[1] Befand sich bereits als Wirthschaftschef beim Depot.

Zur Depotcompagnie des 3. Bataillons wurden bestimmt:
Hauptmann von Brandenstein,
Oberleutnant von Lindemann,
Leutnant von Mandelsloh.
Zur Depotcompagnie des 1. Bataillons:
Hauptmann von Witzleben,
Oberleutnant Mangelsdorf,
Leutnant Uhlmann.
Zur Depotcompagnie des 2. Bataillons:
Hauptmann von Zanthier,
Oberleutnant Scheffel,
Leutnant von Schönberg.

Der Stamm jeder Depotcompagnie hatte außer den Offizieren zu bestehen aus: 1 Feldwebel, 2 Sergeanten, 10 Corporalen, 4 Vicecorporalen, 1 Fourier, 4 Signalisten, 1 Compagniearzt, 10 zur Rekrutenausbildung geeigneten Soldaten und 4 Offiziersdienern.

Vorgenannte Offiziere und Mannschaften hatten sich am 26. Juni in Flensburg zu vereinigen, am 28. den Rückmarsch nach Sachsen anzutreten und am 2. Juli über Berlin-Röderau daselbst einzutreffen.

Das 1. Bataillon hatte unter Zurücklassung des Stammes seiner Depotcompagnie am 26. Juni das 3. Bataillon in Flensburg und Glücksburg abzulösen.

Auf die Nachricht von dem gelungenen Ausfalle der Dänen aus Friedericia und dem Rückzuge der holsteinischen Truppen erhielt Generalmajor von Heintz den Befehl, am 7. Juli früh mit der Brigade gegen Hadersleben vorzurücken, die zwei Compagnien in Glücksburg nach Flensburg, die hier stehenden nach Apenrade abgehen zu lassen. Der Apenrader Fjord sollte genau beobachtet und jede Annäherung feindlicher Kriegsschiffe schleunigst gemeldet werden.

Die sächsische Brigade marschirte an diesem Tage bis jenseit Heptrup, südlich Hadersleben.

Durch ein directes Schreiben des Generals von Prittwitz aus Store Grundel vom 7. Juli an Generalmajor von Heintz erfuhr dieser, daß nach dem Rückzuge der Holsteiner die Dänen nur bis zu dem Abschnitte Bredstrup-Gudsoe gefolgt seien und anscheinend ihre Verstärkungstruppen wieder in Friedericia eingeschifft hätten; wahrscheinlich um dieselben unvermuthet an andern Punkten landen zu lassen. Die sächsische Brigade sollte daher in Apenrade und zwischen dort und Feldstedt Stellung nehmen und im Nothfalle die Reservedivision Bauer unterstützen. Die hannöverische Brigade wurde nach Ribe verlegt.

Am 9. Juli besetzten das 2. Bataillon Prinz Georg und die

12-pfündige Batterie unter Commando des Oberst von Rockhausen Apenrade.

Auf Antrag des Generals von Bauer hatte die sächsische Brigade am 15. Juli vormittags die Beobachtung der Küste von Blaukrug bis Felsbeck zu übernehmen. Das 2. Bataillon Prinz Georg, damit beauftragt, besetzte Warnitz, Blaukrug und Schobüll und übernahm von den braunschweigischen Husaren die Strandwachen. Der linke Flügelposten hielt die Verbindung mit den hannöverischen Posten, deren Hauptposten in der Felsbeckmühle lag, der rechte Flügelposten mit dem Posten bei Ballegaard.

Das Bataillon hatte außerdem eine stehende Wache von 1 Unteroffizier und 12 Mann zur 12-pfündigen Batterie nach Tombüll zu geben. Sämmtliche sächsische Strandwachen wurden dem Oberst von Rockhausen unterstellt.

Durch Tagesbefehl vom 19. Juli machte Generallieutenant von Prittwitz bekannt, daß nach eingegangener Mittheilung des dänischen Generallieutenants von Bülow der König von Dänemark den zu Berlin abgeschlossenen Waffenstillstand ratificirt habe. Da die Dänen sich bereit erklärt hatten, die Feindseligkeiten bis auf weiteres einstellen zu wollen, wurde dasselbe auch für die deutschen Truppen anbefohlen.

Die Bewachung des Strandes war zwar in der bisherigen Weise fortzusetzen, doch konnten die Wachen und Patrouillen schwächer gemacht werden.

Da die Friedensunterhandlungen einen baldigen Abschluß erwarten ließen, wurde der allmähliche Abmarsch der Bundestruppen aus Schleswig angeordnet. Da die 2. Division als letzte abmarschiren sollte, hatte sie bis zum 2. August nochmals die Bewachung der Düppeler Schanzen und der Strandbatterien bei Allnoor zu übernehmen.

Das Stabsquartier der Brigade kam daher nach Fischbeck, das 2. Bataillon Prinz Georg nach Auenbüll.

Nach Ablösung durch die Hannoveraner wurde am 3. August der Abmarsch aus dem Sundewitt angetreten. Am 15. August traf die Brigade in Hamburg ein, wo der bisherige Brigadeverband aufgelöst wurde.

Am 16. August fuhren die beiden Bataillone Prinz Georg von hier nach Berlin und trafen am nächsten Tage in Dresden ein.

11. Friedensjahre 1849—1866.

Sofort nach dem Abrücken des Regiments nach Schleswig war in Gemäßheit Ordre vom 1. April eine Ersatzcompagnie desselben in der Stärke von 150 Mann der 2. Ersatzreserve aufgestellt worden.

Zu deren Ausbildung wurden vom Leibregiment 1 Oberleutnant, 1 Leutnant, 1 Fourier, 8 Unteroffiziere, 1 Signalist commandirt. Nach erfolgter Einkleidung bei dem Depot in Zwickau marschirte diese Abtheilung in eine Ortsunterkunft in und bei Riesa, um hier mit den übrigen Ersatzcompagnien der Infanterie unter Commando des aggregirten Majors Liebe vom Leibregiment ausgebildet zu werden.

Die durch Ordre des königlichen Kriegsministeriums vom 7. Juni 1849 befohlene Vermehrung und Neuformation der Armee begann sofort nach dem Eintreffen der Stämme der in Schleswig stehenden Brigade.

Jedes Infanterieregiment und die leichte Infanterie hatten eine Brigade von 4 Bataillonen zu formiren.

Bei dem Regiment Prinz Georg erfolgte die Umwandlung in die Brigade Prinz Georg in nachstehender Weise:

Die drei ersten Compagnien des 3. Bataillons waren zur Aufnahme der einzuziehenden Kriegsreservisten bestimmt und waren diejenigen jeden Bataillons der der Nummer nach entsprechenden Compagnie zuzutheilen. Diese Compagnien hatten, sobald die erste Quote der Kriegsreservisten eingetroffen und in Zwickau eingekleidet war, Quartiere in und um Rossen zu beziehen.

Die Stämme der vier übrigen Compagnien waren zur Ausbildung von Rekruten bestimmt und bezogen Ortsunterkunft bei Stollberg. Bei jeder Compagnie wurden 180 Rekruten eingestellt. Nachdem diese in 4—5 Wochen so weit ausgebildet waren, daß sie in die Bataillone zur weitern Ausbildung eingestellt werden konnten, formirten die drei Depotcompagnien des Regiments eine vierte Compagnie und diese 4 Compagnien bildeten sodann das 4. Bataillon der Brigade. Der Bataillonsstab war erst nach vollendeter Neuformation zu ernennen. Auch die endgültige Vertheilung der Offiziere hatte erst zu dieser Zeit zu erfolgen.

Nach dem Eintreffen des 1. und 2. Bataillons in Dresden wurden die in drei Quoten ausgebildeten Kriegs- und Dienstreservisten, sowie die ausgebildeten Rekruten auf alle vier Bataillone gleichmäßig vertheilt. Die früher an das 1. und 2. Bataillon abgegebene Mannschaft der 9. und 10. Compagnie bildete den Stamm des 3., die der 11. und 12. Compagnie den Stamm des 4. Bataillons.

11. Friedensjahre 1849—1866.

Im October wurde die Brigade formirt.[1]

Die Bataillone der 3. **Infanteriebrigade Prinz Georg** erhielten die Nummern 9. bis 12. Oberst von Nochhausen, welcher am 16. December Generalmajor wurde, behielt das Commando der Brigade.

Die Bataillonscommandeure waren:

9. Bataillon: Major von Gutbier.
10. Bataillon: Oberstleutnant von Egidy-Geißmar.
11. Bataillon: Oberstleutnant von Hake.
12. Bataillon: Major von Wurmb.[2]

Die Bataillone, deren Compagnien von 1 bis 4 zählten, erhielten eine weit größere Selbständigkeit als bisher.

Die Regimentsmusiken kamen, „da sie sich in neuerer Zeit ganz unbrauchbar für den Felddienst gezeigt hatten", ebenso wie die Tamboure und Bataillonstamboure in Wegfall. An ihrer Stelle waren die verstärkten Signalisten der Bataillone zum Ausführen einer Hornmusik zu verwenden.

Die Infanterie wurde in zwei Divisionen eingetheilt und traten diese unter den directen Befehl des Kriegsministeriums. Die 2. und 3. Infanteriebrigade und die Cavalleriedivision bildeten die 1. Armeedivision unter Generalleutnant von Schirnding. Das bisherige Generalcommando wurde aufgehoben und ein Generalstab neu organisirt.

Durch Verordnung vom 24. October wurde die 2. Disciplinarklasse der Soldaten wieder aufgehoben und dem Militär das politische Wahlrecht wieder entzogen.

Bereits unter dem 9. Mai war eine neue Uniformirung der Infanterie anbefohlen worden. Anstatt der Fracks, Westen und Kittel erhielt dieselbe jetzt Waffenröcke und Drilljacken. Auf den Achselklappen war die Nummer des Bataillons von rothem Tuche angebracht. Die Aufschlagspatten fielen weg. Die einzelnen Brigaden unterschieden sich nur noch durch die Brigadezeichen, welche bei der Brigade Prinz Georg aus grün in citronengelb und im nächsten Jahre, weil sich diese Farbe schlecht hielt, in orange abgeändert wurden. Ebenso wurde eine neue Tragart des Gepäcks und schwarzes Lederzeug eingeführt. Die bisherigen Uniformen waren aber vor der Hand noch abzutragen. Die Offiziere mußten vom 1. Januar 1850 an die neuen Uniformen anlegen. Die Ringkragen der Offiziere kamen in Wegfall. Das goldene Säbelkuppel war über dem Waffenrocke zu tragen.

---

[1] Den Etat einer Brigade siehe in Beilage Nr. LXIII.
[2] Offiziersliste der Brigade nach der endgültigen Aufstellung Ende 1850 siehe in Beilage Nr. LXIV.

Durch Ordre vom 9. Juni wurden für die Offiziere Mäntel in der Form von Burnussen von schwarzgrauem Tuche mit gleichfarbigem Ueberschlag und Hängekragen (letzterer auch allein als Glockenmantel zu tragen) eingeführt.

Die Unteroffiziere des Regiments, welche bisher Seitengewehre anderer Façon als die Mannschaft getragen hatten, mußten dieselben abgeben. Die ganze Brigade Georg wurde mit Seitengewehren mit gerader Klinge ausgerüstet.

Die 2. und 3. Brigade behielten vorläufig das bisherige Linien-Infanteriegewehr mit cylindrischem Ladestock bei.

Um den starken Bedarf an Offizieren zu decken, waren entsprechend einer Ordre vom 26. Juli folgende Unteroffiziere des Regiments Prinz Georg befördert worden: Fahnenträger Kölbel, Fourier Schubert und Sergeant Kemnitzer zu etatsmäßigen Leutnants, Bataillonstambour Mothes und Fourier Päsold versuchsweise zu Porteépéejunkern. Dieselben wurden zu andern Brigaden versetzt.

Bei der Brigade blieben die zum Lieutenant beförderten Unteroffiziere: Uhlmann, Käuffer, Glausch, Weinhold, Sube, Kälker, Walther, Roux.

Zur Brigade versetzt wurde der bisherige Unteroffizier des Leib-Infanterieregiments Bergauer.

Nach vollendeter Formation rückte auch das 11. Bataillon, welches in der letzten Zeit in Roßthal und Altfranken Ortsunterkunft bezogen hatte, nach Dresden und erhielt die dortige Palaiskaserne überwiesen, während das 9. und 10. Bataillon in der großen Infanteriekaserne lagen.

Das 12. Bataillon wurde nach Meißen verlegt. Die Bataillone hatten vorläufig noch 600 Mann im Dienste zu behalten.

Als Aushebungsbezirk erhielt die Brigade die Amtshauptmannschaften Leipzig, Döbeln, Meißen, theilweise auch Borna und Pirna zugetheilt.

Bei den durchaus noch nicht geklärten politischen Verhältnissen wurden im Jahre 1850 die Rekruten zeitiger als gewöhnlich einberufen und vom 16. Januar bis Mitte März in einer Ortsunterkunft zwischen Camenz und Königsbrück ausgebildet.

Unter dem 1. Juli schied die Cavallerie wieder aus dem Verbande der 1. Armeedivision. Die gesammte Infanterie kam unter den Befehl des Generalleutnants Grafen von Holtzendorff. Die 1. Infanteriedivision führte Generalmajor von Rockhausen. Unter dem 21. December 1850 wurde Se. Königliche Hoheit Prinz Albert zum Commandanten der 3. Infanteriebrigade ernannt, nachdem er bereits Anfang

November, als Generalmajor von Rockhausen das Commando über die Avantgarde der Armee übernommen hatte, mit der Führung der Brigade betraut worden war, und führte das Commando bis zum 21. October 1852, wo seine Ernennung zum Generalleutnant und Commandanten der 1. Infanteriedivision erfolgte.

Das 11. Bataillon erhielt Anfang Juli 1850 Befehl, wegen politischer Unruhen in die Gegend von Stolpen und Sebnitz zu rücken. Am 6. Juli traf Major Freiherr von Falkenstein[1] als interimistischer Bataillonsführer mit der 3. Compagnie in Stolpen ein. Die 1. Compagnie wurde nach Sebnitz, die 2. nach Polenz und die 4. nach Neustadt verlegt.

Nachdem Anfang September der größte Theil des Bataillons wieder nach Dresden einrücken konnte, blieb Hauptmann von Gutbier mit einer aus den drei dresdener Bataillonen der Brigade zusammengesetzten Abtheilung in Neustadt bis Ende des Monats zurück.

Am 11. Juli waren den neuformirten 4. Bataillonen neue Fahnen von Sr. Majestät verliehen worden, zu deren Empfangnahme eine Deputation des 12. Bataillons nach Dresden beordert wurde.

Am 31. August fand eine stärkere Beurlaubung statt, sobaß die Bataillone nur noch eine Präsenzstärke von 300 Mann behielten.

Mit dem 1. October sollte eine theilweise Veränderung der Garnisonen erfolgen, doch wurde durch die politischen Verhältnisse diese Maßregel noch hinausgeschoben.

Das Deutsche Parlament, welches anfangs mit so großer Begeisterung begrüßt worden war, hatte sich als völlig unfähig und machtlos gezeigt und war am 18. Juli 1849, nachdem bereits die meisten deutschen Regierungen ihre Abgeordneten abberufen hatten, aufgelöst worden. Eine allseitig anerkannte Regierung und Vertretung der deutschen Staaten existirte nicht mehr. Preußen hatte zwar die ihm vom Parlament angetragene deutsche Kaiserkrone zurückgewiesen, suchte aber durch „die Union" seinen Einfluß in Deutschland mit Ausschluß Oesterreichs zu erweitern, welchem Bestreben letzteres mit allen Kräften entgegenarbeitete. Die Spannung wurde verschärft, als im Spätherbst 1849 Preußen die Regierungen seines engern Bundes zu Wahlen für ein neues Parlament aufforderte, welches im nächsten Jahre sich zu Er-

---

[1] War unter dem 16. December 1849 als aggregirter Major von der Brigade Albert zur Brigade Georg versetzt worden und kam 1853 als Bataillonscommandeur zu ersterer zurück. Der Commandant des 11. Bataillons, Oberstleutnant von Hake, war beurlaubt und wurde unter dem 9. August zum Oberst und Brigadier der Infanterie ernannt.

furt versammeln sollte, gegen welchen Plan aber nicht nur Oesterreich, sondern auch die deutschen Königreiche protestirten. Der von Oesterreich gewünschte Eintritt in den Zollverein wurde wieder von Preußen auf das heftigste bekämpft.

Die im Frühjahr 1850 von Preußen abgeschlossenen Militärconventionen mit Mecklenburg, Anhalt, Braunschweig und Baden und das vom 20. März bis 29. April in Erfurt tagende Parlament Preußens und seiner engern Bundesgenossen riefen den heftigsten und entschlossensten Widerstand Oesterreichs und der Königreiche hervor.

Rußland, welches damals einen entscheidenden Einfluß auf die Entwickelung Europas ausübte, erklärte sich auf das bestimmteste sowohl gegen das Erfurter Parlament Preußens als auch gegen den Eintritt Oesterreichs in den Zollverein, um weder ersteres durch die constitutionellen Sympathien, noch letzteres durch seine materielle Macht zur Hegemonie in Deutschland gelangen zu lassen.

Der alte Zwiespalt beider Großstaaten sollte verewigt werden, um dem Auslande die Gelegenheit zur Einmischung offen zu erhalten. Aus diesem Grunde verlangte auch Rußland die Wiederherstellung des alten Bundestages, welcher allein noch zu Recht bestehe.

Oesterreich, der Unterstützung Rußlands sicher, berief am 26. April das Plenum des Bundestages nach Frankfurt, welches auch am 10. Mai, mit Ausnahme Preußens und seiner Bundesgenossen, zusammentrat, und ließ am 2. September den engern Bundesrath, unter Vorbehalt des Zutritts der noch widerstrebenden, dem engern preußischen Bunde zugewandten Staaten, wieder eröffnen.

Der Verfassungsstreit in Kurhessen brachte endlich die Entscheidung. Preußen hatte sich für Aufrechterhaltung der hessischen Verfassung erklärt, der Bundestag und Oesterreich schützten den Kurfürsten. Ein bayrisches Corps rückte am 1. November in Hessen ein, ein starkes österreichisches Heer stand an der böhmischen Grenze. Ein erbitterter Krieg, welcher unter den damaligen Verhältnissen nur zum Vortheile des Auslandes enden konnte, schien unvermeidlich.

In letzter Stunde faßte der König von Preußen Anfang November den hochherzigen Entschluß, seinen Minister von Radowitz zu entlassen und dem in Kurhessen stehenden General von der Gröben einen Rückzugsbefehl zuzuschicken, sodaß es nur bei Bronzell am 8. November zu einem unbedeutenden Zusammenstoß kam.

Sachsen hatte, als zunächst durch seine geographische Lage bedroht, im bundestreuen Anschlusse an Oesterreich unter dem 2. November die Mobilmachung der ganzen Armee angeordnet.

Die Armee wurde eingetheilt in die Avantgarde unter Generalmajor von Rockhausen (4 Infanterie-, 2 Schützenbataillone, 4 Escadrons, 2 halbberittene Batterien, 1 Pionierabtheilung), in das Gros unter Generallieutnant Graf Holtzendorff (8 Infanterie-, 2 Schützenbataillone, 4 Escadrons, 2 6-pfündige Fußbatterien, 1 Pionierabtheilung) und in die Reservedivision unter Generalmajor von Mangold (3. Infanteriebrigade, 1. und Garde-Reiterregiment, 1 6-pfündige, 2 12-pfündige Fußbatterien, 2 6-pfündige reitende Batterien).

Die Avantgarde nahm Stellung zwischen Dresden und Großenhain, das Gros zwischen Dresden und Meißen, die Reservedivision zwischen Dresden, Pirna, Dohna, Wilsdruf und Nossen. Bis zum 11. November war die Armee vollzählig auf den vorerwähnten Punkten in der Stärke von 26192 Mann, 6418 Pferden und 60 Geschützen vereinigt.

Aus den nach Erfüllung des Etats überschießenden Kriegsreservisten bildete jede Brigade eine Reservecompagnie; diejenigen der 1. und 3. Brigade wurden zur Besetzung des Königsteins verwendet.

Um den Mangel an Offizieren zu decken, wurden die Cadetten der beiden ersten Divisionen, mehrere Unteroffiziere und Aspiranten aus dem Civil zu Porteépéejunkern ernannt.

Unter dem 1. November wurden der 3. Brigade als Porteépéejunker zugetheilt:

Loehr, Schoenberg, Werner, von Berlepsch, Spann, von Polenz, von der Becke, Reyher, von Metzsch, von Trützschler.

Se. Majestät hielt über die einzelnen Theile der Armee Revuen an deren Sammelpunkten ab. Das Gros und die Reservedivision vereinigten sich zu diesem Zwecke am 11. December in Dresden und defilirten hier aus der Moritzstraße über den Neumarkt nach der Augustusstraße. Das Gewehr wurde dabei, dem damaligen Reglement entsprechend, flach, wagerecht, in der rechten Hand getragen.

Infolge der am 29. November in Olmütz zwischen Preußen und Oesterreich abgeschlossenen Punktationen wurde der Ausbruch der Feindseligkeiten verhindert und die Bestimmung der Organisation Teutschlands einer von allen Bundesmitgliedern zu beschickenden Conferenz in Dresden übertragen, auf welcher nach langen Unterhandlungen die völlige Herstellung des frühern Bundestages beschlossen wurde.

Am 17. December erließ Sachsen den Befehl zur Aufhebung der Zusammenziehung der Truppen.

Die 3. Brigade verließ am 21. December die von ihr belegten Orte und marschirte nach ihren Quartieren zurück. Das 12. Bataillon bezog von jetzt an die ihm neu überwiesene Garnison Wurzen. Nach dem Eintreffen in den Garnisonen wurde die Demobilisirung bis zum gewöhnlichen Präsenzstande angeordnet, doch hatte die Armee kriegsbereit zu bleiben. Vom 15. Februar 1851 an traten starke Beurlaubungen ein, sodaß die dresdener Bataillone nur 45 Soldaten, das wurzener Bataillon nur 30 Soldaten pro Compagnie unter den Waffen behielten.

Im September war für die besten Schützen der Infanterie und die Jäger der leichten Infanterie eine Schießauszeichnung eingeführt worden. Dieselbe bestand aus zwei gekreuzten Gewehren von einem Eichenkranze eingeschlossen aus Messing und wurde auf dem linken Aermelaufschlage getragen.

Vom 1. October 1850 an wurden die Zimmerleute der Bataillone entsprechend den Erfahrungen, welche man während des Feldzuges in Schleswig gemacht hatte, außer mit Beilen, auch noch mit Schaufeln, Hacken und Sägen ausgerüstet. Der Zimmermannszug jeden Bataillons wurde einem im Corporalsrange stehenden Oberzimmermann unterstellt, welcher gelernter Zimmermann sein mußte.

Im Jahre 1851 erfolgte die Einstellung der Rekruten bereits am 6. Januar. Die der dresdener Bataillone wurden in einer Ortsunterkunft zwischen Stolpen und Neustadt, die des 12. Bataillons in der wurzener Kaserne ausgebildet. Im Herbst übte die Brigade im Verein mit dem 3. Schützenbataillon in einem Manöver bei Brandis unter dem Commando Sr. Königlichen Hoheit des Prinzen Albert. Die in Aussicht genommenen Uebungen mit Cavallerie und Artillerie mußten wegen anhaltenden Regenwetters wegfallen.

Unter dem 1. Januar 1852 wurden sämmtliche Aerzte der Armee in ein Sanitätscorps vereinigt und von hier aus zu den einzelnen Abtheilungen commandirt.

Aus commandirten Mannschaften der Infanterie wurde gleichzeitig eine Sanitätscompagnie in der Stärke von 247 Mann zusammengestellt und im Krankenträgerdienste ausgebildet. Von der 3. Brigade wurden gegen 50 Unteroffiziere und Soldaten zu derselben commandirt.

Unter dem 1. Mai kamen die Brigadesignalisten wieder in Wegfall. An ihrer Stelle wurden Musikdirectoren angestellt und aus den geübtern Signalisten ein besonderer Musikzug gebildet.

Durch das Gesetz vom 3. Juni 1852 „Die Erfüllung der Militärpflicht betreffend" wurde die Eintheilung der Armee in eine 1. und 2. Abtheilung wieder beseitigt und die seit 1848 aufgehobene Stellvertretung wieder eingeführt.

Eine theilweise Abänderung erfuhr dieses Gesetz durch das Gesetz vom 1. September 1858. Nach demselben trat der Zeitpunkt zur Erfüllung der Militärpflicht mit dem Jahre ein, in welchem der Mann das 20. Lebensjahr erfüllte.

11. Friedensjahre 1849—1866.

Die Dienstzeit dauerte sechs Jahre bei der activen Armee und zwei Jahre bei der Kriegsreserve.

Außer diesen beiden Kategorien wurde eine „Dienstreserve" eingeführt, welche im allgemeinen der jetzigen Ersatzreserve entsprach. Derselben sollten zugetheilt werden die Mannschaften, welche mit geringern Fehlern behaftet waren und welche wegen noch zu erwartender Körperlänge zurückzustellen waren. Die Verpflichtung zur Dienstreserve wurde auf drei Jahre festgestellt.

Die Stellvertretung wurde für die Friedenszeit beibehalten und das Einstandsgeld auf 300 Thlr. erhöht.

Dieses System der allgemeinen Wehrpflicht in Verbindung mit der gesetzlich geordneten Stellvertretung blieb bis zum Jahre 1867 in Sachsen geltend und entsprach vollkommen seinem Zwecke, da es die Möglichkeit gewährte, trotz starker Beurlaubungen während des Friedens, im Kriegsfalle schnell die durch die Bundesverfassung vorgeschriebene Stärke des Contingents zu erfüllen. Die vorzügliche Haltung und Ausbildung der Unteroffiziere, zu welchen nur altgediente Leute befördert wurden, ist schon oben erwähnt worden.

Auch die Offiziercorps zeichneten sich in jeder Beziehung aus. Es herrschte in denselben ein lebhafter Corpsgeist und die wissenschaftliche und militärische Weiterbildung der Offiziere wurde durch alle Mittel gefördert. Die Gefahr für alle kleinern Armeen, entweder durch Beförderung lediglich nach dem Dienstalter die höhern Commandostellen mit körperlich und geistig geschwächten Männern zu besetzen, oder durch frühzeitiges gezwungenes Ausscheiden aller für höhere Stellen nicht geeigneten Offiziere die Etats zu schwächen und die Pensionskasse übermäßig zu belasten, wurde in geeigneter Weise vermieden.

Bis zum Stabsoffizier erfolgte die Beförderung im allgemeinen nach dem Dienstalter. Aeltere Hauptleute, welche aus irgendeinem Grunde sich nicht zum Stabsoffizier eigneten, wurden veranlaßt zu erklären, daß sie freiwillig auf weitere Beförderung verzichteten, und auf diese Weise, welche nach der damaligen Anschauung nichts Verletzendes hatte, oft noch lange dem königlichen Dienste erhalten. Besonders befähigte Männer konnten dadurch im Vollbesitze der geistigen und körperlichen Kraft zu den höhern Commandostellen gelangen.

Die Ausbildung der Truppen selber erfolgte in der bisherigen Weise. Die Rekruten wurden im Frühjahre eingezogen und in Ortsunterkunft gemeinsam ausgebildet. An diese Ausbildung schlossen sich die Uebungen in der Compagnie und dem Bataillon, auf welche im Herbste eine größere Uebung, in der Regel in der Brigade, unter Zutheilung von Artillerie- und Cavallerieabtheilungen stattfand. Von

Zeit zu Zeit fanden größere Truppenzusammenziehungen aller Waffen statt, gewöhnlich bei Gelegenheit der Inspectionen durch Bundescommissare.

Hervorzuheben sind die Manöver im Jahre 1853 bei Riesa und 1857 bei Dresden, bei welchen die ganze Armee zusammengezogen wurde.

An ersterem nahm jedoch die 3. Infanteriebrigade keinen Theil, blieb vielmehr zur Versehung des Garnisondienstes in Dresden stehen, wohin auch für die Zeit des Manövers das 12. Bataillon gezogen wurde.

Bei letzterem Manöver, zu welchem die Armee in einer Stärke von 13671 Mann mit 2542 Pferden und 32 Geschützen vom 26. September bis 2. October auf dem linken Elbufer zusammengezogen war, gehörte die 3. Infanteriebrigade zur 2. Armeedivision (Südcorps) unter Generalmajor von Friederici.

Die kriegerischen Ereignisse in Europa, welche während dieses Abschnittes zum Theil auch die sächsische Armee berührten, blieben für die 3. Infanteriebrigade ohne wesentlichen Einfluß.

Als infolge des im Jahre 1859 in Italien ausgebrochenen Krieges zwischen Oesterreich und den vereinigten Franzosen und Sardiniern der Deutsche Bundestag nach längern Verhandlungen am 23. April die Marschbereitschaft der Hauptcontingente beschlossen hatte, um durch Abziehung stärkerer französischer Kräfte nach dem Rheine die Oesterreicher zu unterstützen, erließ die sächsische Regierung unter dem 26. April den Befehl zur Mobilmachung des größten Theiles der sächsischen Armee.

Das 10., 11. und 12. Bataillon mit zwei Compagnien des 3. Jägerbataillons und dem Garde-Reiterregimente wurden unter Commando des Generalmajors von Egidy-Geißmar zum Reservecontingent bestimmt, welches bei dem Ausmarsch des mobilen Contingents marschbereit gemacht werden sollte.

Das 9. Infanteriebataillon sollte nebst dem 1., 5. und 13. Bataillon und zwei Compagnien des 2. Jägerbataillons, sowie den 5. Schwadronen der Reiterregimenter als Depot unter Oberst Auenmüller im Lande zurückbleiben.

Die sächsischen Truppen waren am 18. Mai marschbereit; infolge der abwartenden Haltung Preußens, welches strenge Neutralität Deutschlands verlangte, konnte der Abmarsch jedoch nicht angetreten werden, als der Waffenstillstand und der Präliminarfriede von Villafranca vom 8. und 11. Juli die Feindseligkeiten in Italien beendigten.

In Sachsen wurden Mitte Juli die eingezogenen Kriegsreservisten wieder entlassen und am 23. Juli der Befehl zur Demobilisirung ertheilt.

Auch an der Bundesexecution in Holstein, zu welcher 1863—1864 Sachsen eine Brigade von 6000 Mann mobil machte, war die 3. Infanteriebrigade nicht betheiligt.

Auf Anregung Sr. Königlichen Hoheit des Kronprinzen Albert wurde eine Commission zur Berathung und Feststellung eines neuen Exercirreglements zusammenberufen, da die Beobachtungen, welche man in den letzten Kriegen gemacht hatte, die durchgängige Bewaffnung der Infanterie mit gezogenen Gewehren und die theilweise Einführung von gezogenen Geschützen die Vorschriften des bisherigen Exercirreglements von 1853 in vielen und wesentlichen Punkten als nicht mehr zeitgemäß erscheinen ließen.

Von der 3. Brigade gehörten dieser Commission an:

Generalmajor von Carlowitz (Vorsitzender),
Oberstleutnant von Craushaar,
Major von Abendroth,
Hauptmann von Süßmilch I.

Die Redaction des Entwurfes war dem Major von Abendroth übertragen, welchem die Hauptleute von Schimpff und von Süßmilch I. beigegeben waren.

Der Entwurf wurde, wenn auch mit einigen Abänderungen, angenommen und befahl Se. Königliche Hoheit der Kronprinz die Ausbildung des ganzen 10. Bataillons sowie einer Compagnie des 14. Bataillons nach diesem Entwurfe.

In dem Cantonnement bei Mittweida 1865 hatte Hauptmann von Metzradt mit der 1. Compagnie das taktisch-formelle Exerciren, Hauptmann von Süßmilch I. mit der 2. Compagnie das Gefechtsexerciren in allen seinen verschiedenen Formen, und Major von Abendroth einige Tage später das Bataillonsexerciren mit allen seinen taktischen und Gefechtsformen vorzuführen, und waren diese drei Probeexercitien so vortrefflich ausgefallen, daß alle Zweifel an der Zweckmäßigkeit dieser neuen Vorschriften schwanden.

Die im Frühjahr 1866 beginnende Mobilmachung der Armee machte die Einführung dieses Reglements, dessen Geist eine überraschende Uebereinstimmung mit unserm neuesten Reglement von 1888 zeigt, leider unmöglich.

Die Uniformirung der Infanterie erlitt in diesem Abschnitte eine größere Abänderung. Nachdem bereits im Jahre 1852 die Waffenröcke am untern Saume mit einem rothen Passepoil versehen worden waren, wurden im Jahre 1862 für die Linieninfanterie anstatt der bisherigen grünen Waffenröcke mit hellblauen Kragen solche von hellblauem Tuche mit Kragen und Aufschlägen von je nach der Brigade verschiedener Farbe eingeführt. Die 3. Brigade erhielt schwarze Kragen und Aufschläge.

Die bisherigen Uniformen sollten übrigens zunächst aufgetragen und nur allmählich bis zum Jahre 1865 durch die neuen Röcke ersetzt werden. Die dresdener Bataillone erschienen zum ersten mal in der neuen Uniform zu der am 12. December 1862, dem Geburtstage Sr. Majestät des Königs Johann, auf dem Theaterplatze in Dresden abgehaltenen Parade.

Die seit 1838 eingeführten Mützen wurden 1860 durch Schirmmützen ersetzt, welche in der Form den jetzt üblichen entsprachen. Dieselben waren von hellblauem Tuche mit einem Streifen in der Farbe der Brigade und mit Sturmriemen versehen.

Nachdem mit Ende des Jahres 1852 die Bewaffnung der leichten Infanterie mit gezogenen Dorngewehren durchgeführt war, erhielten die bisherigen Schützenbataillone die Bezeichnung als Jägerbataillone. Bei der Linieninfanterie wurden zunächst von jeder Compagnie 18 Mann mit diesem neuen Gewehr ausgerüstet und als „Schützen" beim Exerciren in der Reihe der Schließenden eingetheilt. Durch entsprechende Abänderung des Exercirreglements wurde ihre Verwendung beim Exerciren und im Gefechte geregelt.

Nach und nach erfolgte die Bewaffnung der gesammten Infanterie mit diesem Gewehre, doch wurde von 1856 an der Dorn aus denselben wieder entfernt, weil sich mehrere Nachtheile desselben für ein Militärgewehr herausstellten. Dagegen wurden von dieser Zeit die Spitzkugelpatronen gesetzt. Bereits im Jahre 1862 wurde aber die gesammte Infanterie mit dem österreichischen gezogenen Gewehr nach dem System Lorenz bewaffnet. Die Abgabe der bisherigen, besonders auf die nähern Entfernungen ganz vorzüglich schießenden Gewehre erfolgte, um mit den übrigen größern Bundescontingenten, namentlich Oesterreich, Bayern und Württemberg, ein gleiches Gewehrkaliber zu erlangen. Das bisherige Gewehr hatte ein Kaliber von 0,62 das neue von 0,548 sächsischen Zoll.

Die Visireinrichtung reichte bis zu 850 Schritt, auf welche Entfernung die Treffsicherheit noch vollkommen zufriedenstellend war. Von 1863 an wurde für diese Gewehre das bayrische Geschoß nach dem System Podewils mit Expansionshöhlung eingeführt, wodurch die Leistungsfähigkeit, besonders auf die weitern Entfernungen, wesentlich erhöht wurde.

Die seit dem Jahre 1849 abgeschafften Trommeln wurden in Gemäßheit eines Beschlusses der Ständekammern unter dem 1. October 1861 wieder eingeführt. Jedes Bataillon erhielt wieder 1 Bataillonstambour und 8 Tamboure.

Am 9. August 1854 war Se. Majestät König Friedrich August II. auf einer Reise in Tirol durch einen Sturz mit dem Wagen töblich verunglückt. Tiefste Trauer erfüllte ganz Sachsen und besonders auch die 3. Brigade, welche so lange Zeit die Ehre gehabt hatte, seinen erlauchten Namen in schwerer, aber ehrenvoller Zeit führen zu dürfen. Bei der Ueberführung der königlichen Leiche, welche am 14. August abends vom Leipziger Bahnhofe nach der katholischen Hofkirche stattfand, erwiesen die bresdener Bataillone der Brigade zum letzten mal ihrem geliebten Kriegsherrn die militärischen Ehrenbezeigungen.

Die Regierung Sachsens hatte Se. Königliche Hoheit Prinz Johann übernommen, welchem die Armee am 12. August den Eid der Treue leistete.

Das Commando der Brigade hatte, nachdem Se. Königliche Hoheit Prinz Albert unter dem 21. October 1852 zum Generalleutnant und Commandant der 1. Infanteriedivision ernannt worden war, der unter gleichem Tage zum Oberst beförderte bisherige Oberstleutnant und Commandant des 10. Infanteriebataillons, Christoph Hans von Egidy-Geißmar, übernommen. Als dieser 1860 das Commando der 1. Infanteriedivision erhielt, wurde der bisherige Oberstleutnant der Brigade Kronprinz Georg Job von Carlowitz, als Oberst zum Brigadecommandanten ernannt und unter dem 19. Juni 1863 zum Generalmajor befördert.

Die Veränderungen in der Commandoführung der einzelnen Bataillone der Brigade in dem Zeitraume von 1849 bis 1866 sind aus folgender Zusammenstellung ersichtlich:

9. Bataillon:

1847: Major Christian August von Gutbier (1850 Oberstleutnant, 1. December 1853 Oberst und Untercommandant der Festung Königstein).

1853: Major Julius Ferdinand Weise (1. Januar 1854 als Bataillonscommandant zur Leibbrigade versetzt).

1854: Major Clemens Heinrich Lothar Freiherr von Hausen (9. September 1861 Oberstleutnant, 31. October 1861 Oberst und Commandant der Leibbrigade).

1861: Major Theodor von Kretzschmar (gestorben am 19. Juni 1864).

1864: Major Bernhard August Alban von Leonhardi (16. December 1866 Oberstleutnant).

10. Bataillon:

1849: Oberstleutnant Christoph Hans von Egidy-Geißmar (21. October 1852 Oberst und Commandant der Brigade Prinz Georg).

1852: Major Hans Karl von Kirchbach (21. August 1860 Oberstleutnant, 1. August 1865 in Wartegeld).

1865: Major Heinrich von Abenbroth (20. December 1866 Oberstleutnant).

11. Bataillon:

1849: Oberstleutnant Heinrich Gustav Friedrich von Hake (9. August 1850 Oberst und Brigadier der leichten Infanterie).

1850: Major Hans Hermann Bruno von Hake (29. April 1859 Oberstleutnant, 2. Juni 1861 Oberst und Commandant der Brigade vac. Prinz Max).

1861: Major Hugo Philipp Arthur von der Mosel (im selben Jahre als Commandant zum 3. Jägerbataillon versetzt).

1862: Major Johann Heinrich von Wolffersdorf (20. Juli 1866 Oberstleutnant).

12. Bataillon:

1848: Major Richard Ludwig von Wurmb (31. December 1853 Oberstleutnant, 20. März 1860 Oberst und Commandant der Brigade Kronprinz).

1860: Major Ernst Adolf von Craushaar (4. September 1863 Oberstleutnant, 3. Juli 1866 Oberst und Führer der Brigade Prinz Georg).

Die lange Friedensperiode war von der Brigade mit Eifer und gutem Erfolge benutzt worden, sich auf den Krieg vorzubereiten. Die Disciplin und Ausbildung der Truppe war eine sehr gute, und energische und befähigte Commandeure ließen voraussehen, daß die Brigade bei Ausbruch eines Krieges das leisten würde, was sie ihrem alten Ruhme schuldig war.

---

12. Feldzug 1866.

Nachdem durch den Frieden von Wien vom 30. October 1864 Dänemark die Herzogthümer Schleswig, Holstein und Lauenburg an Preußen und Oesterreich abgetreten hatte, führte dieser gemeinsame Besitz sehr bald zu zahlreichen Mishelligkeiten zwischen beiden Großmächten. Auch der Gasteiner Vertrag vom 14. August 1865, durch welchen Preußen gegen eine Entschädigung von 2,500000 dänischen

Reichsthalern das alleinige Besitzrecht von Lauenburg erwarb, und die Besetzung und Verwaltung Holsteins an Oesterreich, Schleswigs an Preußen bis zur endgültigen Entscheidung übertragen wurde, wurde nur zur Quelle neuer Zerwürfnisse.

Preußen war unter der zielbewußten und thatkräftigen Leitung des Grafen Bismarck fest entschlossen, die günstigen politischen Verhältnisse zu benutzen, um nicht nur die Herzogthümer sich einzuverleiben, sondern auch die seiner innern Kraft und Entwickelung nicht mehr angemessene zweite Stelle im Deutschen Bunde mit der Oberhoheit wenigstens über die nördliche Hälfte Deutschlands zu vertauschen. Geheime Abmachungen sicherten ihm die Neutralität Frankreichs und Rußlands, ein Vertrag vom 8. April 1866 die thatkräftige Unterstützung Italiens.

Oesterreich sah sich schließlich, um nicht völlig vereinzelt zu bleiben, gezwungen, wieder auf den Boden der Deutschen Bundesverfassung zurückzukehren, welchen es im Vereine mit Preußen verlassen hatte.

Preußen antwortete mit einem Antrage auf eine Bundesreform, welche ihm das Präsidium für Norddeutschland verschaffen sollte. Die Lage hatte sich nun Ende Mai 1866 so verschärft, daß nur noch das Schwert die Entscheidung bringen konnte.[1]

Von allen deutschen Staaten war Sachsen durch seine geographische Lage vor allem genöthigt, bei dem bevorstehenden Kampfe seine politische Selbständigkeit zu wahren. In treuer Erfüllung seiner Verpflichtungen gegen den Bund erstrebte es zunächst engern Anschluß an die übrigen deutschen Mittelstaaten, und erst als sich herausstellte, daß diese Staaten weder in der Lage noch gesonnen waren, zur Vertheidigung Sachsens mitzuwirken, und erst als Oesterreich wieder die Grundsätze des Deutschen Bundes für bindend anerkannte, beschloß man einen engern Anschluß an letztere Macht.

Die militärischen Vorbereitungen erfolgten entsprechend den Rüstungen der beiden Großmächte.

Bereits in der Zeit vom 12. März bis 21. April wurden einige Maßnahmen getroffen, um für alle Fälle eine rasche Mobilmachung zu ermöglichen. Die Rekruten wurden, anstatt wie gewöhnlich für Anfang April, bereits für den 18. und 19. März einbeordert, der Präsenzetat der Bataillone auf ungefähr 300 Mann erhöht und die Anfertigung von Munition mit größerer Energie betrieben.

Die Rekrutencompagnien des 9., 10. und 11. Bataillons wurden

---

[1] Ueber die politische Vorgeschichte des Krieges vergleiche Oesterreichs Kämpfe im Jahre 1866, Bd. I, Abschnitt I.

am 19. März mit der Eisenbahn nach Freiberg befördert, um hier ausgebildet zu werden. Als Uebungsmunition wurden für jeden Rekruten sechs Pakete scharfe und vier Dutzend Pulverpatronen mitgenommen. Die Rekrutencompagnie des 12. Bataillons wurde nach Döben verlegt.

Vom 21. April an wurden die nöthigen Pferde, 2600 Stück, angekauft.

Nachdem alle Hoffnung auf friedliche Beilegung des zwischen den beiden Großmächten bestehenden Zwiespaltes geschwunden war, erfolgte am 6. und 7. Mai die Einberufung sämmtlicher Beurlaubten der Armee und der Kriegsreserve, sowie die Zusammenziehung der Truppen in der Nähe ihrer Garnisonen.

Der Etat eines Infanteriebataillons wurde auf 937 Streitende und 21 Nichtstreitende festgesetzt. Die überzähligen Mannschaften hatten pro Brigade ein Depotbataillon zu bilden. Zu letzterm wurden von der 3. Brigade commandirt:

die Hauptleute von Töring, von Metzradt, von Gutbier und von Erdmannsdorf, Oberleutnant Wichmann, Leutnant von Metzradt, 1 Obertambour. Außerdem von jedem Bataillon: 1 Feldwebel, 2 Sergeanten, 6 Corporale, 3 Signalisten.

Unter dem 9. Mai wurde die Armee in den Listen auf den Kriegsfuß gestellt und ging das Obercommando über das Armeecorps in Commandoangelegenheiten von dem Kriegsministerium auf den zeitherigen Commandirenden der Infanterie, Se. Königliche Hoheit den Kronprinzen Albert, über.

Für die erste Aufstellung der Armee wurde unter dem 13. Mai folgende Eintheilung bestimmt:

Avantgarde unter Generalleutnant von Fritsch:
    5 Bataillone, 8 Schwadronen, 12 Geschütze.

Gros unter Generalleutnant von Stieglitz:
    9 Bataillone, 4 Schwadronen, 12 Geschütze.

Reserve unter Generalleutnant von Schimpff:
    6 Bataillone, 4 Schwadronen, 36 Geschütze.

Das 12. Infanteriebataillon wurde der Avantgarde zugetheilt, der Stab der 3. Infanteriebrigade, sowie das 9., 10. und 11. Bataillon traten zu der Reservedivision.

Nachdem am 19. Mai der Aufmarsch der preußischen Corps an der sächsischen Grenze begonnen hatte, erfolgte am 20. Mai der endgültige Befehl zur Mobilmachung der sächsischen Truppen, welche in der Zeit vom 15. bis 19. Mai in Ortsunterkunft auf dem linken Elbufer zusammengezogen waren. Man hegte damals noch die Absicht, weder für Preußen noch Oesterreich Partei zu ergreifen, sondern sich an die Armee der Mittelstaaten, besonders Bayerns, anzuschließen. Alle Vorbereitungen dazu waren getroffen, als die Conferenzen der Militärbevollmächtigten zu München klar machten, daß auf ein thatkräftiges und schnelles Handeln von dieser Seite nicht gerechnet werden konnte. Es blieb also nur der Anschluß an die österreichische Armee übrig, welche in Böhmen und Mähren sich zusammenzog.

Nachdem am 20. Mai die Nachricht von der Zusammenziehung des preußischen IV. Armeecorps zwischen Herzberg und Mückenberg eingegangen war, wurde die Beobachtung der Landesgrenze östlich der Elbe verstärkt.

Die Formirung der Depotabtheilungen war so weit vorgeschritten, daß dieselben vom 24. Mai ab in einer Ortsunterkunft zwischen Freiberg und Sayda unter Commando des Generalmajors von der Armee Edler von der Planitz vereinigt werden konnten.

Das Commando über das Depotbataillon der Brigade Prinz Georg erhielt Oberstleutnant z. D. von Kirchbach.

Der Bedarf an Offizieren bei der mobilen Brigade und dem Depotbataillon wurde durch Beförderung der Porteépéejunker und einiger Unteroffiziere zu Leutnants, Eintritt der Cadetten der beiden obersten Divisionen sowie zahlreicher Offiziersaspiranten aus dem Civil als Porteépéejunker[1] gedeckt.

Die Feldtruppen waren zu diesem Zeitpunkte vollkommen marschbereit. Se. Majestät der König hielt am 26. Mai über das Gros, am 29. Mai über die Avantgarde und am 6. Juni über die Reserve Revue ab. Nach dem Vorbeimarsche versammelte Se. Majestät die Offiziere, wies auf den Ernst der Lage hin und sprach denselben seine Anerkennung für die gute Haltung der Truppen sowie seine Zuversicht zu der Pflichttreue und Tüchtigkeit des Corps aus.

In den letzten Tagen des Mai waren zwischen Torgau und Görlitz das IV., III. und I. preußische Corps dicht an der Landesgrenze aufgestellt. Hinter dem IV. Corps war das II. Corps im Aufmarsche begriffen; bei Halle und Zeitz waren die Spitzen der beiden rheinischen Armeecorps eingetroffen.

Der Hauptangriff des Feindes schien auf dem rechten Elbufer bevorzustehen.

Es machte sich daher eine anderweite Aufstellung und Eintheilung der sächsischen Truppen nothwendig.

---

[1] Offiziersliste der mobilen Brigade Prinz Georg bei Ausbruch des Krieges siehe in Beilage Nr. LXV.

Sämmtliche vier Reiterregimenter wurden unter dem 30. Mai der Avantgarde zugetheilt, welche dadurch einen Bestand von 5 Bataillonen, 14 Schwadronen, 12 Geschützen erhielt, und auf das rechte Elbufer mit dem Hauptquartier Moritzburg verlegt wurde. Auf dem linken Elbufer blieben nur die beiden 4. Schwadronen des 2. und 3. Reiterregiments unter Major von Standtfest, welche als Divisionsreiterei unter die Befehle des Gros traten, und zu ihrer Unterstützung das 12. Infanteriebataillon zurück.

Die Tschakos der Infanterie wurden auf die Festung Königstein abgeliefert. Die Epaulettes der Offiziere, mit Ausnahme der der Reiterei, kamen in Wegfall, dafür waren am Kragen die österreichischen Grababzeichen mit Sternen, beziehungsweise bei den Stabsoffizieren mit Goldborten, anzubringen.

Jeder Mann hatte als eisernen Bestand für zwei Tage bei sich zu führen: 1 Pfd. Brotzwieback, 2 Loth Kaffee, 10 Loth Fleischgries. Für jede Infanteriebrigade wurde eine Fleischerabtheilung gebildet, welche auf den Märschen das Schlachtvieh zu treiben und nach Bedarf zu schlachten und zu vertheilen hatte. Diese Einrichtung bewährte sich sehr gut. Trotz der großen Hitze war das tags zuvor geschlachtete Fleisch, welches leicht eingesalzen und mit Stroh umwickelt auf Wagen mitgeführt wurde, fast immer genießbar.

Bei jedem Bataillon hatte ein Wirthschaftsoffizier die Fassung und Vertheilung der Lebensmittel zu besorgen.

An Fuhrwerken führte jedes Bataillon 1 Munitionswagen, 1 Medicinwagen, 1 Offiziersgepäckwagen, 1 Wagen für die Reserveausrüstungsstücke, 1 Wagen für Lebensmitteltransporte und 1 Marketenderwagen.

Die Munitions-, Medicin- und Marketenderwagen hatten immer dem Bataillon unmittelbar zu folgen, während die übrigen Fuhrwerke gewöhnlich brigade- oder divisionsweise vereinigt marschirten.

Am 14. Juni erfolgte in Frankfurt am Main jene entscheidende Sitzung des Bundestages, in welcher der österreichische Antrag auf Mobilisirung sämmtlicher nicht zur preußischen Armee gehöriger Bundestruppen zur Annahme gelangte. Sachsen hatte ebenso wie der größere Theil der Bundesstaaten für Annahme gestimmt; Preußen erklärte den Bund durch Annahme des Antrages für aufgelöst.

Am 15. Juni überreichten die preußischen Gesandten an den Höfen von Dresden, Hannover und Cassel gleichlautende Noten, in welchen die Aufforderung zum Abschlusse eines Bündnisses mit Preußen unter folgenden Bedingungen enthalten war:

1) daß die Truppen sofort auf den Friedensstand vom 1. März gesetzt würden;

2) daß die Regierung der Berufung des deutschen Parlaments zu=
stimme und die Wahlen dazu ausschriebe, sobald dies von Preußen
geschehen würde;

3) daß Preußen dagegen dem Souverän sein Gebiet und seine
Souveränitätsrechte nach Maßgabe der preußischen Reformvorschläge
vom 14. Juni gewährleisten würde.

Die Entscheidung wurde im Laufe desselben Tages gefordert.
Sollte diese nicht, oder ablehnend erfolgen, so würde Preußen die be=
treffenden Länder als im Kriegszustande gegen sich betrachten.

Die Antworten aller drei Staaten lauteten ablehnend, und noch
am selben Tage wurde die preußische Kriegserklärung an die betreffen=
den Staaten erlassen, während die Kriegserklärung an Oesterreich erst
am 21. Juni erfolgte.

Sachsen reichte am 16. Juni am Bundestage in Gemäßheit der
Artikel II und XI der Bundesacte sowie der Artikel XVIII und XIX
der Wiener Schlußacte den Antrag auf bundesgemäße Hülfe ein.

Infolge des von Generalmajor von Krismanić ausgearbeiteten
„Operationsplanes für die Nordarmee"[1] war die österreichische Armee
zunächst auf eine strenge Defensive in Mähren verwiesen und konnte
daher die sächsische Armee in ihrer vorgeschobenen Stellung nicht daran
denken, dem Feinde bei seinem Einrücken in Sachsen Widerstand zu
leisten.

Nachdem Anfang Juni mit dem zu diesem Zwecke in Dresden ein=
getroffenen österreichischen Generalmajor von Ringelsheim alle Maß=
regeln zu einer schnellen und möglichst intacten Vereinigung mit den
österreichischen Truppen getroffen waren, erhielten am 9. Juni die
Commandostellen eine vorerst geheimzuhaltende Disposition, welche
den Marsch der Truppen nach Böhmen regelte.

Der Marsch hatte in drei Colonnen zu erfolgen. Die Colonne
der Arrièregarde, zeitherige Avantgarde (5 Bataillone, 12 Schwadronen,
2 Batterien, 1 Pionierabtheilung, 1 Ambulance Nr. 1) hatte nach
Eintreffen der vorgeschobenen Abtheilungen und Commandos sich in
und bei Dresden zu vereinigen, sodann das Gelände zwischen der
Müglitz und Gottleuba, namentlich die Nenntmannsdorfer Kalkstraße
und den Paß Müdenthürmchen=Graupen, zum Rückzuge zu benutzen.

Die Colonne des Gros (7 Bataillone, 2 Schwadronen, 5 Batterien,
1 Ambulance Nr. 2) sollte sich südlich von Dresden zwischen der Pir=
naischen und Dohnaischen Straße zusammenziehen und die Straße
Pirna=Berggießhübel=Nollendorf benutzen.

---

[1] Vgl. Oesterreichs Kämpfe im Jahre 1866, Bd. I, S. 108 fg.

Die Colonne der Reserve (6 Bataillone, 1 Schwadron, 3 Batterien, 1 Ambulance Nr. 3) hatte sich südlich Possendorf an der Dippoldiswalder Straße zu vereinigen und über Dippoldiswalde, Altenberg und Zinnwald zurückzugehen.

Eine Seitencolonne (4. Jägerbataillon und die 1. Schwadron des Garde-Reiterregiments) unter Major von Schulz hatte die Bestimmung, über Ebenheit, Krietschwitz, Rosenthal auf Bodenbach zu marschiren, daselbst die Elbe zu überschreiten, und dem Corps für die weitern Bewegungen als Flankendeckung gegen die Lausitz zu dienen.[1]

Die Depotbrigade sollte in sechs Märschen von Seyda über Brüz, Laun, Schlan und Buckow nach Prag abrücken.

Noch am Abend des 15. Juni überschritten preußische Truppen auf beiden Elbufern bei Riesa die Grenze.

Die vorgeschriebenen Zerstörungen an den Eisenbahnen in Riesa, Löbau, Bautzen und Bischofswerda waren bereits am Nachmittage ausgeführt worden. Abends 10 Uhr wurden zwei Bogen der hölzernen Eisenbahnbrücke bei Riesa abgebrannt. In Meißen erhielt der Oberstleutnant von Craushaar nachts 11 Uhr den Befehl, durch die ihm unterstellte Pionierabtheilung die Elbbrücke sprengen zu lassen. $1/_2$ 12 Uhr war dieser Befehl ausgeführt, worauf das 12. Bataillon nebst den Pionieren auf einem bereit stehenden Zuge nach Dresden abging.

Da vorgeschobene Aufklärungsabtheilungen und sonst eingelaufene Meldungen ergaben, daß der Feind mit größern Massen seinen Vortruppen noch nicht gefolgt war, so befahl Se. Königliche Hoheit, am 16. Juni noch bei Dresden stehen zu bleiben. Nur die Armeeanstalten, Parks und Depotabtheilungen hatten den Marsch fortzusetzen.

Die Reservedivision hatte den Befehl, stehen zu bleiben, durch ein Misverständniß in der Befehlsgebung nicht erhalten, war bis Altenberg marschirt, wurde aber von Generalleutnant von Schimpff am nächsten Tage hier zurückgehalten und so die Abweichung vom Marschplane wieder ausgeglichen.

Am Abend des 10. Juni erging der Befehl, daß die Divisionen am nächsten Tage den Abmarsch nach Böhmen, dem ausgegebenen Marschplane entsprechend, antreten sollten.

Die Arrièregarde räumte an diesem Tage früh 5 Uhr mit der Infanterie Neustadt-Dresden und Strehlen. Der Abmarsch erfolgte in

---

[1] Auf die Mittheilung des Generals Grafen Clam, daß er die Flanke der sächsischen Armee durch eine Scheinbewegung von Theresienstadt gegen Reuschloß sichern werde, wurde am 16. Juni die Entsendung dieser Colonne wieder abbefohlen.

kriegsgemäßer Ordnung mit Sicherheitsmaßregeln und wurde bis hinter die Müglitz, mit dem Divisionsstabsquartier Dohna, fortgesetzt.

Am 18. Juni früh überschritten die Reserve und das Gros die böhmische Grenze.

Se. Majestät der König hatte in Hellendorf die Abtheilungen des Gros an sich vorübermarschiren lassen und war denselben gefolgt. Ernst, aber gehoben von dem Gefühle, das Rechte gewollt und gethan zu haben, machte Se. Majestät an der Grenze einen kurzen feierlichen Halt und verließ mit den Worten: „Nun denn, in Gottes Namen!" das Vaterland.

Die Stimmung der Truppen war eine treffliche; fern von jedem Uebermuthe, gelobte sich jeder in dieser ernsten Stunde, sein Blut freudig zu vergießen, um das geliebte Vaterland wieder zu befreien.

Mit Jubel begrüßte man jenseit der Grenze die ersten Abtheilungen der neuen Kampfgenossen: Husaren und Infanterie der Brigade Ringelsheim, welche zur Aufnahme der sächsischen Truppen und zur Bildung der Arrièregarde bis an die Grenze vorgeschoben war.

Die 3. Brigade kam nach Teplitz, die Arrièregarde blieb noch auf sächsischem Boden in und bei Lauenstein in Alarmquartieren; die Vorposten auf der Linie Walddörfchen-Bärenstein im Biwak.

In Teplitz angekommen, traf das sächsische Corpscommando sofort alle Maßregeln, um mittels Eisenbahntransports von Lobositz und Bauschowitz aus den Anschluß an die österreichische Nordarmee einzuleiten, welche noch in Mähren stand, jedoch mittels Flankenmarsches in die Gegend von Josephstadt rücken und hier mit den Spitzen am 26. Juni eintreffen sollte.

Das österreichische I. Armeecorps, Graf Clam-Gallas, und die 1. leichte Reiterdivision, Generalmajor Baron Edelsheim, über welche Se. Königliche Hoheit der Kronprinz Albert nach erfolgter Vereinigung den Oberbefehl übernehmen sollte, standen in der Gegend Turnau, Münchengrätz, Jungbunzlau.

Sie hatten die Aufgabe, ein Vordringen des Feindes auf den Straßen von Reichenberg, Gabel und Böhmisch-Leipa zu verhindern und sich nöthigenfalls auf Miletin zurückzuziehen.

Auf Vorschlag des Generals Clam-Gallas sollten die sächsischen Truppen möglichst schnell bis Pardubic befördert werden, um sich sodann bei Clumec zu sammeln und zu den weitern Operationen vorzubereiten. Die sächsische Cavallerie sollte bei Melnik die Elbe überschreiten und sich bei Jungbunzlau an das I. Armeecorps anschließen.

In Gemäßheit dieser Beschlüsse hatte am 19. Juni die Reservedivision in Lobositz einzutreffen, wo am 20. abends der Eisenbahntransport beginnen sollte. Am 21. sollten das Gros und am 22. die Arrieregarde verladen werden.

Man hoffte, die Strecke bis Přelauč und Elbe-Teinic (24 Meilen) in 12 Stunden Fahrzeit zurücklegen, täglich 13 Züge ablassen und in 62 Stunden, d. h. bis zum 23. Juni früh 7 Uhr, die Abtransportirung des Armeecorps bewerkstelligen zu können.

Verschiedene Umstände verhinderten die pünktliche Durchführung des Eisenbahntransportes. Die Bahnhöfe, besonders der in Bauschowitz, wo die Artillerie verladen werden sollte, waren in völlig unzureichender Weise mit Verladevorrichtungen versehen; die Unerfahrenheit und geringe Anzahl des Bahnpersonals führte zahlreiche Hemmungen und Störungen des Betriebes herbei; die einzige in Bauschowitz vorhandene Drehscheibe wurde infolge falscher Weichenstellung am Nachmittage des 21. Juni auf mehrere Stunden unbrauchbar.

Der erste Zug (5. Infanteriebataillon) fuhr am 20. Juni abends 6 Uhr 35 Minuten, 42 Minuten später, wie vorgeschrieben, von Lobositz ab und erreichte am nächsten Vormittage 8 Uhr 15 Minuten Přelauč mit einer Verspätung von $1^{1}/_{4}$ Stunden.

Von der 3. Infanteriebrigade fuhren das 9. Bataillon am 21. Juni, früh 4 Uhr 40 Minuten, das 10. Bataillon früh 6 Uhr 32 Minuten, das 11. Bataillon früh 10 Uhr 10 Minuten und der Brigadestab mit dem Stabe der Reservedivision und der Ambulance Nr. 3 nachts 12 Uhr ab. Alle Züge, mit Ausnahme des Zuges Nr. 6, auf welchem das 9. Bataillon befördert worden war, hatten mehr oder weniger Verspätung bei der Ankunft. Der von Bauschowitz abgelassene Zug, auf welchem sich die Stäbe der Reservedivision und der 3. Brigade befanden, sogar zehn Stunden.

Nach dem Eintreffen in Přelauč wurde den Bataillonen eine kurze Rast gewährt. Das 9. Bataillon erhielt Nachtquartier in Sopře, das 10. in Komarow, das 11. in Klabrub und Semin angewiesen.

Im ganzen waren 8 Bataillone, 3 Batterien, 1 Ambulance, die Stäbe der Reservedivision, der 2. und 3. Infanteriebrigade, sowie der Artilleriebrigade Weigel mit der Bahn befördert worden, als dieser Transport plötzlich unterbrochen wurde.

Feldzeugmeister von Benedek hatte in einem Armeebefehl d. d. Olmütz, 20. Juni infolge einer aus Wien erhaltenen Nachricht, daß das Gros des feindlichen Heeres sich auf beiden Ufern der Elbe vorbewege, und die Bewegungen feindlicher Corps gegen die Neisse nur Scheinbewegungen sein dürften, angeordnet, daß die Nordarmee bis zum 30. Juni in einer Stellung zwischen Josephstadt und Miletin sich vereinigen sollte. Gegen die feindlichen Corps in Oberschlesien sollten nur schwächere Abtheilungen zur Beobachtung zurückbleiben. Bezüglich der an der Iser sich sammelnden Truppen war befohlen: „Die in der Stellung bei Jungbunzlau-Münchengrätz befindlichen Truppen bleiben daselbst vorläufig; desgleichen bleibt die 1. leichte Cavalleriedivision in ihrer Aufstellung. Alle übrigen zum I. Armeecorps gehörigen, sowie die königlich sächsischen sind in der genannten Aufstellung zu vereinigen.

„Werden diese Truppen von überlegenen Kräften zum Rückzuge genöthigt, so nehmen sie diesen gegen die früher beschriebene Aufstellung der Armee."

Dieser Armeebefehl gelangte erst am 21. Juni abends in die Hände des I. Armeecorps-Commandos, welches sogleich an das sächsische Corpscommando in Lobositz telegraphirte und um sofortige Einstellung des weitern Eisenbahntransportes, sowie um die Erlaubniß bat, alle Züge, welche Prag noch nicht passirt hatten, anhalten und die betreffenden Abtheilungen auf dem nächsten Wege nach Münchengrätz-Jungbunzlau in Marsch setzen zu dürfen.

Das sächsische Corps war somit für mehrere Tage in zwei Gruppen zerrissen, hatte durch die verspätete Mittheilung einen Marschtag verloren und mußte befürchten, die Truppen durch die zur Vereinigung nothwendigen beschleunigten Märsche erschöpft in das Gefecht bringen zu müssen.

Generalleutnant von Schimpff erhielt den Befehl, mit den in der Gegend von Prelauč stehenden Truppen am 23. Juni den Abmarsch auf den nächsten Wegen anzutreten und am 25. Juni in der Gegend von Jungbunzlau einzutreffen.

Die noch bei Lobositz stehenden Truppen hatten am 22. Juni in drei Staffeln den Marsch nach Jungbunzlau anzutreten. Die Infanterie der bisherigen Arrièregardedivision unter Commando des Generalmajors von Wagner hatte unter Anschluß der Artilleriebrigade Grünewald die 2. Staffel zu bilden, am 22. bis Wegstädtel und am 23. bis Rausowitz, jenseit Melnik, zu marschiren und am 24. in Ortsunterkunft bei Jungbunzlau einzurücken.

Bei großer Hitze und auf schlechten Wegen wurde der Marsch von Lobositz nach der Gegend von Jungbunzlau in der vorgeschriebenen Weise ausgeführt.

Besonders anstrengend war der Marsch am 24. Juni, auf welchem die Infanterie durch die auf dem westlichen Ufer der Iser zurückbleibende Cavallerie hindurch auf das linke Iserufer marschirte. Die Abtheilungen hatten an diesem Tage $4\frac{1}{2}$—5 Meilen zurückzulegen und erreichten erst gegen Mitternacht ihre Quartiere, deren rechter Flügel an Jungbunzlau, der linke an Pod Krnsko sich lehnte.

Von der Colonne des Generalleutnants von Schimpff war der Stab der 3. Infanteriebrigade am 23. Juni nach Groß-Bewnic, das 9. Bataillon nach Racan, das 10. nach Groß- und Klein-Bĕrowic, das 11. nach Slibowic und Lisic marschirt. Am nächsten Tage kam der Brigadestab nach Kowansko, das 9. Bataillon nach Wsejan, das 10. nach Zikew und das 11. nach Bobnic.

Am 25. Juni erreichte die Abtheilung des Generalleutnants von Schimpff wieder die Verbindung mit der Colonne des Generalleutnants von Stieglitz und trat von diesem Tage an eine neue Eintheilung des sächsischen Corps in zwei Infanteriedivisionen und eine Cavalleriedivision in Kraft. Die 3. Infanteriebrigade nebst dem 3. Jägerbataillon trat nun zur 1. Infanteriedivision unter Commando des Generalleutnants von Schimpff.[1]

Der Stab der 3. Infanteriebrigade kam an diesem Tage nach Jungbunzlau.

Die Brigade belegte Jungbunzlau, Jemnik und einige kleine Dörfer in der Nähe; das 12. Bataillon besetzte Pod Krnsko zur Deckung des dortigen Iserüberganges.

Mit dem österreichischen I. Armeecorps und der 1. leichten Cavalleriedivision standen nun 55 Bataillone, 50 Schwadronen, 23 Batterien mit 162 Geschützen in der Stärke von 52000 Mann und 7700 Pferden zur Vertheidigung der Iserlinie bereit, während gegen dieselbe die feindliche I. Armee unter Prinz Friedrich Karl und die Elbarmee unter Generallieutenant von Herwarth (122 Bataillone, 108 Escadrons, 76 Batterien = 123000 Mann Infanterie, 16700 Mann Cavallerie und 456 Geschütze) im Anmarsche waren.[2]

Am 25. Juni abends ging vom Feldzeugmeister von Benedek ein Schreiben ein, in welchem betont wurde, daß die Truppen an der Iser die Aufgabe hätten, einem etwa aus der Richtung von Reichenberg oder Gabel her kommenden feindlichen Angriffe entgegenzutreten. Hierbei würden sie nach Umständen entweder von mittlerweile herangekommenen Truppentheilen des Gros der Armee unterstützt werden, oder sie hätten sich im Falle eines bedeutend überlegenen Angriffes gegen die Hauptarmee zurückzuziehen.

---

[1] Ordre de Bataille des sächsischen Corps vom 25. Juni ab siehe in Beilage Nr. LXVI.

[2] Bei den Zahlen ist der streitbare Stand angenommen, technische Truppen, Artillerie u. s. w. außer Betracht gelassen worden.

Das sächsische Corps sollte die Reserve für die bei Münchengrätz-Jungbunzlau aufgestellten österreichischen Truppen bilden.

Am 26. Juni hielten die sächsischen Truppen einen dringend nothwendigen Rasttag ab, nachdem sie in acht Marschtagen 22 deutsche Meilen auf zum Theil sehr schlechten Wegen und bei großer Hitze zurückgelegt und dabei zwei Gebirge überschritten hatten.

Für den nächsten Tag hatte Se. Königliche Hoheit der Kronprinz dem General Clam-Gallas bereits am Abend des 25. Juni vorgeschlagen, mit dem I. Armeecorps bis Turnau vorzugehen und Vortruppen gegen Liebenau und Eisenbrod vorzuschieben.

Das sächsische Corps sollte mit der 2. Division bis Břecina, mit der 1. Division bis Hoškowic folgen und die Sicherung des Iserabschnittes Pod Krnsto-Münchengrätz sowie die Beobachtung gegen Weißwasser, Hühnerwasser und Böhmisch-Aicha übernehmen.

Bereits am 26. Juni vormittags hatte die 1. leichte Cavalleriedivision sich vor dem überlegenen Feinde auf der Reichenberger Straße zurückziehen und nach längerm Artilleriegefechte bei Sichrow die Stadt Turnau räumen müssen und war, ohne verfolgt zu werden, gegen Mittag in die Stellung von Münchengrätz hinter die Infanterie zurückgegangen. Die Iserbrücken von Podol und Lankow, zum Abbrennen vorgerichtet, waren noch von der Avantgardeninfanterie des I. Corps besetzt.

Die feindliche Elbarmee war noch zu weit entfernt, als daß sie am 27. Juni mit mehr als der Avantgarde gegen die Iser sich hätte entwickeln können.

Eine Depesche des Feldzeugmeisters, welche am 26. Juni, vormittags 10 Uhr 40 Minuten, in Jungbunzlau einlief, besagte: „Obercommando sogleich nach Münchengrätz verlegen. Münchengrätz und Turnau um jeden Preis festhalten. Eisenbrod wohl im Auge, überhaupt Fühlung mit dem Feinde behalten. Dispositionen danach treffen und melden. Nachdem dortige Truppen mit dem Feinde in Contact, Obercommando vorläufig fortführen."

Aus dieser Depesche in Verbindung mit dem Armeebefehl vom 20. Juni schien hervorzugehen, daß der Feldzeugmeister mit der Nordarmee die Offensive gegen die Armee des Prinzen Friedrich Karl zu ergreifen beabsichtige, und daß die an der Iser stehenden Truppen sich als vorgeschobene Avantgarde zu betrachten hätten.

Das III. Corps sollte nach jenem Armeebefehle am 27. Juni bei Miletin, zwei Märsche von Turnau, eintreffen. Es kam demnach darauf an, den Feind bei dem Vorbrechen aus dem Gebirge aufzuhalten oder wieder in die Pässe zurückzudrängen. Turnau selbst war nicht geeignet, das Vordringen des Feindes auf der Reichenberger Straße zu verhindern, dagegen glaubte man bei Gilloway eine zu diesem Zwecke geeignete Stellung nehmen zu müssen.

Noch am Abend des 26. Juni sollten die vorbereitenden Bewegungen zu diesem weitern Vormarsche getroffen werden.

Turnau, welches nach Meldung der Cavallerie vom Feinde nur schwach besetzt war, sollte noch in der Nacht durch einen Ueberfall genommen und ebenso der Uebergang bei Podol durch das Vorschieben der Brigade Poschacher auf die jenseitigen Höhen von Swigan gesichert werden.

Um die sächsischen Truppen zu diesem Vormarsche bei der Hand zu haben, erhielten dieselben nachmittags 6 Uhr den Befehl, sofort aus ihren Quartieren und Biwaks aufzubrechen, um mittels Nachtmarsches auf die für den nächsten Tag bereits vorgeschriebenen Sammelplätze zu rücken und dort früh 4 Uhr nach erfolgtem Ablochen zum weitern Vormarsche bereit zu stehen.

Die 1. Infanteriedivision vereinigte dementsprechend nachts zwischen 10 und 12 Uhr ihre beiden Brigaden bei Kosmanos und bezog nachts 2 Uhr das Biwak bei Wesela.

Da inzwischen abends in Münchengrätz die Meldung eingegangen war, daß die bei Hühnerwasser stehende österreichische Brigade Leiningen von der Avantgarde des preußischen VIII. Corps zurückgedrängt worden sei, wurde zur Sicherung der linken Flanke befohlen, daß die 3. sächsische Infanteriebrigade mit zwei Schwadronen Divisionsreiterei und der Batterie von der Pforte am frühen Morgen des 27. Juni die Iserübergänge von Debrc und Bakow besetzen und gegen Weißwasser aufklären sollte.

Da dieser Befehl die Division erst erreichte, als dieselbe bereits bei Wesela eingetroffen war, so mußte die 3. Brigade sofort wieder nach den bezeichneten Orten zurückmarschiren.

Gegen Hühnerwasser hatte die österreichische Brigade Leiningen aufzuklären.

Generalmajor von Carlowitz bestimmte zur Besetzung des Ueberganges bei Bakow und zur Aufklärung gegen Weißwasser das 3. Jägerbataillon, unter Oberstleutnant von der Mosel, das 9. und 10. Infanteriebataillon, 3 Geschütze und die Schwadron Genthe. Das Commando über diese Colonne übernahm Generalmajor von Carlowitz selbst.

Die Besetzung von Debrc wurde dem Oberstleutnant von Craushaar mit dem 11. und 12. Infanteriebataillon, 3 Geschützen und der Schwadron Radke übertragen.

Erstere Colonne traf früh $^1/_2 6$ Uhr in Bakow ein. Generalmajor von Carlowitz ging sogleich mit dem 3. Jägerbataillon, der Schwadron und den drei Geschützen gegen Weißwasser vor. Die 4. Compagnie unter Hauptmann von Süßmilch III. wurde über Kloster gegen Nieder-Gruppai entsendet, um die Verbindung mit der Brigade Leiningen aufzusuchen, und traf bei Weisleim auf österreichische Infanterie.

Kurz nach 9 Uhr traf die Colonne in Weißwasser ein; die Stadt wurde mit Vorposten umgeben, um den Truppen eine sehr nothwendige Rast zu gewähren.

Nachdem die Meldung eingegangen war, daß sich verschiedene kleine feindliche Reiterpatrouillen in der Nähe gezeigt hatten, wurde ein Zug Reiterei unter Oberlieutenant Hübel, welchem sich der Rittmeister Genthe anschloß, zum Aufklären gegen Hühnerwasser abgeschickt. Gegen $^3/_4$11 Uhr aufbrechend, ging der Zug, den rasch sich zurückziehenden feindlichen Patrouillen folgend, lebhaft auf der Straße vor, bis er unweit Hühnerwasser auf feindliche Infanteriepatrouillen stieß, welche sich rasch in das Holz zurückzogen. Eine beabsichtigte Attacke auf dieselben mußte unterbleiben, da man beim Austritt auf eine Waldblöße von dem jenseitigen Waldrande mit lebhaftem Infanteriefeuer empfangen wurde.

Der Zug führte mit der feindlichen Infanterie längere Zeit ein auf beiden Seiten erfolgloses Feuergefecht und trat sodann unverfolgt seinen Rückmarsch an.

Die entsendete Jägercompagnie und das 9. Infanteriebataillon, welches mit zwei Geschützen zur Unterstützung vorgegangen war, trafen gegen 2 Uhr in Weißwasser ein.

Da seit $^1/_2$11 Uhr ein Bataillon des Regiments von Haugwitz zur Besetzung von Weißwasser eingetroffen war, trat Generalmajor von Carlowitz mit seiner Abtheilung nachmittags $^1/_2$3 Uhr den Rückmarsch an und traf $5^1/_4$ Uhr wieder in Balow ein.

Während des Vorgehens der Colonne des Generalmajors von Carlowitz hatte das 10. Bataillon mit der 2. und 3. Compagnie das jenseit der Brücke von Balow gelegene Dorf Klein-Weisel zur Aufnahme der vorgegangenen Truppen besetzt. Hauptmann Thierbach, 3. Compagnie, ließ die Häuser der Umfassung durch Ausbrechen von Schießscharten, Verstärken der Lehmwände mit Erd- und Düngeranwürfen, Verrammelungen u. s. w. zur hartnäckigen Vertheidigung herrichten. Hauptmann von Süßmilch I., 2. Compagnie, sperrte einige in den Ort führende Hohlwege durch geschleppte Verhaue, welche durch Eggen, Wagen und dergleichen verstärkt wurden, ließ den nach der Brücke zu gelegenen Theil des Dorfes, fünf kleine Gehöfte und zwei Häuser zum Abbrennen vorrichten, die Straßenpappeln durch Anhauen zum Umwerfen vorbereiten, die Tiefen und Uebergangsstellen der Jier untersuchen und durch Pfähle bezeichnen. Die beiden andern Compagnien blieben diesseit der Brücke und das 9. Bataillon als Reserve auf der Höhe von Bakow stehen.

Die Colonne unter Oberstleutnant von Craushaar war gegen 1/2 9 Uhr in Debre angekommen.

Die Geschütze wurden in den früher von den Oesterreichern erbauten Geschützeinschnitten am Brückendefilé aufgestellt. Das 12. Bataillon besetzte mit 3 Compagnien die beiden bei Debre befindlichen Brücken, mit einer Compagnie Josephsthal; das 11. Bataillon bezog eine Aufnahmestellung auf dem Höhenrande des linken Jserufers. Die von der Schwadron gegen Weißwasser vorgeschickten Patrouillen trafen nichts vom Feinde.

Die Abtheilungen biwakirten in ihren Aufstellungen; Pionierabtheilungen und die Zimmerleute der Bataillone richteten inzwischen die hölzernen Brücken bei Debre und Bakow zum Abbrennen vor. Die eiserne Gitterbrücke des Eisenbahnüberganges bei Bakow wurde von österreichischen Genietruppen auseinandergenommen.

Der beabsichtigte Vormarsch des Corps über Turnau hatte inzwischen nicht ausgeführt werden können.

Noch während des am späten Abend des 26. Juni von der Brigade Poschacher angetretenen Vormarsches von Březina gegen die Höhen von Swigan hatte der Feind Podol genommen, wurde zwar anfangs wieder aus dem Orte zurückgeworfen, gelangte aber nach einem sehr heftigen und für die Oesterreicher sehr verlustreichen Gefechte in den Besitz der Brücke.

Da auch die Anwesenheit stärkerer feindlicher Kräfte bei Weißwasser bekannt war, konnte von einer Offensive in nördlicher Richtung nicht mehr die Rede sein.

In der Mitternachtsstunde des 26. Juni war folgende Depesche des Feldzeugmeisters eingelaufen: „Starke feindliche Abtheilungen stehen vor Trautenau und Nachod. Infolge dessen wurde Aufmarsch der Armee bei Josephstadt beschleunigt. Courier noch immer nicht eingetroffen. Muß es daher, da ich Ihre Absicht nicht kenne, Ihrem Ermessen überlassen, ob für den 27. beabsichtigtes Vorgehen auch nach dieser Mittheilung vortheilhaft erscheint."

Da aus dieser Depesche nicht ersichtlich war, ob die beabsichtigte Offensive der Nordarmee gegen die Armee des Prinzen Friedrich Karl aufgegeben sei und ob ein vorzeitiges Verlassen der Stellung an der Jser dem allgemeinen Operationsplane nicht zuwiderlaufen würde, beschlossen Se. Königliche Hoheit der Kronprinz und General Graf

Clam-Gallas eine Stellung zwischen dem Muskyberge bei Woljina und der Iser bei Mohelnic zu beziehen.

In dieser taktisch sehr starken Stellung konnte man hoffen, jedenfalls Zeit zu gewinnen, welche der Vereinigung und dem angenommenen Vormarsche der Nordarmee zugute kommen mußte.

Früh 7 Uhr war die Besetzung dieser Stellung vollendet. Der Feind griff jedoch nicht an, vielmehr meldeten Patrouillen und Beobachtungsposten auf dem Muskyberge den Anmarsch starker Colonnen von Sichrow gegen Turnau, sowie den Marsch mehrerer Abtheilungen von Turnau in der Richtung auf Jičin. Die nächste Rückzugslinie über Jičin nach Miletin wurde durch dieses Vorgehen des Feindes ernstlich gefährdet.

Der Generalbefehl des Obercommandos der Nordarmee vom 26. Juni, welcher am 27. mittags im sächsischen Hauptquartier einlief, brachte endlich einige Klarheit über die Lage.[1]

Nach demselben blieb der Plan, die Armee zwischen Jaromēr-Miletin aufmarschiren zu lassen, aufrecht erhalten. Zur Deckung gegen die Armee des Kronprinzen von Preußen sollten das X. Corps gegen Trautenau, das VI. Corps gegen Skalic vorgeschoben werden. Für die Corps an der Iser waren keine Anordnungen erlassen.

Se. Königliche Hoheit der Kronprinz beschloß, den Rückmarsch über Sobotka-Jičin gegen Miletin am 28. Juni anzutreten.

Auf die an das Commando der Nordarmee gerichtete Depesche mit der Anfrage, ob dieser Entschluß gebilligt würde, lautete die abends 10 Uhr eingegangene Antwort: „Armee-Hauptquartier am 29. nach Miletin, am 30. Jičin. Morgen geht Courier nach Münchengrätz."

Die endgültige Antwort, „sich der Hauptarmee zu nähern", erhielt das sächsische Hauptquartier erst am 28. Juni, früh gegen 8 Uhr, als der Rückmarsch bereits angetreten war.

Für den Rückmarsch war bestimmt, daß die Brigade Baron Ringelsheim noch am 27. Juni den Marsch antreten sollte, um bei Sobotka eine Stellung zur Deckung gegen Flankenangriffe von Turnau und Podol her zu nehmen.

Die 1. leichte Cavalleriedivision sollte am 28. Juni, früh 4 Uhr aufbrechend, auf der Straße über Fürstenbruck, Sobotka bis Samšin marschiren und Aufklärungsparteien gegen Rowensko und Jičin entsenden.

Die Abtheilungen des I. österreichischen Corps hatten einander

---

[1] Den Generalbefehl vom 26. Juni siehe in Oesterreichs Kämpfe, Bd. III, S. 68.

auf derselben Straße zu folgen; die Arrièregarde, die Brigade Leiningen, früh 10 Uhr von Münchengrätz nach Zerstörung der dortigen Brücke aufzubrechen.

Die österreichischen Verpflegs- und Fuhrwerkscolonnen waren auf die südlichere Straße Březno-Liban verwiesen, auf welcher auch die sächsischen Truppen zurückgehen sollten.

Für letztere wurde befohlen: „Die 2. Infanteriedivision bricht früh 5 Uhr aus ihren Biwaks auf und marschirt über Münchengrätz, Trentschin, Nasilnic, Auhelnic, Judendorf nach Domausnic. Die in Münchengrätz stehende 2. Infanteriebrigade folgt auf demselben Wege früh 7 Uhr. Die 2. Infanteriedivision bezieht Biwaks zwischen Domausnic und Klein-Lhota, die 1. Infanteriedivision zwischen Lang-Lhota, Judendorf und Břesno.

„Die 3. Infanteriebrigade folgt als Arrièregarde und besetzt Kosmanos.

„Die Reiterdivision bricht früh 8 Uhr auf und marschirt über Koprnik bis Wobruwec und Unter-Bautzen. Die Reserveartillerie und die Bagage marschiren auf der großen Straße über Jungbunzlau und parkiren in Dolanek, Repow und Kolomut.

„Der Corpscommandant marschirt mit der Reiterdivision; das Hauptquartier kommt nach Unter-Bautzen."

Der Abmarsch der österreichischen Truppen erfolgte unter einer Reihe von Abzugsgefechten bei Nieder-Gruppai, Weisleim, Kloster, am Musky- und Horkaberge und bei Bosin, welche das Nachbringen des Feindes hemmten, den Oesterreichern aber einen Verlust von 20 Offizieren, 1634 Mann brachten.

Die sächsischen Truppen waren bei ihrer rückwärtigen Stellung nicht in der Lage, in die Gefechte mit einzugreifen. Nur die Arrièregarde der Reiterdivision wurde, als sie noch am Podolberge stand, von feindlichen Patrouillen beschossen. Ein Zug vertrieb die letztern, wobei ein Reiter erschossen wurde.

Als das Gefecht sich der Stadt Münchengrätz näherte, ließ Se. Königliche Hoheit der Kronprinz, welcher sich bei der Arrièregarde aufhielt, die sächsische Infanterie bei Auhelnic (2. Division) und Trentschin (2. Brigade) von $^1/_2$11 bis $^1/_2$12 Uhr halten, um die österreichische Arrièregarde nöthigenfalls zu unterstützen. Der Marsch wurde erst fortgesetzt, als der Feind der von Münchengrätz nach dem Horkaberge zurückgehenden Brigade Leiningen nicht weiter nachfolgte.

Die 3. Infanteriebrigade hatte ihre tags zuvor bezogenen Stellungen bei Bakow und Debre beibehalten, bis die Queue des Armeecorps 11 Uhr vormittags Trentschin durchschritten hatte.

Nachdem das 2. Bataillon Haugwitz früh 5 Uhr von Weißwasser durch Bakow zurückgegangen war, ließ Generalmajor von Carlowitz ³⁄₄12 Uhr die Brücke von Bakow anzünden und marschirte ½2 Uhr nach Kosmanos ab. Das 10. Bataillon und die Schwadron Genthe blieben noch bis 3 Uhr in Bakow stehen.

Sobald als die Brücke in Brand gesetzt war, zeigten sich feindliche Patrouillen am jenseitigen Flußufer. Der Belag der Brücke wurde völlig zerstört, die starken Balken aber waren trotz der großen Massen von Reisig, welche unter denselben angehäuft worden waren, nur angekohlt.

Die 3. Compagnie blieb bis zur völligen Zerstörung des Belags an der Brücke zurück, marschirte sodann nach Josephsthal und abends nach Kosmanos.

Die Colonne des Oberstlieutnants von Craushaar ließ am Vormittage die Schwadron Rable nochmals gegen Weißwasser zur Aufklärung vorgehen, wobei dieselbe in der Nähe dieses Ortes auf feindliche Reiterei stieß. Nach Rückkehr der Schwadron wurden die Brücken bei Debre und Josephsthal ³⁄₄2 Uhr ebenfalls in Brand gesteckt und um 2 Uhr der Rückmarsch nach Kosmanos angetreten, wo sich gegen 5 Uhr die Brigade vereinigte und das Biwak bezog.

Die Vorposten, vom 3. Jägerbataillon gegeben, wurden in der Richtung gegen Münchengrätz aufgestellt und schickten Patrouillen gegen Debre vor. Die 3. Compagnie des 12. Infanteriebataillons wurde nach Jungbunzlau entsendet. Die Verbindung mit derselben hatte die Divisionsreiterei aufrecht zu erhalten.

Während der Nacht wurde nichts vom Feinde bemerkt.

Die 1. leichte Cavalleriedivision hatte vormittags 10 Uhr Samsin erreicht. Ihre Vortruppen hatten gegen Mittag bei Jičin eine auf der Turnauer Straße von Rowensko vorgehende preußische Aufklärungsabtheilung zurückgeworfen und die Anwesenheit stärkerer feindlicher Abtheilungen bei letzterm Orte ermittelt. Die feindlichen Vorposten standen nachmittags bei Aujezd, drei Stunden von Jičin.

General Graf Clam-Gallas ließ sofort die Brigade Poschacher abrücken, welche nach ihrem Eintreffen, abends 9 Uhr, eine Stellung rittlings der Turnauer Straße, nördlich von Jičin bezog.

Die eingegangenen Meldungen ließen auf ein baldiges Vordringen des Feindes mit stärkern Kräften auf Jičin schließen.

Nach den bisher bekannten Absichten des Commandos der Nordarmee mußte man annehmen, daß letztere am 29. und 30. Juni bei Jičin eintreffen werde. Es erschien daher geboten, diesen Punkt festzuhalten.

General Graf Clam-Gallas ließ zu diesem Zweck noch am 28. Juni, abends 11 Uhr, die Brigade Piret der Brigade Poschacher folgen Die übrigen Abtheilungen hatten am 29. Juni von früh 4 Uhr an ihren Marsch nach Jičin anzutreten.

Nur die Brigade Ringelsheim, welche den Engpaß von Podkost besetzt hielt, sollte erst auf besondern Befehl bis Sobotka zurückgehen und von hier aus die Arrièregarde übernehmen.

Das sächsische Corps sollte mit der 2. Infanteriedivision und der Reserveartillerie, früh 3 Uhr aufbrechend, über Libau, Bystric nach Podhrad marschiren und hier vormittags 11 Uhr nach einstündiger Rast zum Vormarsch gegen Jičin bereit stehen. Die 1. Infanteriedivision hatte, zu gleicher Zeit aufbrechend, über Liban auf Jičinowes und Kostelec zu marschiren und hier eine geeignete Aufnahmestellung, Front nach Jičin, zu nehmen.

Die 3. Infanteriebrigade rückte aus ihrer Vorpostenstellung bei Kosmanos und Jungbunzlau nach Březno und trat im Divisionsverbande von hier früh ½6 Uhr den weitern Marsch an. Die Weglänge, welche die 3. Brigade zurückzulegen hatte, betrug neun Stunden; schlechte Wege und verfahrenes Trainfuhrwerk hielten den Marsch so auf, daß die Brigade erst nach 14½ stündigem Marsche abends ½7 Uhr Tolan erreichte, wo sie Alarmquartiere und Biwaks bezog. Eine drückende Hitze und großer Mangel an Trinkwasser hatten den Marsch sehr erschwert.

Die 2. Infanteriedivision hatte, da vom Feinde nichts zu sehen war, nach ihrem Eintreffen mit der 1. Brigade bei Woksitz, mit der Leibbrigade bei Welis Biwaks bezogen.

Die 1. Infanteriedivision lagerte in und bei Kostelec, Jičinowes (Divisions Stabsquartier) und Tolan, die Reiterdivision bei Dolan und Ketten, die Reserveartillerie bei Bukwic.

Die Brigade Piret stand auf den Höhen zwischen Eisenstadtl und dem Cidlinabache, die Brigade Poschacher auf und hinter den Höhen von Braba, die Brigade Abele auf dem Prachower Sattel, die Brigade Ringelsheim, verstärkt durch das 2. Husaren- und 3. sächsische Reiterregiment (drei Schwadronen), stand rittlings der Straße Sobotka-Jičin bei Ober- und Unter-Lochow, die Brigade Leiningen als allgemeine Reserve bei Rybniček. Für den Fall eines Angriffes hatten die sächsische 2. Division, die österreichische Geschützreserve und die 1. leichte Cavalleriedivision den Abschnitt Cidlinabach—Tilec—Braba zu besetzen.

Nachmittags 2 Uhr lief in Jičin der vom 27. Juni datirte (erst am 28. Juni abends zwischen 5 und 6 Uhr expedirte) schriftliche

Armeebefehl des Armee-Obercommandos ein, nach welchem der Feldzeugmeister unter Zurücklassung zweier Armeecorps (IV. und X. Armeecorps) gegen die Armee des Kronprinzen, mit der übrigen Armee (vier Armeecorps und drei Reserve-Cavalleriedivisionen) zum Angriffe gegen die an der Iser stehenden feindlichen Streitkräfte vorzugehen beabsichtigte. Das III. Corps sollte am 29. Juni bis Chotec marschiren und seine Avantgarde bis Jičin vorschieben.

Am 30. Juni sollten das III. Corps bis in die Höhe von Rowensko, das IV. Corps bis Lomnic, das VIII. Corps bis Liban, das II. Corps bis Aulibic vorrücken und das Armee-Hauptquartier nach Jičin verlegt werden. Die Truppen unter Befehl des Kronprinzen von Sachsen hatten Befehl, ihre Vereinigung mit dem Gros der Armee zu bewirken.[1]

Feindlicherseits hatte das Obercommando der I. Armee in Münchengrätz am 29. Juni folgendes früh 7 Uhr von Berlin abgelassene Telegramm erhalten:

„Se. Majestät erwartet, daß die I. Armee durch beschleunigtes Vorrücken die II. Armee degagire, welche trotz einer Reihe siegreicher Gefechte dennoch sich augenblicklich in einer schwierigen Lage befindet."[2]

Infolge dieser Depesche hatte Se. Königliche Hoheit Prinz Friedrich Karl früh 9 Uhr eine Disposition für einen concentrischen Angriff der I. Armee auf Jičin ausgegeben. Auf der Straße Turnau-Jičin hatten vorzugehen: die 5. Division, von Tümpling (11 $^3/_4$ Bataillone, 4 Escadrons, 24 Geschütze), von Rowensko aus. Als Staffel hinter derselben die 4. Division, von Herwarth, gefolgt von der Cavalleriedivision von Alvensleben, von Turnau aus.

Auf der Straße Sobotka-Jičin sollten vorgehen: die 3. Division, von Werther (12 $^1/_2$ Bataillone, 4 Escadrons, 48 Geschütze), von Zehrow aus. Die 7. Division, von Franseczy, von Bosin aus. Die 8. Division, von Horn, und die 6. Division, von Manstein, gefolgt von einer Cavalleriedivision, hatten auf Ober- und Unter-Bautzen zu marschiren.

In erster Linie gelangten daher nur die 5. und 6. Division zum Angriffe auf die Oesterreicher und Sachsen.

---

[1] Den Wortlaut des Armeebefehls vom 27. Juni siehe in Oesterreichs Kämpfe, Bd. III, S. 156 fg.

[2] Von der II. Armee befanden sich zur Zeit nur das Garde- und V. Corps auf böhmischem Boden, von denen das letztere durch die Gefechte bei Nachod und Skalitz stark gelitten hatte. Das I. Corps war nach dem Verluste des Gefechts bei Trautenau bis Liban zurückgegangen, das VI. Corps stand am 28., mit Ausnahme einer Brigade, noch bei Lewin in der Grafschaft Glatz.

Die Division von Tümpling brach nachmittags ¹/₂2 Uhr von Rowensko auf. Gegen ¹/₂4 Uhr erschienen ihre Spitzen vor der Front
des österreichischen I. Corps.

Die österreichischen Vorposten und Patrouillen meldeten kurz dar-
auf das Vorbrechen feindlicher Cavallerie und zweier Batterien aus
Liban. Gegen 4 Uhr war die Spitze der Division von Tümpling am
Südausgange von Knicwic eingetroffen.

Se. Königliche Hoheit der Kronprinz Albert erhielt die erste Nachricht über dieses für heute nicht mehr erwartete Vorgehen des Feindes
kurz nach 4 Uhr in Woksic, wo Se. Majestät König Johann Quartier genommen hatte. Er eilte sofort auf das Schlachtfeld, während
gleichzeitig der in Jicin zurückgebliebene Chef des Generalstabes die
Befehle zum sofortigen Vorrücken der sächsischen Truppen erließ.

Die 1. Infanteriebrigade war gegen 6 Uhr mit den beiden Divi-
sionsbatterien, Jicin rechts lassend, westlich der Turnauer Kunststraße
aufmarschirt. Die beiden Batterien gingen sofort auf der Straße vor,
zur Verstärkung der österreichischen Geschützlinie, welche beiderseits der
Straße, den rechten Flügel gegen Dilec gerichtet, mit den feindlichen
Avantgardenbatterien im Gefechte stand.

Die 1. Infanteriebrigade setzte ihren Vormarsch westlich der Straße
fort, überschritt ¹/₂7 Uhr abends dieselbe unmittelbar nördlich Kbelnic
und erhielt hier Befehl, Dilec, welches bis dahin vom Feinde noch
nicht erreicht war, zu besetzen.

Auf feindlicher Seite hatte General von Tümpling, nachdem er
Knicwic erreicht hatte, zwei Bataillone seiner Avantgarde, die Brigade
von Schimmelmann und ein Ulanenregiment gegen den österreichischen
rechten Flügel entsendet und in dem der Geschützwirkung entzogenen,
tief eingeschnittenen Thalgrunde des Ciblinabaches gegen Zames und
Dilec vorgehen lassen.

Mit dem Reste seiner Division und der Artillerie führte er ein
hinhaltendes Gefecht gegen die Front der österreichischen Stellung.

Gegen ¹/₂6 Uhr hatte der Feind Zames fast unbemerkt erreicht
und zwang von hier aus die drei rechten Flügelbatterien der österreichischen Geschützreserve zum Abfahren. Wiederholte Attacken der
österreichischen Cavalleriebrigaden Appel und Wallis wurden durch
Infanteriefeuer abgeschlagen. Durch einen combinirten Angriff von
Knicwic und Zames her wurde der östlich der Straße liegende Theil
von Poduls genommen; der auf den westlich der Straße gelegenen
Dorftheil unternommene Angriff scheiterte. Von Zames aus traten
die neun Compagnien der Avantgarde, welchen das 2. Bataillon des
48. Infanterieregiments folgte, den Vormarsch auf Dilec an. Diesen

12. Feldzug 1866.

Ort hatte der Feind erst mit einigen Zügen Infanterie erreicht und besetzt, als die sächsische 1. Infanteriebrigade sich in zwei Colonnen gegen die West- und Südseite entwickelte und, ohne sich auf ein langes Feuergefecht einzulassen, mit dem Bajonett angriff. Der Feind nahm den Angriff nicht an, sondern ging auf die beherrschenden Höhen in der Richtung auf Zames zurück.

Die 1. Brigade besetzte den ausgedehnten und jeder Umfassung entbehrenden Ort mit 11 Compagnien; das 1. Jägerbataillon entwickelte sich in einer östlich des Dorfes befindlichen Kirschallee; das 3. Infanteriebataillon sowie eine Compagnie des 1. Infanteriebataillons blieben als Reserve südlich des Ortes stehen. Die Brigade hatte starken Verlust durch das überlegene Feuer des Zündnadelgewehrs und durch das Feuer von drei feindlichen Batterien, welche, nachdem die österreichische Artillerielinie im Centrum zurückgegangen war, nördlich des von Zames nach Poduls führenden Weges auffuhren und Dilec mit Granatkartätschen beschossen.

Auch von einer österreichischen Batterie, welche bei Eisenstadtl stand, sowie einem von rechts rückwärts stehenden österreichischen Bataillon, welche Dilec im Besitze des Feindes glaubten, wurde die Brigade eine Zeit lang beschossen.

Die Leibbrigade war bis Kbelnic gefolgt, von der Reserveartillerie waren die drei glatten Batterien bei Jičin zurückbehalten worden, die beiden gezogenen Batterien trafen zur Verstärkung des bedrohten rechten Flügels ³/₄7 Uhr zwischen Kbelnic und der Höhe von Dilec ein.

Die bei Eisenstadtl stehende österreichische Brigade Piret war zu dieser Zeit zu einem Angriffe gegen Zames vorgegangen, hatte sich aber vor dem überwältigenden Feuer des Zündnadelgewehrs mit starkem Verluste auf Kloster Karthaus zurückziehen müssen.

Im allgemeinen hatte das Gefecht zwischen 7 und ¹/₄8 Uhr einen stehenden Charakter angenommen. Vom sächsischen Corps standen, abgesehen von der 1. Infanterie- und der Cavalleriedivision, auf dem Schlachtfelde noch intact zur Verwendung bereit: 6 Bataillone, 2 Schwadronen und 6 Batterien.

Man durfte daher hoffen, einem weitern Vorgehen des Feindes östlich der Turnauer Straße für den kurzen Rest des Tages mit Erfolg widerstehen zu können.

Se. Königliche Hoheit der Kronprinz erhielt abends ¹/₄8 Uhr auf der Höhe von Dilec durch den österreichischen Major Graf Sternberg folgenden Befehl des Feldzeugmeisters überbracht:

„Hauptquartier Josephstadt, den 29. Juni 1866.

„Ich sehe mich genöthigt, meine Bewegungen gegen die Iser heute zu sistiren; die Armee wird im Laufe des heutigen Tages die in der Beilage ersichtliche Aufstellung nehmen.[1]

„Ew. Königliche Hoheit wollen Ihre zur Vereinigung mit dem Gros der Armee begonnene Bewegung danach einrichten und fortsetzen, bis die Vereinigung erfolgt ist jedoch größern Gefechten ausweichen."

Infolge dieses Befehles, des Umstandes, daß auf eine Unterstützung des III. Corps nicht mehr gerechnet werden durfte, sowie der Meldung, daß die Brigade Ringelsheim in ihrer Stellung bei Lochow durch eine Umgehung ihrer linken Flanke sehr gefährdet sei, beschlossen Se. Königliche Hoheit der Kronprinz und General Graf Clam-Gallas, das Gefecht sofort abzubrechen.

Der Befehl zum Abbrechen des Gefechtes wurde gegen 1/28 Uhr erlassen, ungefähr zu der gleichen Zeit, wo die Spitze der preußischen 4. Division, von Herwarth, hinter der Division von Tümpling auf der Turnauer Straße eintraf.

Von den österreichischen Truppen sollte die Brigade Ringelsheim bei Podhrad, die Brigaden Abele und Leiningen bei Jičin, die Brigade Piret bei Eisenstadtl Stellung nehmen und hier bis 3 Uhr morgens rasten, wenn der Feind nicht besonders stark drängte.

Ueber die Besetzung der Stadt Jičin war anfangs keine feste Verabredung getroffen worden, vielmehr nahm man im sächsischen Hauptquartier als selbstverständlich an, daß dieselbe den Oesterreichern zufalle, während die sächsische 2. Division die ihr zunächstliegende feste Stellung am Zebinberge besetzen sollte, wo sie als Stützpunkt der vorzunehmenden Frontveränderung dienen und fernere Angriffe gegen den bedrohten rechten Flügel abwehren konnte.

Erst als gegen 9 Uhr die beiden Corpscommandanten vor dem Münchengrätzer Thore von Jičin hielten, wohin außer andern Abtheilungen des linken Flügels auch die sehr gelichtete Brigade Ringelsheim sich abzog, wurde mit Berücksichtigung der starken Erschöpfung dieser Abtheilungen beschlossen, zur Besetzung der Stadt die sächsische Leibbrigade heranzuziehen.

Der Abzug der 1. Infanteriebrigade erfolgte zu einem Zeitpunkte, wo der Feind sich eben zu einem erneuten umfassenden Angriffe auf Dilec vorbereitete. Das Signal: „1. Brigade zurück", war nur von den südlich des Dorfes und dem zunächst im Dorfe stehenden 1. Infanteriebataillon vernommen und befolgt worden. Den Brigade-

---

[1] Nach der Beilage sollte die Nordarmee am 29. und 30. Juni eine Stellung bei Salnei beziehen, das III. Armeecorps bei Miletin stehen bleiben. Das Hauptquartier kam nach Dubenec.

commandanten, Oberst von Boxberg, hatte der abgeschickte Adjutant noch nicht erreicht und setzte dieser daher den Kampf gegen die von Norden und Osten andringenden feindlichen Abtheilungen fort, bis er von der auf der Südseite eingedrungenen Umgehungscolonne (zwei Bataillone des Leib-Grenadierregiments) im Rücken beschossen wurde. Nur mit starkem Verluste, besonders auch an Officieren, gelang es den beiden Bataillonen (2. und 4. Bataillon) sich seitwärts durchzuschlagen.[1]

Um $^1/_4$9 Uhr sammelte die 1. Brigade am Meierhofe Zebin, $^1/_2$9 Uhr traf die Leibbrigade ebendaselbst ein. Ein Nachfolgen des Feindes über den Cidlinabach fand nicht statt.

Durch Generalstabsofficiere war man bei dem Eintreffen der einzelnen Abtheilungen bemüht gewesen, dieselben aus der wenig geräumigen Stadt hinauszubringen. Die Oesterreicher wurden auf die Straße nach Miletin, die Sachsen auf die Straße nach Smidar gewiesen, doch war es in der Dunkelheit und Verwirrung nicht ganz zu vermeiden gewesen, daß einzelne Abtheilungen beider Corps die falsche Straße einschlugen.

Nach dem Zurückgehen der Oesterreicher und Sachsen hatte auch der Feind den Vormarsch wieder angetreten, um noch die Stadt Jičin in seine Gewalt zu bringen.

Da die österreichischen Brigaden des linken Flügels sich bereits durch die Stadt abgezogen hatten, gelang es dem Feinde, unbemerkt bis in die Stadt zu kommen, wo er auf die eben von Zebin her einrückende Tête der Leibbrigade stieß. Letztere warf zwar durch einen energischen Angriff die feindlichen Abtheilungen zurück, allein die Absicht, die Truppen in der Nähe von Jičin rasten zu lassen, mußte nun aufgegeben werden, da der Feind mit starken Massen unmittelbar vor der Stadt stand.

Kurz nach 12 Uhr nachts ertheilte der in der Prager Vorstadt befindliche Generalstabschef des sächsischen Corps der Leibbrigade den schriftlichen Befehl, in der Stille die Stadt zu räumen und gegen Milicowes abzuziehen. Der Abmarsch der einzelnen Bataillone erfolgte zwar nicht ohne Kampf mit den wiederholt eindringenden feindlichen Abtheilungen, wurde aber in der größten Ordnung durchgeführt.[2]

---

[1] Die 1. Infanteriebrigade verlor bei Jičin 20 Officiere, 425 Mann, worunter 80 Mann unverwundet Gefangene. Das 1. Jägerbataillon 1 Officier, 94 Mann, worunter 6 unverwundet Gefangene.
[2] Ueber das Nachtgefecht der Leibbrigade in Jičin siehe: Der Antheil des königlich sächsischen Armeecorps am Feldzuge 1866, S. 135 fg.

Die 1. Division hatte an den Gefechten dieses Tages keinen Antheil nehmen können. Die 2. Brigade war erst abends 5 Uhr, die 3. Brigade abends ½7 Uhr in den Quartieren eingetroffen. Auf erhaltenen Befehl war die erstere abends 8 Uhr, die letztere gegen 10 Uhr wieder aufgebrochen und waren beide in eine Stellung zwischen Kostelec und Starimjesto gerückt, zur eventuellen Deckung des Rückzugs aus Jičin.

Die Division blieb hier bis nach Mitternacht stehen und ging sodann, da ein Nachdrängen des Feindes über Jičin hinaus nicht erfolgte, wieder in ihre Biwaks zurück, welche sie gegen ½2 Uhr nachts erreichte.

War auch durch die fast 24 Stunden andauernde Bewegung, die große Hitze des Tages, die Unmöglichkeit, ordentlich abzukochen, und der Mangel an hinreichender Nachtruhe während der ganzen vorhergegangenen Periode, die Truppe im höchsten Grade erschöpft, so hatte sie doch die beste Ordnung und Kampffähigkeit unverletzt bewahrt.

Die im Gefechte gewesenen sächsischen Abtheilungen hatten sich sehr gut geschlagen.

Die Verluste waren nicht unbedeutend.

Das sächsische Corps verlor 27 Offiziere, 587 Mann, 58 Pferde; das I. Corps und die 1. leichte Cavalleriedivision 184 Offiziere, 4714 Mann, 222 Pferde. Der preußische Verlust wird auf 71 Offiziere, 1482 Mann, 56 Pferde angegeben.

Während am 30. Juni die Oesterreicher bei Horjic und Miletin sammelten und am Abend bis Sadowa und Königgrätz zurückgingen, trat das sächsische Corps, zum Theil bereits früh 2 Uhr aufbrechend, den Marsch nach Smidar an. Obgleich dieser Ort nur 2½ Meile von Jičin entfernt liegt, brauchte der größte Theil der Truppen doch gegen 12 Stunden Zeit, um ihn zu erreichen.

Nicht nur die sächsischen Trains hatten den erforderlichen Vorsprung auf der Straße nicht erreichen können, sondern es waren auch, der Disposition entgegen, der Munitionspark und der große Train des österreichischen I. Armeecorps sowie zahlreiche andere österreichische Fahrzeuge auf die Rückzugsstraße des sächsischen Corps gewiesen worden, welche dadurch wiederholt gänzlich verfahren und für die marschirenden Abtheilungen unbenutzbar wurde. Die stundenlangen Stockungen, das Marschiren durch das Getreide und die Hitze des Tages in Verbindung mit den außerordentlichen Anstrengungen der vorhergehenden Tage machten diesen Marsch zu einem der beschwerlichsten des ganzen Feldzuges.

Der Feind beunruhigte den Marsch nicht und nur die Arrièregarde

wurde im Laufe des Vormittags einiger schwacher preußischer Husaren-
patrouillen ansichtig.

Die 3. Brigade brach früh ½6 Uhr von Dolan auf, erreichte über
Groß-Slatin die Rückzugsstraße, setzte auf derselben im Divisionsverbande den Marsch fort und traf gegen ½5 Uhr nachmittags in
Smidar ein, wo sie Aufnahmeposten für die als Arrièregarde folgende
Reiterdivision und die westlich der Straße auf Nebenwegen zurückgehende österreichische 1. leichte Cavalleriedivision aussetzte. Das an
der Queue marschirende 10. Bataillon hatte je eine Compagnie in den
Flanken neben der Straße durch die hohen Getreidefelder marschiren
lassen.

Der Biwaksplatz war sehr schlecht; größtentheils nasse Wiesen, von
tiefen sumpfigen Wassergräben umgeben, über welche nur wenige Brücken
führten.

In der Nacht wurde die so nöthige Ruhe durch einen falschen
Alarm gestört. Es waren einige Schüsse gefallen, einige Hornisten
bliesen Alarm und, in der Meinung vom Feinde überfallen zu sein,
eilte alles an die Gewehre. Erst nach einiger Zeit schaffte das Signal
„Los" wieder Ruhe. Losgerissene Pferde hatten in dem Biwak der
Leibbrigade einige Gewehrpyramiden umgeworfen, einige Gewehre
hatten sich hierbei entladen und die Verwundung von drei Mann des
15. Bataillons herbeigeführt.

Feindlicherseits hatte an diesem Tage von der I. Armee
      die 6. Division Chotec,
      „ 7.   „   Konecchlum,
      „ 5.   „   Anlibic,
      „ 8.   „   Butowes und Milicowes,
      „ 3. u. 4. „   Jicin und Podhrad
erreicht. Von der Elbarmee war die Avantgarde bis Liban gelangt.

Am 1. Juli brach die 2. Infanteriedivision früh 2 Uhr aus dem
Biwak auf, die 1. Infanteriedivision folgte früh 3 Uhr.

Der Marsch erfolgte über Neu-Bydzow und Nechanic nach Lubno,
östlich welches Ortes Biwaks bezogen wurden. Die 1. Infanteriedivision lagerte im ersten Treffen, die 2. Infanteriedivision hinter derselben. Die Vorposten bei Nechanic wurden vom 5., 6. und 12. Infanteriebataillon und 4 Schwadronen gegeben. Oberstleutnant von
Craushaar war Vorpostencommandant.

Der Marsch dieses Tages war wieder durch die große Hitze und
durch den Mangel an Trinkwasser sehr beschwerlich, doch verschafften
einige kurze Gewitterregen einige Erfrischung. Obgleich sehr ermattet,
trafen doch alle Truppen in guter Ordnung nachmittags zwischen 1 und

2 Uhr auf ihren Biwaksplätzen ein. Da nur wenig Stroh zu erlangen war, bauten die Soldaten aus Baumzweigen und abgemähtem Getreide Hütten. Am Nachmittag und in der Nacht fielen starke Regengüsse.

Die Corps der Nordarmee trafen an diesem Tage bei Lipa, Wjestar, Nebelist und Trotina ein, sodaß nunmehr die unmittelbare Vereinigung der beiden Heeresabtheilungen hergestellt war.

Dieser und der folgende Tag wurde von den Truppen benutzt, Waffen, Ausrüstung und Bekleidung wieder in guten Stand zu setzen. Die reichliche Verpflegung und die Ruhe nach den starken Anstrengungen der letzten Zeit waren vom günstigsten Einflusse auf die Stimmung der Truppen, sodaß man vom 2. Juli ab einem Zusammenstoße mit dem Feinde mit Ruhe entgegensehen konnte.

Zur Sicherung des sächsischen Corps hatte das 9. Bataillon mit 1 Ploton die Brücke von Lubno besetzt.

Auf dem linken Flügel traf Oberstleutnant von Craushaar folgende Anordnungen für die ihm unterstellten Abtheilungen:

Das 6. Bataillon hatte als Feldwachen zu geben: drei Sectionen am westlichen Ausgange von Alt-Nechanic, an der Straße nach Neu-Bydžow, sowie eine Section weiter westlich.

Ein Ploton stand in dem nordwestlichen, ein Ploton in dem südöstlichen Theile von Alt-Nechanic zur Besetzung des Ortes und zur Aufnahme der Schwadron Walther, welche gegen Hořic, mit einer Feldwache vor sich, Stellung genommen hatte. Die beiden andern Compagnien des 6. Bataillons standen als Unterstützung dicht an der Brücke im südöstlichen Ende von Alt-Nechanic.

Das 5. Bataillon stand mit drei Compagnien auf dem Marktplatze von Nechanic und hatte eine Compagnie über die Bistric zur Besetzung einer dortigen Holzparcelle vorgeschoben, welche durch einen Zwischenposten die Verbindung mit dem 6. Bataillon aufrecht zu erhalten hatte.

Das 12. Bataillon besetzte das Schloß Hradek mit der 1. Compagnie, welche 2 Feldwachen und 1 selbständigen Posten vorschob, den an der Bistric gelegenen Ort Kunčic mit der 4. Compagnie und behielt die beiden andern Compagnien in Reserve zwischen Schloß und Dorf Hradek.

Die beiden Schwadronen Divisionsreiterei unter Major von Standfest blieben in Reserve nördlich des Thiergartens von Hradek an der Straße nach Nechanic und entsendeten einen Zug als Feldwache nach Radikovic. Die Schwadron von Funke stand in Kunčic, mit einer Feldwache bei Boharna, zur Deckung des dortigen Bistric-Ueberganges.

Durch die Beobachtungen eines auf dem Schloßthurme von Hradek aufgestellten Posten und durch die von Patrouillen und flüchtigen Einwohnern eingezogenen Mittheilungen konnte Oberstleutnant von Craushaar bereits am Morgen des 2. Juli die wichtige Meldung an das Hauptquartier einsenden, daß der Feind mit starken Colonnen von Ičin auf Hořic vorgerückt sei und Smidar besetzt habe.

Am Mittag des 2. Juli waren die Schwadronen des Garde-Reiterregiments durch die Schwadronen von Tümpling und von Schröter II. des 1. Reiterregiments abgelöst worden, welche aber am Abend unter Zurücklassung von je einem Zuge als Feldwache zur Reiterdivision wieder einrückten, nachdem am Nachmittag das österreichische Husarenregiment König von Preußen Nr. 10 mit der speciellen Bestimmung, gegen den Feind aufzuklären, bei Nechanic eingetroffen war. Im Einvernehmen mit Oberstleutnant von Craushaar entsendete dieses Regiment je 1 Schwadron gegen Hořic und Neu-Bydžow sowie $^1/_2$ Schwadron gegen Chlumec, während $2^1/_2$ Schwadronen östlich von Nechanic in Reserve blieben. Erstere beiden Schwadronen stießen auf feindliche Husaren und Infanterie, erlitten einigen Verlust, brachten aber auch Gefangene und Beutepferde mit zurück und bestätigten die Hauptstellung des aus allen Waffen bestehenden Feindes zwischen Hořic und Neu-Bydžow.

Auch die sächsischen Feldwachcommandanten sendeten im Laufe des Nachmittags wiederholte Meldungen ein über das Streifen feindlicher Reiterabtheilungen gegen Nechanic und Chlumec sowie über ein Vordringen des Feindes von Hořic in der Richtung auf Lubno und Popowic und von Neu-Bydžow gegen Nechanic. Ein umfassender feindlicher Angriff auf das sächsische Corps war demnach zu vermuthen.

Se. Königliche Hoheit Kronprinz Albert hatte bereits am Vormittage des 2. Juli das vom sächsischen Corps besetzte Gelände besichtigt und hierbei die Wichtigkeit der Höhe von Hradek für die Vertheidigung der Bistric-Uebergänge bei Nechanic erkannt. Da bei einer mittags im Armee-Hauptquartier abgehaltenen Besprechung der Corpscommandanten der Feldzeugmeister nur die Absicht ausgesprochen hatte, in der eingenommenen Stellung einige Tage zur Erholung der Truppen stehen zu bleiben, ohne aber irgendwelche Bestimmungen für den Fall eines feindlichen Angriffes zu ertheilen, so wurde vom sächsischen Generalstabe im Laufe des Nachmittags die Stellung Lubno-Nechanic genau untersucht. Dieselbe erwies sich als sehr günstig zur Vertheidigung, vorausgesetzt, daß die linke Flanke bei Kunčic und Hradek durch genügende Kräfte gedeckt wurde. Zur Beherrschung der Uebergänge bei Nechanic und Lubno wurden noch am Abend durch Mannschaften der Reserve-Artilleriebrigade auf dem Höhenzuge zwischen

Lubno und Hrabek 12 dem Gelände sorgfältig angepaßte Geschütz=
einschnitte hergestellt.

Ebenso wurden vom sächsischen Corpscommando noch am Abend
Gefechtsdispositionen für einen Angriff von Nechanic her, sowie von
Sucha aus gegen Lubno an die Abtheilungscommandanten ausgegeben.

Der dem sächsischen Hauptquartier beigegebene Oberst des k. k.
Generalstabes, von Pelikan, wurde mit den erlassenen Anordnungen
abends $^1/_2$7 Uhr zu dem Commandanten des I. Armeecorps, General
Graf Clam=Gallas, entsendet, um dessen Unterstützung für den Fall
eines feindlichen Angriffes gegen die Stellung bei Hrabek zu erbitten.
Von diesem an die Entscheidung des in Königgrätz weilenden Armee=
Obercommandos verwiesen, wurde dem Oberst von Pelikan hier von
dem Chef der Operationskanzlei, Generalmajor von Krismanič, er=
öffnet, daß die Stellung bei Hrabek zu exponirt sei und nicht in den
Rahmen des Schlachtplanes passe, welcher letztere in kurzer Zeit dem
sächsischen Corps zugehen würde.

In der That traf auch diese vom 2. Juli nachts datirte Dispo=
sition bald nach der Rückkehr des Obersten von Pelikan im sächsischen
Hauptquartier zu Nieder=Přim ein.[1]

Nach dieser Disposition hatte das sächsische Corps die Höhen von
Popowic und Tresowic zu besetzen, den linken Flügel etwas zurück=
gebogen und durch die eigene Cavallerie gedeckt. Vor der Front dieser
Stellung sollten nur Vortruppen vorgeschoben werden.

Links von dieser und etwas zurück auf den äußersten linken Flügel
bei Problus und Přim hatte sich auf einem geeigneten Gelände die
1. leichte Cavalleriedivision aufzustellen. Das 10. Corps sollte rechts
vom sächsischen Corps Stellung nehmen, das 8. Corps zunächst dem
sächsischen Corps zur Unterstützung dienen und sich hinter demselben
aufstellen.

Ueber die Kampfzwecke, welche von den einzelnen Corps im Laufe
der Schlacht anzustreben waren, gab die Disposition keinerlei An=
weisungen, sondern beschränkte sich darauf, die zu besetzenden Linien
anzugeben.

Die Aufgabe von Hrabek und Nechanic war durch die dem säch=
sischen Corps angewiesene Stellung ausgesprochen.

Der Generalstabschef des sächsischen Corps hatte mit mehrern Offi=
zieren des Generalstabes am 3. Juli früh 2 Uhr die dem sächsischen
Corps angewiesene Stellung besichtigt.

---

[1] Die Disposition siehe in Oesterreichs Kämpfe im Jahre 1866, Bd. III,
S. 244, und Antheil des königlich sächsischen Armeecorps, S. 167.

Der zwischen Tresowic und Popowic sich hinziehende Höhenrücken war fast durchaus von einem sehr unwegsamen, die Verwendung der Artillerie und die Gefechtsleitung sehr erschwerenden Walde bedeckt, während das vor und hinter dem Walde liegende freie Gelände von dem zwischen Nechanic und Hrabek liegenden Höhenzuge vollkommen beherrscht und flankirt wurde. Ein Aufrollen des linken Flügels von letzterer Stellung aus, sowie eine starke Gefährdung der Rückzugslinie war daher zu befürchten.

Dagegen bot eine Besetzung des Höhenzuges zwischen Problus und Nieder-Přim weit bessere Aussichten zur Erreichung des Gefechtszweckes.

Diese Stellung war der Stärke des Corps angemessen, gewährte in den beiden Orten eine Anlehnung für beide Flügel, bot eine günstige Aufstellung für die Artillerie, gute Uebersicht über das Vorgelände, gedeckte Aufstellung für die Reserven und gute innere Verbindung. Die Annäherung geschlossener feindlicher Massen war durch eine stellenweise nasse Wiesenmulde, welche sich vor der Front hinzog, erschwert.

Das sächsische Corpscommando meldete früh 8 Uhr das Ergebniß der Untersuchung des Geländes, und früh 9 Uhr 5 Minuten ertheilte der Feldzeugmeister die erbetene Bewilligung, die Hauptaufstellung des Corps bei Problus nehmen zu dürfen.[1]

In Erwartung dieser Genehmigung waren bereits früh 8 Uhr an die Divisionen die entsprechenden Befehle ertheilt worden. Während die Division von Stieglitz zunächst östlich von Problus hinter die dortigen Höhen in eine verdeckte Aufstellung zu rücken hatte, erhielt Generalleutnant von Schimpff folgenden Befehl: „Die Division hat mit einer Brigade nach Tresowic und Popowic und dem östlich dieser Orte gelegenen bewaldeten Höhenzuge abzurücken und denselben entsprechend zu besetzen. Die andere Brigade rückt nach Problus und besetzt diesen Ort, sowie Nieder-Přim. Nechanic und Lubno sind nur schwach besetzt zu halten, ebenso Kunčic, um, wenn irgend thunlich, die Bistricbrücken bei Nechanic und Kunčic nach Rückkehr der gegen Neu-Bydžow entsendeten k. k. Cavallerieabtheilungen noch zu zerstören.

---

[1] „Es ist als ein Glück zu betrachten, daß der Kronprinz von Sachsen wenigstens die Besetzung der Position Přim-Problus (statt jener von Popowic) sich zu erwirken verstand. Hätte das sächsische Corps seine Aufstellung in der letztern genommen, wie dies die nur auf eine lineare Nebeneinanderstellung aller Corps bedachte Schlachtdisposition gewollt, so wäre die feindliche Elbarmee mindestens um eine Stunde früher auf den Höhen von Problus erschienen, als das thatsächlich geschah, und wäre die Lage des kaiserlichen Heeres bedeutend verschlimmert worden." Oesterreichs Kämpfe im Jahre 1866, Bd. III, S. 325.

Die Ambulance der Division ist vorläufig hinter den Höhenzug Popowic-Tresowic zu disponiren.

„Der Corpscommandant wird sich in Problus aufhalten."

Die Reiterdivision hatte eine Brigade mit der reitenden Batterie östlich von Nechanic verdeckt aufzustellen, um ein Vorbrechen des Feindes aus diesem Orte möglichst aufzuhalten. Die andere Brigade sollte in eine verdeckte Aufstellung zwischen dem Popowicer Holze und der Straße Prim-Nechanic rücken.

Feindlicherseits hatte sich die ganze Armee in den Tagen vom 29. Juni bis 2. Juli enger zusammengezogen.

Se. Majestät der König von Preußen war am 2. Juli in Jičin eingetroffen und hatte das Obercommando über die vereinigten Armeen übernommen.

Die Stellung des österreichischen Heeres war im preußischen Hauptquartier nicht genau bekannt. Man vermuthete dieselbe auf dem linken Elbufer zwischen Josephstadt und Königgrätz. Erst am Abend des 2. Juli erfuhr man mit Sicherheit im Hauptquartier der I. Armee zu Hořic, daß noch starke österreichische Abtheilungen, welche man auf drei Corps schätzte, in der Gegend von Sadowa zwischen der Bistric und Elbe standen.

Prinz Friedrich Karl ordnete sofort den Vormarsch der I. Armee für den Tagesanbruch des 3. Juli an und ersuchte die II. Armee, durch ein Armeecorps seine rechte Flanke zu decken.

Auf die nachts 11 Uhr in Jičin eingelaufene Nachricht von der Anwesenheit eines stärkern Theiles der österreichischen Armee bei Sadowa wurde sofort vom Obercommando der Angriff mit allen Kräften befohlen. Die I. Armee sollte gegen Sadowa vorgehen, die feindliche Stellung aufklären und den Feind festhalten, bis die II. Armee den rechten Flügel, die Elbarmee, nach Ueberschreitung der Bistric, den linken Flügel der Oesterreicher umfassen konnten.

Die Elbarmee hatte von Prinz Friedrich Karl bereits nachts $12^{1}/_{2}$ Uhr den Befehl erhalten, über Nechanic in die linke Flanke des Feindes vorzugehen. Früh $^{3}/_{4}6$ Uhr ging bei dem Prinzen die Meldung des Generals von Herwarth ein, daß er zwischen 7 und 9 Uhr mit 36 Bataillonen vor Nechanic eintreffen werde.

Auf das Eintreffen der Têten der II. Armee konnte vor Mittag nicht gerechnet werden.

Die Stärke der beiderseitigen Streitkräfte, welche hier zum entscheidenden Kampfe zusammenstoßen sollten, betrug auf preußischer Seite 220982 Mann, auf Seite der Oesterreicher und Sachsen 215028 Mann mit 770 Geschützen. Von letztern hatten zu kämpfen:

Auf dem rechten Flügel:
51361 Mann Infanterie, 4121 Reiter, 176 Geschütze.
Im Centrum:
43276 Mann Infanterie, 642 Reiter, 134 Geschütze.
Auf dem linken Flügel:
32952 Mann Infanterie, 7600 Reiter, 140 Geschütze.
Als Reserve:
47313 Mann Infanterie, 11435 Reiter, 320 Geschütze.

Das sächsische Corps hatte einen streitbaren Stand von 18248 Mann Infanterie, 2574 Mann Cavallerie, 1500 Mann Artillerie und 58 Geschützen.

Schlacht bei Königgrätz.[1]

Noch am Morgen des 3. Juli war eine theilweise Ablösung der Vorposten erfolgt.

Die Stellung in Nechanic wurde von dem 8. und 7. Infanteriebataillon und der 2. Schwadron des 1. Reiterregiments besetzt; in Hradek und Kunčic löste das 11. Bataillon das 12. Bataillon ab. Lubno blieb von einem Ploton des 9. Bataillons besetzt. Oberstleutnant von Craushaar behielt das Commando über sämmtliche Vorposten.

Vorpostengefecht bei Kunčic.

Das 11. Bataillon erhielt früh 4 Uhr 30 Minuten im Biwak bei Lubno den Befehl, das 12. Bataillon abzulösen, brach gegen 5 Uhr auf und erreichte 6 Uhr die Stellung letztern Bataillons zwischen Schloß und Dorf Hradek.

Die 3. Compagnie blieb hier in Reserve stehen, die 4. Compagnie bezog am südöstlichen Ausgange des Dorfes eine Feldwache.

Die 1. und 2. Compagnie marschirten durch den Hradeker Wald nach Kunčic. Die 1. Compagnie bezog die Feldwachaufstellung der 4. Compagnie des 12. Bataillons nordwestlich von Kunčic, die 2. Compagnie besetzte letztern Ort.

Das vorliegende sumpfige Wiesengelände war von mehrern parallellaufenden tiefen Kanälen und Wassergräben durchzogen. Die über dieselben führenden Brücken wurden, soweit es noch nicht geschehen war, zerstört.

Der Commandant der 1. Compagnie, Hauptmann von Seckendorff,

---

[1] Hierzu Kartenbeilage XX.

ging mit 20 Mann seiner Compagnie zur Aufklärung gegen den in seiner rechten Flanke und ungefähr 1200 Schritt von Nechanic gelegenen Gestütshof Steiskal vor. Kaum hier angelangt, rückten zwei feindliche Bataillone[1] von Alt-Nechanic her gegen Kunčic vor, entwickelten starke Schützenlinien jenseit der Wassergräben und eröffneten ein lebhaftes Feuer gegen die Patrouille des Hauptmanns von Seckendorff, welche auch in ihrer rechten Flanke durch eine hinter Heuhausen liegende starke Schützenlinie heftig beschossen wurde.

Durch eine Reiterordonnanz ließ Hauptmann von Seckendorff das nördlich bei Kunčic stehende dritte Glied seiner Compagnie unter Feldwebel Schumann zur Unterstützung heranholen, und gelang es ihm, so lange die Meierei zu halten und ein weiteres Vordringen des Feindes zu verhindern, bis er gegen 7 Uhr 30 Minuten die Meldung erhielt, daß der Feind die Mitte der von der chemischen Fabrik nördlich von Kunčic bis Steiskal (ungefähr 1500 Schritt) auseinandergezogenen Compagnie zu durchbrechen drohe. Hauptmann von Seckendorff beschloß daher die Meierei zu räumen und gegen Kunčic zurückzugehen. In größter Ruhe und feuernd ging die kleine Abtheilung einzeln längs der feindlichen Front zurück in solcher Nähe, daß der Feind, wenn er überhaupt noch im Zweifel über die Stärke derselben gewesen war, sie Mann für Mann zählen konnte.

Der Feind begnügte sich, die Abtheilung mit Schnellfeuer zu verfolgen, wodurch letztere nicht unbeträchtliche Verluste erlitt.

Da der linke Flügel der Stellung bei Kunčic vorläufig wenigstens nicht bedroht erschien, hatte Leutnant Fellmer das 2. Ploton dem bedrohten rechten Flügel der Compagnie entgegengeführt und Hauptmann von Gutbier II. auf Befehl des Bataillonscommandanten, Major von Wolffersdorff, die 2. Compagnie am Nordwestende von Kunčic zur Unterstützung und Aufnahme der 1. Compagnie aufgestellt.

Bevor Hauptmann von Seckendorff die Mitte seiner Stellung, welche Oberleutnant Opitz mit großer Ruhe und Energie bis jetzt vertheidigt hatte, erreichen konnte, sah er sich gezwungen, seine Abtheilung gegen eine in Sturmcolonne vorrückende preußische Compagnie zu entwickeln und vorzuführen. Es gelang ihm zwar den Feind zum Halten

---

[1] Das 2. Bataillon Füsilierregiments Nr. 33 und 2. Bataillon Infanterieregiments Nr. 56 von der Avantgarde unter Generalmajor von Schöler. Andere Quellen führen nur das erste Bataillon an, doch dürfte nach der spätern Stellung dieser beiden Bataillone angenommen werden, daß auch letzteres Bataillon gleichzeitig oder kurz darauf gegen Kunčic vorgegangen sei.

zu bringen, allein eine hierbei erhaltene schwere Schußwunde durch das Gesicht zwang ihn, das Commando der Compagnie dem Oberleutnant Opitz zu übergeben.

Der Feind begann Kunčic auf beiden Seiten zu umfassen. Oberleutnant Opitz besetzte die Nord- und Westseite von Kunčic, erkannte aber bald die Unmöglichkeit, den Ort gegen einen Angriff dauernd zu halten, und ging, nachdem die 2. Compagnie den südöstlichen Theil des Ortes besetzt hatte, unter lebhaftem Feuergefecht mit dem nachbringenden Feinde von Gehöft zu Gehöft bis zu dem Hradeker Thiergartenholze zurück. Die 2. Compagnie folgte dieser Bewegung. Der Thiergarten war mit einem starken Plankenzaune umschlossen, in dessen Mitte, wo die Straße in gerader Linie hindurchführte, ein Thor sich befand. Auf letzteres concentrirte der Feind, der bis an das Ostende des Dorfes gefolgt war, sein Feuer. Oberleutnant Opitz ließ deshalb rechts und links der Straße die Planken durchschlagen und brachte so die Compagnie ohne großen Verlust in den Wald. Während das 1. Ploton den Plankenzaun besetzte und ein lebhaftes Feuer unterhielt, gingen das 2. Ploton und die 2. Compagnie ungefähr 200 Schritt in eine Aufnahmestellung, an der durch das Holz nach Hradek führenden Straße, zurück.

Der Feind drückte auf beide Flügel der Stellung, während er sich in der Front auf ein Feuergefecht beschränkte, und zwang dadurch das 1. Ploton bald zum Zurückgehen nach der Aufnahmestellung. Beide Compagnien gingen nun langsam, sich gegenseitig aufnehmend, bis zum Dorfe Hradek zurück, wo sie 9 Uhr 30 Minuten durch eine Reiterordonnanz den Befehl erhielten, schnell zurückzugehen.

Die 1. Compagnie hatte bis zu diesem Moment 32 Mann an Todten, Verwundeten und Versprengten verloren. Unbekannt mit der Stellung der beiden andern Compagnien, führte Oberleutnant Opitz die Compagnie von Hradek aus in nordöstlicher Richtung weiter, bis er an dem Gehölze von Neu-Prim auf zwei österreichische Compagnien traf, ohne aber von denselben eine Nachricht über die Stellung der Sachsen erhalten zu können. Im Holze südlich von Ober-Prim ließ er die sehr erschöpfte Compagnie gegen 10 Uhr einen kurzen Halt machen, bis nach einer halben Stunde eine ausgesendete Patrouille mit der Nachricht zurückkehrte, die Brigade stehe bei Problus. Die Compagnie marschirte, dem westlichen Rande des Waldes von Briza folgend, nach Problus, stieß hier auf das 9. Bataillon, von welchem sie erfuhr, daß das 10. Bataillon auf dem linken Flügel von Problus stehe, und da auch der Commandant dieses Bataillons nicht wußte, wohin die 3. und 4. Compagnie des 11. Bataillons bestimmt waren, erbat sich Oberleutnant Opitz die Erlaubniß, sich dem 10. Bataillon anschließen zu dürfen.

Auf Anordnung des Majors von Abendroth stellte sich die Compagnie gegen 11 Uhr 30 Minuten hinter einem am Südausgange des Dorfes gelegenen bereits brennenden Gehöfte auf.

Die 2. Compagnie, deren Hauptmann und Oberleutnant verwundet waren, aber die Compagnie weiter führten, hatte sich von Hradek aus von der 1. Compagnie getrennt, war gegen 11 Uhr in Ober-Prim auf das österreichische 4. Bataillon Nobili gestoßen und von demselben zur Deckung des linken Flügels verwendet worden. Als später eine österreichische Batterie hierher vorging, marschirte die Compagnie zurück und wurde zur Deckung der linken Flanke der leichten Cavalleriedivision Edelsheim verwendet. Als letztere 12 Uhr 45 Minuten zu einem Vorstoße gegen die feindliche rechte Flanke abmarschirte, ruhte die Compagnie einige Zeit bei der österreichischen Brigade Wöber des VIII. Corps hinter dem Walde von Briza und suchte gegen 3 Uhr in der Richtung auf Rosnic den Anschluß an das zurückgehende Corps zu gewinnen, mußte aber auf Anordnung eines österreichischen Generals zur Deckung des Abmarsches Charbusic besetzen, von wo sie später den Rückzug auf Königgrätz antrat.

Der Bataillonscommandant, Major von Wolffersdorff, hatte die 1. und 2. Compagnie begleitet, um die Besetzung von Kuncic zu leiten, und war sodann, als überlegene feindliche Kräfte sich gegen diesen Ort entwickelten, gegen Hradek zurückgeritten, um womöglich die soeben von Vorposten abgelösten beiden Compagnien des 12. Bataillons zur Unterstützung wieder vorzuführen, ohne daß es ihm gelungen wäre, diese Compagnien rechtzeitig aufzufinden.

Bei seinem Vorreiten nach Kuncic hatte der Bataillonscommandant dem Hauptmann von Bosse den Befehl über die bei Hradek zurückgelassenen beiden Compagnien übertragen und den Bataillonsadjutanten Schreiber bei ihm zurückgelassen.

Die Stellung der 3. Compagnie zwischen Schloß und Dorf Hradek war sehr ungünstig, da der Waldrand bis auf 150 Schritt an dieselbe herantrat. Auch der auf dem Schloßthurme aufgestellte Posten, Oberleutnant Mehlig und 4 Mann, konnte bei dem Nebel, welcher sich bald in einen feinen, aber dichten Regen verwandelte, keine genügende Umsicht gewinnen; besonders konnten auch die durch den Wald nach dem Schlosse führenden Wege nur theilweise eingesehen werden, weil sie nicht gerade und senkrecht auf den Thurm zuführten.

Nur aus dem aus westlicher Richtung hörbaren Gewehrfeuer konnte man schließen, daß die beiden vorgeschobenen Compagnien in ein Gefecht verwickelt waren.

Vorgesendete Reiter, von den als Ordonnanzen beim Unterstützungsposten stehenden entnommen, kamen ebenso unverrichteter Sache zurück wie mehrere Patrouillen, da sie entweder bis zu den ³/₄ Stunden entfernten Compagnien nicht gekommen waren, oder auch die Richtung in dem ausgedehnten Thiergarten verfehlt hatten.

Gegen 3 Uhr überbrachte eine Reiterordonnanz vom Divisionsstabe den schriftlichen Befehl: „Das 11. Bataillon solle sich nach seiner Vereinigung auf Prim zurückziehen und zum Gros stoßen." Hauptmann von Bosse schickte die Ordonnanz mit dem Befehle gegen Kunčic vor, um den Bataillonscommandanten aufzusuchen.

Da vom Bataillonscommandanten kein Befehl zurückkam und nach Lage der Sache angenommen werden mußte, daß die beiden vordern Compagnien sich nicht auf Schloß Hrabek abgezogen hatten, ertheilte Hauptmann von Bosse der 4. Compagnie Befehl, ihre Posten einzuziehen und sich mit der 3. Compagnie auf der sanft ansteigenden Höhe, welche sich vom Kirchhofe nach Nordwesten hinzieht, zu vereinigen.

Sobald diese neue Stellung bezogen war, traf die 4. Compagnie des 12. Bataillons, Hauptmann Verlohren, bei den beiden Compagnien ein und brachte die Nachricht, daß die beiden vordern Compagnien sich von Kunčic in mehr südöstlicher Richtung abgezogen hätten. Kurz darauf traf auch der Bataillonscommandant, vom Silbende des Tores Hrabek herkommend, bei den drei Compagnien ein und führte dieselben, in Compagniecolonnen formirt, die 4. Compagnie des 12. Bataillons voran, die beiden andern auf 100 Schritt folgend, zurück. Der Marsch durch die hohen Getreidefelder war sehr mühsam. Man marschirte auf Neu-Prim, welches von der Compagnie Verlohren zur Deckung des weitern Rückmarsches für kurze Zeit besetzt wurde, erreichte gegen 10 Uhr den zwischen Ober- und Nieder-Prim sich hinziehenden Wiesengrund und erhielt hier den Befehl, an die östliche Seite von Nieder-Prim zu rücken und hier einstweilen in Reserve zu bleiben.

Gegen 10 Uhr 30 Minuten trafen beide Compagnien hier ein und stellten sich ungefähr 100 Schritt von dem östlichsten Gehöfte in Plotonscolonne auf, während die Zimmerleute vorberufen wurden, um an der Herrichtung des Ortes zur Vertheidigung mitzuarbeiten.

Vorpostengefecht bei Lubno.

Während dieses Vorpostengefechtes bei Kunčic hatte der Feind gleichzeitig auch Nechanic und Lubno angegriffen.

An ersterem Orte hatte das 8. Bataillon, welchem das am Wege nach Lubno aufgestellte 7. Bataillon und das weiter zurückstehende Garde-Reiterregiment nebst der Divisionsreiterei zur Aufnahme, und die reitende Granatkanonen-Batterie Zenker von einer Stellung nördlich des Kirchhofes aus zur Unterstützung dienten, mit großer Tapferkeit von 7 Uhr 30 Minuten bis 8 Uhr 45 Minuten die Angriffe des Feindes[1] zurückgewiesen. Erst nach erfolgter Zerstörung der Brücken in Alt-Nechanic und Nechanic und nachdem der Feind, nach Eintreffen neuer Bataillone in der Front, das Füsilierbataillon des 17. Regiments und ein Halbbataillon des 28. Regiments, gefolgt von dem 8. Jägerbataillon, die Bistric aufwärts nach Komarow hatte vorgehen und das 7. Bataillon in der Flanke beschießen lassen, ertheilte Oberstlieutenant Craushaar den Befehl, Nechanic zu räumen und zu den übrigen Bataillonen der Brigade an dem Gehölze von Popowic zurückzugehen.

Die 3. Brigade hatte bei Beginn des Angriffes auf Nechanic das 9. Bataillon dicht an Lubno rücken lassen, wo bereits seit dem 1. Juli ein Ploton dieses Bataillons die Brücke besetzt hielt. Das 10. Bataillon wurde nach Popowic geschickt und entsendete von hier die 2. Compagnie nach Tresowic. An beiden Orten, sowie in Mokrowous wurden die Bistricbrücken zerstört. Die 2. Compagnie blieb nach Zerstörung der Brücken in Mokrowous stehen, bis sie hier gegen 10 Uhr von der Compagnie Zillich des 5. Bataillons abgelöst wurde, und marschirte sodann auf erhaltenen Befehl nach Problus.

Das 9. Bataillon hatte den Befehl erhalten, die Brücke in Lubno bei Annäherung feindlicher Abtheilungen zu zerstören und ein Vordringen des Feindes über Lubno so lange zu verhindern, bis die Vortruppen von Nechanic auf dem Rückmarsche sich an Lubno vorbeigezogen haben würden.

Das Abbrechen der Brücke erfolgte bereits früh 6 Uhr 30 Minuten, weil um diese Zeit feindliche Schützen am jenseitigen Waldrande das Feuer eröffneten. Durch das Gelände gedeckt, hatten sich letztere gegen 7 Uhr bis dicht an Lubno herangezogen.

Von dem an der Brücke stehenden Ploton der 3. Compagnie besetzte sofort eine Section die der Brücke zunächstgelegenen Gehöfte, während die andere Section am Ufer der Bistric ausschwärmte, um ein Durchschreiten des Baches zu verhindern. Der Feind verhielt sich

---

[1] Füsilierbataillon des 17. Regiments, Füsilierbataillon des 28. Regiments, 2. Bataillon 33. Regiments. Letzteres ging jedoch sehr bald gegen Kuncic vor. Eine gezogene Batterie unterstützte den Angriff.

zunächst beobachtend, bis stärkere feindliche Abtheilungen in der Nähe der Mühle auftraten. Der Bataillonscommandant ließ sogleich den Hauptmann Puscher mit dem Reste der 3. Compagnie zur Vertheidigung des der abgebrochenen Brücke zunächstliegenden Abschnittes von Lubno vorgehen.

Inzwischen traten immer neue feindliche Abtheilungen in das Gefecht. Major von Leonhardi ließ deshalb noch ein Ploton der 4. Compagnie unter Oberleutnant Martini in das Dorf vorgehen mit dem Befehle: das Straßenkreuz und die anliegenden Gehöfte diesseit der Mühle zu besetzen und energisch zu vertheidigen.

Oberleutnant Martini besetzte mit einer Section die Gebäude und behielt die andere Section geschlossen in gedeckter Aufstellung als Reserve zurück.

Gegen beide Abtheilungen richtete der Feind ein starkes Infanterie- und Artilleriefeuer, doch gelang es, das weitere Vordringen des Feindes aufzuhalten, bis die aus Nechanic zurückgehenden Truppen bei Lubno vorüber waren.

Gegen 9 Uhr zog Major von Leonhardi die Besatzung von Lubno an das Bataillon heran und trat, gedeckt durch das 3. Glied der 1. Compagnie unter Oberleutnant Jahn, zunächst in Linie den Rückmarsch an, formirte aber bald, da das Bataillon heftig beschossen wurde, offene Colonne und ging bis an den Wald von Popowic zurück, wo das 8. Bataillon zur Aufnahme bereit stand.

Der Feind hatte, nach Angabe des preußischen Generalstabswerkes, gegen Lubno von Komarow her das Füsilierbataillon 17. Regiments, gefolgt vom 8. Jägerbataillon, und von Nechanic her die 11. und 12. Compagnie 28. Regiments entwickelt gehabt. Ersteres Bataillon verlor hier 3 Offiziere und über 80 Mann. Eine feindliche Batterie hatte Lubno beschossen, ohne aber den Vertheidigern besondern Schaden zuzufügen.

Wesentlich unterstützt wurde die Vertheidigung durch die Granatkanonen-Batterie von der Pforte, welche durch Granatkartätschen-Feuer die Annäherung des Feindes jenseit der Bistric längere Zeit verzögerte. Auch die reitende Batterie Zenker griff, nachdem Nechanic geräumt war, mit gutem Erfolge in das Gefecht bei Lubno ein.

Am Walde von Popowic erhielt Major von Leonhardi den Befehl, den weitern Rückmarsch mit der Richtung auf den Kirchthurm von Problus anzutreten.

Der Marsch wurde anfangs durch das sehr dichte Gehölz sehr erschwert. Gegen 10 Uhr 30 Minuten traf das Bataillon in Problus ein.

Das 10. Bataillon marschirte, nachdem es gegen 9 Uhr in Popowic von dem 5. Bataillon abgelöst worden war, ebenfalls nach Problus und erreichte gegen 10 Uhr mit drei Compagnien diesen Ort, wohin später die entsendete 2. Compagnie nachfolgte.

Ebendahin war gegen 9 Uhr aus der Stellung bei Lubno das 3. Jägerbataillon abgerückt, während gleichzeitig das 12. Bataillon, dessen 4. Compagnie, mit Ausnahme des 3. Gliedes, von Vorposten noch nicht eingetroffen war, zur Besetzung von Nieder-Prim abmarschirte. Letztern Ort besetzte außerdem auf directen Befehl Sr. Königlichen Hoheit des Kronprinzen das 4. Jägerbataillon.

Gegen 11 Uhr war demnach die Aufstellung der 3. Brigade folgende:

In Problus das 3. Jägerbataillon, das 9. und 10. Infanteriebataillon sowie die 1. Compagnie des 11. Bataillons.

In Nieder-Prim das 12., die 3. und 4. Compagnie des 11. Infanteriebataillons, sowie das 4. Jägerbataillon.

Südlich von Ober-Prim die 2. Compagnie des 11. Bataillons.

Auf dem Höhenkamme zwischen Problus und Nieder-Prim standen drei sächsische gezogene Batterien im Gefechte gegen die feindliche Artillerie, welche sich auf dem Höhenrücken zwischen Lubno und Hradek zu entwickeln begann.

Die Befestigung des linken Flügels der österreichischen Stellung war erst, als die Schlacht bereits im Gange war, vom Obercommando beschlossen worden. Der Geniedirector, Oberst von Piboll, schickte zu diesem Zwecke den Major von Ghyczy des Geniestabes mit dem 6. Pionierbataillon nach Problus, wo dasselbe 10 Uhr 30 Minuten eintraf.

Von diesem Bataillon wurde eine Compagnie nach Problus, eine nach Nieder-Prim beordert, während die beiden andern den westlichen Saum des Waldes von Briza durch einen Verhau befestigten.

Das Dorf Problus enthielt, außer der massiven Kirche, lauter schlechte Fachwerkbauten, meist mit Strohbedachung. Die Umfassung war lückenhaft und bestand zum größern Theil nur aus Stangen- und Lattenzaun, zum kleinern Theil aus dünnen Hecken. Die Gärten und die nähere Umgebung waren mit Obstbäumen bestanden.

Mit Hülfe jener österreichischen Pioniercompagnie sowie der vom Commando des österreichischen VIII. Corps zur Verfügung gestellten 3. Compagnie des 2. Pionierbataillons richteten die Zimmerleute des 3. Jägerbataillons und die ganze 2. Compagnie des 10. Bataillons den Ort zur Vertheidigung her. Hauptmann von Süßmilch I. der 2. Compagnie erhielt durch den Hauptmann Vollert vom Generalstabe den Befehl, die Westfront durch einen Verhau zu verstärken. Er verwendete hierzu, mit Ausnahme einer ganz kleinen Abtheilung, seine ganze Compagnie. Mit den Faschinenmessern wurden in kurzer Zeit die sämmtlichen Obstbäume niedergeschlagen und aus denselben ein geschleppter Verhau errichtet. Hacken und Schaufeln, um eine Brustwehr oder einen Schützengraben anzulegen, besaß die Compagnie nicht, und auch im Dorfe konnten dergleichen nicht aufgefunden werden. Die westlichen Dorfeingänge wurden verbarrikadirt, am Kirchhofe eine Brustwehr aufgeworfen. Das Commando in Problus übernahm Generalmajor von Carlowitz persönlich.

Das Dorf Nieder=Prim bestand in der Hauptsache ebenfalls aus kleinen, leicht gebauten Häusern und Gehöften, beiderseits der von Westen nach Osten laufenden Dorfstraße. An der Südwestseite des Dorfes lagen das Schloß mit geräumigem Hofe, die Brauerei und einige Wirthschaftsgebäude, von Gärten umgeben. Dieser Complex war massiv gebaut und bot, da das Gelände von hier aus nach Süden zu sanft abfiel, eine günstige Aufstellung für das Feuergefecht.

Ungünstig war der beherrschende Höhenrücken bei Hrabek, sowie das an den Schloßgarten bis auf kurze Gewehrschußweite herantretende Fasaneriegehölz.

Die Verstärkung von Nieder=Prim, welche von der österreichischen Pioniercompagnie, einer sächsischen Pionierabtheilung unter Hauptmann Richter und den Zimmerleuten des 4. Jäger= und 12. Infanteriebataillons ausgeführt wurde, bestand in Sperrung des Westausganges durch einen Verhau, Anlegung eines solchen an der Südseite des Schloßgartens und Niederschlagung der das Schußfeld sperrenden Obstbäume.

Das Schloß und die angrenzenden Gebäude wurden zur Vertheidigung eingerichtet und vor dem Brettzaune, welcher den nach der Fasanerie zu gelegenen Theil des Schloßgartens umgab, ein Graben ausgehoben.

Das Commando über die in Nieder=Prim befindlichen Truppen wurde dem Oberstleutnant von Craushaar übertragen, welcher 9 Uhr 30 Minuten dort eingetroffen war.

Die Arbeiten in Nieder=Prim und Problus wurden unter heftigem feindlichen Artilleriefeuer von der Höhe bei Hrabek her fertig gestellt und konnten bei der Kürze der Zeit nur flüchtig ausgeführt werden.

Oberstleutnant von Craushaar verfügte über die ihm unterstellten Kräfte folgendermaßen:

Vertheidigung von Nieder-Prim.

Vom 12. Bataillon, welches Major von Schweinitz führte, besetzte die 1. Compagnie mit dem 3. Gliede unter Oberleutnant von Beulwitz ein rechts der Straße nach Lubno am Dorfausgange gelegenes Haus, mit dem 2. Frontzuge unter Leutnant von Criegern die daranstoßenden Gärten und behielt den 1. Frontzug als Reserve hinter einem Hause zurück.

Die 2. Compagnie besetzte mit dem 3. Gliede unter Oberleutnant von Craushaar und dem 1. Frontzuge unter Leutnant von Wurmb den Schloßpark und die Gärten links des Dorfeinganges; der 2. Frontzug stand als Unterstützung dahinter im Parke.

Die 3. Compagnie wurde im Schloßhofe als Reserve aufgestellt.

Die 4. Compagnie besetzte mit dem 3. Gliede unter Oberleutnant von Pape die am westlichen Dorfausgange errichtete Barrikade, während die beiden Frontzüge die Reserve im Schloßhofe verstärkten.

Die 3. und 4. Compagnie des 11. Bataillons waren gegen 11 Uhr ebenfalls in den Schloßhof gerückt. Bald darauf erhielt die 4. Compagnie den Befehl, den Verhau an der Südseite des Schloßgartens zu besetzen, während die 3. Compagnie mit der 1. Section unter Oberleutnant Mehlig das erste Stockwerk eines vorspringenden Flügels des Wirthschaftsgebäudes vom Schloßgute besetzte und so die Gefechtslinie der 4. Compagnie verlängerte. Oberleutnant Mehlig hatte sogleich die Fenster mit Matratzen, Betten und ähnlichen Gegenständen verblenden lassen, sodaß diese Abtheilung keine Verluste durch feindliches Feuer erlitt. Ungünstig für die Besatzung war der Umstand, daß der einzige Ausgang aus dem Gebäude nach dem Feinde zu lag, die rückwärtige Seite nicht einmal Fenster hatte, und ein Ausgang bei der Stärke der Mauern nicht hergestellt werden konnte.

Der Rest der Compagnie blieb vorläufig hinter dem Wirthschaftsgebäude.

Das 4. Jägerbataillon stand als allgemeine Reserve am Ostausgange von Nieder-Prim.

Das Feuer der feindlichen Artillerie hatte sich immer mehr verstärkt, ohne aber wesentliche Verluste herbeizuführen; doch geriethen durch dasselbe die Brauerei und einzelne kleine Gebäude im Dorfe in Brand.

Die gezogene Batterie Richter war gegen 10 Uhr 30 Minuten gegen die feindliche Artillerielinie auf dem Kamme der Höhe zwischen Problus und Nieder-Prim aufgefahren und wurde bald darauf durch die gezogene Reservebatterie Walther sowie, etwas später, die gezogene Batterie Leonhardi verstärkt.

Gegen 11 Uhr 15 Minuten ging die feindliche Infanterie, welche seit einer Stunde vom östlichen Saume des Fasaneriegehölzes aus ein lebhaftes Feuergefecht mit der Dorfbesatzung von Nieder-Prim unterhalten hatte, zum Angriffe auf die Westseite dieses Ortes vor, wurde aber durch das mit Ruhe abgegebene Feuer der Besatzung mit starkem Verluste zum Rückzuge hinter den von der Fasanerie nach dem Dorfe sich heranziehenden Damm und in das Gehölz gezwungen.

Das 4. Jägerbataillon war während des Vorgehens des Feindes zur Verstärkung der Feuerlinie vorgezogen worden und hatte mit seiner 2. Compagnie den Baumgarten vor dem Parke besetzt, mit der 3. und 4. Compagnie die Besatzung des westlichen Dorfeinganges verstärkt, und die 1. Compagnie als Reserve auf der Dorfstraße zurückbehalten.

Feindlicherseits hatte die Avantgarde der Elbarmee kurz nach 11 Uhr folgende Aufstellung erreicht.

Auf dem rechten Flügel bei Hradek standen das 2. Bataillon 33. und das 2. Bataillon 56. Regiments.

Im Centrum, auf der von Hradek nach Lubno sich hinziehenden Höhe: 9. und 10. Compagnie des 28. Regiments, das 1. Bataillon des 40. und das Füsilierbataillon des 69. Regiments sowie 24 Geschütze. Hinter der Höhe die Husarenbrigade von der Goltz.

Auf dem linken Flügel in und bei Lubno 11. und 12. Compagnie des 28. Regiments, das Füsilierbataillon des 17. Regiments und das 8. Jägerbataillon.

Die 15. Division, von Canstein, hatte die Straßenenge von Nechanic noch nicht völlig überschritten und hatte den Befehl, gefolgt von der Husarenbrigade, über Hradek gegen Ober-Prim vorzugehen, während die zur Zeit noch hinter Nechanic stehende 14. Division, Graf Münster, durch Popowic auf Problus marschiren sollte.

Die zu hinterst befindliche Reserve-Cavalleriebrigade von Kotze und die 16. Division, von Etzel, sollten als Reserve hinter dem Centrum verfügbar gehalten werden.

General von Herwarth hatte erkannt, daß mit der Wegnahme von Problus, welches die gegen Langenhof und die Königgrätzer Kunststraße sich senkende Niederung vollkommen flankirt und beherrscht, die starke österreichische Artillerielinie, welche bisjetzt das Vorrücken der I. Armee im Centrum verhinderte, zum Zurückgehen gezwungen werden würde.

Ein frontaler Angriff auf Problus konnte nur mit starkem Verluste ausgeführt werden. General von Herwarth beschloß daher, Problus von beiden Flügeln her anzugreifen und die sächsische Front durch die zu verstärkende Artillerie von der Höhe von Lubno aus zu beschäftigen.

In Gemäßheit dieser Anordnung führte Generallieutenant von Canstein persönlich die an der Tête marschirende 30. Brigade, von Glasenapp, seiner Division über Hradek gegen Ober-Přim vor und ertheilte der 29. Brigade, von Stückradt, den Befehl, als linke Staffel, Schloß Hradek rechts lassend, in der Richtung auf Neu-Přim zu folgen.

Noch vor dem Antritte obiger Bewegungen hatte sich von dem rechten Flügeldetachement der Avantgarde das 2. Bataillon 33. Regiments über Neu-Přim und die Schäferei gegen Nieder-Přim gezogen und die 8. Compagnie links in die Fasanerie entsendet, während die drei andern Compagnien außerhalb des Holzes Halt machten.

Ebenso hatte Generalmajor von Schöler vom Centrum der Avantgarde das 1. Bataillon 40. Regiments in die Fasanerie vorgehen lassen. Dasselbe besetzte den östlichen Saum dieses Gehölzes, während das nachgerückte Füsilierbataillon 69. Regiments die östlichen Vorsprünge des Hradeker Waldes sowol gegen Jehlic wie gegen Neu-Přim besetzten.

Se. Königliche Hoheit der Kronprinz von Sachsen hatte diese Bewegungen gegen seine linke Flanke rechtzeitig erkannt und ließ nach 11 Uhr das VIII. österreichische Corps ersuchen, zur Sicherung gegen Ueberflügelung Ober- und Neu-Přim, sowie das anliegende Holz zu besetzen. Von diesem Corps rückte auch zwischen 11 und 12 Uhr die Brigade Roth auf die Höhen östlich von Ober-Přim und besetzte den südlichen Theil des Waldes von Břiza. Von der Brigade Schulz, welche bereits mit dem 4. Bataillon Nobili Ober-Přim besetzt hielt, wurden noch das 1. und 2. Bataillon dieses Regiments nach diesem Orte und dem Walde von Ober-Přim vorgeschoben.

Generalmajor Baron Edelsheim ließ von der 1. leichten Cavalleriedivision die Brigade Fratricsevics in die linke Flanke zur Deckung des VIII. Corps abmarschiren und 2 4-pfündige Cavalleriebatterien auf der Höhe zwischen Nieder-Přim und der Waldparcelle nördlich von Ober-Přim auffahren und gegen die Fasanerie das Feuer eröffnen.

Auch die sächsische Geschützlinie auf dem Höhenrande von Problus wurde gegen 12 Uhr durch zwei Batterien des VIII. Corps verstärkt.

Im Centrum und auf dem linken Flügel der sächsisch-österreichischen Stellung stand das Gefecht um diese Zeit günstig.

Der Feind konnte offenbar gegen die starke Artillerie keine Fortschritte machen; von dem verhängnißvollen Eintreffen der Spitzen der II. preußischen Armee auf dem österreichischen rechten Flügel hatte man bei Problus keine Kunde.

Um die sich immer mehr ausprägende Umgehung des linken Flügels zu hemmen, beschloß Se. Königliche Hoheit der Kronprinz von Sachsen gegen Mittag, die feindliche Aufstellung durch einen Offensivstoß über Nieder-Prim gegen Hradek zu durchbrechen.

Die Leibbrigade nebst der Granatkanonen-Batterie Hering-Göppingen und der 3. Schwadron des 1. Reiterregiments erhielt den Befehl, durch die zwischen Nieder- und Ober-Prim sich hinziehende, von Osten nach Westen sanft abfallende Mulde zunächst gegen die Fasanerie vorzugehen. Oberstleutnant von Craushaar wurde von diesem Vorgehen in Kenntniß gesetzt. Sowie das vorderste, 15. Infanteriebataillon bis in die Höhe des Schlosses von Nieder-Prim vorgerückt war, ließ derselbe die vordersten Compagnien der Dorfbesatzung zur Unterstützung des Angriffes ebenfalls vorgehen.

Dem rechten Flügel des 15. Bataillons, welcher auf die am weitesten nach Osten gerichtete Spitze der Fasanerie vorging, schlossen sich die beiden Frontzüge der 4. Compagnie des 12. Bataillons an, welche aus dem Schlosse nach dem Verhaue vorgerückt waren und bis zur Annäherung des 15. Bataillons die Fasanerie lebhaft beschossen; rechts neben letztern gingen die 2. Compagnie des 4. Jägerbataillons sowie die 2. Compagnie des 12. Infanteriebataillons vor, welcher sich der Zug des 3. Gliedes der 4. Compagnie unter Oberleutnant von Pape anschloß.

Die drei übrigen Compagnien des 4. Jägerbataillons folgten ebenfalls und wendeten sich gegen die Nordseite der Fasanerie.

Die 1. Compagnie des 12. Bataillons besetzte zur Aufnahme der vorgegangenen Abtheilungen die westliche Umfassung von Nieder-Prim.

Durch das auf 600 Schritt abgegebene Feuer der Batterie Hering-Göppingen unterstützt, griffen die vorgeschobenen Compagnien, ohne sich auf ein Feuergefecht einzulassen, trotz des heftigsten feindlichen Infanterie- und Artilleriefeuers in bester Ordnung das Gehölz mit dem Bajonett an.

Die 1. Compagnie des 15. Bataillons, die 4. Compagnie des 12. Bataillons und die 2. Compagnie des 4. Jägerbataillons erstürmten gleichzeitig den Damm und den östlichen Saum der Fasanerie. Der Commandant der 4. Compagnie, Hauptmann Verlohren II., wurde hier durch einen Schuß in den Oberleib schwer verwundet.

Im Walde entspann sich nun ein heftiges Gefecht mit der feindlichen Besatzung (5 Compagnien), durch welches der bereits erschütterte und von drei Seiten umfaßte Feind sehr bald zum Rückzuge auf Jehlic und Hradek gezwungen wurde.

Einige 30 Gefangene vom 40. Regiment wurden zurückgebracht.

Der übrige Verlust des Feindes in diesem Gefechte wird auf 2 Offiziere, 105 Mann angegeben.

Nach völliger Besitznahme des Waldes ließ Oberstleutnant von Craushaar den westlichen Saum der Fasanerie durch die 2. und 4. Compagnie des 4. Jägerbataillons besetzen. Die beiden andern Jägercompagnien, die 2. und 4. Compagnie sowie die noch heranbeorderte 1. Compagnie des 12. Bataillons standen als Reserve hinter denselben.

Obgleich auf dem linken Flügel zwei Compagnien des 16. Bataillons die Schäferei von Neu-Prim erstürmt und den Feind in den Wald von Hradek zurückgeworfen hatten, sah sich dennoch der Commandant der Leibbrigade, Oberst von Hausen, gezwungen, ein weiteres Vordringen vorläufig einzustellen, die Schäferei von Neu-Prim wieder zu räumen und seine verfügbaren Kräfte zur Sicherung seiner bedrohten linken Flanke zu verwenden.

Von der feindlichen Avantgarde hatte das 2. Bataillon 56. Regiments die in dem Walde von Ober-Prim befindlichen schwachen österreichischen Abtheilungen vertrieben, sich an dem nördlichen Waldrande entwickelt und ein lebhaftes Feuergefecht gegen Ober-Prim eröffnet.

Die 1 Uhr 15 Minuten in Ober-Prim eingetroffene österreichische Brigade von Schulz, begleitet von zwei Compagnien der Leibbrigade, drängte zwar jenes feindliche Bataillon zurück, stieß aber bald auf die preußische 30. Brigade, wurde von derselben umfaßt und mit überaus großem Verluste, besonders auch an Gefangenen, in der Richtung auf Ober-Prim zurückgeworfen. Auch die Brigade Roth, welche ursprünglich Ober-Prim besetzen sollte, während des Vormarsches aber den Befehl erhalten hatte, zur Unterstützung der Brigade Schulz in den Wald von Ober-Prim einzurücken, erlitt das gleiche Schicksal und mußte sich nach dem Walde von Briza zurückziehen.

Se. Königliche Hoheit der Kronprinz von Sachsen hatte, als der Vormarsch der Leibbrigade zum Stehen gekommen war, der 2. Brigade den Befehl ertheilt, sich auf den linken Flügel der ersteren zu setzen, und sodann im Vereine mit derselben in der Richtung auf Hradek vorzudringen.

Als die 2. Brigade, in zwei Treffen formirt, mit dem ersten Treffen in der Höhe der Fasanerie sich gegen Neu-Prim zu entwickeln begann, warf sich die Brigade Schulz nach ihrem unglücklichen Gefechte im Walde von Ober-Prim in völliger Auflösung auf die Tête und linke Flanke der Brigade und brachte sie theilweise in Unordnung. Unmittelbar darauf erschien der Feind mit drei Bataillonen in Linie am nördlichen Rande des Waldes und gab in die dichten Massen Salvenfeuer, während gleichzeitig in der Front, aus Neu-Prim, sechs Compagnien des 65. Regiments hervorbrachen.

Diesem umfassenden Feuer konnten die drei Bataillone des ersten Treffens der 2. Brigade nicht lange widerstehen und zogen sich nach starkem Verluste in das Dorf Nieder-Prim zurück.

Die treffliche Haltung des 2. Jägerbataillons hielt den Feind zwar einige Zeit zurück, doch mußte auch dieses Bataillon bald nach dem östlichen Theile von Nieder-Prim zurückgehen.

Als die Leibbrigade ihren Vormarsch einstellte, hatte Oberstleutnant von Craushaar, da ihm der Befehl, die Offensive fortzusetzen, nicht bekannt war, ihm vielmehr die Nachricht von der Anwesenheit starker feindlicher Abtheilungen bei Ober-Prim sowie von dem Auftreten feindlicher Colonnen bei Lubno zuging, befohlen, daß die aus Nieder-Prim vorgegangenen Compagnien ihre frühere Stellung daselbst wieder besetzen sollten. Zur Deckung seines Abzuges, welcher vom Feinde nicht gestört wurde, ließ Oberstleutnant von Craushaar die bisher in Reserve gestandene 1. Compagnie des 12. Bataillons an den westlichen Saum der Fasanerie vorrücken. Hier blieb diese unter ihrem Hauptmann von Seydlitz und geführt vom Major von Schweinitz stehen, bis, gegen 2 Uhr, die im Walde befindlichen Abtheilungen der Leibbrigade ihren Rückzug um und durch Nieder-Prim vollendet hatten, und bis sie sich selber von starken feindlichen Colonnen von drei Seiten bedroht und fast vom Dorfe abgeschnitten sah, worauf sie den Rückmarsch antrat und sich wieder im Schloßhofe aufstellte. Die Besetzung des Ortes blieb in der Hauptsache die frühere. Hauptmann Kemnitzer mit der 2. Compagnie und Oberleutnant von Pape besetzten wieder die Westseite von Nieder-Prim, doch stellte letzterer, welcher an Stelle des schwer verwundeten Hauptmanns Verlohren die Führung der 4. Compagnie übernommen hatte, an der Barrikade außer dem 3. Gliede noch den 1. Frontzug auf, während er den 2. Frontzug unter Leutnant Thimmig in den Schloßhof zur Reserve schickte. Die 3. Compagnie erhielt um diese Zeit, kurz nach 2 Uhr, vom Oberstleutnant von Craushaar den Befehl, die bisher von derselben bedeckte Fahne an den Zug des Leutnants Thimmig abzugeben und den Verhau an der Südseite zu besetzen, um durch ihr Feuer ein weiteres Vordringen des Feindes aufzuhalten. Da jedoch die in dichten Schaaren auf dieser Seite zurückflüchtenden Oesterreicher ein Feuergefecht unmöglich machten, wurde die Compagnie nach kurzer Zeit wieder in den Schloßhof zurückgenommen. Das 4. Jägerbataillon besetzte wieder den östlichen Theil von Nieder-Prim und mit seiner 2. Compagnie den südlichen Dorfrand.

Während die zurückgenommenen Bataillone der Leib- und 2. Brigabe allmählich hinter den Höhenkamm von Problus zurückgingen, formirte sich der Feind zum umfassenden Angriffe auf Nieder-Prim.

General von Stückradt ging mit Abtheilungen der 29. Brigade, und zwar zunächst dem 1. und 2. Bataillon des 65. Regiments, gefolgt von den wieder gesammelten Avantgardenbataillonen der Regimenter Nr. 40 und 33, von Neu-Prim aus, ebenso Oberst von Zimmermann mit Abtheilungen vom 40. und 65. Regimente von Ober-Prim aus, gegen die Westseite und das Schloß von Nieder-Prim vor. Nördlich des Lubnoer Weges war die Brigade Hiller im Anmarsche. Die feindliche Artillerie, welche auf der Lubnoer Höhe sich bis auf 66 Geschütze verstärkt hatte, war kurz nach 2 Uhr mit ihrer Hauptmasse bis auf 2000 Schritt an Nieder-Prim herangerückt und bereitete den Angriff der Infanterie auf den Ort durch ihr Feuer vor.

Gegen diesen Angriff war das Dorf, welches an mehrern Stellen brannte, nicht mehr zu halten.

Oberstleutnant von Craushaar ertheilte daher, als der Feind auf kurze Schußweite herangekommen war, den Befehl zum Rückzuge. Das 12. Bataillon, welchem die 4. Compagnie des 11. Bataillons folgte, und das 4. Jägerbataillon gingen in guter Ordnung und fest geschlossen nach dem Höhenkamme von Problus zurück. Ersteres nahm vorläufig hinter diesem Orte Stellung, letzteres marschirte nach dem von der 1. Brigade besetzten Walde von Briza.

Die 3. Compagnie des 11. Bataillons hatte sich zum Gefecht an dem südlichen Dorfsaume ungefähr in der Mitte der Umfassung entwickelt. Die 3. und 4. Section derselben besetzten eine geräumige Scheune mit Holzwänden, durch welche in Anschlagshöhe Schießluken geschlagen wurden. Die 2. Section legte sich rechts der Scheune hinter Erd- und Düngerhaufen an, während das 3. Glied unter dem 2. Feldwebel die links an die Scheune anstoßende nur aus lebendigen Hecken bestehende Umfassung besetzte. Die 1. Section unter dem Oberleutnant Mehlig war bereits vorher aus dem Wirthschaftsgebäude zurückgezogen worden und blieb unmittelbar hinter der Scheune mit der Fahne als Reserve stehen.

Gegen 2 Uhr 30 Minuten traten die feindlichen Colonnen ihren Vormarsch auf Nieder-Prim an. Die Stellung der 3. Compagnie wurde nicht direct angegriffen, sondern nur mit dem heftigsten, aber fast wirkungslosen Feuer überschüttet. Der Vormarsch des Feindes richtete sich auf den Park und das Schloß. Die Compagnie mußte daher ihr Feuer in schräger Richtung nach halbrechts abgeben und wurde dabei vielfach durch den an der Südseite angelegten Verhau gehindert, welcher, je näher der Feind kam, denselben um so mehr dem Auge der Schützen entzog.

Der Feind hatte sich allmählich mit allen Abtheilungen in den Park gezogen; sächsische Truppen waren im Dorfe nicht mehr zu bemerken. Die Compagnie mußte daher, um nicht abgeschnitten und gefangen zu werden, schleunigst ihre Stellung räumen.

Hauptmann von Bosse ließ die Compagnie nach der Dorfgasse zurückgehen und führte sie auf derselben, heftig, aber erfolglos beschossen, nach dem Ostausgange des Dorfes, ordnete sie hier wieder und führte sie, in Compagniefront marschirend, über den Höhenrand nach dem Walde von Briza. Mehrere Verwundete, welche die Compagnie bei diesem Rückmarsche verlor, wurden durch Freiwillige, welche auf Aufruf des Hauptmanns bei ihnen zurückblieben, der Compagnie nachgeführt.

Nach Uebersteigung des an der Westseite des Waldes angelegten Verhaues machte die Compagnie Halt. Hauptmann von Bosse erbot sich zur Unterstützung der dort stehenden Abtheilungen der 1. Brigade, doch wurde dieses Anerbieten abgelehnt, um eine Vermischung der Mannschaften verschiedener Brigaden zu vermeiden.

Die Compagnie ging deshalb noch 100 Schritt zurück, wobei sie infolge des überaus dicht verwachsenen Unterholzes vielfach unter- und auseinander kam. Während Hauptmann von Bosse noch beschäftigt war, die Compagnie hier zu sammeln und zu ordnen, kam die von dem Waldsaume zurückgedrängte Schützenlinie der 1. Brigade zurück, rollte die Compagnie von der Flanke her auf und riß den größten Theil derselben willenlos mit sich fort.

Das dichte Unterholz, die nach allen Richtungen auseinanderlaufenden Fußpfade und das heftige Feuer des Feindes vom Rücken her bewirkten eine Auflösung der Compagnie in größere und kleinere Trupps.

Der Leutnant von der Planitz war um diese Zeit, völlig erschöpft, ohnmächtig zusammengebrochen und gerieth in Gefangenschaft.

Oestlich vom Walde von Briza ließ Hauptmann von Bosse „Sammeln" blasen, brachte ungefähr die Hälfte der Compagnie wieder zusammen und setzte sodann im Anschlusse an andere Abtheilungen der 3. Brigade den Rückzug durch den südwestlichen Theil von Briza gegen Ziegelschlag fort.

Vertheidigung von Problus.

Fast gleichzeitig mit dem Angriffe auf Nieder-Prim hatte der Feind sich auch gegen Problns entwickelt.

Generalmajor von Carlowitz, welcher hier das Commando führte, hatte durch das 3. Jägerbataillon in vier Gruppen die Westfront von Problus besetzen lassen und die Verlängerung und Verstärkung der beiden Flügel dieses Bataillons durch je eine Compagnie des 9. und 10. Bataillons angeordnet, während die andern Compagnien dieser beiden Bataillone einstweilen in Reserve hinter den beiden Flügeln stehen bleiben sollten.

Auf dem rechten Flügel der Stellung besetzte die 1. Compagnie des 9. Bataillons mit dem 2. Ploton unter Leutnant Schmalz den Ortsrand und behielt das 1. Ploton unter Oberleutnant Jahn als Unterstützung geschlossen zurück.

Die 2. Compagnie erhielt den Befehl, den Kirchhof und die Kirche zu besetzen. Die 3. und 4. Compagnie blieben als allgemeine Reserve an dem nordöstlichen Ende des Dorfes stehen.

Das 10. Bataillon besetzte mit der 3. Compagnie die südwestliche Seite des Dorfes. Die 1. Compagnie stand als Unterstützung hinter derselben, die 2. und 4. Compagnie, an welche sich nach ihrem Eintreffen von Hradek später die 1. Compagnie des 11. Bataillons anschloß, wurden als Reserve hinter dem südöstlichen Ende des Dorfes aufgestellt.

Der Feind hatte alsbald nach Besitznahme der Höhe von Lubno das Artilleriefeuer auf Problus eröffnet, ohne aber dadurch den Vertheidigern nennenswerthe Verluste zuzufügen. Dagegen wurden nach und nach sechs Gehöfte auf der Südhälfte des Ortes in Brand geschossen und die Reservecompagnie des 10. Bataillons dadurch gezwungen, eine etwas weiter nach rückwärts gelegene Aufstellung an dem nach Bříza führenden Wege zu nehmen.

Ein directer Angriff des Feindes auf Problus erfolgte zunächst nicht.

Nachdem gegen 1 Uhr die 2. Infanteriebrigade zu dem Vorstoße gegen Hradek abmarschirt war, erhielt Generalmajor von Carlowitz den Befehl, daß die 3. Infanteriebrigade nunmehr die Sicherung ihrer rechten Flanke selbst zu übernehmen habe.

Auf Befehl des Generals von Carlowitz entsendeten dementsprechend die östlich von Problus haltenden zwei Schwadronen Divisionsreiterei (Schwadronen Genthe und von Radke) Patrouillen gegen den Wald von Popowic, eine Patrouille gegen Střesetic, um festzustellen, ob dasselbe von diesseitigen Truppen besetzt sei, ferner eine Patrouille einer österreichischen Brigade entgegen, welche von Nordosten im Anmarsche auf Problus war, um derselben die Besetzung von Problus mitzutheilen, sowie endlich eine Patrouille gegen Nieder-Přim, um über den Verlauf des dortigen Gefechtes Nachricht zu erhalten.

Die Meldungen der Patrouillen besagten, daß der Wald von Po-

powie durch stärkere feindliche Abtheilungen besetzt sei, Střeřetic noch von dem sächsischen 7. Bataillon¹ festgehalten werde, daß die österreichische Brigade weiter vorrücken werde und der Brigadier, angeblich Generalmajor Gondrecourt², sich alle weitern Dispositionen vorbehalte, endlich, daß auf dem linken Flügel die diesseitigen Abtheilungen zurückgedrängt würden.

Die beiden Schwadronen wurden darauf hin etwas näher an Problus herangezogen. Inzwischen konnte man gegen 2 Uhr 30 Minuten auf der Höhe von Problus nicht nur den Kampf um Chlum, welches 2 Uhr 45 Minuten vollkommen in preußischen Händen war, sondern auch das Zurückweichen des österreichischen rechten Flügels gegen die Kunststraße nach Königgrätz deutlich wahrnehmen. Auf dem äußersten linken Flügel hatte um diese Zeit die Stellung von Nieder-Přím geräumt werden müssen; der Feind drohte hier immer mehr den linken Flügel zu umfassen, den Rückzug der Sachsen abzuschneiden und dieselben auf den bereits weichenden rechten österreichischen Flügel zurückzuwerfen; das VIII. österreichische Corps war in der Hauptsache nicht mehr gefechtsfähig, eigene Reserven standen nicht mehr in genügender Zahl zur Verfügung.

Unter diesen Umständen ertheilte Se. Königliche Hoheit der Kronprinz kurz nach 2 Uhr 30 Minuten den Befehl zum Rückzuge aus der bisher behaupteten Stellung.

Der Rückzug hatte der Art zu erfolgen, daß zunächst die zwischen dem X. österreichischen und dem sächsischen Corps stehende 1. Reiterbrigade gegen Rosnic zurückging, sodann die im Sammeln bei der Sandgrube von Problus begriffenen Abtheilungen der 2. und Leibbrigade sich hinter der Nordwestspitze des Waldes von Břiza bei dem Vorwerke Bor aufstellten und endlich die auf dem vordern Kamme der Probluser Höhe stehenden fünf Batterien, welchen, vom rechten Flügel abbrechend, die fünf gegen Ober- und Nieder-Přím feuernden

---

¹ Beruhte auf einem Irrthum. Zwischen Střeřetic und Tresowic stand die sächsische gezogene Batterie Hendenreich; zu ihrer Bedeckung die Schwadron Platzmann des Gardereiter-Regiments und die 4. Compagnie des 7. Infanteriebataillons.

² Nach dem Gefechtsberichte der 3. Brigade. Eine Brigade Gondrecourt existirte nicht. Es könnte die Brigade Piret gemeint sein, welche von dem interimistischen Führer des 1. Corps, Generalmajor von Gondrecourt, 2 Uhr 45 Minuten gegen die Höhen von Problus abgesendet wurde, doch würde die Zeit eher auf die Brigade Wöber des VIII. Corps schließen lassen. Vgl. Oesterreichs Kämpfe, Bd. III, S. 337 und 338.

Batterien folgten, nach der Waldspitze bei Bor zurückgingen und hier mit der Front gegen Problus erneut auffuhren.

Nach dem Eintreffen der Batterien hatten die beiden Infanteriebrigaden ihren weitern Rückmarsch in der Richtung auf Břiza anzutreten.

Zur Sicherung des Rückzuges war die möglichst lange Behauptung von Problus und des am Westrande des Waldes von Břiza angelegten Verhaues nothwendig und erhielten dementsprechend die dort befindlichen Abtheilungen den Befehl, den Abzug des Armeecorps im Sinne von Arrièregarden zu decken.

Feindlicherseits hatte, wie bereits oben erwähnt, General von Herwarth den Entschluß gefaßt, Problus durch umfassenden Angriff zu nehmen.

Die zum Angriffe gegen Problus bestimmte 14. Infanteriedivision, Graf Münster, hatte gegen 1 Uhr ihren Aufmarsch südlich von Lubno beendet und marschirte, unter Zurücklassung von zwei Bataillonen zur Bedeckung der Artillerie und zur Besetzung von Lubno, zunächst nach dem Walde von Popowic, welcher bereits durch eine Abtheilung der Avantgardenbrigade besetzt war.

Das 1. Treffen, die 27. Brigade unter Generalmajor von Schwarzkoppen, nur aus vier Bataillonen bestehend, nahm das Füsilierbataillon des 56. Regiments, in Compagniecolonnen auseinandergezogen, in das Vortreffen; das 1. Bataillon desselben Regiments und das Füsilierbataillon 16. Regiments folgten als Haupttreffen. Als Richtpunkt war denselben der Kirchthurm von Problus gegeben worden. Das 2. Bataillon 16. Regiments hatte links gegen den Nordausgang von Problus vorzugehen. Dem Vorgehen der 27. Brigade schlossen sich von den im Walde von Popowic befindlichen Truppen das Füsilierbataillon 17. Regiments, zwei Compagnien des 28. Regiments und eine des 8. Jägerbataillons an.

Die 28. Brigade, Generalmajor von Hiller, formirte sich 300 Schritt hinter der 27. und zwar mit dem 1. Bataillon 57. Regiments im Vortreffen, dem Füsilierbataillon desselben Regiments und dem 1. Bataillon 17. Regiments im Haupttreffen und dem 2. Bataillon 17. Regiments als Reserve.

Diese Brigade wendete sich, in das Verhältniß einer rechtsrückwärtigen Staffel zu der 27. Brigade tretend, gegen den Höhenrücken zwischen Problus und Nieder-Přim.

General von Herwarth begleitete persönlich die Division bei ihrem Vormarsche.

Um 2 Uhr 30 Minuten, zu derselben Zeit, als die sächsische Ar-

tillerie den Befehl zum Zurückgehen erhielt, trat die feindliche Têten-
brigade ihren Vormarsch aus dem Walde von Popowic an, anfangs
von dieser Artillerie und der bei Střeſetic stehenden Batterie Heiden-
reich mit gutem Erfolge beschossen.

Nach dem Abfahren der Batterien von dem Höhenrande von Problus blieb die dortige Besatzung auf ihre eigenen Kräfte angewiesen.

Der fest geschlossen und in musterhafter Ordnung vorrückende Feind,
welcher auf 1000 Schritt vor dem Dorfe starke Schützenlinien entwickelte, wurde von einem lebhaften und wohlgezielten Feuer empfangen. Seine Verluste häuften sich; die Fahne des einen Bataillons ging dreimal in andere Hände über. Nichts aber vermochte den
Vormarsch dieser tapfern Bataillone zu hemmen.

Bei Annäherung des Feindes rückte auf dem rechten Flügel der
Vertheidigungslinie das 1. Ploton der 1. Compagnie des 9. Bataillons in die Feuerlinie vor. Ebenso wurde die ganze 2. Compagnie
in die Gefechtslinie des Jägerbataillons eingeschoben und besetzte ein
an dem westlichen Dorfsaume gelegenes Gehöft.

Der Feind, welcher sich beim Vorgehen etwas nach rechts zog,
machte mit seinem Vortreffen auf 400 Schritt vor dem Dorfe, wo ein
Erdbrand ihm einige Deckung bot, Halt und suchte durch Massenfeuer
die Vertheidiger des Dorfsaumes zu vertreiben. Die meisten Geschosse
gingen jedoch zu hoch. Das Haupttreffen der 28. Brigade und die
27. Brigade waren im Vormarsche geblieben. Auf dem rechten Flügel
der Vertheidigungslinie brach jetzt die 4. Compagnie des 9. Bataillons über den Dorfrand vor und beschoß die vorgehenden feindlichen
Abtheilungen in der Flanke. Ebenso führte Hauptmann von Süßmilch I. auf dem linken Flügel die Plänkerzüge der 2. Compagnie
unter Leutnant Klette und der 4. Compagnie unter Leutnant von
Brzeski in die Feuerlinie vor bis in die Höhe der Gartenhecken und
bildete mit denselben einen Haken vorwärts.

Während des Vorgehens der beiden Züge gingen zahlreiche Abtheilungen der österreichischen Brigaden Schulz und Wöber von Ober-
und Nieder-Prim aus in völliger Auflösung durch dieselben zurück.

Die beiden Züge behaupteten lebhaft feuernd ihre Stellung, bis
der Feind in das Dorf eindrang und feindliche Infanterie von Prim
her in ihrem Rücken sich zeigte.

Die 1. Compagnie des 11. Bataillons unter Oberleutnant Opitz
suchte die Lücke zwischen dem 3. Jäger- und 10. Infanteriebataillon
auszufüllen. Trotz alledem gelang es dem Feinde, zwischen beiden
letztern Bataillonen durchzubrechen. Ein Versuch der drei Reserve-
compagnien des 10. Bataillons, durch einen Vorstoß um das Südende

des Dorfes herum das weitere Eindringen des Feindes in den Ort zu
verhindern, gelangte nur bis an den Westrand von Problus und
mußte wieder aufgegeben werden, da bereits feindliche Abtheilungen
von Nieder-Prim aus gegen die Hochfläche vorrückten.

Ungefähr sieben Bataillone drangen fast gleichzeitig in den Ort ein.

Im Dorfe selbst war nur noch die 3. Compagnie des 9. Batail=
lons verfügbar, und obwol dieselbe sich in der Dorfgasse dem vor=
gedrungenen Feinde energisch entgegenwarf, mußte sie bald der Ueber=
macht und der Ueberlegenheit des Zündnadelgewehres weichen.

Generalmajor von Carlowitz war gefallen; eine einheitliche Leitung
der Truppen nicht mehr möglich.

Zwar setzten noch Abtheilungen aller drei Bataillone den Kampf
theils am Saume, theils im Innern des Dorfes, namentlich am Kirch=
hofe, fort; allein in kurzer Zeit mußten sie den Widerstand aufgeben
und sich zurückziehen.

Die 2. Compagnie des 9. Bataillons hatte sich in dem Gehöfte
an der Umfassung behauptet, bis das Gehöft von zwei Seiten von
starken feindlichen Abtheilungen umgangen und die Compagnie bereits
im Rücken beschossen wurde.

Von der 1. Compagnie unternahm das 1. Ploton unter Ober=
leutnant Jahn im Dorfe einen kurzen, aber erfolglosen Vorstoß. Die
Compagnie mußte das Dorf verlassen, wobei der Feind auf kaum
60 Schritte rechts von derselben stand, ohne aber lebhaft zu feuern.

Ein Graben bot der Compagnie eine gewisse Deckung, sodaß sie
ohne großen Verlust sich zurückziehen konnte.

Die 4. Compagnie war, nachdem der Feind in das Dorf ein=
gedrungen war, auf den Platz zurückgegangen, wo sie anfangs in Re=
serve gestanden hatte.

Als sie hier sehr bald in Flanke und Rücken beschossen wurde, ging
sie abtheilungsweise zurück, mußte aber, da der Feind schon zu weit
vorgedrungen war, zunächst in nördlicher Richtung ausweichen, sam=
melte sich wenige hundert Schritt vom Dorfe entfernt und rückte später
auf den rechten Flügel der im Vorgehen begriffenen österreichischen
Brigade Piret des I. Corps.

Der Rückzug der Compagnien des 9. Bataillons ging auf Befehl
des Corpscommandanten gegen Rosnic. — Das 10. Bataillon, welches
sich ungefähr 200 Schritte hinter Problus gesammelt hatte, marschirte
festgeordnet bei der Waldecke von Bor vorüber in der Richtung auf
Rosnic. Die 1. Compagnie des 11. Bataillons folgte in dem Zwischen=
raume zwischen den Compagnien des 9. und 10. Bataillons.

Die Verluste bei der Vertheidigung von Problus betrugen an

Todten und Verwundeten bei dem Jägerbataillon gegen 120, bei dem 9. Bataillon gegen 80, bei dem 10. Bataillon gegen 30 Mann; 4 Offiziere, unter ihnen Generalmajor von Carlowitz, waren geblieben, 6 Offiziere, worunter Hauptmann von Wolf II. vom 9. Bataillon, waren verwundet. Auch der Feind hatte stark gelitten. Das an der Tête befindliche Füsilierbataillon 56. Regiments hatte 12 Offiziere, darunter alle vier Compagniechefs, und gegen 200 Mann außer Gefecht. Die vier Bataillone der Brigade von Schwarzkoppen verloren zusammen an Todten:

4 Offiziere, 67 Mann; an Verwundeten: 17 Offiziere, 300 Mann.

Sofort nach erfolgter Räumung von Problus wurde dieser Ort von der sächsischen Batterie Heydenreich sowie einer österreichischen 8=pfündigen Batterie, und von der Waldspitze bei Bor aus von Abtheilungen des 1. Jägerbataillons lebhaft beschossen und dadurch der Feind verhindert, den Südrand des Ortes zu überschreiten.

Generalmajor von Gondrecourt, Commandant des I. österreichischen Armeecorps, hatte, als er den Rückzug der Sachsen aus Problus bemerkte, die Brigade Piret zur Unterstützung und zur Wiedereinnahme des Ortes vorgehen lassen.

Von den aus Problus zurückgegangenen Abtheilungen schlossen sich dem Vorgehen der Brigade Piret theils aus eigenem Antriebe, theils auf Befehl des Stabschefs der 1. Infanteriedivision, Major von Zezschwitz, mehrere Abtheilungen an, und zwar auf dem rechten Flügel dieser Brigade die 4. Compagnie des 9. Bataillons, auf dem linken Flügel die 4. Compagnie des 3. Jägerbataillons und das ganze 10. Bataillon, letzteres im Verhältnisse einer rückwärtigen Staffel. Ebenso das an der Queue der 2. Brigade befindliche 5. Bataillon, welches von Bor aus gegen das Südende von Problus vorrückte.

Ein nachhaltiger Erfolg konnte jedoch unter den vorliegenden Gefechtsverhältnissen nicht mehr erzielt werden.

Zwar gelang es dem auf dem rechten Flügel des 1. Treffens befindlichen österreichischen 29. Jägerbataillon nebst einer Division vom Regiment Constantin die nordöstliche Häusergruppe von Problus zu erstürmen, allein von den in beiden Flanken offensiv vorgehenden feindlichen Colonnen mit Schnellfeuer überschüttet, mußte die Brigade nach großen Verlusten sich wieder zurückziehen.

Die sächsischen Abtheilungen deckten durch ihr Feuer den Rückzug der Brigade Piret und traten dann nach kurzem Halte von neuem den Rückzug auf Rosnic an. Ganz besonders zeichnete sich bei dieser Gelegenheit das 10. Bataillon aus, welches sich unter Gewehrgriffen und Einschlagen der Tamboure wie auf dem Exercirplatze abzog. Der

Bataillonscommandant, Major von Abenbroth, wurde hierbei zweimal verwundet.

Hauptmann von Süßmilch übernahm die Führung des Bataillons, welches in Colonne auf die Mitte, gefolgt von den Plänkerzügen der 2. und 3. Compagnie zurückmarschirte.

Eine bei Problus aufgefahrene Batterie fügte den abziehenden Truppen noch manchen Verlust zu. Im 10. Bataillon schlug eine Granate ein und setzte 23 Mann der 2. und 3. Compagnie außer Gefecht, ohne aber die Ordnung und Haltung des Bataillons zu erschüttern.

Bei dem weitern Rückmarsche übertritt österreichische Cavallerie die eine Ecke des Bataillons und eine österreichische Batterie fuhr in die andere hinein, aber die Ordnung wurde sogleich wiederhergestellt.

Oberstleutnant von Craushaar, welcher die Führung der Brigade übernommen hatte, sammelte dieselbe hinter den sächsischen Batterien an dem Wege von Bor nach Briza.

Gegen 3 Uhr 30 Minuten mußte das 1. Jägerbataillon seine mit rühmlicher Ausdauer behauptete Stellung am Nordende des Waldes von Briza aufgeben und als letzte sächsische Truppe gegen Rosnic zurückgehen. —

Rückzug über die Elbe.

Eine bestimmte Rückzugslinie für die einzelnen Armeecorps war in der Disposition des Armee-Obercommandos nicht gegeben worden, sondern nur bekannt, daß der Rückzug auf der Straße über Holic gegen Hohenmauth, ohne die Festung Königgrätz zu berühren, zu nehmen sei. Auch über die Lage der zu benutzenden Kriegsbrücken war nichts Bestimmtes bekannt, nur war aus der Disposition zu entnehmen, daß sich der südlichste vorbereitete Elbübergang bei dem Dorfe Placka, $1/_3$ Stunde nördlich von Königgrätz, befand.

Um zu diesem zu gelangen, mußte das sächsische Corps Rosnic links lassen und Briza durchschreiten oder umgehen.

Der Marsch dahin wurde in zwei Parallelcolonnen angetreten, von denen Generalleutnant von Stieglitz die rechte, Generalleutnant von Schimpff die linke führte.

Die Bataillone der 3. Brigade schlossen sich nach ihrer Rückkehr aus dem Gefechte nach und nach der rechten Colonne an.

Die 1. Infanteriebrigade, welche zuletzt das Gefecht an der Westseite des Waldes von Briza geführt hatte, bildete mit dem 1. Jägerbataillon die Arrieregarde für beide Colonnen.

Auf Befehl Sr. Königlichen Hoheit des Kronprinzen machten die Colonnen von Zeit zu Zeit Halt und schlossen in sich auf, um dem Rückzuge das Gepräge der Uebereilung zu nehmen.

Der Feind hatte die Linie, welche durch die Orte Charbusic, Briza, Sweti bezeichnet wird, nicht überschritten.

Die heldenmüthige Aufopferung der österreichischen Artillerie und Reservecavallerie hatte auch das Vorbringen des Feindes bis dahin noch verzögert, sodaß die zurückmarschirenden Abtheilungen der Nordarmee einen Vorsprung von ½ Stunde Wegs gewannen und in dem Raume zwischen obigen Orten und der Elbe vom Feinde nicht mehr belästigt wurden. Trotzdem wurde diese Strecke auch für die Corps, welche bis dahin geordnet zurückgegangen waren, verhängnißvoll.

Durch das Vorbringen der preußischen II. Armee war der österreichische rechte Flügel auf die zurückgehenden Abtheilungen des Centrums und linken Flügels zurückgeworfen worden, und die für erstern bestimmten Brücken über die Elbe waren theils dem Feinde in die Hände gefallen, theils durch das feindliche Feuer unbenutzbar geworden. Es entstand so ein allgemeines Drängen nach dem linken Flügel, und alle Abtheilungen preßten sich vor der Festung zusammen, ohne irgendwie genügende Abzugswege zu finden, da die auf eine Stunde im Umkreise ausgedehnte Inundation der Festung ein geordnetes Fortkommen nur auf den durch die vorangegangenen Fuhrwerkscolonnen gänzlich verfahrenen Straßen und Dämmen gestattete. Dazu kam, daß der Durchmarsch durch die Festung, infolge der vom Armeecommando erlassenen Befehle, nicht gestattet wurde und erst nachts 11 Uhr der Festungscommandant die Thore öffnen ließ.

Die anbefohlene Richtung auf Placka brachte es mit sich, daß die sächsischen Colonnen in schräger Richtung die zurückflutenden Massen der Oesterreicher durchbrechen mußten. Trotz aller Anstrengungen wurde es jetzt unmöglich, die bisher bewahrte Ordnung und Geschlossenheit aufrecht zu erhalten. In schnellster Gangart zurückgehende österreichische Reiterei und Artillerie, sowie führerlose und ungeordnete Infanteriehaufen drängten sich durch jede Lücke und suchten sich oft gewaltsam den Durchgang zu erzwingen. Es war gar nicht zu vermeiden, daß unter diesen Umständen bald größere, bald kleinere Abtheilungen der sächsischen Truppen abgedrängt und in verschiedener Richtung mit fortgerissen wurden.

Mit unsäglicher Mühe hatte sich die Tête des Armeecorps, die 1. Reiterbrigade, zwei gezogene Batterien und die Spitze der Leibbrigade, bis zu der Brücke von Placka durchgearbeitet und den Uebergang begonnen, als dem an der Queue marschirenden Corpscommando der Befehl des Armeecommandos überbracht wurde, die sächsischen Truppen auf der bei Cpatowic, ¹/₂ Stunde unterhalb Königgrätz, befindlichen Pontonbrücke über die Elbe zu führen.

So erwünscht diese veränderte Marschrichtung früher gewesen wäre, so war es doch jetzt unmöglich, die bereits weiter vorwärts befindlichen Abtheilungen wieder umkehren zu lassen. Nur die in der Nähe befindlichen Truppen konnten nach der neuen Uebergangsstelle geführt werden, fanden übrigens bei Cpatowic keine Brücke, sondern überschritten gegen Mitternacht in Pardubic die Elbe. Der größte Theil der Truppen, welcher den Uebergang von Placka nicht erreichen konnte und von der neuen Marschrichtung nichts wußte, befand sich in ein Labyrinth von Wassergräben und Ansumpfungen eingeengt und konnte, der Oertlichkeit unkundig, weder vorwärts noch seitwärts. Der Weg nach rückwärts wurde durch die nachdrängenden Abtheilungen völlig abgeschnitten. Zahlreiche Fuhrwerke, worunter selbst ein Wagen mit sächsischen Verwundeten, wurden in das Wasser gestürzt; mehrere Reiter, an die Ränder der Gräben gedrängt, überschlugen sich in dieselben; dazu verbreitete das massenhafte Ausschießen der Gewehre von Oesterreichern, welche an die Gräben der Festung gedrängt worden waren, allgemeine Bestürzung, weil man die Festung bereits in Feindeshand glaubte. Viele versuchten die Gräben zu durchwaten und zu durchschwimmen und die Palissaden der Festung zu übersteigen; vielen glückte es, so mancher aber ertrank hierbei.

Die Bataillone der 3. Brigade hatten dasselbe Los wie die meisten andern Abtheilungen vor Königgrätz erlitten.

Das 9. Bataillon war geordnet bis an die Inundation vor Königgrätz gelangt. Hier wurde das 1. Ploton der 3. Compagnie durch österreichische Cavallerie zersprengt und der Rest der Compagnie vom Bataillone getrennt. Dieselbe ging auf dem Eisenbahndamme unter Führung des Hauptmanns Puscher weiter vor, welcher von Sr. Königlichen Hoheit dem Kronprinzen den Befehl erhielt, die einzelnen Versprengten der Infanterie zu sammeln und so nach und nach 150 Mann verschiedener Brigaden vereinigte, erreichte ³/₄ 12 Uhr nachts Pardubic und bezog hier das Biwak. Die übrigen drei Compagnien gelangten theils mittels Durchwatens der Gräben, theils nach Oeffnen des Thores, auf der Brücke in die Festung, wurden hier gesammelt und geordnet und biwakirten bei Neu-Königgrätz.

Auch das 10. Bataillon war in musterhafter Ordnung bis in die Gegend von Ziegelschlag gekommen. Plötzlich begannen die Oesterreicher vor der Festung massenhaft ihre Gewehre auszuschießen. Eine österreichische Batterie, wahrscheinlich in der Meinung, daß der Feind

12. Feldzug 1866.   229

vor der Festung stehe, fuhr im Galopp mitten durch das Bataillon mit der Front nach Königgrätz auf und schnitt die 3. Compagnie unter Hauptmann Thierbach sowie ein Ploton der 2. Compagnie mit der Fahne vom Bataillon ab.

Während der Haupttheil des Bataillons allmählich in die Außenwerke der Festung und von da nach Durchschreitung einiger tiefer und schlammiger Gräben nachts 11 Uhr in die Festung gelangte und sodann bei Neu-Königgrätz biwakirte, marschirte der abgeschnittene Theil, nachdem er einen Elbarm durchwatet hatte, auf der Eisenbahn bis Pardubic und bezog dort mit der übrigen hierher gelangten Infanterie ein Biwak.

Das 11. Bataillon hatte infolge der Gefechtsverhältnisse sich nur compagnieweise an die Marschcolonne anschließen können. Die 1. Compagnie kam geordnet bis an die Brücke von Königgrätz, wurde hier aber durch österreichische Artillerie und Cavallerie derart auseinandergesprengt, daß sie erst nach zwei Tagen einigermaßen wieder gesammelt werden konnte. Der größte Theil der Mannschaft gelangte einzeln in die Festung und schloß sich den bei Neu-Königgrätz biwakirenden Abtheilungen an; Oberleutnant Opitz mit einigen 30 Mann gelangte nach Pardubic und wurde am nächsten Tage von hier nach Chrast geschickt.

Die 2. Compagnie, unter Oberleutnant Mehlig, hatte dasselbe Schicksal. Nur ein geringer Theil derselben fand sich, nachdem verschiedene Gräben durchwatet worden waren, bei dem Compagnieführer und der Fahne zusammen. Oberleutnant Mehlig marschirte an diesem Abend noch bis Holic.

Von der 3. Compagnie war, wie oben gesagt, im Walde von Briza ein Theil von zurückweichenden Abtheilungen der 1. Brigade mit fortgerissen worden.

Mit der größern Hälfte der Compagnie trat Hauptmann von Bosse den Rückmarsch auf Königgrätz im Anschlusse an andere Bataillone der 3. Brigade an, wobei seine Abtheilung durch das Eindrängen der Oesterreicher und das Durchwaten verschiedener Wassergräben noch manche Einbuße erlitt, bis sie an die Prager Vorstadt gelangte. Bei der hier angehäuften Menschenmasse und dem zahllosen zusammengefahrenen Fuhrwerk gab Hauptmann von Bosse den Versuch auf, in die Festung zu gelangen, wendete sich rechts, erreichte die Eisenbahn und marschirte auf derselben im dichtgedrängten Menschenstrome weiter, bis er auf Se. Königliche Hoheit den Kronprinzen mit einem Theile des Corpsstabes stieß, von dem er Befehl erhielt, die hierher versprengten Theile der Brigade zu sammeln. In Gemeinschaft mit Hauptmann Puscher vom 9., Hauptmann Thierbach vom 10. und

Oberleutnant von Pape vom 12. Bataillon gelang es ihm, ungefähr 800 bis 1000 Mann der Brigade zu sammeln. Bezüglich des Weitermarsches erhielt er nur die Anweisung, so weit zurückzugehen, als es die Kräfte der Leute gestatteten. Nach 11 Uhr nachts traf die Abtheilung in Parbubic ein und bivakirte hier. Zwar war bis dahin wieder ein großer Theil der Mannschaft aus Erschöpfung zurückgeblieben, oder hatte sich in dem Gedränge zahlloser Fuhrwerke, wo die Abtheilung nur in einem Gliede marschiren konnte, verloren; doch hatte Hauptmann von Bosse geglaubt bis hierher marschiren zu müssen, da die Stadt doch einige Aussicht bot, wenigstens etwas zur Verpflegung der Mannschaft aufzutreiben.

Die 4. Compagnie war ziemlich gesammelt bis an die Brücken vor der Festung gelangt, konnte hier nicht weiter vordringen, durchwatete mehrere Gräben und gelangte endlich auf einen nach Parbubic führenden Weg, wo sie nachts 12 Uhr eintraf.

Vom 12. Bataillon wurde die 1. Compagnie von flüchtiger österreichischer Cavallerie und Artillerie so vollkommen auseinandergerissen, daß es dem Hauptmann von Seydlitz nur mit wenigen Mann gelang, die Straße nach Hohenmauth zu erreichen, auf welcher er bis zu einem drei Stunden von Königgrätz entfernten Dorfe marschirte und hier bivakirte. Am andern Morgen marschirte er nach Parbubic und vereinigte sich mit den hier gesammelten Abtheilungen der 3. Brigade.

Die 2. und 3. Compagnie erreichten unter Führung des Majors von Schweinitz geschlossen die Prager Vorstadt, wurden hier theilweise zersprengt, gingen später durch die Festung und bezogen ein Biwal bei Neu-Königgrätz, in welchem sich bis zum Aufbruche der größte Theil der Versprengten der beiden Compagnien, sowie Theile der 1. und 4. Compagnie sammelten.

Die Verluste der 3. Brigade in der Schlacht und auf dem Rückzuge waren im Verhältnisse zu der langen Zeit, welche die einzelnen Abtheilungen im heftigsten feindlichen Feuer gestanden hatten, nur gering. Sie betrugen[1]:

Bei dem Brigadestabe: Generalmajor von Carlowitz todt.

---

[1] Die in etwas von den Angaben in dem Werke „Der Antheil des Königlich Sächsischen Armeecorps an dem Feldzuge 1866 in Oesterreich" abweichenden Ziffern sind nach den im K.-M.-A. befindlichen Zusammenstellungen gegeben.

Die an ihren Wunden verstorbenen und dauernd vermißt gebliebenen Mannschaften sind zu den Todten gerechnet worden.

Namentliches Verzeichniß der Gefallenen, vermißt Gebliebenen und an Wunden Gestorbenen siehe in Beilage Nr. LXVII.

Bei dem 9. Bataillon: 45 Mann todt, 1 Offizier (Hauptmann von Wolf) und 66 Mann verwundet, 3 Mann unverwundet gefangen.

Bei dem 10. Bataillon: 14 Mann todt, 2 Offiziere (Major von Abendroth und Oberleutnant Freiherr von Hausen) und 39 Mann verwundet, 1 Mann unverwundet gefangen.

Bei dem 11. Bataillon: 19 Mann todt, 3 Offiziere (Hauptmann von Gutbier, Hauptmann Freiherr von Seckendorff-Gudent und Leutnant Pöge) und 66 Mann verwundet, 1 Offizier (Leutnant von der Planitz) und 3 Mann[1] unverwundet gefangen.

Bei dem 12. Bataillon: 15 Mann todt, 1 Offizier (Hauptmann Verlohren II.) und 18 Mann verwundet, 11 Mann unverwundet gefangen.

Das 3. Jägerbataillon verlor 4 Offiziere, worunter der Commandant Oberstleutnant von der Mosel, und 47 Mann todt, 4 Offiziere und 84 Mann verwundet, 1 Mann unverwundet gefangen.

Alle sächsischen Truppen hatten sich ausgezeichnet geschlagen und besonders auch bei dem Rückzuge unter den schwierigsten Umständen ihre Ruhe und Festigkeit bewährt. Auch die gewaltsam abgetrennten Theile waren unabläßig bemüht, sich sobald als möglich wieder zu taktisch geordneten Körpern zusammenzuschließen. War auch die für den Feldzug entscheidende Schlacht verloren gegangen, so konnte doch das sächsische Heer diesen Tag als einen Ehrentag in seiner Geschichte verzeichnen.

Rückzug nach Olmütz.

Feldzeugmeister Benedek hatte sich entschlossen, mit der Nordarmee nach Olmütz zu marschiren und unter dem Schutze dieser Festung die Truppen wieder in schlagfertigen Zustand zu versetzen.

In dieser Flankenstellung hoffte er, den Gegner von einem schnellen Vordringen auf Wien abzuhalten, oder ihn wenigstens zu einer Theilung seiner Streitkräfte zu zwingen.

Die Armee sollte den Rückzug auf Olmütz in drei Hauptcolonnen antreten. Die 1. Colonne sollte über Holic, Hohenmauth, Leitomišl, Zwittau und Mährisch-Trübau, die 2. über Tyrnist, Wamberg, Wildenschwert und Landskron marschiren. Die 3. Colonne, unter Befehl Sr. Königlichen Hoheit des Kronprinzen von Sachsen aus dem säch-

---

[1] Zwei Bleissirtenträger und ein Sanitätssoldat der 3. Compagnie, welche bei Ausübung ihres Dienstes sich in Nieder-Prim zu lange verweilt hatten und abgeschnitten wurden.

sischen und VIII. österreichischen Armeecorps sowie der 1. leichten und den drei Reserve-Cavalleriedivisionen bestehend, sollte am 4. Juli Chrast, am 5. Krouna, am 6. Polica, am 7. Zwittau erreichen. Die drei Marschcolonnen sollten unter sich Verbindung halten und das zwischenliegende Gelände aufklären.

Oesterreichische Generalstabsofficiere wurden auf alle Hauptstraßen entsendet, um die verschiedenen Truppenkörper auf die ihnen zugetheilte Marschstraße zu verweisen.

Die Abtheilungen der 3. Brigade, welche sich bei Neu-Königgrätz gesammelt hatten, traten unter Führung des Generalleutnants von Schimpff im Vereine mit den übrigen hier übergegangenen Truppen (im ganzen zwischen 9000 und 10000 Mann Infanterie) am 4. Juli früh 7 Uhr den Marsch auf Holic an.

Auf dem Wege dahin erhielt die Colonne die Mittheilung von der dem sächsischen Corps bestimmten Marschrichtung, bog darauf gegen Chrast ab und bezog nachmittags 5 Uhr bei Dasic ein Biwak.

Die Abtheilungen der Brigade, welche bei Pardubic die Elbe überschritten hatten, marschirten in der Stärke von ungefähr 800 Mann unter Commando des Majors von Wolffersdorff nachmittags gegen 2 Uhr von hier über Chrudim nach Chrast, wo sie bivakirten. Das Commando über die hier gesammelte Infanterie übernahm Oberst Freiherr von Wagner.

Am 5. Juli marschirten die bei Chrast lagernden Abtheilungen über Horka, Drebes und Woldris nach Krouna, wo auch abends, nach einem sehr anstrengenden Marsche über Chrast, die von Generalleutnant von Schimpff geführte Colonne eintraf. Während des Marsches waren verschiedene kleinere abgetrennte Abtheilungen zu den Hauptcolonnen gestoßen, sodaß an diesem Abend das sächsische Corps, mit Ausnahme der von Generalleutnant von Stieglitz geführten kleinen Colonne[1], das sächsische Corps wieder vereinigt und zur Verwendung bereit war.

Der Abend dieses und der Vormittag des nächsten Tages wurden benutzt, die taktischen Verbände wiederherzustellen und die Munition zu ergänzen. Die Verpflegung war an diesen beiden Tagen eine sehr mangelhafte, der Marsch durch die massenhaften Trains, welche oft in

---

[1] Generalleutnant von Stieglitz mit seinem Stabe, den Stäben der Leib- und 2. Infanteriebrigade, dem größten Theile des 13., Theilen des 6. und 8. Bataillons, gegen 100 Mann Versprengter von allen Bataillonen und vier gezogenen Batterien bivakirte am 4. Juli bei Adler-Kostelec, am 5. bei Böhmisch-Lichwe, am 6. bei Landskron und stieß am 7. bei Zwittau zu dem Corps.

doppelten und mehrfachen Reihen alle Straßen füllten, sehr aufhältlich und beschwerlich.

Am 6. Juli brach die Infanterie, nachdem die Fuhrwerkscolonnen bereits früh 1 Uhr, die Batterien 3 Uhr ihren Marsch angetreten hatten, früh 5 Uhr aus dem Biwak auf, verließ bei Borowna die Kunststraße und marschirte auf dem Communicationswege über Borowna, Ullersdorf, Alt-Steindorf nach Politzka. Die österreichische leichte Cavalleriedivision hatte die Sicherung des Marsches und die Herstellung der Verbindung mit den bei Leitomischl stehenden Armeecorps zu übernehmen. Unterwegs erhielt dieselbe den Befehl des Armee-Obercommandos, den Rückmarsch auf Wien anzutreten, bog infolge dessen bei Heralek, wo sie eine Brigade als Nachhut stehen ließ, nach Süden ab und marschirte an diesem Tage noch bis Strzonow.

Am 7. Juli, früh 2 Uhr, ging der Befehl des Armee-Obercommandos ein, daß außer der 1. leichten Cavalleriedivision auch die drei Reserve-Cavalleriedivisionen den Marsch auf Wien antreten und mit jener vereint ein Cavalleriecorps unter Befehl des Feldmarschall-Leutnants Prinz Holstein bilden sollten.

Die vom sächsischen Corpscommando erlassenen Marschbefehle für diesen Tag mußten dementsprechend geändert werden.

Das sächsische Corps, dessen Parks früh 2 Uhr aufbrachen, erhielt Befehl, mit der Artillerie früh 4 Uhr, mit der Infanterie früh 6 Uhr abzumarschiren. Gegen 10 Uhr vormittags traf die Tête vor Zwittau ein, fand aber die Stadt und deren Umgebung noch von der Truppenmasse der 1. österreichischen Marschcolonne angefüllt, welche an diesem Tage von Zwittau nach Mährisch-Trübau marschiren sollte. Die Trains des I. und VI. österreichischen Corps hatten alle Durchgänge der Stadt verfahren, sodaß ein geordnetes Hindurchmarschiren unmöglich war. Die sächsische Infanterie, welche gegen Mittag hier eintraf, konnte sich nur mühsam und einzeln durch diese Wagenmassen hindurchwinden und erreichte erst nachmittags 4 Uhr den nur $3/4$ Stunde jenseit der Stadt ihr angewiesenen Biwaksplatz bei Mährisch-Hermersdorf.

Die sächsischen Trains und die Artillerie mußten noch bis abends 6 Uhr vor der Stadt halten bleiben, ehe die Trains in das Biwak der Infanterie, die Batterien auf die Ostseite der Stadt abrücken konnten.

Die Colonne des Generalleutnants von Stieglitz war an diesem Tage von Landskron über Abtsdorf auf Zwittau marschirt und hatte gegen Mittag ein Biwak, $1/2$ Stunde nördlich der Stadt bei Mährisch-Lotschnau, bezogen.

Der Divisionsverband sollte am nächsten Morgen, bei dem Abmarsche, hergestellt werden.

Für die folgenden Märsche war, um die Uebelstände zu vermeiden, welche die Anhäufung großer Massen auf einer einzigen Straße mit sich brachte, dem VIII. Corps die große Heerstraße von Zwittau über Mährisch-Trübau und Müglitz nach Olmütz zur alleinigen Benutzung überwiesen worden, während das sächsische Corps, südlich ausbiegend, über Türnau, Busau und Senitz auf Olmütz marschiren sollte.

Der Feind hatte den Rückzug bisjetzt nicht gestört. Derselbe hatte am 7. Juli mit dem Gros der I. Armee die Elbe überschritten. Die Avantgarde der Elbarmee erreichte Caslau. Von der II. Armee war das I. Armeecorps über Slatinan in die Gegend von Bela und Luže gelangt. Die an der Tête der II. Armee befindliche Cavalleriedivision von Hartmann war bis Cerekwitz vorgegangen und hatte hier eine Abtheilung von 700 Pferden und 2 reitenden Geschützen unter Oberstlieutenant von Barnekow mit dem Auftrage vorgeschickt, an den Feind heranzugehen und ihm möglichsten Abbruch zu bereiten.

Diese Abtheilung traf, ohne auf Widerstand zu stoßen, abends gegen 8 Uhr vor Zwittau ein und erblickte rings um den Ort die sächsischen und österreichischen Biwaks. Da keine Vorposten sichtbar waren[1], protzten die beiden Geschütze ab und warfen einige Granaten in das nördlich der Stadt sichtbare Biwak der Colonne des Generalleutnants von Stieglitz, wodurch ein Mann des 13. Infanteriebataillons verwundet und sämmtliche österreichische und sächsische Truppen alarmirt wurden.

Die Trains des VIII. Corps gingen in wilder Flucht durch Zwittau und Vierzighuben zurück und fielen zum Theil der feindlichen Reiterei in die Hände.

Die zur Aufklärung des Vorgeländes befehligte sächsische Schwadron hatte erst nach 9 Uhr die ganz verfahrenen Straßen der Stadt passiren können, um dem Feinde entgegenzutreten, welcher sich jedoch, durch strömenden Regen und die inzwischen eingetretene völlige Finsterniß begünstigt, bereits wieder auf Leitomišl abgezogen hatte.

Der Zweck des Feindes, die Verbündeten zu alarmiren, war voll-

---

[1] Die Nachricht von der Annäherung feindlicher Reiterei war am Nachmittage im sächsischen Hauptquartier eingelaufen und eine sächsische Schwadron zur Aufklärung in nördlicher Richtung befehligt worden; doch hatte dieselbe ihren Auftrag noch nicht ausführen können. Die Colonne von Stieglitz erhielt Befehl, noch an diesem Abend nach Mährisch-Hermersdorf abzurücken, hatte zu diesem Zwecke bereits die Lagerwachen eingezogen und stand zum Abmarsch bereit.

kommen erreicht. Die Truppen verbrachten den größten Theil der Nacht unter den Waffen.

Am 8. Juli brach die sächsische Infanterie (mit Ausnahme eines Theiles der 2. Brigade und des 13. Infanteriebataillons, welche eine Aufnahmestellung östlich von Zwittau bezogen, bis das VIII. Armeecorps durchpassirt war) früh 4 Uhr auf und erreichte gegen 9 Uhr vormittags Mährisch-Trübau, welches noch von Theilen des österreichischen III. Armeecorps angefüllt war, sodaß die 2. Infanteriedivision auf Nebenwegen die Stadt umgehen mußte und die 1. Division einige Stunden vor der Stadt rastete, wobei die zurückgelassenen Theile der 2. Brigade wieder einrückten. Erst nachmittags konnte die 1. Division die Stadt durchschreiten und ihren Marsch bis in das Biwak bei Türnau fortsetzen, wo sie abends 8 Uhr eintraf.

Die Märsche der nächsten Tage waren insofern weniger anstrengend, als die vorhergehenden, weil man nicht mehr durch die österreichischen Colonnen am Marsche gehindert wurde; doch brauchte man auch noch an diesen Tagen infolge der mangelhaften Wege 9—10 Stunden, um die ungefähr 5 Stunden langen Wegstrecken zurückzulegen.

Die 1. Infanteriedivision biwakirte am 9. Juli bei Busau, am 10. bei Groß-Senitz. An beiden Tagen konnten einige Bataillone in Massenquartieren untergebracht werden. In Groß-Senitz fand die Truppe reichliche Verpflegung vor, welche aus Olmütz hierher geschickt war.

Am Nachmittage des 11. Juli rückte die 1. Division in das verschanzte Lager von Olmütz ein und bezog Biwaks bei Neustift.

Die nächstfolgenden Tage wurden benutzt, um die Bekleidung, Ausrüstung und Bewaffnung wieder in diensttüchtigen Zustand zu versetzen.

Auf dem achttägigen ununterbrochenen Rückmarsche von Königgrätz bis Olmütz hatte sich die Disciplin und Kriegstüchtigkeit der 3. Brigade glänzend bewährt. Obwol die durchschnittliche tägliche Marschleistung nur fünf Stunden Wegs betrug, so war die Truppe doch täglich 12 Stunden und mehr im Marsche gewesen, hatte stets biwakirt und, besonders in den ersten Tagen, nicht immer genügende Verpflegung erhalten können. Der Abgang an Kranken und Zurückgebliebenen war trotzdem sehr gering. Die Kampfeslust der Brigade war völlig ungebrochen.

Der ursprüngliche Plan der österreichischen Heeresleitung, außer dem größern Theil der Südarmee nur 2—3 Armeecorps bei Wien zu vereinigen, und 5—6 Armeecorps im Lager bei Olmütz zu lassen, um von hier aus gegen den Rücken der feindlichen Armee zu operiren, wurde von Erzherzog Albrecht, welcher das Commando über die gesammte österreichische Armee übernahm, dahin abgeändert, daß, nach entsprechender Verstärkung der Festungsbesatzung von Olmütz[1], die ganze Nordarmee an der Donau zu vereinigen sei.

Von dem sächsischen Corps waren die Reiterdivision, der Artilleriepark mit den beiden Munitionscolonnen, sowie die in die Gegend von Brünn zurückgegangenen Armeeanstalten auf den Fußmarsch angewiesen, während alle übrigen Abtheilungen mittels Eisenbahn nach Wien transportirt werden sollten.

Der ursprünglich auf den 12. Juli festgesetzte Beginn des Eisenbahntransportes konnte erst am 14. Juli früh ³/₄ 7 Uhr beginnen. Für eine etwa eintretende Unterbrechung der Bahn durch den Feind waren an die einzelnen Zugcommandanten genaue Anweisungen, je nach dem Orte, wo die Unterbrechung stattfand, ausgegeben worden.

Von der 3. Brigade wurden befördert:

Am 14. Juli:

12. Infanteriebataillon und 400 Mann vom 11. Bataillon mit Zug Nr. 3, Rest des 11. Bataillons, Brigadestab und 9. Bataillon mit Zug Nr. 6.

Am 15. Juli:

10. Bataillon und 400 Mann vom 3. Jägerbataillon mit Zug Nr. 9, Rest des 3. Jägerbataillons und 2. Jägerbataillon mit Zug Nr. 10.

Die Züge, jeder über 200 Achsen stark, wurden in je zwei Hälften getheilt, welche sich mit 10 Minuten Zeitabstand folgten, fuhren fahrplanmäßig mit 2—3 stündigen Abständen und bedurften jeder bis Florisdorf einer 12 stündigen Fahrzeit.

Infolge des Gefechtes bei Prerau und einer Zerstörung der Eisenbahn bei Göding durch den Feind am 15. Juli mußte der weitere Eisenbahntransport unterbleiben. Das 7. und 8. Bataillon mußten in Bisenz ausladen und der noch bei Prerau beziehungsweise bei Olmütz stehende Rest des Corps (5. und 6. Infanteriebataillon, 1. und Leibbrigade, 3 Batterien, Munitionscolonne Nr. 2, das Feldhospital Nr. 1 und die Ambulancen Nr. 2 und 3) den Marsch über die Kleinen Karpaten nach Preßburg einschlagen.

Bereits am 14. Juli hatte Se. Königliche Hoheit der Kronprinz von dem Feldzeugmeister Graf Degenfeld aus Wien die Mittheilung erhalten, daß das sächsische Corps unter des letztern Befehl zu treten habe und zur Besetzung der Gürtelwerke und des Brückenkopfes bei Stablau bestimmt sei, während das X. österreichische Armeecorps die

---

[1] Feldzeugmeister von Benedek bestimmte hierzu das VI. Armeecorps.

Besetzung des Bisamberges und des Brückenkopfes von Florisdorf zu übernehmen habe. Dementsprechend rückten die sächsischen Truppen nach dem Ausladen in Florisdorf sofort nach der Gegend von Hirsch=
stetten ab.

Die vorläufige Vertheilung war folgende:

Hauptquartier, Stab der 1. Infanteriedivision und 3. Jägerbataillon nach Hirschstetten.

Artillerie: südlich von Hirschstetten, westlich des Weges nach Stadlau hinter dem Walde.

Die 3. Infanteriebrigade südlich von Hirschstetten und zwar das 9. und 10. Bataillon östlich, das 11. und 12. Bataillon westlich der Straße.

Vom 16. Juli an konnten das 9. und 10. Bataillon in Massen= quartiere nach Aspern verlegt werden.[1]

Der Stadlauer Brückenkopf, zur Deckung der aus Schleppschiffen erbauten Kriegsbrücke, bestand aus fünf selbständigen Haupt= und zwei Zwischenwerken.

Als vorgeschobene Vertheidigungslinie umgaben diesen und den noch bedeutendern Brückenkopf von Florisdorf eine Reihe von Gürtel= werken, durch 31 Schanzen und 1 gebaute Batterie gebildet, welche vom Bisamberge über Posthaus Rendezvous und Aspern bis zur Lobau= Insel reichten.

Die innere Befestigungslinie war bei Eintreffen der Sachsen so gut wie vollendet, die Gürtelwerke der Vollendung nahe, wenn auch theilweise noch nicht vollständig armirt.

Alle Befestigungen waren solid und im halbpermanenten Stile er= baut und auf eine active Vertheidigung berechnet. Den Sachsen wurde die Besetzung der neun Gürtelwerke Nr. 22—31 übertragen, welche den Abschnitt östlich von Kagran über Hirschstetten bis $^1/_2$ Stunde östlich von Aspern an das rechte Ufer der Donau umschlossen.

Die Werke Nr. 26 und 27 wurden durch Abtheilungen des 11. Ba= taillons, die Werke Nr. 28—31 durch Abtheilungen des 12. Batail= lons besetzt.

Die Werke Nr. 26—28 erhielten je eine Besatzung von 1 Haupt= mann und 150 Mann, die auf den Donauinseln gelegenen Werke

---

[1] Bei Aspern traf der Gefreite Parthei der 2. Compagnie des 10. Batail= lons mit 16 Mann aller Truppenabtheilungen ein. Derselbe war am 17. Juni in Altenberg, am Genickkrampfe erkrankt, zurückgelassen worden, hatte noch an= dere Reconvalescenten gesammelt und dieselben durch Böhmen, nach Pilsen aus= biegend, über Linz glücklich der Armee nachgeführt.

Nr. 29—31 eine solche von je 1 Offizier 50 Mann, welche täglich wechselten, mit Annäherung des Feindes aber, vom 18. Juli an, stehend blieben.

In das Vorgelände wurden von den Werken 23, 25 und 27 Feldwachen in der Stärke von je 1 Offizier und 50 Mann vorgeschoben. Die von letzterm Werke vorgeschobene Feldwache wurde zu Eßlingen aufgestellt, mit Patrouillengang gegen Groß-Enzersdorf.

Durch die Depotbrigade, welche am 16. Juli nachmittags mittels Bahn von Linz in Wien eintraf, wurde die hier befindliche sächsische Abtheilung in wünschenswerther Weise verstärkt.

Nachdem in der Zeit vom 16. bis 18. Juli die schwere Cavallerie des Cavalleriecorps des Prinzen von Holstein sich auf das rechte Donauufer zurückgezogen und nur die leichte Brigade Appel zur Beobachtung des zwei Tagemärsche entfernten Feindes vor der Front des X. und sächsischen Corps zurückgelassen hatte, wurde am 18. Juli das sächsische Hauptquartier in die Nordvorstadt von Wien verlegt und die Depotbrigade nach der Kriegsau gezogen. Am nächsten Tage verlegte der General von Schimpff sein Stabsquartier nach dem Dorfe Stadlau.

Am 18. Juli nachmittags hatten die bivakirenden Abtheilungen durch einen wolkenbruchartigen Regen viel zu leiden.

Zur schnellern Fertigstellung der Werke bei Stadlau wurde gegen Bezahlung ein Theil der dienstfreien Mannschaft beim Schanzenbau verwendet und ebenso wurden die Mannschaften des Pionierparks und 70 Zimmerleute der Artillerie und Infanterie im Vorgelände mit Einebnung von Hohlwegen und Dämmen, Anlegung von Verhauen, Freimachen der Schußlinien von Bäumen und dergleichen beschäftigt.

Am 20. Juli vormittags wurden auf Anordnung des Armee-Obercommandos die sächsischen Truppen in den Schanzen durch die Brigade Kirchberg abgelöst und in Ortsunterkunft auf dem rechten Donauufer verlegt.

Die Bataillone, sowie die Depotbrigade, hatten die Ehre bei dem Durchmarsche durch Wien am Kärnthner Ringe vor dem Armee-Obercommandanten, Sr. Kaiserlichen Hoheit dem Erzherzoge Albrecht, sowie später in Schönbrunn vor Sr. Majestät dem König zu defiliren.

Das Hauptquartier des sächsischen Corps kam nach Schloß Hetzendorf, das Stabsquartier der 1. Infanteriedivision nach Mauer, das Stabsquartier der 3. Infanteriebrigade und das 9. Bataillon nach Hietzing, das 10. Bataillon nach Lainz, das 11. Bataillon nach Mauer, das 12. Bataillon nach Atzgersdorf, das 3. Jägerbataillon nach Gaudenzdorf.

An demselben Tage rückten auch die beiden bei Bisenz ausgeladenen Bataillone in Ortsunterkunft bei Wien ein.

Am nächsten Tage wurden die Bataillone aus der Depotbrigade wieder bis auf 900 Mann Gewehrtragende gebracht, die Ausrüstung und Bekleidung wieder aufgebessert und die Munition ergänzt.

Am 22. Juli, einem Sonntage, fand zwischen Mauer und Hetzendorf am Rosenhügel ein feierlicher Feldgottesdienst für sämmtliche bei Wien vereinigte sächsische Abtheilungen statt, welchem auch Se. Majestät der König beiwohnte. Nach dem Gottesdienste geruhte Allerhöchstderselbe an diejenigen Offiziere und Unteroffiziere, welche sich besonders ausgezeichnet hatten, Orden und Ehrenzeichen zu verleihen.[1]

Ein Vorbeimarsch der Truppen vor Sr. Majestät dem König beendete die erhebende Feier.

In dem preußischen Hauptquartiere zu Nikolsburg waren inzwischen Verhandlungen eingeleitet worden, welche zunächst eine Waffenruhe vom 22. Juli mittags bis 27. Juli mittags zur Folge hatten.

Da sich das Ergebniß der Verhandlungen nicht voraussehen ließ, so war, entsprechend der allgemeinen Rechtsschiebung der verbündeten Truppen, für die bei Wien befindlichen sächsischen Abtheilungen für den 27. Juli der Marsch nach Himberg, für den 28. Juli nach Bruck an der Leitha angeordnet worden, um mit den bei Preßburg befindlichen Divisionen von Stieglitz und von Fritzsch in Verbindung zu treten.

Einige Stunden vor Ablauf der Waffenruhe traf jedoch die Nachricht ein, daß dieselbe bis zum 2. August verlängert sei und daß sich ein vierwöchentlicher Waffenstillstand behufs Abschlusses der Friedensverhandlungen anschließen werde.

Die angeordnete Rechtsschiebung unterblieb infolge dessen, und erhielten die bei Preßburg stehenden Truppentheile Befehl, nach Wien abzurücken, wo dieselben bis zum 30. Juli allmählich eintrafen.

Die Verhandlungen mit Preußen hatten am 26. Juli zur Unterzeichnung der Präliminarien, am 23. August zu Prag zum Abschlusse des Friedens geführt.

Auf Wunsch Sr. Majestät des Kaisers von Oesterreich hatte Se. Majestät der König von Preußen zwar sich bereit erklärt, bei den bevorstehenden Veränderungen in Deutschland den Territorialbestand des Königreichs Sachsen in seinem bisherigen Umfange bestehen zu lassen, hatte sich dagegen vorbehalten, die zukünftige Stellung Sachsens innerhalb des Norddeutschen Bundes sowie den Beitrag desselben zu den

---

[1] Die für den Feldzug 1866 der Brigade verliehenen Auszeichnungen siehe in Beilage Nr. LXVIII.

Kriegskosten durch einen selbständigen Friedensvertrag zwischen Preußen und Sachsen festzustellen.

Dieser Friedensvertrag, welcher in Berlin unterhandelt wurde, kam erst am 21. October zum Abschlusse, sodaß die sächsischen Truppen bis nach diesem Termine noch in Oesterreich verbleiben mußten.

Nach dem Abrücken der bei Wien stehenden österreichischen Truppen konnten die sächsischen Abtheilungen vom 12. August an einen erweiterten Unterkunftsbezirk angewiesen erhalten, doch mußten auch in diesem noch die einzelnen Orte sehr stark belegt werden.

Von der 3. Brigade, deren Stabsquartier in Hietzing verblieb, belegte das 9. Bataillon Ober- und Unter-St.-Veit und Hacking;

das 10. Bataillon: Hietzing, Ober- und Unter-St.-Veit;

das 11. Bataillon: Speising, Mauer und Lainz;

das 12. Bataillon: Gaudenzdorf, vom 1. September an: Mauer;

das 3. Jägerbataillon Unter- und Ober-Meidling und Wilhelmsdorf.

Die Truppen benutzten die Zeit ihres Aufenthaltes bei Wien eifrigst, die aus den Depots erhaltenen Ergänzungsmannschaften und die neu ernannten Officiere durch Uebungen im Exerciren und im Feldbienste weiter auszubilden.

Die von den Colonnenmagazinen gelieferte Verpflegung war gut und reichlich, nur statt des Brotes mußte manchmal zur Hälfte Zwieback gefaßt werden. Tabak, der wo nur irgend möglich während des Feldzuges umsonst geliefert worden war, konnte zu 4½ Kreuzer das Zollpfund entnommen werden, ebenso war der gute, kräftige österreichische Wein billig zu haben.

Das Verhältniß zu den Quartierwirthen und der Bevölkerung überhaupt war sehr bald ein recht gutes und freundliches geworden, besonders auch, als mehrere Unterofficiere und Soldaten des 9. und 10. Bataillons sich durch ihre Hülfeleistungen bei einem am 19. September in Unter-St.-Veit ausgebrochenen größern Schadenfeuer in hervorragender Weise ausgezeichnet hatten. Se. Majestät der Kaiser verlieh infolge dessen an 4 Unterofficiere und 5 Soldaten das silberne Verdienstkreuz.[1]

Den Officieren war durch die Nähe Wiens, die gerade in dieser Jahreszeit prachtvolle Gegend südlich von Wien, sowie durch weitere Ausflüge nach Pest, dem Wiener Wald und Semmering vielfache Zerstreuung und Erholung geboten. Allein alle diese Annehmlichkeiten waren nicht im Stande, die schweren Sorgen zu zerstreuen, welche die

---

[1] Vgl. Beilage Nr. 68.

Ungewißheit über die Zukunft des theuren Vaterlandes in jedem hervorrief.

Als Ende August die Cholera heftiger in einigen Vororten Wiens sich zeigte, wurde durch Lieferung von wollenen Leibbinden und Unterkleidern sowie verschärfte Fürsorge für Ordnung und Reinlichkeit der Gesundheitszustand der Mannschaft so weit erhalten, daß im ganzen nur 24 Mann vom sächsischen Corps dieser Krankheit zum Opfer fielen. Von der 3. Infanteriebrigade starb nur ein Mann an Cholera. Zahlreicher waren die Verluste an Typhus. Im ganzen verloren die vier Bataillone der 3. Brigade bis Ende October 1866 an Krankheiten 37 Mann.[1]

Die Kranken und Verwundeten fanden in den sächsischen und österreichischen Hospitälern und Lazarethen eine vorzügliche Pflege, welche auch einem großen Theile der Reconvalescenten durch die Opferwilligkeit vieler Privatleute zutheil werden konnte.

Aus Sachsen kamen, sobald die Verbindung mit demselben wieder möglich wurde, mehrere Patrioten mit reichen Liebesgaben an Lazarethbedürfnissen und Geld, und, was oft noch höher angeschlagen wurde, mit Briefen und Nachrichten von den Angehörigen.

Unvergeßlich wird vor allem das hohe Verdienst Ihrer Königlichen Hoheit der Frau Kronprinzessin Carola bleiben, welche durch aufopfernde Fürsorge um das Wohl der Kranken und Verwundeten und unermüdliche Betheiligung an allen auf die Krankenpflege bezüglichen Angelegenheiten sowie häufigen Besuch der Lazarethe in segensreichster Weise wirkte.

Die allmählich rauher werdende Jahreszeit machte eine erweiterte Unterkunft wünschenswerth, um den Mannschaften sowie den Pferden bessern Schutz gegen die Witterungseinflüsse verschaffen zu können.

In der Zeit vom 1. bis 16. October wurden im Einverständniß mit den österreichischen Behörden die 1. und Leibbrigade, sowie die vier Jägerbataillone in die Gegend von Steyer, Linz und Schärding verlegt und der durch das Abrücken dieser 12 Bataillone gewonnene Platz zur weitläufigern und bequemern Unterbringung der bei Wien verbleibenden Truppen benutzt. Es kam dementsprechend:
der Stab der 3. Brigade am 23. October nach Mauer,
„ „ des 9. Infanterie-Bataillons am 23. October nach Hietzing,
„ „ „ 10. „ „ „ 23. „ „ Mauer,
„ „ „ 11. „ „ „ 24. „ „ Nobaun,
„ „ „ 12. „ „ „ 23. „ „ Bösendorf.

---

[1] Vgl. Beilage Nr. LXVII.

Die Friedensverhandlungen mit Preußen zu Berlin, wohin zur Feststellung der militärischen Fragen seit Anfang September auch der Chef des Generalstabes, Generalmajor von Fabrice, abgegangen war, hatten am 21. October ihren Abschluß gefunden. Die Ratificationsurkunde wurde am 23. October von Sr. Majestät dem König von Sachsen in Teplitz unterzeichnet.

In Gemäßheit der Bestimmungen des Friedensvertrages trat Sachsen zum Norddeutschen Bunde auf Grundlage der von Preußen am 10. Juni gemachten Bundesreform-Vorschläge, zahlte 10 Millionen Thaler Kriegskostenentschädigung und hatte, außer Abtretung einiger anderer geringerer Rechte, das Postwesen unter die Oberaufsicht und Gesetzgebung der Bundesgewalt zu stellen, sowie die Ausübung des Telegraphenwesens an die preußische Regierung abzutreten.

In militärischer Beziehung wurde bestimmt: das den preußischen Bestimmungen entsprechend zu reorganisirende sächsische Corps tritt als integrirender Theil des Norddeutschen Bundesheeres unter den Oberbefehl Sr. Majestät des Königs von Preußen; die Festung Königstein wird unverzüglich übergeben; vor Rückkehr in das Land hat eine umfassende Beurlaubung stattzufinden, nach der Rückkehr die sofortige Demobilisirung und Beurlaubung aller entbehrlichen Mannschaften; die sächsischen Truppentheile werden dem Oberbefehle des höchstcommandirenden preußischen Generals in Sachsen unterstellt, mit welchem auch die Unterkunft der zurückkehrenden Truppen zu regeln ist; für Dresden und den Königstein werden preußische Gouverneure ernannt; Sachsen bleibt durch eine entsprechende preußische Truppenabtheilung bis zur Durchführung der Reorganisation des sächsischen Corps besetzt. —

Nachdem bereits am 23. October die aus Sachsen den Truppen in das Feld gefolgten Spannfuhrleute und Marketender der bei Wien stehenden Truppen mittels vier Eisenbahnzügen über Prag nach Bodenbach abgeschickt worden waren, wurden kurz darauf zunächst die Kriegsreservisten der Fußtruppen in Marschbataillone zusammengestellt, bei den Verladepunkten zusammengezogen und theils durch Bayern, theils durch Böhmen mittels Eisenbahn nach Sachsen zurückgeführt.

Die Kriegsreservisten der 3. Infanteriebrigade und der Stabswache, zusammen 789 Mann, bildeten unter Führung des Oberstlieutnant von Kirchbach das 1. Marschbataillon, fuhren am 26. October nachmittags 4 Uhr 40 Minuten vom Nordbahnhofe in Wien ab und trafen am 28. October mittags in Dresden ein, wo die Reservisten der Stabswache ausgeladen wurden.

Ueber Leipzig wurden sodann die Reservisten der Brigade nach Reichenbach befördert und sofort nach ihrer Ankunft beurlaubt.

Die übrigen Theile des sächsischen Corps folgten in der Zeit vom 3. bis 10. November auf beiden Bahnlinien.

Der Rücktransport der 3. Infanteriebrigade erfolgte in nachstehender Weise von dem Westbahnhofe zu Wien aus über Bayern:

9. Infanteriebataillon: Abfahrt den 3. November früh 7 Uhr 10 Minuten mit Zug Nr. 1. Ankunft in Plauen den 4. November 9 Uhr 30 Minuten abends.

Stab der 3. Infanteriebrigade und 10. Bataillon: Abfahrt den 3. November 8 Uhr 30 Minuten abends mit Zug Nr. 5, Ankunft in Plauen den 5. November vormittags 9 Uhr 20 Minuten.

11. Infanteriebataillon: Abfahrt den 4. November früh 7 Uhr 10 Minuten mit Zug Nr. 6. Ankunft in Plauen am 5. November 9 Uhr 24 Minuten abends.

12. Infanteriebataillon: Abfahrt den 4. November abends 8 Uhr 30 Minuten mit Zug Nr. 10. Ankunft in Reichenbach am 6. November 10 Uhr 45 Minuten vormittags.

Der Transport war ohne alle Störungen und Zwischenfälle verlaufen, der Empfang im Vaterlande ein überaus herzlicher.

Als vorläufige Garnisonen erhielten der Brigadestab, das 10. und 11. Bataillon Plauen, das 12. Bataillon Reichenbach, das 9. Bataillon Oelsnitz angewiesen.

Nach dem Eintreffen trat eine größere Beurlaubung ein, soweit es der Dienst irgend gestattete.

Obgleich besiegt, hatte das sächsische Corps durch seine treffliche Haltung und Mannszucht sich die Achtung des Feindes und die Anerkennung des Bundesgenossen zu erwerben gewußt.

Der Obercommandirende, Se. Kaiserliche Hoheit der Erzherzog Albrecht, erließ kurz vor der Rückkehr der Sachsen nachstehenden Armeebefehl:

„Stolz mag das eigene Vaterland auf seine rückkehrenden würdigen Söhne blicken, denn sie haben unter Sr. Königlichen Hoheit des Kronprinzen so ausgezeichneter Führung aufs neue die ererbten kriegerischen Tugenden ihres Volkes rühmlichst erprobt. Die kaiserlich königliche Armee aber, mit der diese wackere Schar Anstrengungen, Entbehrungen und Gefahren so treu getheilt, kann in diesem Abschiedsgruße nicht warm und nicht herzlich genug der hohen Achtung und aufrichtigen Zuneigung Ausdruck geben, die unsere scheidenden Waffenbrüder sich in Oesterreichs Volk und Heer erworben durch ungewöhnliche Tapferkeit, strenge Disciplin und unerschütterliche Standhaftigkeit in allen Wechselfällen des Krieges, durch musterhaftes Benehmen gegen uns und die Bewohner des Landes, denen sie allerorts so lieb und werth geworden.

„Wer seiner Pflicht so vollständig als die sächsischen Truppen genügte, in harten Prüfungen so ungebeugten Sinnes blieb, darf getrost auf die Vergangenheit und in die Zukunft blicken; — was letztere auch bringen möge, wir wünschen und hoffen, daß jene Tapfern das Andenken der edeln Kampfgenossenschaft, die auf Böhmens Schlachtfeldern Tausende mit ihrem Herzblute besiegelten, so lebhaft und dauernd bewahren werden, als Oesterreichs Heer die dankbare Erinnerung an die in ernster Zeit bewährten Kameraden und die innigste Theilnahme an ihren ferneren Geschicken. Und somit sage ich im Namen der Armee den braven Sachsen herzlich Lebewohl. Gott geleite sie, gebe Ruhm und Heil ihren glorreichen Fahnen!

gez.
Albrecht."

Der schönste Lohn aber wurde der Armee zutheil durch folgenden Tagesbefehl, welchen Se. Majestät der König an dieselbe zu erlassen geruhte:

„Soldaten! Die Stunde der Heimkehr hat geschlagen. Ihr kehrt in das Vaterland zurück, zwar nicht mit Sieg gekrönt, zwar nach manchem herben Verluste, aber doch mit unverletzter kriegerischer Ehre und mit dem von beiden Theilen Euch einstimmig zuerkannten Ruhme der Tapferkeit, der Ausdauer und der unerschütterlichen Pflichttreue unter schweren, unheilvollen Verhältnissen.

„Nehmt dafür den Dank Eures Kriegsherrn, dessen Stolz und Trost Ihr mitten im Unglück geblieben seid.

„Soldaten! Ihr geht neuen Verhältnissen entgegen! Bewährt auch in ihnen Eure Dienstwilligkeit, Eure Ordnungsliebe, Euren Gehorsam; sichert Euch durch kameradschaftliches Entgegenkommen die Achtung und Liebe des Heeres, an dessen Seite Ihr künftig zu streiten bestimmt seid. Ihr werdet so am besten meinen Absichten entsprechen. Das sächsische Heer wird unter allen Verhältnissen dem sächsischen Namen Ehre machen; dessen vertraue ich mich zu Euch.

gez.
Johann."

Drittes Buch.

Von der Neuformation der Armee 1867 bis zum Schlusse des Feldzuges 1870/71.

13. Friedensjahre 1867—1870.

Bereits zu Schlusse des Jahres 1866 fanden vorbereitende Maßregeln statt, um den Uebergang der Armee in die neuen Formen und Verhältnisse zu beschleunigen.

Laut Allerhöchster Entschließung Sr. Majestät des Königs Johann vom 20. December 1866 sollten vom 7. Januar 1867 an folgende Aenderungen in der Formation eintreten.

Ein jedes Infanteriebataillon bildete aus seinen vier Compagnien deren sechs, von denen jede 1 Feldwebel, 4 Sergeanten, 9 Unteroffiziere, 2 Signalisten und 2 Tamboure zählte. In jeder Brigade waren der rechte Flügel, die beiden ersten Bataillone, und der linke Flügel, die beiden letzten Bataillone, als in sich zusammengehörig zu betrachten, indem künftig aus jedem der beiden erwähnten Flügel ein Regiment errichtet werden sollte. Unteroffiziere und Mannschaften, einschließlich der Kriegsreservisten, waren so zu vertheilen, daß die neuen Compagnien den alten in jeder Beziehung gleich standen. Vom 1. April an sollte die neue Formation endgültig in Kraft treten.

Alle wirklichen Ernennungen und Beförderungen hatten vorläufig zu unterbleiben und fanden nur Designationen statt.

Zur raschen und gründlichen Einübung der Infanterie nach dem preußischen Exercirreglement wurde am 16. Januar 1867 zu Dresden unter Commando des Oberstleutnants von Montbé ein Lehrbataillon in der Stärke von 44 Offizieren und 358 Unteroffizieren der Infanterie in fünf Compagnien zusammengestellt, deren jede die Commandirten einer der bisherigen Brigaden aufnahm.

Von der 3. Brigade wurden dazu commandirt:
Vom 9. Bataillon:
    Hauptmann Weinhold, Oberleutnant Fellmer.
Vom 10. Bataillon:
    Hauptmann Naundorff, Oberleutnant von Brzeski.

Vom 11. Bataillon:
Hauptmann Reyher, Oberleutnant Legler.
Vom 12. Bataillon:
Hauptmann Küstner, Oberleutnant Knauth.

Die Instruction des Lehrbataillons erfolgte durch preußische Offiziere und Unteroffiziere unter Oberleitung des Oberst von Wussow.

Nachdem das Bataillon von Ihren Majestäten den Königen von Sachsen und Preußen besichtigt worden war, löste es sich am 2. März wieder auf und kehrten die Offiziere und Unteroffiziere als Instructoren zu ihren Truppentheilen zurück.

Durch Gesetz vom 24. December 1866 war die Dienstzeit bei den Fußtruppen auf 12 Jahre und zwar 3 Jahre activ bei der Fahne, 4 Jahre in der Reserve und 5 Jahre in der Landwehr festgesetzt worden.

Zur Erreichung des auf 24143 Mann festgestellten Friedensstandes wurden zu Anfang des Jahres 1867 9020 Mann Rekruten ausgehoben. Das Land wurde zu diesem Zwecke in vier Rekrutirungsbezirke, für jede Infanteriebrigade einer, getheilt, welche wieder in je drei Landwehrbezirke zerfielen. Der Garnisonbezirk einer Brigade sollte sich annähernd mit dem Aushebungsbezirke derselben decken. Die 3. Infanteriebrigade erhielt den 10., 11. und 12. Landwehrbezirk (die Amtshauptmannschaften Leipzig, Grimma, Döbeln und Meißen) zugewiesen.

Die am 7. Februar 1867 von dem Kriegsminister, Generalleutnant von Fabrice, mit dem preußischen Generalmajor von Stosch abgeschlossene Convention regelte die Stellung des sächsischen Corps innerhalb des Norddeutschen Bundesheeres.

Das sächsische Corps, als XII. Armeecorps des Bundesheeres, behielt eine gewisse Selbständigkeit für innere Angelegenheiten.

Die Verpflichtung, den Befehlen des Bundesfeldherrn Folge zu leisten, wurde in den Fahneneid aufgenommen, sämmtliche preußische Reglements über Ausbildung und Verwendung der Truppen waren einzuführen, die Bewaffnung und Uniformirung, letztere jedoch mit einigen Einschränkungen, mit der preußischen übereinstimmend herzustellen.

Am 1. April 1867 trat die neue Formation des sächsischen Armeecorps in Kraft.

Dasselbe setzte sich, mit Sr. Königlichen Hoheit dem Kronprinzen als kommandirendem General an der Spitze, aus 2 Infanteriedivisionen zu 2 Brigaden, zu 2 Regimentern, zu 3 Bataillonen; 1 Cavalleriedivision zu 2 Brigaden zu 3 Regimentern und dem Artilleriecorps (1 Feldartillerieregiment und 1 Festungsartillerie-Regiment, zu letzterm 1 Pionier- und 1 Trainbataillon gehörig) zusammen.

13. Friedensjahre 1867—1870.

Der 1. Infanteriedivision war das Schützenregiment Nr. 108, der 2. Infanteriedivision die beiden Jägerbataillone zugetheilt.

Die bisherige 3. Infanteriebrigade bildete die 4. Infanteriebrigade Nr. 48 unter Oberst Freiherrn von Wagner mit dem Brigadestabsquartier Annaberg und setzte sich zusammen aus dem 7. Infanterieregiment Prinz Georg Nr. 106 (dem bisherigen 9. und 10. Bataillon) unter Oberstleutnant Garten und dem 8. Infanterieregiment Nr. 107 (dem bisherigen 11. und 12. Bataillon) unter Oberstleutnant von Leonhardi.[1]

Das Regiment Nr. 106 bezog vorläufig folgende Garnisonen:

Stab und 1. Bataillon: Annaberg.
         2.   „   Zschopau.
         3.   „   Marienberg.

Zu Bataillonscommandanten des Regiments Nr. 106 wurden ernannt:

Major Bubam, 1. Bataillon,
Oberstleutnant von Abenbroth, 2. Bataillon,
Major von Dziembowsky, 3. Bataillon.

Der Friedensstand eines Infanterieregiments wurde auf 1666 Köpfe festgestellt.[2]

Die Ausrüstung der Infanterie mit dem Zündnadelgewehr erfolgte der Art, daß das Regiment Anfang Juni 900 Stück erhielt, während die Erfüllung auf die Friedensstärke im November und December erfolgte.

Bis Ende April 1868 war der volle Kriegsbedarf der Infanterie, einschließlich der Ersatzbataillone, fertig gestellt und an das Zeughaus in Dresden abgeliefert.

Der Sommer des Jahres 1867 verging in der angestrengtesten Thätigkeit aller Angehörigen des Regiments.

Außer den Anfang Mai in der Zahl von ungefähr 50 Mann bei jeder Compagnie eingestellten Rekruten mußten auch die bei der Demobilisirung beurlaubten Mannschaften nach dem neuen Exercirreglement ausgebildet und mit der Handhabung des Zündnadelgewehres vertraut gemacht werden. Da der Stand von 42 Mann, ohne die Rekruten, bei den Compagnien nicht überschritten werden durfte, so mußten die Beurlaubten in vier Abtheilungen eingezogen werden,

---

[1] Offiziersliste der 4. Infanteriebrigade Nr. 48 vom 1. April 1867 siehe in Beilage LXIX.

[2] Friedensstand eines Infanterieregiments siehe in Beilage LXX.

welche in je sechswöchentlicher Uebungszeit die Compagnie- und Bataillonsschule durchzumachen hatten.

Für die 1. Bataillone der Infanterieregimenter waren neue Fahnen angefertigt worden, welche Se. Majestät der König den zur Empfangnahme am 30. August in Dresden erschienenen Deputation übergab. Die 1. Bataillone hatten darauf ihre bisher geführten Fahnen an die 3. Bataillone abzugeben.

Bereits im Mai hatte Se. Majestät als Ausdruck der Allerhöchsten Zufriedenheit mit der im vergangenen Jahre bewiesenen Treue und musterhaften Haltung der Armee ein Erinnerungskreuz für den Feldzug 1866 gestiftet. Dasselbe bestand aus Bronze, wurde an einem gelb und blau gestreiftem Bande getragen und wurde an alle Militärpersonen verliehen, welche den Feldzug ehrenvoll mitgemacht hatten.

Zu der am 3. Juli 1867 stattfindenden Einweihung der auf den Schlachtfeldern von Jicin und Königgrätz errichteten sächsischen Denkmäler wurde eine Deputation von 8 Offizieren und 21 Unteroffizieren unter Führung des Generalleutnants von Schimpff abgeordnet. Von der 4. Infanteriebrigade Nr. 48 wurde dazu der Hauptmann von Gutbier des 8. Infanterieregiments Nr. 107 sowie von jedem Regimente 1 Unteroffizier commandirt.

Am 1. Juli 1867 wurden der Brigade- und Regimentsstab, das 1. und 2. Bataillon nach Chemnitz verlegt und in der dortigen Kaserne untergebracht. Die Bataillone waren mittels Fußmarsch dorthin gerückt, die Vorräthe mit der Eisenbahn befördert worden.

Durch Tagesbefehl vom 18. September gab Se. Majestät der König den Truppen Allerhöchst seine Anerkennung kund, für die unermüdliche Thätigkeit und eifrige Pflichterfüllung, mit welcher Alle die zur Reorganisation der Armee erforderlichen Arbeiten ausgeführt hatten, und sprach seine Zufriedenheit über den nun hergestellten schlagfertigen und kriegsbereiten Zustand des Armeecorps, sowie die Erwartung aus, daß auch in den neuen Formen der alte Geist fortleben möge.

Mit dem Jahre 1868 begann nun auch in Sachsen die in Preußen eingeführte Eintheilung der Truppenübungen.

Nachdem bereits Ende October 1867 die neue Rekrutenquote eingetroffen war, fanden von nun an Ende Februar oder Anfang März die Vorstellungen der ausgebildeten Rekruten und die Einstellung derselben in die Compagnie statt. Bis Ende April waren die Compagnien auszubilden, worauf die Uebungen im Bataillone folgten. Die Sommermonate waren zur Ausbildung im Felddienste und im Zielschießen bestimmt.

Die Herbstübungen begannen mit dem Regimentsexerciren in den Regimentsstabsquartieren. Hierauf folgten Brigadeübungen auf dem erweiterten Exercirplatze eines der beiden Regimenter, an welche sich unter Verlegung der Truppen in Manöverquartiere die Detachements=übungen anschlossen, welche unter Leitung des Brigadecommandeurs den ältern Stabsoffizieren aller Waffen Gelegenheit gaben, sich in der Führung von gemischten Detachements im Gelände nach gestellten Auf=gaben zu üben.

Die Uebungen in der Division, theils Brigade gegen Brigade, theils die gesammte Division gegen einen markirten Feind, machten für gewöhnlich den Schluß der Herbstübungen, doch sollte von Zeit zu Zeit auch das ganze Armeecorps zu ähnlichen Uebungen vereinigt werden.

Nach Rückkehr in die Garnisonen hatten die Truppen die Mann=schaften des 3. Jahrganges zur Reserve zu entlassen und einen be=stimmten Theil des 2. Jahrganges zur Disposition des Truppentheiles zu beurlauben.

Die 2. Infanteriedivision Nr. 24 hielt im Jahre 1868 ihre Herbst=manöver bei Chemnitz, im Jahre 1869 bei Leipzig ab. In beiden Jahren wurde sie bei dieser Gelegenheit von dem königlich preußischen Generallieutenant von Fransecky besichtigt.

Mit Ende des Jahres 1868 wurden die abweichenden Bezeich=nungen verschiedener militärischer Grade nach der in Preußen üblichen Benennung umgeändert.

Im Herbste desselben Jahres fand die erste Ernennung von Reserve=offizieren statt. Diese aus den Einjährig=Freiwilligen hervorgehenden Offiziere waren eine Verstärkung des Offizierscorps, deren hoher Werth in dem Feldzuge 1870—71 zur vollen Geltung kam. Auch durch den Eintritt mehrerer Offiziere, welche der bisherigen hannoverischen Armee angehört hatten, wurde das Offizierscorps in wünschenswerther Weise ergänzt.

In der Person der höhern Commandeure traten in diesem Ab=schnitte mehrfache Veränderungen ein. Das Commando der 2. In=fanteriedivision behielt Generallieutenant von Schimpff bis zu seiner unter dem 12. Mai 1869 erfolgenden Pensionirung. Sein Nachfolger wurde der Generalmajor Nehrhoff von Holderberg, bisher Comman=deur der 2. Infanteriebrigade Nr. 46. Das Commando der 4. In=fanteriebrigade erhielt nach der unter dem 7. April 1869 erfolgten Pensionirung des Generalmajors Freiherr von Wagner der bisherige Commandeur des Schützenregiments Nr. 108, Oberst von Schulz.

Der Regimentscommandeur, Oberst Garten, wurde 1868 in gleicher

Eigenschaft zum Leibgrenadierregiment versetzt, während der unter dem 9. Juli 1868 zum Oberst ernannte bisherige Commandeur des 2. Bataillons, von Abendroth, das Commando unsers Regiments erhielt. Commandeur des 2. Bataillons wurde der bisherige Stabsoffizier des 5. Infanterieregiments Nr. 104, Major von Mandelsloh.

Unter dem 23. Juni 1869 wurde der Commandeur des 3. Bataillons, von Dziembowsky, in gleicher Eigenschaft zum Schützenregiment versetzt und der etatsmäßige Stabsoffizier des 8. Infanterieregiments Nr. 107, Major von Rohrscheidt, zum Commandeur des 3. Bataillons unsers Regiments ernannt. Als letzterer unter dem 23. Januar 1870 seinen Abschied nahm, erhielt der etatsmäßige Stabsoffizier des 5. Infanterieregiments Nr. 104, Major Brinckmann, das Commando des Bataillons.

An Stelle des am 13. September 1868 als Landwehr-Bezirkscommandeur angestellten Majors Puscher wurde unter dem 30. September der bisherige Hauptmann im Schützenregimente von der Decken zum etatsmäßigen Stabsoffizier des Regiments ernannt.

Infolge des Eintrittes des sächsischen Corps in den Verband des Norddeutschen Bundesheeres wurde demselben die Theilnahme an den verschiedenen preußischen Lehr- und Uebungsanstalten eröffnet. Von 1867 an wurden Offiziere des Regiments zur Kriegsakademie in Berlin, sowie Offiziersaspiranten auf die Kriegsschulen zu Erfurt und Kassel commandirt. Ebenso nahmen Offiziere und Unteroffiziere an den Commandos zur Militärschießschule in Spandau, zur Central-Turnanstalt in Berlin und zu dem Lehrbataillon in Potsdam theil.

Das Jahr 1870 hatte in gewohnter Weise begonnen. Die Ausbildung der Rekruten und der Compagnien, die Bataillonsschule und die entsprechenden Vorstellungen waren in vorschriftsmäßiger Weise vor sich gegangen und die Compagnien hatten ihre Uebungen im Zielschießen und Felddienste begonnen, als plötzlich und vollständig unerwartet Frankreich einen Vorwand ergriff, um in unerhört frivoler und übermüthiger Weise Deutschland den Krieg zu erklären. —

14. Feldzug 1870 und 1871.

Kaiser Napoleon hatte bei Beginn des Feldzuges 1866 mit Sicherheit darauf gerechnet, daß Oesterreich und Preußen ihre Kräfte gegenseitig aufreiben und so ihm Gelegenheit bieten würden, in entscheidender Weise seinen Einfluß auf die Gestaltung der deutschen Verhältnisse

14. Feldzug 1870 und 1871.

zur Geltung zu bringen. Auch Gebietserweiterungen Frankreichs hatte er mit Sicherheit als Preis seiner Neutralität erwartet. Der überraschende Verlauf des Feldzuges hatte alle seine Erwartungen getäuscht. Die Vergrößerung des preußischen Gebiets, die immer fester sich gestaltende Organisation des Norddeutschen Bundes und der Abschluß der Militärconventionen mit den süddeutschen Staaten ließen ihn klar erkennen, daß der Einfluß Frankreichs auf die Entwickelung der politischen Verhältnisse Europas mit jedem Jahre schwächer werden mußte. Dazu kam ein völliges Verkennen der gegenseitigen Machtverhältnisse, sowie die Ueberzeugung, daß zur Ablenkung der immer weiter um sich greifenden Unzufriedenheit und republikanischen Gesinnung, von welcher sogar ein bedeutender Theil der Armee sich unterwühlt zeigte, nur ein siegreicher Krieg helfen konnte, welcher der Ruhmbegierde der Nation schmeichelte.

Aus diesen Gründen ergriff die französische Regierung den Vorwand der Candidatur des Prinzen Leopold von Hohenzollern für den spanischen Thron, um in der schroffsten Weise Preußen den Krieg zu erklären.

Am 15. Juli erfolgte in Paris der Mobilmachungsbefehl, am 19. wurde die Kriegserklärung in Berlin überreicht.

Hatte Frankreich auf Uneinigkeit der deutschen Fürsten und Völker gehofft, so machte die einmüthige Begeisterung, mit welcher ganz Deutschland sich zur Abwehr des gemeinsamen Feindes erhob, seine Berechnungen zu Schanden.

In der Nacht vom 15. zum 16. Juli erging von dem Bundesfeldherrn der Befehl zur Mobilisirung des gesammten Norddeutschen Bundesheeres, am 16. Juli erließ Se. Majestät König Johann durch den commandirenden General Kronprinz Albert die Mobilmachungsordre, durch welche dieser Tag als erster Mobilmachungstag bezeichnet wurde.

Bei dem 7. Infanterieregiment Prinz Georg Nr. 106 traf die telegraphische Ordre am 16. Juli früh 9 Uhr 30 Minuten ein. Am nächsten Tage wurde die bei der Fahne befindliche Mannschaft eingekleidet. Der Commandeur des 1. Bataillons, Oberstlieutenant Bubam, wurde zum Commandeur des Landwehr=Besatzungsbataillons Nr. 3 bestimmt; die Führung des 1. Bataillons übernahm der etatsmäßige Stabsoffizier, Major von der Decken. Hauptmann Schlick des Schützenregiments wurde zum Führer des Ersatzbataillons ernannt.[1]

---

[1] Offiziersliste des mobilen Regiments und Ersatzbataillons bei Beginn des Feldzuges siehe in Beilage LXXI.

Am 18. Juli ging Secondelieutenant Weigel zum Abholen der Augmentationswaffen nach Dresden.

Am 20. lösten Hauptmann von Wolf und Secondelieutenant Steeger den Hauptmann Schlaberg und Secondelieutenant Geißler auf Schloßwachcommando Waldheim ab.

Am 21. trafen 40 Trainsoldaten und Pferdewärter sowie 25 Offiziersreit- und 50 Zugpferde beim Regimente ein.

Am 22. Juli wurde die zum mobilen Regimente bestimmte Mannschaft aus der Kaserne in Quartiere in der Stadt verlegt.

Am 23. Juli trafen die Augmentationsmannschaften des Regiments ein und wurden in der Kaserne untergebracht. Laut Corpsbefehl vom 21. Juli wurden Major von der Decken zum Commandeur des 1. Bataillons, Premierlieutenant Kühle zum Hauptmann im 5. Regiment Nr. 104, Premierlieutenant Scheffel zum Hauptmann im 6. Infanterieregiment Nr. 105 ernannt.

Am 24. Juli gingen die zum Landwehr-Besatzungsbataillon bestimmten Unteroffiziere und Mannschaften ab. Laut Divisionsbefehl vom 23. Juli wurde Premierlieutenant von Zezschwitz zum 1. Jägerbataillon Nr. 12 und dafür Premierlieutenant von Stieglitz von letzterm zu unserm Regimente versetzt.

Am 25. Juli abends war das Regiment marschbereit. Am nächsten Tage traf das 3. Bataillon aus Marienberg in Chemnitz ein und bezog folgende Quartiere:

Bataillonsstab: Chemnitz,
  9. Compagnie: Borna, Glösa, Furth,
10.   „   Gablenz, Hilbersdorf, Niederhermsdorf,
11.   „   Niederhermsdorf, Oberhermsdorf, Reichenhain, Bernsdorf,
12.   „   Alt-Chemnitz, Hilbersdorf.

Am 27. Juli früh 6 Uhr gingen die Quartiermacher des Regiments nach dem Rheine ab. Am Nachmittage und Abend wurden die Pferde und Wagen des Regiments verladen.

Am 28. Juli erfolgte die Abfahrt des Regiment auf der Linie D über Erfurt, wohin das Regiment auf der Bahn Chemnitz-Glauchau-Gera gelangte, Bebra, Hanau nach Kastel.

Das 1. Bataillon fuhr früh 2 Uhr 20 Minuten, das 2. mit dem Regimentsstabe 5 Uhr 40 Minuten, das 3. 8 Uhr 40 Minuten von Chemnitz ab. Auf der langen Fahrt wurden auf jeder Station, wo der Zug auch nur kurze Zeit hielt, den Truppen Erfrischungen und Lebensmittel von den begeisterten Einwohnern gespendet. In Gera,

Erfurt und Fulda wurden die Truppen theils mit warmer Kost, theils mit Kaffee verpflegt.

Die Ankunft des 1. Bataillons in Kastel, Mainz gegenüber, erfolgte planmäßig am 29. Juli früh 9 Uhr 30 Minuten, während das 2. und 3. Bataillon je eine Verspätigung von ungefähr 6½ Stunde hatten. Das 2. Bataillon traf daher erst nachmittags 4 Uhr 40 Minuten, das 3. Bataillon 7 Uhr abends in Kastel ein. Alle drei Bataillone wurden in Wiesbaden einquartiert und erhielten Quartierverpflegung.

Am 30. Juli früh 10 Uhr marschirte das Regiment von Wiesbaden ab, überschritt bei dem Fort „Großherzog von Hessen" auf einer Schiffbrücke den Rhein und marschirte bis Ober-Olm, wo es nachmittags 5 Uhr eintraf und einquartiert wurde. Bei der drückenden Schwüle und der Ungeübtheit der Augmentationsmannschaften im Marschiren hatten die Compagnien an diesem Tage einen sehr starken Abgang an Fußkranken, welcher sich pro Compagnie auf 5—20 Mann bezifferte. Die beiden nächsten Tage blieb das Regiment hier stehen und benutzte die Zeit, um fleißig in Compagnien und im Bataillon zu exerciren. Zum Fassen der Lebensmittel in Bieberich wurden 14 2-spännige Bauerwagen gefordert.

Die tägliche Verpflegung des Mannes sollte bestehen aus: 1½ Pfund Brot, 1 Pfund Fleisch oder ½ Pfund Speck, 1 Pfund Zugemüse, 30 Gramm Kaffee, 60 Gramm Tabak oder 5 Cigarren (erst vom Einmarsche in Feindes Land an), ½ Liter Wein oder 1/10 Liter Branntwein (desgleichen).

Wo angänglich sollte diese Magazinverpflegung durch Quartierverpflegung oder Beitreibungen ersetzt oder ergänzt werden. Es muß rühmend hervorgehoben werden, daß wol noch in keinem Feldzuge die Verpflegung so pünktlich und gut geliefert worden ist, was selbstverständlich auf den Gesundheitszustand und die Schlagfertigkeit der Truppen von günstigstem Einflusse war.

Das XII. Corps[1] war der II. Armee (Gardecorps, III., IV., IX., X. und XII. Corps) unter Prinz Friedrich Karl zugetheilt und hatte zunächst die Bestimmung, mit dem IX. Corps als Hauptreserve zu dienen. — Nachdem die Siege der I. und III. Armee eine freie Entwickelung der II. Armee westlich des Haardtgebirges ermöglichten, konnten auch die Armeecorps dieser Armee sich in so breiter Front entwickeln, daß sie vom 7. August an zum weitern Vormarsch und zum Gefechte bereit waren.

---

[1] Ordre de Bataille des XII. Corps siehe in Beilage LXXII.

Am 2. August wurde das Regiment nach Bodenheim verlegt und marschirte am nächsten Tage über Gau-Bischofsheim, Hartesheim, Mommenheim, Selzen, Köngernheim, Undenheim und Odenheim nach Framersheim. Der Hitze wegen wurde in Mütze marschirt; starker Regen erschwerte am Nachmittag den Marsch, bewirkte aber, daß man keine Marschkranken hatte, nachdem die schwachen Elemente bereits ausgeschieden waren. Die Porteepéefähnriche Lucius, Overbeck, Weigel und Ludovici wurden zu Seconbelieutenants ernannt.

Am 4. August marschirte das Regiment bei großer Hitze über Tautenheim, Kettenheim, Flombern, Ober-Flörsheim, Dalsheim, Klein- und Groß-Bockenheim, Asselsheim und Grünstadt nach Leiningen. Der Regimentsstab, 1., 2. Bataillon und 10. Compagnie kamen nach Neu-Leiningen, der Rest des 3. Bataillons nach Klein-Karlbach.

Am 5. August gelangte das Regiment über Ramsen, Tiefenthal, Eisenberg, Alsenberg und Enkenbach nach Sembach; die Stäbe wurden einquartiert, alles andere biwakirte; in der Nacht regnete es ununterbrochen sehr stark.

Am 6. August marschirte das Regiment nach Kaiserslautern und wurde mit Ausnahme der Trains, welche biwakirten, in der Stadt einquartiert.

Man erhielt hier die Berichte über die siegreichen Gefechte bei Weißenburg, Wörth und Spichern; der Rückzug des Feindes nach Metz wurde als sicher angenommen. Es galt nun auch die II. deutsche Armee gegen diesen Punkt zusammenzuziehen. Die vordersten Abtheilungen des XII. Corps sollten bis Homburg vorgeschoben werden und der Marsch dahin im Divisionsverbande erfolgen.

Die 24. Division brach am 7. August früh 7 Uhr 30 Minuten auf und erreichte über Kindsbach, Landstuhl und Vogelbach abends 7 Uhr 15 Minuten den Biwakplatz bei Homburg. Um das Corps in sich dichter aufschließen zu lassen, blieb das 7. Regiment Nr. 106 den nächsten Tag hier liegen.

Am 9. August gegen 11 Uhr vormittags wurde der Weitermarsch angetreten. Auf dem Marktplatze zu Homburg ließ Se. Majestät der Bundesfeldherr die Division vorbeimarschiren. Das Regiment rückte über Einöd, Webenheim, Mimbach, Beilfurth und Bliesthalheim in ein Biwak zwischen Rheinheim und Gersheim. Am nächsten Tage wurde dasselbe in nahe gelegene Orte einquartiert, und zwar der Regimentsstab, 2. und 3. Bataillon nach Herbitzheim, das 1. Bataillon nach Bubenheim. Am Nachmittage wurde bei ersterm Orte unter starkem Regen evangelischer Feldgottesdienst abgehalten.

Am nächsten Tage sollte das Corps regimenterweise auf das linke

Saarufer rücken. Das Regiment Nr. 106 brach am 11. August früh 5 Uhr 15 Minuten von Herbitzheim auf, überschritt früh 6 Uhr die Saar bei Rheinheim und 7 Uhr 15 Minuten unter den Klängen der „Wacht am Rhein" die französische Grenze auf der Straße nach Saargemünd und erreichte gegen Mittag die ihm angewiesenen Quartiere in Hendling (Stab und I. Bataillon), Metzing (2. Bataillon) und Ipping (3. Bataillon).

Am 12. hatte das Regiment nur einen dreistündigen Marsch bis Loupershausen, am 13. einen stärkern nach Bahl les Fauquemont.

Am 14. August marschirte das Regiment über Atelange, Chémery, Thonville, Broulange, Bautrecourt nach Tragny, wo dasselbe mit Ausnahme der 12. Compagnie, welche biwakiren mußte, einquartiert wurde.

Da man einen Zusammenstoß mit dem Feinde erwartete, sollte das Corps in die Gegend von Solgne rücken, um hier das III. und IX. Armeecorps unterstützen zu können.

Zu diesem Zwecke wurde das XII. Corps an der Straße von Delme nach Metz vereinigt.

Das Regiment Nr. 106 brach am 15. August früh 4 Uhr auf und rückte im Divisionsverbande nach dem Sammelplatze bei Achatel, wo sofort nach dem Eintreffen abgekocht wurde.

Am 16. August sollte das XII. Corps die Mosel bei Pont à Mousson überschreiten. Nachmittags 4 Uhr traf das Regiment Nr. 106 hier ein, überschritt auf der Kriegsbrücke die Mosel und wurde auf dem linken Moselufer einquartiert.

Das 2. Bataillon wurde zur Bedeckung des großen Hauptquartiers commandirt. Alle vorübergehend marschunfähigen Leute der Division wurden hier zurückgelassen und in eine Marschcompagnie zusammengestellt. Laut Operationsbefehl sollte das Armeecorps am nächsten Morgen früh 3 Uhr auf Thiaucourt vorrücken. Die 24. Division sollte der von der 23. Division zu formirenden Avantgarde über Xames, Charray, Dumartin, Hagéville und Xonville auf Mars la Tour folgen. Zur befohlenen Zeit rückte das Regiment Nr. 106 von Pont à Mousson ab, legte jenseit Thiaucourt auf Befehl die Tornister ab, bei welchen eine entsprechende Bedeckung zurückblieb, ging in Gefechtsform in nördlicher Richtung vor und erreichte nachmittags 4 Uhr Puxieux, wo biwakirt wurde.

Aus Mangel an Verpflegung wurde auf Befehl des Divisionscommandeurs der eiserne Bestand angegriffen. Das Regiment hatte an diesem Tage ungefähr 40 km in ungünstigem Gelände zurückgelegt.

Nachdem am 14. August Marschall Bazaine, welcher das Obercommando über die bei Metz vereinigten fünf französischen Corps übernommen hatte, durch die Schlacht von Colombey-Nouilly sich auf dem rechten Moselufer hatte festhalten lassen und am 16. August den beabsichtigten Abmarsch gegen Verdun infolge der Schlacht bei Vionville und Mars la Tour nicht hatte durchführen können, hatte er den 17. August benutzt, westlich der Festung Metz eine von Natur außerordentlich günstige Vertheidigungsstellung zu besetzen.

Den äußersten rechten Flügel der französischen Aufstellung von Roncourt bis südlich St.-Privat la Montagne bildete das VI. Corps. Im Anschlusse an dasselbe das IV. bei Amanvillers, das III. in der Linie von la Folie, Leipzig und Moscou. Von Point du jour bis Rozerieulles stand das II. Corps als linker Flügel, welches zur Deckung seiner linken Flanke die ihm zugetheilte Brigade Lapasset des V. Corps gegen Ste.-Ruffine hinausgeschoben hatte. Hinter dem rechten Flügel stand die Cavalleriebrigade du Barail, hinter dem linken die Cavalleriedivision Forton. Die Garden standen als allgemeine Reserve hinter dem linken Flügel, westlich der Forts Plappeville und St.-Quentin, die Artilleriereserve zwischen diesen Forts und den westlichen Vorstädten von Metz.

Das Hauptquartier des Marschalls Bazaine war im Dorfe Plappeville.

Durch Schützengräben und Batterieeinschnitte war die Stellung mit vielem Geschick zur hartnäckigsten Vertheidigung hergerichtet.

Schlacht bei St.-Privat am 18. August 1870.[1]

Prinz Friedrich Karl hatte am 18. August früh 5 Uhr im Biwak, südlich Mars la Tour an die Corpscommandeure seiner Armee den mündlichen Befehl ausgegeben, daß die II. Armee ihren Vormarsch fortsetzen solle, mit dem Bestreben, den Feind von seiner Rückzugslinie Metz-Verdun abzudrängen und ihn zu schlagen, wo man ihn fände.

Die II. Armee sollte zu diesem Zwecke in Staffeln vorrücken: links das XII. Armeecorps, welches sogleich antreten und auf Jarny vorgehen sollte, rechts daneben das Gardecorps mit der Richtung auf Doncourt, rechts rückwärts von diesem das IX. Corps. Hinter dem rechten Flügel der Armee sollte das III., hinter dem linken das X. Corps folgen.

Ueber die Stellung und die Absichten des Feindes hatte man noch keine Nachricht. Er konnte entweder beabsichtigen, auf den Straßen

---

[1] Hierzu Kartenbeilage Nr. XXI.

Jarny-Conflans-Etain und St.-Privat-Ste.-Marie aux Chênes-Briey abzuziehen, oder auf der Hochfläche westlich von Metz sich zu schlagen.

Die beiden Bataillone des 106. Regiments verließen früh 7 Uhr ihr Biwak und rückten auf den Sammelplatz der Brigade bei Mars la Tour, von wo letztere in Gefechtsform 8 Uhr 45 Minuten abmarschirte.

Das sächsische Corps trat diesen Vormarsch von Mars la Tour in zwei Colonnen an. Der Avantgarde unter Generalmajor von Craushaar (Schützenregiment, 2. leichte Batterie, 1. Reiterregiment, 2. Pioniercompagnie) folgte die 46. Infanteriebrigade, die Corpsartillerie und die 48. Brigade. Oestlich von dieser auf der Straße vorgehenden Colonne marschirten die 45. und 47. Brigade. Die Avantgardencavallerie streifte weit vor der Front über Conflans, Labry und Giraumont, sowie mit einer stärkern Seitencolonne über Bruville, Doncourt nach Jouaville. Außer einigen feindlichen Patrouillen, die sich rasch zurückzogen, fand man nichts vom Feinde. Die Straße Gravelotte-Conflans war frei.

Während die Cavallerie noch weiter vorging, um den Feind aufzusuchen, schlossen die sächsischen Divisionen in sich auf und zwar die 23. an der Straße vor Jarny, die 24. bei Moncel Château.

Nach den bis 10 Uhr 30 Minuten im großen Hauptquartier eingegangenen Meldungen stand der feindliche linke Flügel bei Point du jour. Der rechte wurde bei Montigny la Grange vermuthet. Es wurde daher ein allmähliches Rechtsschwenken der Corps der II. Armee befohlen. Bevor noch der darauf erlassene Befehl des Commandos der II. Armee, von Jarny auf Ste.-Marie aux Chênes vorzurücken, das XII. Corps erreichte, hatte Se. Königliche Hoheit Kronprinz Albert auf Grund der eingelaufenen Meldungen bereits den Vormarsch selbständig angeordnet und dem Armeecommando davon Meldung gemacht. Eine linke Seitendeckung hatte gegen Valleroy vorzugehen. Die Avantgarde und die 45. Brigade wurden nach Tichémont und den Bois de Pouty in Marsch gesetzt, die 46. Brigade blieb nördlich von Jarny zur Verfügung des commandirenden Generals stehen, die 24. Division hatte über Jouaville und Batilly zu marschiren und eine besondere Avantgarde auf Ste.-Marie aux Chênes vorzuschieben.

Bei Batilly angekommen, erhielt die 24. Division den Befehl, mit der vordersten, 47. Brigade, sich zum Gefechte gegen Ste.-Marie aux Chênes zu entwickeln, die 48. Brigade aber zur Verfügung des commandirenden Generals bei Batilly stehen zu lassen. An dem Gefechte und der Erstürmung von Ste.-Marie aux Chênes konnte daher das Regiment Nr. 106 keinen Antheil nehmen.

Nachdem der Feind in seine Hauptstellung Roncourt-St.-Privat zurückgeworfen war, beschloß der commandirende General, ihn in der Front seiner überaus starken Stellung durch die 47. Brigade und die Corpsartillerie, sowie die Batterien der 24. Division festhalten, die feindliche Artillerieaufstellung zwischen St.-Privat und Roncourt und die Infanteriebesatzung letztern Ortes durch das Feuer der sächsischen Batterien niederkämpfen zu lassen und mit der 23. Division, welcher zu diesem Zwecke noch die 18. Brigade zugetheilt wurde, den feindlichen rechten Flügel zu umfassen und aufzurollen.

Die 48. Brigade hatte den Befehl zum Vorrücken 3 Uhr 50 Minuten bei Batilly erhalten und war mit thunlichster Beschleunigung nach dem Sammelplatze der 23. Division in dem von Ste.-Marie aux Chênes nach Hautmécourt sich hinziehenden Grunde abmarschirt.

Vom Divisionscommandeur, Sr. Königlichen Hoheit Prinz Georg, erhielt die Brigade den Befehl, sich auf den linken Flügel der Division zu setzen, auf der im Orne-Thale verdeckt von Auboué nach Thionville führenden Straße bis in die Höhe von Joeuf zu marschiren, hier den Höhenrand bei Montois-la-Montagne zu ersteigen und die Richtung auf Roncourt zu nehmen. Das 1. Reiterregiment und drei Batterien wurden der Brigade als Unterstützung zugetheilt. Sobald die 48. Brigade Montois erreicht haben würde, sollte gleichzeitig von der 23. Division der Angriff gegen die Westfront von Roncourt erfolgen.

Die 5000 Schritt betragende Entfernung in $^3/_4$ Stunde zurücklegend, erstieg die 48. Brigade kurz vor 6 Uhr den steilen Höhenrand bei Montois la Montagne und zwar die beiden Bataillone des Regiments Nr. 106 östlich, das Regiment Nr. 107 westlich des Ortes. Das Jägerbataillon Nr. 13 folgte als Reserve. Das Dorf ward unbesetzt gefunden.

Das 3. Bataillon 106. Regiments unter Major Brinkmann hatte vom Oberst von Abendroth den Befehl erhalten, zur Sicherung der linken Flanke in östlicher Richtung vorzugehen.

Major Brinkmann ließ die 11. Compagnie als Avantgarde, mit Anlehnung ihres linken Flügels an den Waldsaum, in gleicher Richtung mit diesem vorgehen. Die 12. Compagnie, welche zur Säuberung des von versprengten Franzosen besetzten Waldes einen Zug in die linke Flanke entsendete, folgte mit einem Abstande von 150 Schritt; endlich als Reserve die 9. und 10. Compagnie als Halbbataillon formirt. Nur von einzelnen Schüssen aus dem Walde belästigt, erreichte das Bataillon die Höhe von Montois. Die 11. Compagnie wurde nun zur Sicherung der linken Flanke auf die hier vorspringende Waldecke vorgeschoben, während die 10. Compagnie als Avantgarde auf Malancourt vorging und die 9. und 12. Compagnie als Unterstützung folgten.

Gegen 6 Uhr 30 Minuten erhielt die 12. Compagnie Befehl sich an das 1. Bataillon anzuschließen.

Oberst von Abendroth hatte bemerkt, daß stärkere feindliche Abtheilungen, welche die Besatzung von Montois und Roncourt gebildet zu haben schienen, nach dem Walde von Jaumont zurückgingen.

Generalmajor von Senfft, welcher mit der Cavalleriebrigade gegen auf der Metzer Straße abziehende feindliche Colonnen vorgehen wollte, erhielt in seiner linken Flanke aus dem Walde von Jaumont so starkes Infanteriefeuer, daß er die Brigade in Deckung hinter einer Geländewelle zurückführen mußte.

Oberst von Abendroth ertheilte darauf zur Sicherung seiner linken Flanke dem Major Brinkmann den Befehl, mit drei Compagnien Malancourt zu besetzen, beziehungsweise zu nehmen, während er selbst in südöstlicher Richtung mit fünf Compagnien gegen den vom Feinde besetzten Waldrand vorging. Er formirte seine Abtheilung in zwei Treffen und zwar 2., 3. und 12. Compagnie in Compagniecolonnen mit vorgezogenen Schützen vorderes, 1. und 4. Compagnie als Halbbataillon unter Hauptmann Frotscher hinteres Treffen. Rechts schlossen sich Abtheilungen des 3. Bataillons des 107. Regiments an.

Der Feind hatte mit drei Bataillonen vom 100. Regiment, welchem sich auf dem linken Flügel Abtheilungen des 75. Regiments angeschlossen hatten, den Waldsaum und den unmittelbar vor demselben hinlaufenden Straßendamm stark besetzt, sowie starke Schützenschwärme hinter einzelne Steinwälle vorgeschoben, und empfing die anrückenden Abtheilungen des Regiments Nr. 106 mit lebhaftem Feuer auf große Entfernung. Auch feindliche Artillerie, welche in eine Stellung östlich von St.-Privat zurückgegangen war, griff in das Gefecht ein.

Gleich bei Beginn des Vorrückens wurden Oberst von Abendroth, Major von der Decken und Hauptmann Frotscher verwundet, beim weitern Vorrücken Secondelieutenant der Reserve Müller tödlich verwundet.

Der Fahnenträger des 1. Bataillons, Sergeant Albert der 3. Compagnie, wurde durch einen Schuß in den Unterleib getödtet. Die Verluste an Mannschaften nahmen schnell zu.

Durch energisches Vorgehen wurden die feindlichen Schützenschwärme aus ihren Deckungen gegen den Wald zurückgeworfen.

Nachdem ein kurzes Feuer auf den an dem Straßendamme vor dem Walde mit dichten Schützenschwärmen liegenden Feind gerichtet worden war und nachdem das Halbbataillon, jetzt unter Führung des

Premierlieutenant Overbeck, sich in die vorderste Linie eingeschoben hatte, ging die ganze Linie mit Hurrah in energischem Anlaufe vor und warf den Feind vom Straßendamme in den Wald zurück. Augenblicklich zu schwach und zu erschöpft, als daß der Anlauf bis in den Wald hätte fortgesetzt werden können, eröffneten die fünf Compagnien an dem Straßendamme liegend ein lebhaftes Feuer auf kurze Entfernung gegen den am Waldrande stehenden Feind und erstürmten sodann 7 Uhr 30 Minuten auch den Waldsaum.

Der Feind wurde in den Wald zurückgedrängt und es entspann sich in demselben ein vor- und zurückschwankendes Gefecht, bei welchem die fünf Compagnien nur langsam vordringen konnten. Mit gutem Erfolge griff hier die Compagnie Schreiber des 3. Bataillons 107. Regiments auf dem rechten Flügel ein. Auf dem linken Flügel leistete der Feind in einem am Waldrande gelegenen Steinbruche noch hartnäckigen Widerstand, bis er durch die 4. Compagnie in der Front und durch eine vom Adjutant Hummitzsch aus Theilen der 12. Compagnie und in die Linie des 1. Bataillons gerathenen Mannschaften des 107. Regiments formirte Abtheilung in der Flanke gefaßt, auch hier vertrieben wurde. Bei dem Steinbruche eroberten diese Abtheilungen ein feindliches Geschütz, welches ihnen aber durch einen mit Uebermacht ausgeführten Gegenstoß des Feindes wieder entrissen wurde und bereits zurückgeschafft war, als die Abtheilung aufs neue vordrang. Die Verfolgung, bei welcher auch die inzwischen eingetroffenen drei Compagnien unter Major Brinkmann mitwirkten, und das Feuergefecht fanden gegen $^1/_2 9$ Uhr ihr Ende.

Major Brinkmann hatte zu der ihm aufgetragenen Besetzung von Malancourt die 10. Compagnie in das Vortreffen genommen, die 9. und 11. Compagnie als Haupttreffen folgen lassen. Da der westliche Dorfrand von Malancourt mit seiner steinernen Umfassung und seiner beinahe sturmfreien Lage in der Front nur mit den größten Opfern hätte angegriffen werden können, so beschloß Major Brinkmann den Ort in der Flanke zu fassen. Die 10. Compagnie wurde daher gegen die nördliche Seite des Dorfes gesandt, wo ein Obstgarten ein leichteres Eindringen vermuthen ließ. Bereits auf 1000 Schritt erhielt die 10. Compagnie, welche sich allmählich ganz in Schützenlinie auflöste, Feuer aus dem Orte, rückte aber, gefolgt von dem Haupttreffen, längs des Waldes vor, ohne zu versuchen, das Feuer auf diese Entfernung zu erwidern. Aufgemuntert von dem Bataillonscommandeur und dem Compagnieführer wurden die letzten 150 Schritte im Laufschritt unter Hurrah zurückgelegt.

Die 9. und 11. Compagnie waren dicht dahinter gefolgt. In

vollster Unordnung verließ der Feind bei dem ersten Anlaufe die Dorfumfassung und das Dorf selbst, und nur vereinzelte Schüsse fielen noch im Dorfe und später aus dem östlich davon gelegenen Walde, wohin sich die Dorfbesatzung geflüchtet hatte. Wegen der großen Ermüdung der Mannschaften konnte eine weitere Verfolgung nicht stattfinden und wurden nur drei Gefangene gemacht, nach deren Aussage eine Abtheilung des 100. Regiments, deren Stärke jedoch nicht angegeben werden konnte, die Besatzung des Dorfes gebildet hatte.

Nachdem das Dorf vollständig vom Feinde gesäubert war, erhielt Major Brinkmann 7 Uhr 30 Minuten durch einen Ordonnanzoffizier des Generalmajors Graf zur Lippe den Befehl, den östlich von Rancourt liegenden Wald anzugreifen. Major Brinkmann ließ sogleich die 9. Compagnie unter Entwickelung starker Schützenschwärme gegen die nördlich der Steinbrüche nach Roncourt vorspringende Zunge des Waldes von Jaumont vorgehen und die 10. und 11. Compagnie als Reserve folgen.

Von der hereinbrechenden Dämmerung begünstigt, gelang es, ohne Verlust den Waldsaum im schnellen Anlaufe zu nehmen und den Feind zurückzuwerfen und von hier aus die Verbindung mit den fünf Compagnien unter Oberst von Abendroth wiederherzustellen.

Nach Beendigung des Gefechtes trafen am Walde noch ein: das 3. Bataillon 103. Regiments, der Rest des 3. Bataillons 107. Regiments und das 2. Jägerbataillon Nr. 13.

Nach Eintreffen derselben sammelten sich die Compagnien des 106. Regiments am westlichen Waldrande und lagerten hier, während das 13. Jägerbataillon die Vorposten bezog. Das 1. Bataillon brachte 11 unverwundete Gefangene ein.

Das 2. Bataillon war am 17. August abends 8 Uhr durch ein preußisches Bataillon von seinem Wachdienste bei dem großen Hauptquartier abgelöst worden und hatte abends 9 Uhr bei dem Bahnhofe von Pont à Mousson ein Biwak bezogen. Am 18. August früh 5 Uhr war es hier aufgebrochen und ohne Kenntniß der Stellung des sächsischen Corps über Norroy, Villecey, Waville, Trouville, über das Schlachtfeld vom 16. August in nordöstlicher Richtung dem Kanonendonner folgend, vormarschirt, bis es abends 7 Uhr bei dem Bois de la Cusse auf Abtheilungen des III. preußischen Corps stieß und sich denselben zur Verfügung stellte. Das Bataillon ging abends 7 Uhr 45 Minuten im Anschluß an die preußische 10. Infanteriebrigade vor, kam aber ebenso wenig wie diese infolge der vorgerückten Tageszeit mehr zum Kampfe, ging daher gegen 9 Uhr in seine Stellung bei Vernéville zurück und biwakirte hier.

Am nächsten Morgen früh 4 Uhr erhielt es die Verpflegung für den 18. geliefert, kochte sofort ab und verließ 6 Uhr 45 Minuten den Biwakplatz, um die beiden andern Bataillone des Regiments aufzusuchen.

Um 9 Uhr 30 Minuten traf es auf dem Biwakplatze der 2. Division bei Malancourt ein, wo das 1. und 3. Bataillon früh 5 Uhr 30 Minuten eingerückt waren.

Der Verlust des Regiments am 18. August betrug:

Todt, beziehentlich an Wunden verstorben: Hauptmann von Schütz, Hauptmann Frotscher, Premierlieutenant und Brigadeadjutant Belenn, Secondelieutenants der Reserve Müller III. und Landgraf, Vicefeldwebel Behring, 21 Unteroffiziere und Mannschaften, 2 Pferde.

Verwundet: Oberst von Abendroth, Major von der Decken, 40 Unteroffiziere und Soldaten, 1 Pferd.

Vermißt: 6 Mann.

Der Verlust des XII. Corps betrug:

An Offizieren: 40 todt, 66 verwundet.

An Unteroffizieren und Soldaten: 420 todt, 1503 verwundet, 190 vermißt (wahrscheinlich todt).

An Pferden: 69 todt, 54 verwundet, 5 vermißt.

Da die Möglichkeit vorlag, daß der Feind am 19. August den Widerstand in freiem Felde noch fortsetzen würde, so mußten alle Maßregeln getroffen werden, um den Feind völlig in die Festung zurückzuwerfen. Vom XII. Corps erhielt die 23. Division den Befehl, mit der 46. Brigade bis Maizières vorzugehen, um ein etwaiges Durchbrechen des Feindes nach Thionville zu verhindern, mit der 45. Brigade eine Stellung bei den Steinbrüchen von Jaumont und bei Brouveaux zur Verbindung mit der 46. Brigade zu nehmen. Die 24. Division sollte sich östlich von St.-Privat, die Corpsartillerie bei Roncourt sammeln.

Bis zum Mittag des 19. August hatten jedoch die Franzosen sich allmählich bis unter die Forts von Metz zurückgezogen.

Aus dem großen Hauptquartier erging nun der Befehl, daß Prinz Friedrich Karl mit der I. Armee und dem II., III., IX. und X. Corps nebst der 3. an diesem Tage auf dem rechten Moselufer vor Metz eingetroffenen Reservedivision die Einschließung von Metz übernehmen sollte, während aus dem Garde-, IV. und XII. Corps nebst der 5. und 6. Cavalleriedivision die sogenannte Maasarmee unter Commando Sr. Königlichen Hoheit des Kronprinzen Albert von Sachsen gebildet wurde.

Das Commando des XII. Corps übernahm Se. Königliche Hoheit

14. Feldzug 1870 und 1871.

Prinz Georg, General von Montbé die 23. Division, Oberst Garten die 45., Oberst von Seydlitz-Gerstenberg die 46. Brigade.

Als nächstes Marschziel der III. Armee unter dem Kronprinzen von Preußen und der Maasarmee war Châlons anzusehen, wohin sich die Armee des Marschalls Mac Mahon zurückgezogen hatte und hier von dem französischen 12. Corps (Trochu) sowie dem in der Bildung begriffenen 13. Corps verstärkt wurde.

Bei dem Regiment Nr. 106 hatten, nachdem das 2. Bataillon auf dem Biwak der Division eingetroffen war, Major von Mandelsloh die Führung des Regiments, Premierlieutenant Egner die der 1., Premierlieutenant von Seydewitz die der 12. Compagnie übernommen. An Stelle des gefallenen Brigadeadjutanten Bekenn wurde der Regimentsadjutant Freiherr von Hausen commandirt, dessen Dienst vorläufig der Secondelieutenant Adjutant Kaufmann übernahm.

Um 3 Uhr 30 Minuten nachmittags marschirte das Regiment aus dem Biwak ab, an Roncourt vorbei und machte nordwestlich von St.-Privat an der Metzer Straße Halt.

Hier kam der Divisionscommandeur, Generalmajor Nehrhoff von Holderberg, mit seinem Stabe an das Regiment heran, gedachte in kurzer Ansprache der Erlebnisse und Leistungen des gestrigen Tages und schloß mit einem dreimaligen Hoch auf Se. Majestät den König, in welches die Truppen begeistert einstimmten.

Gegen 6 Uhr durchzog das Regiment die rauchenden Trümmer von St.-Privat, wo gestern die Garde und das XII. Corps an Hingebung und Tapferkeit wetteifernd die Entscheidung der Schlacht erkämpft hatten, und traf endlich nach langem ermüdenden Marsche nachts 12 Uhr 30 Minuten vor Jarny ein, wo ein Biwak bezogen wurde. Gegen 8 Uhr morgens am 20. August traf die Verpflegung des Regiments auf dem Biwakplatze ein, und es wurde abgekocht. Nachmittags wurde das Regiment in Triauville einquartiert, nachdem unterwegs die Wagen des Regiments eingetroffen waren.

Am 21. und 22. August blieb das Regiment hier stehen und verschaffte sich durch umfängliche Beitreibungen reichliche Verpflegung.

Am ersteren Tage wurde früh 3, nachmittags 2 Stunden exercirt und Instructionsstunde über Beitreibungen abgehalten. Am letzteren Tage gelangten endlich die am 17. abgelegten Tornister, durch ein Commando abgeholt, wieder zum Regiment zurück.

Am 23. August marschirte das Regiment bis Manheulles (1. und 2. Bataillon) und Haudiomont (3. Bataillon). Infolge des starken Verlustes an Offizieren, welchen einzelne Regimenter erlitten hatten, wurde eine Ausgleichung derselben in den Brigaden angeordnet.

Von dem 106. Regiment wurden zum 107. Regiment commandirt: Hauptmann von Gersdorf und die Secondelieutenants Miersch und Ludovici.

Zum Führer des 1. Bataillons wurde Major Schlick vom Ersatzbataillon bestimmt und bis zu dessen Eintreffen der Hauptmann Leusmann des 107. Regiments hierher commandirt. Premierlieutenant Freiherr von Wirsing wurde Regimentsadjutant.

Das 2. Bataillon führte Hauptmann Naundorff, Adjutant: Secondelieutenant Kaufmann; Wirthschaftsoffizier: Secondelieutenant Geißler.[1]

3. Bataillon: Major Brinkmann, Adjutant: Secondelieutenant Weigel.

Compagnieführer beziehentlich Chefs wurden:
1. Compagnie Premierlieutenant Exner,
2. „ Hauptmann von Brzesky,
3. „ Premierlieutenant Fellmer,
4. „ „ Overbeck,
5. „ Secondelieutenant Scheffel,
6. „ Hauptmann Schröder,
7. „ „ Martini,
8. „ Premierlieutenant d'Elsa,
9. „ „ Gräfe,
10. „ „ Just,
11. „ Hauptmann Brachmann,
12. „ Premierlieutenant von Seydewitz.

Am 24. August, früh 6 Uhr 55 Minuten, traf das Regiment auf dem Sammelplatze der Division am östlichen Ausgange von Haudiomont ein. Das Corps hatte den Auftrag, den Versuch zu machen, Verdun durch Beschießung mit Feldgeschützen zur Capitulation zu bringen.

Gegen 10 Uhr traf die 24. Division unweit Houbainville ein und lagerte hier. Mehrere Granaten schlugen in unmittelbarer Nähe des 106. Regiments ein, ohne aber Schaden anzurichten.

Die 23. Division stand am westlichen Ausgange des Waldes von Fontaine und hatte das 1. Bataillon des Schützenregiments bis in die Vorstadt Pavé vorgehen lassen. Die schweren Batterien der Corpsartillerie und der Divisionsartillerie beschossen von den Höhen von Belrupt aus die Festung.

Gegen 1 Uhr rückte das 3. Bataillon 106. Regiments auf die

---

[1] Bei dem großen Mangel an ältern Offizieren sollte für jedes Regiment nur noch ein Offizier als Wirthschaftsoffizier fungiren.

Höhen östlich von Houdainville vor und sicherte sich durch einen Halbzug der 10. Compagnie, der bis an den äußersten Rand des dichtverwachsenen Waldes vorgeschoben wurde. Ebenso ging das 2. Bataillon nach Belrupt vor, um hier die Vorposten zu beziehen.

Da bei der geringen Wirkung der Feldartillerie gegen die Werke und bei der Festigkeit, welche der Commandant gegen den sächsischen Parlamentär gezeigt hatte, ein Erfolg nicht zu erwarten stand, wurde noch an demselben Tage der Weitermarsch des Corps in westlicher Richtung anbefohlen und nur die 48. Brigade mit dem 2. Reiterregiment und der 3. leichten Batterie Bucher vorläufig vor Verdun stehen gelassen.

Am 25. August früh 10 Uhr folgte die 48. Brigade dem Corps über Houdainville, Dieue, Ancremont, Dugny und Landrecourt.

Das 106. Regiment durchschritt die Maas mittels der Furt bei Bellray und bezog sodann die Vorposten gegen Verdun und zwar das 3. Bataillon nordöstlich von Lempire im Anschlusse an das 13. Jägerbataillon, das 1. Bataillon östlich von Nixéville. Das 2. Bataillon hielt mit zwei Compagnien die Verbindung zwischen beiden Bataillonen.

Für den Vormarsch gegen Châlons war vom großen Hauptquartier angeordnet worden, daß die weiter südlich marschirende III. Armee immer der Maasarmee um einen Marsch voraus sein sollte, damit man den Feind gleichzeitig in der Front und rechten Flanke fassen und möglichst von Paris ab gegen Norden abdrängen konnte. Noch ehe dieser gemeinsame Angriff erfolgen konnte, hatte Marschall Mac Mahon auf die Nachricht des Marschalls Bazaine, daß er versuchen wolle mit der Armee von Metz in der Richtung auf Montmédy durchzubrechen, und in Gemäßheit der dringenden Aufforderungen der Regierung in Paris, den Entschluß gefaßt, nach Nordosten abzumarschiren.

Bereits am 23. August war er nordwärts bis an die Suippe vorgerückt, sodaß die Cavallerie der III. Armee an diesem Tage die Gegend von Châlons frei vom Feinde fand. Am 25. August stellte die Reiterei der Maasarmee den Abmarsch des Feindes in der Richtung auf Metz fest. Aus allen eingegangenen Meldungen hatte man im großen Hauptquartier die Ueberzeugung gewonnen, daß Marschall Mac Mahon beabsichtigte, nach Umgehung des rechten Flügels der deutschen Armeen gegen die Einschließungsarmee von Metz zu operiren. Zur Verhinderung dieser Absicht war eine Rechtsschwenkung von fünf Armeecorps der III. und Maasarmee angeordnet worden, der Beginn dieser Bewegung aber in das Ermessen des Kronprinzen von Sachsen gestellt worden. Infolge der eingegangenen Meldungen der Avantgardencavallerie erließ dieser am 26. August früh 5 Uhr den Befehl, die veränderte Marschrichtung nach Norden zu nehmen, worauf das XII. Armeecorps, welches bisher den äußersten rechten Flügel gebildet hatte, nunmehr an die Spitze der Maasarmee kam und die Richtung auf Varennes einschlug.¹

Die 48. Brigade war am 26. August früh 8 Uhr aus ihrer Vorpostenstellung gegen Verdun aufgebrochen und hatte den Marsch gegen Clermont angetreten, erhielt aber 9 Uhr 15 Minuten bei Rampont den abgeänderten Operationsbefehl und marschirte über Dombasle auf Montfaucon, wo das Regiment Nr. 106 nach zweimaliger Rast abends 7 Uhr 15 Minuten eintraf und mit Ausnahme des 1. Bataillons, welches die Vorposten bezog, einquartiert wurde.

Infolge des starken Regenwetters hatte das Regiment trotz des starken Marsches ohne Zurücklassung von Marschkranken sein Ziel erreicht. Die Verpflegung wurde durch Beitreibungen beschafft.

In der Nacht ging bei der Maasarmee der Befehl aus dem großen Hauptquartiere ein, am folgenden Tage die Bewegung gegen Tamvillers fortzusetzen, die Maasübergänge bei Dun und Stenay in Besitz zu nehmen und mit der Cavallerie dem Feinde, welcher bei Vouziers und Buzancy stand, in die rechte Flanke zu gehen.²

Am 27. August sammelte sich die Brigade früh 7 Uhr 30 Minuten vor Montfaucon und marschirte über Nantillois nach Dun. Von hier wurde das 106. Regiment zur Besetzung von Mouzay commandirt. Die Besetzung des Maasüberganges und die Sicherung gegen Montmedy durch Feldwachen wurde der 7. Compagnie übertragen.

Am 28. August sollte das XII. Corps in seinen Stellungen stehen bleiben, während das Gardecorps nach Bantheville, das IV. Corps nach Montfaucon zu marschiren hatten.

Nachmittags 5 Uhr 45 Minuten gingen auf Befehl des Brigadecommandeurs, Oberst von Schulz, das 1. und 2. Bataillon 106. Regiments bis Stenay vor, weil stärkere feindliche Abtheilungen in den Waldungen auf dem linken Maasufer vorgerückt sein sollten, während das 3. Bataillon vorläufig noch in Mouzay stehen blieb. 6 Uhr 30 Minuten wurde auch dieses Bataillon noch nach Stenay herangezogen, worauf das Regiment östlich der Stadt eine Bereitschaftsstellung bezog. Abends 9 Uhr wurde das 1. Bataillon in der Kaserne

---

¹ Der Deutsch-Französische Krieg, Generalstabswerk, Heft 7, S. 983 fg.
² Der Deutsch-Französische Krieg, Generalstabswerk, Heft 7, S. 994.

zu Stenay einquartiert. Das 2. Bataillon blieb im Biwak, ohne bei dem strömenden Regen der Ruhe genießen zu können, das 3. Bataillon marschirte früh 3 Uhr nach Mouzay zurück und bezog am nordwestlichen Ausgange des Ortes eine Vorpostenaufstellung mit vier Feldwachen, durch welche die Maas ½ Stunde ober- und unterhalb des Ortes beobachtet wurde.

Am Morgen des 29. August sollte das XII. Armeecorps in einer Stellung zwischen Cléry le Grand und Aincreville sich vereinigen und gegen Nouart aufklären. Die 48. Brigade war heranzuziehen, die Flußübergänge bei Stenay und Mouzay sollten durch drei Escadrons besetzt bleiben.

Die beiden Bataillone des 106. Regiments verließen dementsprechend früh 7 Uhr 30 Minuten Stenay, durchschritten die Vorpostenaufstellung des 3. Bataillons bei Dun, welches sich hier dem Regimente wieder anschloß, und trafen 9 Uhr 30 Minuten auf dem Sammelplatze der Brigade bei Doulcon ein. Die Avantgarde des Corps, die 46. Brigade, hatte bei ihrem Vorgehen gegen Nouart ein heftiges Gefecht gegen das französische V. Corps unter General Failly zu bestehen, welcher den Befehl des Marschalls Mac Mahon, nördlich der deutschen Aufstellung die Maas zu überschreiten, nicht erhalten hatte und gemäß früherer Anordnungen zu einem Angriffe gegen Stenay von Belval und Bois des Dames nach Beaufort und Beauclair vorgegangen war.

Die 48. Brigade rückte 2 Uhr 15 Minuten ebenfalls gegen Nouart vor und wurde bei Tailly in Reserve gestellt.

Da es keineswegs in der Absicht lag, hier ein größeres Gefecht zu liefern, und der Zweck der Erkundung, den Feind zur Entwickelung seiner Streitkräfte zu zwingen, durch die Avantgarde bereits erreicht war, ließ Se. Königliche Hoheit Prinz Georg nachmittags 3 Uhr das Gefecht abbrechen. Die Höhen zwischen Tailly und Nouart blieben besetzt. Die 48. Brigade rückte am Abend gegen 9 Uhr nach Villers devant Dun zurück, um hier zu biwakiren.

Durch die Gefechte bei Buzancy am 27. und bei Nouart am 29. August, sowie durch zahlreiche Patrouillenmeldungen war die Stellung starker feindlicher Kräfte zwischen Le Chêsne und Beaumont festgestellt. Gleichzeitig hatte das Obercommando der Maasarmee die Ueberzeugung gewonnen, daß der Feind beabsichtige, seine Corps auf dem rechten Maasufer zu vereinigen. Es galt also durch energisches Vorgehen die auf dem linken Maasufer noch stehenden feindlichen Abtheilungen zu schlagen und möglichst nach Norden abzudrängen.

Vom großen Hauptquartier wurde dazu die Maasarmee bestimmt, welche am nächsten Morgen östlich der Straße Buzancy=Beaumont vorgehen und 10 Uhr vormittags die Linie Fossé-Beauclair überschreiten sollte. Die beiden bayrischen Corps sollten den Angriff unterstützen.

Se. Königliche Hoheit Kronprinz Albert befahl hierzu, daß das IV. Corps nach Nouart und Fossé, das XII. nach Beauclair und westlich des Bois de Nouart vorrücken und das Gardecorps eine Bereitschaftsstellung westlich von Nouart einnehmen sollten.

Der große und unwegsame Wald zwischen den angegebenen Punkten und Beaumont sollte von den beiden erstern Corps in vier Colonnen durchschritten, jenseit desselben divisionsweise aufmarschirt und gleichzeitig der Angriff eröffnet werden.

Die 23. Division, gefolgt von der Corpsartillerie und der sächsischen Cavalleriedivision, sollte auf der Straße Stenay=Beaumont, die 24. Division auf Waldwegen gegen Ferme de Belle Tour vorrücken.

Die 48. Brigade rückte dementsprechend am 30. August früh 9 Uhr 45 Minuten von ihrem Biwaksplatze bei Villers devant Dun ab, folgte der 47. Brigade durch den Wald von Dieulet und marschirte 2 Uhr 30 Minuten am nördlichen Rande desselben in Gefechtsformation auf, um dem in heftigem Kampfe bei Beaumont stehenden IV. Corps als Unterstützung zu dienen.

Das IV. Corps hatte bei dem Heraustreten aus dem Walde ein großes französisches Lager südlich von Beaumont angetroffen und, um sich den Vortheil der Ueberraschung nicht entgehen zu lassen, dasselbe kräftig angegriffen, bevor noch die Abtheilungen des XII. Corps herankommen konnten.

Infolge dessen konnte das sächsische Corps nur mit Theilen der 23. Division, welche letztere theilweise auf das rechte Maasufer überging, in das Gefecht eingreifen, besonders auch weil kein Raum mehr zur Entwickelung stärkerer Kräfte vorhanden war, nachdem das IV. Corps den Feind bis in die Stellung Mont de Brune=Villemontry südlich von Mouzon zurückgedrängt hatte.

Der Kampf, an welchem auch noch das I. bayrische Armeecorps theilgenommen hatte, endete mit dem Rückzuge der Franzosen theils in nördlicher, theils durch Mouzon in östlicher Richtung. Noch am Abend nahmen preußische Abtheilungen die Vorstadt von Mouzon mit der Maasbrücke in Besitz.

Die 48. Brigade biwakirte abends bei Létanne.

Am 31. August überschritt das XII. Corps auf der östlich von Létanne geschlagenen Kriegsbrücke die Maas.

Das Regiment Nr. 106 gehörte zur Avantgarde unter Oberst von Sahr.[1]

Mouzon links lassend gelangte das Regiment 2 Uhr nachmittags bis vor Douzy, von wo an in Compagniecolonnen weiter marschirt wurde. Das 1. Bataillon erhielt hier durch den Brigadeadjutant den mündlichen Befehl, sofort rechts schwenkend auf Brevilly, welches wahrscheinlich vom Feinde besetzt sei, vorzugehen, dasselbe zu nehmen und sodann den Uebergang über den Chiers bei la Foulerie zu besetzen. Ohne auf den Feind zu stoßen wurde dieser Auftrag vom 1. Bataillon ausgeführt. Die 4. Compagnie besetzte die Chiersbrücke, die 1. das Eisenwerk la Foulerie, die 2. und 3. Compagnie blieben als Reserve hinter letzterm Orte. Gegen Pouru St.-Remy und über dasselbe hinaus wurde ein lebhafter Patrouillengang angeordnet. Da sich größere feindliche Abtheilungen am Waldsaume zeigten, ging Premierlieutenant Exner mit zwei Zügen vor, warf den Feind nach kurzem Gefechte in den Wald und brachte einige Gefangene zurück. Pouru St.-Remy wurde durch Premierlieutenant Overbeck besetzt, bis gegen 6 Uhr Abtheilungen vom Garbecorps daselbst einrückten und in der Folge auch den Sicherheitsdienst auf dem rechten Chiersufer für das 1. Bataillon übernahmen. Auf dem Bahnhofe von Pouru wurden größere Vorräthe von Zwieback und Hafer vorgefunden; erstern nahm das Bataillon für sich in Beschlag, über letztern wurde Meldung an die Division erstattet.

Das 2. und 3. Bataillon waren im Vormarsche auf Douzy geblieben. Nachmittags 2 Uhr besetzte das 2. Bataillon den Ort, während das 3. Bataillon diesseit des Chiers stehen blieb. Nachdem das Gros der 24. Division herangerückt war, wurden die beiden Bataillone des Regiments, mit Ausnahme der 6. Compagnie, bei Douzy vom 107. Regiment abgelöst und in Brevilly in Alarmquartiere verlegt.

Wegnahme einer Wagencolonne bei Rubécourt.

Die 6. Compagnie hatte durch zurückkehrende Ulanen des 1. Ulanenregiments Nr. 17 erfahren, daß eine Escadron desselben nördlich von Douzy eine französische Wagencolonne attackirt, die Bedeckung ver-

---

[1] Marschordnung der Avantgarde:
   2. Reiterregiment,
 13. Jägerbataillon,
  1. leichte Batterie,
  7. Infanterieregiment Nr. 106.

trieben, die Wagen aber wegen des aus sicherer Deckung abgegebenen Feuers nicht habe zurückschaffen können. Hauptmann Schröder erbat und erhielt vom Regimentsführer die Erlaubniß, den Transport wegzunehmen. Der Schützenzug der Compagnie unter Vicefeldwebel Zschau ging gegen das nördlich von Douzy gelegene Gehölz vor, während die beiden andern Züge unter Secondelieutenant Overbeck westlich desselben vorrückten. Der Schützenzug, bei welchem sich der Compagniechef befand, stieß zuerst auf die Wagencolonne; die französische Infanteriebedeckung, welche sich theilweise wieder bei derselben gesammelt hatte, ergriff nach kurzem Feuergefecht unter Zurücklassung zweier Verwundeter die Flucht nach Rubécourt und in den Wald (Bois Chevalier). Ebenso machte ein antrabender Zug feindlicher Cavallerie kehrt.

Die Fahrer der Wagen flüchteten ebenfalls zum Theil mit der Bespannung, und nur wenigen Wagen gelang es noch abzufahren. — Inzwischen war Secondelieutenant Overbeck mit den beiden Zügen unter lebhaftem Hurrah gegen die Flanke der Wagencolonne vorgegangen und hatte auch hier die Bedeckung in den Bois Chevalier vertrieben. Die Compagnie verfolgte den flüchtigen Feind auf dem Waldwege, bis sie die Spitze der Wagencolonne erreicht hatte. Es gelang ungefähr 50 Wagen zu bespannen und nach Douzy zurückzuschaffen. Gegen 80 Wagen waren nicht fortzubringen, da theils die Stränge zerschnitten, theils die Wagen zerbrochen oder festgefahren waren. Zur Bewachung der Wagen wurde der Unterofficier Ryffel I. nebst 10 Mann in Rubécourt zurückgelassen. Aus dem Walde wurde zwar noch vom Feinde gefeuert, aber kein Versuch gemacht, die Wagen wiederzunehmen.

Einige Gefangene, die man bei dem Angriffe gemacht hatte, sowie der verwundete Premierlieutenant von der Decken des 1. Ulanenregiments wurden nach Douzy geschafft. Die Wagen, sämmtlich dem VI. französischen Armeecorps angehörig, waren mit Lebensmitteln, Schanzzeug, Stiefeln und andern Armeebedürfnissen beladen und wurden abends in Douzy dem sächsischen Intendanturofficier, Hauptmann Brandt von Lindau, übergeben. Gegen 9 Uhr wurde Unterofficier Ryffel I. zurückbeordert. Die Compagnie erhielt die Erlaubniß, hinter Douzy ein Biwak zu beziehen, da das Bataillon bereits abmarschirt war. Verluste hatte die Compagnie bei diesem Unternehmen nicht gehabt.

Schlacht bei Sedan am 1. September 1870.

Für den 1. September war seitens der Maasarmee ein Rasttag beabsichtigt, doch hatten die Corps Befehl erhalten, für alle Fälle früh 7 Uhr auf den von ihnen erreichten Punkten bereit zu stehen. Erkundungsberichte der III. Armee ließen aber vermuthen, daß Mac Mahon, welcher mit Ausnahme des XIII. Corps seine gesammte Armee bei Sedan vereinigt hatte, in der Nacht zum 1. September und an diesem Tage selbst nach Mezières abzumarschiren und sich so der ihm drohenden Umzingelung durch die deutschen Heere zu entziehen im Begriffe stehe.

Von der III. Armee waren daher noch in der Nacht das V. und XI. Corps sowie die württembergische Division über die Maas gegen die Straße Sedan-Mezières vorgeschoben worden, während das I. bayrische Corps Befehl erhielt, mit Tagesanbruch Bazeilles zu nehmen, um die Queue des Feindes festzuhalten. Die Maasarmee wurde ersucht, die nöthigen Maßnahmen zu treffen, um die feindliche Armee an ihrem Abmarsche zu verhindern und dieselbe bei Sedan von Osten her einzuschließen.

Infolge dessen wurden die Corps der Maasarmee bei Tagesanbruch alarmirt und erhielten den Befehl, früh 5 Uhr antretend, das XII. Corps über Douzy, das Gardecorps über Pouru St.-Remy und Pouru aux bois gegen die Linie La Moncelle-Givonne vorzugehen. Vom IV. Corps sollte die 8. Division den Bayern als Unterstützung auf Remilly sur Meuse folgen, die 7. bei Mairy in Reserve bleiben.

Die 11 Compagnien des 106. Regiments standen, nachdem die Vorposten des 1. Bataillons bei La Foulerie eingezogen worden waren, nördlich von Brevilly marschbereit. Der Befehl zum Vorrücken war durch ein Versehen in der Befehlsertheilung nicht an das Regiment gelangt.

Da der immer stärker von Sedan her erschallende Kanonendonner auf ein ernsthaftes Gefecht des Corps schließen ließ, der Regimentsführer aber die Chiersübergänge bei Brevilly ohne Befehl nicht aufgeben zu dürfen glaubte, so schickte er endlich den Regimentsadjutanten nach Douzy zur Einholung weiterer Befehle. Derselbe erreichte die bereits vorgegangene Division südlich von Rubecourt und erhielt von Sr. Königlichen Hoheit dem Prinzen Georg den Befehl, das Regiment habe, da der Brückenübergang bei Douzy wegen des Anmarsches der 1. Division nicht benutzt werden konnte, bei La Foulerie den Chiers zu überschreiten und mit Umgehung von Douzy unverzüglich der 2. Division zu folgen.

Nach Rückkehr des Adjutanten trat das Regiment sofort den vorgeschriebenen Marsch an; während desselben erhielt es 10 Uhr 30 Minuten vom Generalcommando den Befehl, sich der 1. Division anzuschließen, und kurz darauf durch einen vom Adjutanten von Götz überbrachten Befehl die Weisung, in der Thalschlucht östlich des Bois Chevalier in der Höhe von Daigny Stellung zu nehmen. Diese Reservestellung, in welcher theils durch Granaten, theils durch matte Mitrailleusenkugeln 1 Unteroffizier und 3 Mann verwundet wurden, behielt das Regiment bis zur Beendigung des Kampfes bei.

Die 6. Compagnie war während der Nacht hinter Douzy verblieben. Am 1. September früh 5 Uhr rückte sie nach Douzy, in der Erwartung sich dort mit dem Regimente vereinigen zu können. Als aber das Gefecht zwischen Lamécourt und La Moncelle immer lebhafter wurde, Compagnien des 8. Infanterieregiments Nr. 107 vorrückten und vom eigenen Regimente durchaus nichts zu erfahren war, entschloß sich Hauptmann Schröder, nach Lamécourt vorzugehen. Vorher hatte er seiner Compagnie die Tornister ablegen lassen und zur Bewachung derselben einen Unteroffizier zurückgelassen, mit dem Befehle, dem Bataillon, wenn es hier vorbeikommen sollte, das Vorgehen der Compagnie zu melden.

Bei Lamécourt angekommen, fand die Compagnie keine Infanterie mehr vor, besetzte zum Schutze der im heftigsten Feuer stehenden Artillerielinie ein seitwärts derselben gelegenes Gehöfte und schloß sich sodann dem 3. Bataillon des 6. Infanterieregiments Nr. 105 an, als dieses, zur Abwehr des Vorstoßes der französischen Division de Lartigue über Daigny gegen den rechten sächsischen Flügel, dorthin abmarschirte.

Vom Hauptmann von Bülow vom Generalstabe erfuhr hier Hauptmann Schröder, daß das 7. Infanterieregiment noch zurück, aber im Anmarsche begriffen sei. Er beschloß daher das Herankommen des Regiments zu erwarten. Da dieses aber nicht erfolgte, führte er die Compagnie bis an das nördlich des von Villers-Cernay nach Daigny führenden Weges haltende 2. Garde-Grenadierregiment Kaiser Franz und schloß sich endlich mit Abtheilungen des 13. Jägerbataillons dem gegen 11 Uhr erfolgenden letzten Angriffe auf Daigny an, durch welchen dieser Ort völlig in die Gewalt der deutschen Truppen kam. Die Compagnie hatte nur 3 Mann an Verwundeten eingebüßt.

Abends 7 Uhr rückte die Compagnie bei dem Regimente ein und ließ durch beigetriebene Wagen die Tornister zurückholen.

Das Regiment rückte hierauf in das Biwak der Division auf den Höhen östlich von Daigny.

Am 2. September früh wurde der Commandeur des 3. Bataillons, Major Brinkmann, mit der Führung des 6. Infanterieregiments Nr. 105 beauftragt.

Gegen 3 Uhr nachmittags erfuhr man die Ergebnisse der gestrigen Schlacht und die Gefangennahme des Kaisers Napoleon mit einer Armee von ungefähr 120000 Mann mit mehr als 400 Feldgeschützen; ein Erfolg, wie ihn so glänzend die Geschichte noch nicht aufzuweisen hatte.

Nachmittags 5 Uhr rückte das Regiment vor, um die Vorposten gegen Sedan zu beziehen. Das 2. und 3. Bataillon setzten die Feldwachen auf dem Höhenrücken westlich des Baches von Givonne aus, das 1. Bataillon biwakirte am westlichen Ausgange von Daigny als Piket. Eine sehr dunkle Nacht und strömender Regen erschwerten die Beobachtung ganz ungemein.

Am 3. September früh 6 Uhr wurden die Vorposten wieder eingezogen und das Regiment rückte auf den Biwakplatz der Division östlich von Daigny zurück. Gemäß Divisionsbefehl wurde von hier im Brigadeverband abmarschirt. Für den verwundeten Generalmajor von Schulz war der Oberst Freiherr von Hausen des Schützenregiments mit der Führung der 48. Brigade beauftragt worden.

Ueber Douzy und Mouzon erreichte das Regiment nachmittags $^1\!/_2 5$ Uhr Malandry, wo es Massenquartiere bezog und am nächsten Tage Rasttag hatte.

Marsch nach Paris.

Nachdem Kaiser Napoleon abgelehnt hatte, irgendwelche Verpflichtungen für die Regierung in Paris zu übernehmen, und nachdem letztere am 4. September durch die republikanische Partei gestürzt worden war, welche nun ihrerseits eine provisorische Regierung einsetzte, wurde die Fortsetzung des Krieges und die Bezwingung von Paris nothwendig.

In Gemäßheit der vom Großen Hauptquartier ausgegebenen Weisungen wurden zwei Armeecorps und eine Cavalleriedivision zur Bewachung und Transportirung der gefangenen französischen Armee bei Sedan zurückgelassen, die übrigen hatten unverzüglich den Vormarsch gegen Paris anzutreten.

Die Maasarmee hatte in breiter Front als rechter Flügel der deutschen Armee in südwestlicher Richtung vorzurücken und zwar: das

IV. Corps auf dem rechten Flügel, das Gardecorps in der Mitte, das XII. Corps auf dem linken Flügel. Die Cavalleriedivisionen hatten den Colonnen um ungefähr einen Tagesmarsch vorauszugehen.

Das Regiment Nr. 106 erreichte am 6. September Terron, am 7. Amagne, wo es am 8. rastete, am 9. Avancon (1. und 3. Bataillon) und Nanteuil (2. Bataillon), am 10. Soult St.-Remy (1. und 3. Bataillon) und Roizy (2. Bataillon), am 11. Aumenancourt.

Am 12. war hier Rasttag, doch wurden der Regimentsstab und das 1. Bataillon des Regiments, sowie das 13. Jägerbataillon nach Pont Givart verlegt. Am 13. September kam das Regiment nach Montigny (Stab, 1.—6. Compagnie) und Pevy (7.—12. Compagnie), am 14. nach Coulanges (Stab, 1. und 2. Bataillon) und Cohan (3. Bataillon); am 15. nach Bezu St.-Germain, am 16. nach Thuizy und Chambardy (Stab, 2. und 3. Bataillon) und Montreuil (1. Bataillon), wo am nächsten Tage gerastet wurde.

Am 18. September wurde im Divisionsverbande weiter marschirt; sämmtliche Wagen, mit Ausnahme der Munitions- und Medicinwagen, wurden zurückgelassen.

Das Regiment kam nach Villenoy.

Die Märsche bis hierher hatten zwar an Ausdehnung keine zu großen Ansprüche an die Truppen gestellt, allein durch theilweise starke Hitze, sowie in den ersten Tagen durch ganz verdorbene Wege waren sie sehr anstrengend geworden. Auch die Verpflegung war nicht immer genügend gewesen.

Es hatte theilweise Quartierverpflegung stattgefunden, welche in den oft armen Orten und bei der starken Belegung nicht genügend ausfiel; einigemal war die Truppe auf Beitreibungen angewiesen worden, welche auch nicht den Erwartungen entsprachen. In den Tagen vom 12. bis mit 13. September war infolge höherer Anordnung die Verpflegung der Truppen von den Gemeinden zu beschaffen und das Fehlende in Geld zu liefern.

Brot sollte mit 30 Centimes, Fleisch mit 70, Gemüse, Tabak und Kaffee mit je 20 und Wein mit 40 Centimes vergütet werden. So gut auch diese Maßregel im Interesse der Truppe gemeint war, so wurde doch nur ausnahmsweise der Zweck erreicht. Da die Maires in vielen Dörfern geflohen, die Bewohner aber augenscheinlich arm waren, die Compagniechefs auch in der Regel erst sehr spät Nachricht über die mehr oder weniger mangelhafte Verpflegung erhielten, so war es in den meisten Fällen unmöglich, das Geld für die fehlende Verpflegung einzutreiben, und mußte man sich gewöhnlich mit Anweisungen begnügen, welche wol nie zur Einlösung gelangt sein dürften. Bei der Annäherung an Paris wurden die Straßen und Ortschaften besser, allein der Haß der Bevölkerung machte sich immer bemerkbarer.

Franctireurbanden hatten sich gebildet, der größte Theil der Einwohner hatte sich geflüchtet, Getreidefeimen waren niedergebrannt worden, um den Deutschen die Verpflegung zu erschweren. Die Wege waren vielfach durch Aufreißen des Pflasters, Umschlagen von Bäumen, Errichtung von Barrikaden und Bestreuen mit Glasscherben gesperrt worden. Doch waren diese Hindernisse ebenso wie das Zerstören vieler kleinerer Brücken so übereilt und systemlos angebracht worden, daß sie entweder ohne Aufenthalt umgangen werden konnten, oder doch durch die vorangehenden Pionierabtheilungen in der kürzesten Zeit beseitigt wurden.

Für die Gesinnung der Bevölkerung und den Charakter, welchen der Krieg jetzt annehmen sollte, waren sie aber bezeichnend.

Belagerung von Paris.

Am 19. September vormittags war die 23. Division in den Abschnitt Sevran-Livry-Clichy-Montfermeil-Chelles eingerückt.

Die 48. Brigade hatte Befehl erhalten, an diesem Tage regimenterweise nach Fresnes zu marschiren. Früh $1/_2 9$ Uhr stand das Regiment Nr. 106 an dem Ausgange von Villenoy nach Meaux zum Abmarsch bereit. Bevor der Marsch angetreten wurde, vertheilte der Regimentsführer an die Betreffenden die von Sr. Majestät dem König von Sachsen und von Sr. Majestät dem König von Preußen für besondere Tapferkeit bei St.-Privat verliehenen Ordensauszeichnungen, und zwar 1 goldene und 10 silberne St.-Heinrichs-Medaillen und 2 Eiserne Kreuze.[1]

Auf dem Marsche erhielt das Regiment plötzlich den Befehl der Brigade, daß die 24. Division wegen eines möglichen Gefechtes bei St.-Denis auf der großen Straße gegen Sevran heranzurücken habe. Sammelplatz der Division: südlich der Eisenbahn bei Sevran. Jede Abtheilung hatte für sich mit thunlichster Beschleunigung dorthin zu marschiren. Nur die Munitions- und Medicinwagen hatten den Truppen zu folgen, sämmtliche Trains bei Claye zu sammeln.

Gegen 4 Uhr traf das Regiment auf dem vorgeschriebenen Sammelplatze ein und blieb hier bis abends 8 Uhr in Bereitschaft stehen. Indessen hatte das IV. Corps die vorgeschobenen feindlichen Abthei-

---

[1] Vgl. Beilage LXXV.

lungen mit leichter Mühe zum Rückzuge nach den Werken von St.-Denis gezwungen, und die 24. Division konnte ihre Bereitschaftsstellung aufgeben.

Die 47. Brigade lagerte während der Nacht in dem nördlichen, die 48. Brigade in dem südlichen Theil von Sevran.

Zur Herstellung der Straße zwischen Sevran bis Villeparisis wurden die gesammten Pioniere der 48. Brigade befehligt und hatten dieselben bis 20. September vormittags 11 Uhr die Arbeit fertig zu stellen.

Die Pioniere des Regiments Nr. 106 hatten früh 4 Uhr in Sevran mit der Arbeit zu beginnen, und denen vom Regiment Nr. 107, welche von Villeparisis nach Le Vert Galant vorgingen, entgegenzuarbeiten.

Um 11 Uhr verließ das Regiment Sevran und wurde zunächst nach Le Vert Galant verlegt, bekam aber noch im Laufe des Nachmittags Befehl, mit dem Stabe und zwei Bataillonen (1. und 2. Bataillon) Courtry, mit einem Bataillon (3. Bataillon) Le Pin zu belegen.

Am 21. September wurden die Waldparcellen bei Courtry durch Patrouillen des Regiments sorgfältig abgesucht, ohne aber etwas Verdächtiges zu finden.

Am 22. September hatte die 48. Brigade die Vorposten von der 23. Division zu übernehmen. Zu diesem Zwecke hatten der Brigadestab, das ganze Regiment Nr. 106, eine leichte Batterie und ein Zug Reiterei früh 9 Uhr bei Montfermeil einzutreffen.

Gegen 10 Uhr übernahm das 1. Bataillon die Vorposten. Die 1. Compagnie besetzte Gagny und stellte drei Feldwachen aus, einschließlich eines nach rechts entsendeten Offiziersposten, welcher die Verbindung gegen Raincy mit der 23. Division zu halten hatte. Die 2. Compagnie besetzte das Reduit am nördlichen Ausgange von Gagny und entsandte einen Zug zur Besetzung von Maison Guyot; die 3. und 4. Compagnie besetzten als Repli Maison Rouge. Das 2. Bataillon gab die 6. Compagnie als Schloß- und Ortswache in Montfermeil und hatte für den Fall eines Angriffes zur Vertheidigung der Front der Feldwachaufstellung vorzurücken. Durch Abtheilungen des Pionierbataillons und die Pioniere des Regiments wurde die Stellung zur Vertheidigung eingerichtet. Gegen Abend warf Fort Rosny einige Granaten gegen die Aufstellung, welche bei Maison Guyot ohne Schaden zu thun einschlugen.

Am 23. übernahm das 3., am 24. das 2. Bataillon die Vorposten; die beiden wachfreien Bataillone lagen stets in Montfermeil als Reserve in Massenquartieren.

Am 24. September abends wurde das Regiment alarmirt und bezog die vorgeschriebenen Vertheidigungsstellungen, ohne daß es zu einem Gefechte gekommen wäre.

Am 25. September wurde das Regiment Nr. 106 durch das Regiment Nr. 105 abgelöst.

Der Regimentsstab, das 2. und 3. Bataillon kamen nach Villevaude, das 1. Bataillon nach Le Pin.

Am nächsten Tage wurde bei Le Pin Feldgottesdienst für die Evangelischen und in der Kirche zu Le Pin für die Katholiken abgehalten.

Vom 28. bis mit 30. September bezog das Regiment wieder die Vorposten bei Montfermeil.

Am 29. traf der erste Transport Ersatzmannschaften bei dem Regiment ein und zwar: Premierlieutenant von Stieglitz, die Secondelieutenants Rudolph und Oettel, 16 Unteroffiziere, 33 Gefreite, 2 Spielleute, 289 Mann. Außerdem erhielten an diesem Tage folgende ihre vom 1. September gezeichnete Ernennung zum Secondelieutenant zugefertigt: Porteépéefähnrich von Haupt, die Vicefeldwebel der Reserve Kaiser, Ziller, Piltz, Ufert, Hauptmann, Lämmel, Theyson, Schurig, Oppelt, Hänel, Oelsner, Schurigt, Finke, Perl, Walter und Trebsdorf.

In Montfermeil wurde ein Kartoffelkeller angelegt, für welchen die wachfreien Bataillone die benachbarten Felder auszunehmen hatten.

Nach der Ablösung am 1. October kamen der Stab und das 2. Bataillon nach Villevaude, das 1. Bataillon nach Le Pin, das 3. nach Courtry.

Am 2. October traf der Oberst von Abendroth von seinen Wunden geheilt wieder ein, übernahm aber nicht das Regiment, sondern die Führung der 48. Brigade.

Vom 7. October an wurde das Regiment nebst dem Stabe der 48. Brigade, dem 2. Jägerbataillon Nr. 13, dem Artilleriestabe, 2 Batterien, 1 Escadron 2. Reiterregiments, sowie einer halben Pioniercompagnie nach Montfermeil verlegt und hatte in Gemeinschaft mit dem Jägerbataillone den Vorpostendienst in diesem Abschnitte derart zu versehen, daß täglich ein Bataillon auf Vorposten kam.

Infolge einer höhern Orts angeordneten Rechtsschiebung der Maasarmee hatte vom 10. October an die 24. Division noch den bisher von einem Theile der 23. Division besetzt gewesenen Vorpostenabschnitt vom Parc de Raincy bis an die Avenue de Livry mit zu übernehmen. Das Divisionsstabsquartier kam nach Coubron.

In der folgenden Zeit wurden die wachfreien Bataillone fleißig mit Compagnie- und Bataillonsexerciren, mit Ausnehmen von Kartoffeln, Pflücken und Backen von Obst, sowie mit Herrichtung der Vertheidigungslinie beschäftigt. Letztere wurde mit Hülfe der Pioniere so stark hergerichtet, daß man selbst einen mit überlegenen Kräften gegen den Abschnitt zwischen dem Ourqkanal und der Marne gerichteten Angriff wenigstens einen Tag lang zurückhalten konnte.

Vorpostengefecht bei Villemomble.

Am 14. October, wo das 1. Bataillon auf Vorposten stand, entwickelte der Feind vom Avron aus, an dem Eisenbahnübergange nördlich Villemomble zwei bis drei Compagnien Mobilgarden.

Die unbemerkte Annäherung derselben war durch den bis an den Bahndamm heranreichenden Wald begünstigt worden. Der Feind setzte sich an dem Bahndamme fest und eröffnete ein lebhaftes Feuer gegen den Offiziersposten westlich von Gagny, welcher auch durch ein Feldgeschütz vom Avron aus mit Granaten beworfen wurde. Derselbe zog sich nach Gagny zurück, ging aber, nachdem der Schützenzug der 2. Compagnie zur Unterstützung eingetroffen war, wieder vor und beschoß den Feind lebhaft, welcher gleichzeitig auch vom Bahnhofe Gagny aus durch den vorgerückten 1. Zug der 1. Compagnie mit Salven beschossen wurde. Nach kurzem Gefechte ging der Feind unter Mitnahme seiner Verwundeten zurück, gefolgt von zahlreichen diesseitigen Patrouillen, welche durch Villemomble bis an den Fuß des Avron vorgingen und unter deren Schutze die Posten der Feldwache wieder auftraten. Von unserer Seite war nur ein Mann der 1. Compagnie leicht verwundet worden. Bei diesem Gefechte hatte man wieder Gelegenheit die große Tragweite der Chassepotgewehre wahrzunehmen. Der Feind gab eine Anzahl gezielter Schüsse gegen Abtheilungen der 2. Compagnie, welche in dem nördlich Gagny gelegenen Weinberge stand, auf 1000—1200 Schritte ab, deren Geschosse in unmittelbarer Nähe der Abtheilung einschlugen.

Abends traf ein Divisionsbefehl ein, in der Nacht eine Erkundung des Avron vorzunehmen, behufs Zerstörung von Geschützeinschnitten, welche auf der Hochfläche desselben laut Meldung des Beobachtungspostens zu Raincy angelegt sein sollten. Zur eventuellen Unbrauchbarmachung von Feldgeschützen trafen in Maison Rouge 1 Feldwebel und 4 Mann Artilleristen ein. Die aus 40 Freiwilligen der 4. Compagnie gebildete, vom Secondelieutenant Rudolph geführte Abtheilung rückte früh $1\frac{1}{2}$ Uhr gegen den Avron vor. Zu ihrer Aufnahme war der Schützenzug der 2. Compagnie vorgegangen. Nach gründlicher Absuchung des Avron und seiner Nord- und Westabhänge, wobei sich außer der Spur des Zwölfpfünders, welcher am Tage in das Gefecht eingegriffen hatte, keine Zeichen vom Vorhandensein feindlicher Geschütze fanden, kehrte die Abtheilung früh 5 Uhr wieder nach Maison Rouge zurück.

Am 15. October wurde eine Patrouille der 7. Compagnie, welche am Bahndamme gegen Villemomble vorging, von dem Walde aus lebhaft beschossen und der Führer sowie zwei Mann verwundet.

Unter dem 23. October trat der Führer des 2. Bataillons, Hauptmann Leusmann, wieder zum 107. Regiment zurück; Hauptmann Schröder übernahm die Führung des Bataillons, bis zu dem am 5. November erfolgenden Eintreffen des erkrankten Hauptmanns von Herrmann.[1]

Am 29. October marschirte die 1. Compagnie des Regiments nach Claye zur Bedeckung der dortigen Armeeanstalten und Colonnen. Ihre Stelle im Wachdienste des 1. Bataillons des 106. Regiments übernahm bis auf Weiteres eine Compagnie des Regiments Nr. 104.

Für den 2. November war seitens Sr. Königlichen Hoheit des Prinzen Georg eine feierliche Vertheilung von Ordensauszeichnungen befohlen worden. Es hatten dazu vom 106. Regiment die Stäbe des 1. und 2. Bataillons, die drei Fahnen und pro Compagnie 1 Offizier, 1 Unteroffizier und 1 Soldat in Le Vert Galant einzutreffen. Nach einer erhebenden Ansprache wurden die bewilligten Auszeichnungen vertheilt. Se. Majestät der König hatte hierzu folgenden Tagesbefehl erlassen.

„An meine braven Truppen!

„In treuer Pflichterfüllung habt Ihr, seitdem Ich zu Euch gesprochen, erneute Ansprüche auf meine Anerkennung Euch erworben, und gewährt es Mir, Eurem Könige, besondere Freude, als Ausdruck Meiner Zufriedenheit und Meines Dankes jenen unter Euch die Zeichen der Tapferkeit und des Muthes zu verleihen, die Ihr aus Eurer Meiner braven Soldaten Mitte als dessen vorzugsweise würdig bezeichnet habt.

„Das deutsche Heer steht noch vor einer großen weltgeschichtlichen Entscheidung, neue und vielleicht ernste Kämpfe erwarten Euch wiederum. Eure Ergebenheit verbürgt Mir, daß Ihr, wie bisher so auch fernerweit durch Mannszucht und Tapferkeit nur neuen Ruhm erringen werdet, daß Ihr den Namen des königlich sächsischen Armeecorps eben-

---

[1] Offiziersliste des Regiments vom 23. October 1870 siehe in Beilage LXXIII.

bürtig zu erhalten wisset unter all den deutschen Stämmen, mit denen Ihr gemeinsam einsteht für unser großes Vaterland.

Gegeben zu Dresden, am 19. October 1870.

Johann."

Das Regiment Nr. 106 erhielt, nachdem der Regimentscommandeur Oberst von Abendroth bereits am 20. October durch Verleihung des Eisernen Kreuzes 1. Klasse ausgezeichnet worden war, 15 sächsische Orden und 22 silberne St.=Heinrichsmedaillen sowie 32 Eiserne Kreuze 2. Klasse verliehen.[1]

Bis zum 16. November behielt das Regiment seine Stellung in Montfermeil bei und versah abwechselnd mit dem 13. Jägerbataillon den Vorpostendienst in dem Abschnitte Parc de Raincy=Gagny.

Durch Ueberläufer und Gefangene hatte das Große Hauptquartier sichere Nachrichten erhalten, daß seit dem 6. November die in Paris befindlichen Truppenmassen eine festere, zur Verwendung nach außen geeignetere Formation erhalten hatten. Es waren dieselben in drei Armeen getheilt worden und zwar:

I. Armee unter General Thomas, 266 Marschbataillone der Nationalgarde, 133000 Mann, bestimmt zur Besetzung der Werke und zur Aufrechterhaltung der Ruhe und Ordnung in Paris.

II. Armee unter General Ducrot, bestehend aus drei Armeecorps unter den Generalen Blanchard, Renault und d'Exea, zusammen 112000 Mann, welche nach ihrer Zusammensetzung voraussichtlich bestimmt waren, die Einschließungslinie der Deutschen zu durchbrechen, um im Vereine mit den von Gambetta neu aufgestellten Truppenmassen Paris zu entsetzen.

III. Armee unter General Vinoy, bestehend aus sechs selbständigen Divisionen, 70000 Mann. Ferner ein besonderes Armeecorps unter dem Viceadmiral de la Roncière le Nourh, 35000 Mann stark, zur Besetzung der Werke der Nord= und Ostfront und zur Vornahme von Nebenangriffen und Scheingefechten.

Alle Nachrichten ließen darauf schließen, daß ein Ausfall der II. französischen Armee in der zweiten Hälfte des November stattfinden werde. Das gleichzeitige Vorgehen der französischen Loire= und Westarmee machte einen Angriff gegen die südliche oder westliche Einschließungslinie wahrscheinlich. Mit Berücksichtigung dieser Verhält-

---

[1] Vgl. Beilage LXXV.

nisse wurde vom Großen Hauptquartier angeordnet, daß die III. Armee, mit Ausnahme der württembergischen Division, auf das linke Seineufer gezogen werden sollte, während der Maasarmee die Sicherung des Abschnittes zwischen der Marne und Seine und die Unterstützung der daselbst zurückgebliebenen württembergischen Division übertragen wurde.

Se. Königliche Hoheit Kronprinz Albert befahl dementsprechend, daß das Gardecorps seinen linken Flügel bis Aulnay les Bondy ausdehnen, vom XII. Corps die 23. Division den Abschnitt von Aulnay bis Chelles, die 24. Division von hier bis mit Bry sur Marne decken sollten. Die württembergische Division hatte sich an den linken Flügel der 24. Division anzuschließen und bis zur Seine auszudehnen.

Diese weite Ausdehnung des vom sächsischen Corps zu bewachenden Raumes war um so schwieriger und anstrengender für die Truppen, als, abgesehen von der durch Krankheiten und Verluste herrührenden Schwäche der einzelnen Abtheilungen, die Cavalleriedivision, das Leib-Grenadierregiment, das 12. Jägerbataillon, die 2. reitende Batterie, sowie vier Compagnien zur Deckung der Armeeanstalten und Verpflegseinrichtungen vom Corps abcommandirt waren.

Infolge telegraphischer Anweisung erließ das Generalcommando des XII. Corps bereits am 15. November Befehl, die einleitenden Bewegungen für die Besetzung des auf dem linken Marneufer gelegenen Geländes zu beginnen.

Das 1. Bataillon 106. Regiments stand auf Vorposten, als abends 7 Uhr der Befehl zur Marschbereitschaft für das Regiment einging.

Abends 8 Uhr übernahm ein Bataillon des Regiments Nr. 102 die Vorposten, und das 106. Regiment wurde in Alarmquartieren in Montfermeil vereinigt, wo auch noch das Regiment Nr. 105 und die Batterien von Krecker und Groh eintrafen. Die Regimenter hatten nur die für den kriegsmäßigen Marsch nöthigen Wagen bei sich zu behalten; alle übrige Bagage sammelte sich südöstlich Brou, südlich der Straße Brou-Pompoune.

Am nächsten Tage blieb das Regiment bis 2 Uhr nachmittags in steter Bereitschaft in Montfermeil stehen, rückte um diese Zeit auf ergangenen Befehl nach Coubron, mußte aber auch hier bereit sein, auf das Signal „Alarm" sofort auf das linke Marneufer abzumarschiren.

Am 17. November früh 8 Uhr ging der Divisionsbefehl ein: „Die 24. Division ist bestimmt, sowol für die 23. Division als auch für die königlich württembergische Felddivision als Reserve zu dienen, und wird deshalb heute Mittag auf beiden Ufern der Marne dislociren.

Es sind:

a) p. p.

b) auf dem linken Marneufer unter Befehl des Obersten von Abendroth:

    Stab der 48. Brigade,
    Regiment Nr. 106,
     „ Nr. 107,
    2 Escadrons,
    Batterien Groh und Bucher,
    1 Zug Pioniere

nach Anordnung des Obersten von Abendroth in den Orten Champs, Gournay, Noisy le Grand und Noisiel unterzubringen."

Infolge dieses und des dementsprechend erlassenen Brigadebefehls brach das Regiment Nr. 106 vormittags 9 Uhr 45 Minuten von Coubron auf, erreichte 11 Uhr Chelles und marschirte, geführt von Oberst von Abendroth, über die Kriegsbrücke bei Gournay bis hinter diesen Ort, wo es im Brigadeverbande bis $1/_{2}5$ Uhr nachmittags halten blieb und sodann mit dem Stabe und 3. Bataillon nach Gournay, dem 1. nach Champs verquartiert wurde, während das 2. Bataillon Alarmquartiere in Noisy le Grand bezog.

Am 18. November früh 5 Uhr übernahm das 2. Bataillon von den Württembergern die Feldwachen in Bry sur Marne. Es waren im ganzen vier Feldwachen aufgestellt. Feldwache Nr. 1 nordwestlich von Noisy, die Feldwachen Nr. 2 und 3 nördlich von Bry am Fuße des Höhenzuges, Feldwache Nr. 4 in Brye gegenüber der dortigen Marnebrücke. Die drei erstern Feldwachen wurden von einer Compagnie gegeben, die Feldwache Nr. 4 von einer zweiten, deren Rest als Repli Nr. 2 Stellung in Bry an der nach Noisy führenden Straße zu nehmen hatte. Die beiden letzten Compagnien des Bataillons standen als Repli Nr. 1 im Park des sogenannten „Granatenschlößchens" von Noisy, so genannt, weil dasselbe ein beliebter Zielpunkt für das schwere Geschütz des Forts Nogent war. Die Posten der Feldwachen standen, meist in Erdlöcher eingegraben, dicht an der Marne, vom Feinde nur durch die Breite des Flusses getrennt. Bei dem heftigen Feuer, welches der Feind auf jeden einzelnen Mann richtete, welcher diesseits sichtbar wurde, konnte die Ablösung der Posten nur in der Nacht stattfinden, und mußten dieselben während des Tages unabgelöst stehen bleiben. Gleich am ersten Tage wurde ein Mann der 7. Compagnie, welcher auf Posten, um besser sehen zu können, den Kopf zu weit aus der Deckung vorgestreckt hatte, erschossen.

Am 18. November vormittags wurden noch das 3. Bataillon

nach Noisy le Grand verlegt, und löste nach Eintritt der Dunkelheit das 2. Bataillon von Vorposten ab; das 1. Bataillon kam nach Gournay.

Am 20. November löste das Regiment Nr. 107 das Regiment Nr. 106 in der ersten Linie ab, welches sodann vom 23. November abends bis 26. abends die Vorposten wieder zu übernehmen hatte. In der Zwischenzeit war es wiederholt alarmirt worden. In der Nacht vom 25. zum 26. November hatte eine feindliche Patrouille versucht, mit einem Kahne die Marne zu übersetzen, war aber von dem Posten der Feldwache Nr. 1 rechtzeitig bemerkt und durch einige Schüsse zur Rückkehr gezwungen worden.

Am 26. November wurde in Gemäßheit Brigadebefehls der Regimentsstab, die 2. Compagnie, das 2. und 3. Bataillon nach Champs, der Stab des 1. Bataillons mit der 3. und 4. Compagnie nach Noisiel verlegt. Alles hatte in den Quartieren marschbereit zu bleiben.

Am 27. November erhielt man die sichere Nachricht, daß die Franzosen seit Tagesanbruch begonnen hatten, die Barrikaden auf den aus Paris hinausführenden Straßen wegzuräumen, um den Ausfallstruppen die Wege zu öffnen.

Gegen Mitternacht traf der am 26. nach Claye geschickte Lieutenant Haase mit 219 Mann Ersatzmannschaften des Regiments in Champs ein, welche am nächsten Morgen an die Bataillone vertheilt wurden. Ein weiterer Transport von 99 Mann Ersatzmannschaften traf am 29. November abends ein. Die bisher zur Dienstleistung bei dem Regiment Nr. 107 commandirt gewesenen Lieutenants Weygandt und Obrich trafen wieder ein. Die Bereitschaft der Abtheilungen dauerte fort, da der Ausfall des Feindes unmittelbar bevorzustehen schien; die Mannschaften hatten auch in der Nacht völlig angekleidet zu bleiben.

Erste Schlacht von Villiers am 30. November 1870.[1]

Die Vorbereitungen der Franzosen waren so weit vorgeschritten, daß bereits für den 19. November der Ausfall gegen Osten angeordnet werden konnte; die Ausfallstruppen hatten bereits ihre bestimmten Plätze eingenommen gehabt, als das Unternehmen für diesen Tag wieder abbefohlen wurde. Die nächste Zeit benutzten die Franzosen,

---

[1] Hierzu Kartenbeilage Nr. XXIII.

um durch wiederholte Scheinbewegungen in verschiedener Richtung Ungewißheit über den wahren Angriffspunkt zu erregen; doch ließen alle Verhältnisse das deutsche Große Hauptquartier auf eine Richtung des Ausfalles gegen Süden oder Südosten längs beider Marneufer schließen.

Vom 25. November an vereinigte der Feind starke Truppenmassen in Zeltlagern um die Forts Rosny und Noisy und in der Nacht vom 28. zum 29. November erfolgte durch 13000 Mann die Besetzung und Verschanzung des Avron, wodurch die feindliche Feuerlinie um 3000 Meter vorgeschoben, und die Hochflächen von Raincy und Villiers, sowie das ganze Marnethal bis über Chelles und Gournay hinaus vollkommen beherrscht wurden, ohne daß von deutscher Seite das Feuer hätte erwidert werden können.

Der für den 29. November festgesetzte Beginn der französischen Operationen gegen die deutsche Stellung zwischen der Seine und Marne mußte wieder um einen Tag verschoben werden, da es nicht gelungen war, die zum Schlagen von acht Schiffbrücken erforderlichen Fahrzeuge rechtzeitig an den Ort des Brückenschlages zu befördern. Die Trümmer der bei Beginn der Einschließung gesprengten Brücke bei Joinville verengten dort das Fahrwasser so sehr und erzeugten einen so reißenden Strom, daß die weitere Beförderung hier unmöglich wurde und die Brücken erst am Vormittage des 30. November völlig fertig gestellt werden konnten.

Die sehr ins Einzelne gehende Disposition des Generals Ducrot setzte fest, daß die schwere Artillerie des Avron, Fort Nogent und der Batterien auf der Halbinsel St.-Maur durch ein gut unterhaltenes Feuer gegen die Vorpostenlinie der Deutschen den Kampf einleiten sollten.

Das französische I. Corps sollte sodann gegen Coeuilly, das II. gegen Villiers vorgehen, das III. bei Neuilly und Bry Brücken schlagen, Noisy le Grand nehmen und von hier aus die Vertheidigungslinie der Deutschen bei Villiers in der rechten Flanke fassen. Gleichzeitig sollte zur Festhaltung der benachbarten deutschen Abtheilungen die Division Hugues gegen Chelles, die Division Susbielle auf der Südseite gegen die Höhen von Meslie und die Armee von St.-Denis gegen das Gardecorps im Norden vorgehen.

Nach Besetzung der vordersten deutschen Linie sollte die schwere Artillerie zunächst gegen Noisy, Villiers, Coeuilly und Chennevières wirken und sodann erstere drei Orte von der Infanterie genommen werden. Ein Ueberschreiten der durch diese drei Orte bezeichneten Linie sollte am 30. November nicht erfolgen.

Auf deutscher Seite konnten diesem Angriffe zunächst nur zwei Brigaden entgegentreten und zwar die sächsische 48. Brigade in dem Abschnitte Gournay-Noisy le Grand-Bry-Champigny und die 1. württembergische Brigade (5 Bataillone, 4 Escadrons, 3 Batterien unter Generalmajor von Reitzenstein) in dem Abschnitte Villiers-Coeuilly-Chennevières.

Die gesammten hier zur Verfügung stehenden Abtheilungen betrugen demnach nur 11 Bataillone, 6 Escadrons und 5 Batterien mit 30 Geschützen. Sehr schwierig waren besonders die Verhältnisse bei der 48. Brigade, weil anfangs die größere Wahrscheinlichkeit dafür sprach, daß der Feind seinen Hauptstoß gegen Chelles richten würde, die Brücke bei Gournay demnach, auf welcher die Verbindung mit der 47. Brigade stattzufinden hatte, nicht ohne Bedeckung bleiben durfte.

Auf Unterstützung von den auf dem rechten Marneufer stehenden sächsischen Truppen durfte daher Oberst von Abendroth vorläufig nicht rechnen.

Die 48. Brigade hatte am 30. November früh 6½ Uhr folgende Stellung inne.

Das 1. Bataillon 107. Regiments hatte soeben mit drei Compagnien die Württemberger in Champigny abgelöst, eine Compagnie bei Le Plant als Reserve zurückgelassen.

Die Vorpostenlinie Noisy le Grand-Bry war vom 2. Bataillon desselben Regiments besetzt; in Noisy stand ferner die 4. schwere Batterie Groh in verdeckter Aufstellung mit dem Auftrage, den etwa auf dem rechten Marneufer gegen Neuilly vorgehenden Feind unter Feuer zu nehmen, sowie als Ortsreserve das 2. Bataillon des Regiments Nr. 106 unter Hauptmann Brachmann. Auf dem Alarmplatze der Brigade zwischen Noisy le Grand und Champs das 1. Bataillon (mit Ausnahme der abcommandirten 1. Compagnie) unter Hauptmann Naundorf und das 3. Bataillon unter Major Brinkmann des 106. Regiments, 1. und 2. Escadron des 2. Reiterregiments unter Major von Schönberg und die 3. leichte Batterie Bucher.

Das 1. Bataillon 107. Regiments hatte soeben in der Dunkelheit die Vorpostenaufstellung von den Württembergern übernommen, als die feindliche Avantgarde (113. Linien-Infanterieregiment) den Angriff auf Champigny eröffnete und nach halbstündiger energischer Gegenwehr die drei Compagnien zum Rückzuge auf Coeuilly, sowie die bei Le Plant stehende Compagnie des Hauptmanns Francke zum Rückzuge auf Villiers zwang. Der Angriff der feindlichen Avantgardenabtheilungen wurde an beiden letztern Punkten von den Sachsen und Württembergern zurückgewiesen. Der Feind führte aber nach und nach so bedeutende Kräfte gegen beide Punkte in das Gefecht, daß Generalmajor von Reitzenstein gegen ½10 Uhr vormittags Unterstützung von der 48. Brigade erbat.

Der von ihm entsendete Generalstabsoffizier, Hauptmann Pfaff, war zunächst nach Noisy le Grand geritten, wo der dort commandirende Major von Bosse von dem als Ortsreserve aufgestellten 2. Bataillon 106. Regiments die 7. und 8. Compagnie unter Führung des Hauptmanns Brachmann sogleich nach Villiers abrücken ließ.

Gegen 10 Uhr traf Hauptmann Pfaff bei dem Obersten von Abendroth ein und brachte demselben die erste Nachricht von dem ernstlichen Angriffe auf Villiers, da der laute Donner der feindlichen schweren Artillerie und der abstehende Wind bisher den Schall des dortigen Gefechtes nicht hatten bis hierher bringen lassen. Oberst von Abendroth ließ sogleich den Major von Schönberg mit der 2. Escadron und der Batterie Bucher im Trabe nach Villiers abgehen, die 1. Escadron aber zur Bedeckung der Batterie Groh nach Noisy rücken, und folgte selbst nach Villiers, um sich von dem Stande des dortigen Gefechtes zu überzeugen. Die sieben Compagnien des Regiments Nr. 106 waren kurz zuvor auf Befehl des Generallieutenants von Nehrhoff zur Besetzung von Gournay abgerückt, da die Vorbereitungen und Bewegungen des am Fuße des Avron und bei Rosny stehenden Feindes auf einen massirten Angriff auf Gournay und Chelles schließen ließen.

Oberst von Abendroth schickte, als er die Nachricht von den Gefechtsverhältnissen bei Villiers erhielt, den beiden Bataillonen sofort den Befehl nach, daß nur die drei Compagnien des 1. Bataillons Gournay besetzen, das 3. Bataillon aber sogleich nach Villiers marschiren sollten. Die 7. und 8. Compagnie waren, wie oben gesagt, um 10 Uhr von Noisy le Grand gegen Villiers abmarschirt.

Oberst von Abendroth führte dieselben persönlich so lange, bis sie nicht mehr die Richtung verfehlen konnten. Der Marsch ging durch Weingärten und sehr unwegsames Gelände auf die westliche Parkecke von Villiers. Auf Befehl des Hauptmanns Brachmann war bereits eine Section des in Schützenlinie aufgelösten Schützenzuges der 3. Compagnie als rechte Seitendeckung entsendet worden. Da aber auf der ganzen Hochfläche zwischen Villiers und Bry sich keine weitern deutschen Truppen befanden, ein Flankenangriff des Feindes gegen die beiden Compagnien demnach sehr leicht erfolgen konnte, entsendete der Chef der 7. Compagnie noch den 1. Halbzug des 6. Zuges unter Porteepeefähnrich Zinkernagel der Section als Unterstützung nach, mit dem Befehle, allen Bewegungen der Compagnie in einem Abstande von ungefähr 300 Schritt seitwärts zu folgen. Bei Villiers angekommen, wurde die 7. Compagnie noch durch einen Zug der 8. Compagnie unter Secondelieutenant Ludovici verstärkt, während der Führer der letztern Compagnie, Premierlieutenant von Stieglitz, mit zwei Zügen durch den Park von Villiers zur Verstärkung der Württemberger abrückte. Gleichzeitig erhielt die 7. Compagnie den Befehl, die südlich des Weges Villiers-Bry befindliche, ungefähr 600 Schritt von der Parkmauer entfernte Geländewelle, welche von den Vortruppen der französischen Division Maussion mit starken Schützenschwärmen besetzt war, anzugreifen.

Zu dem befohlenen Angriffe mußte die Compagnie eine halbe Schwenkung rechts ausführen, welche Bewegung trotz des immer heftiger werdenden feindlichen Feuers mit größter Ruhe und Ordnung ausgeführt wurde.

Die Compagnie ließ den Schützenzug zu beiden Seiten des Weges nach Bry in Schützenlinie vorgehen; ungefähr 50 Schritt hinter dem rechten Flügel befand sich der Zug der 8. Compagnie, hinter der Mitte der 5. Zug und hinter dem linken Flügel der 2. Halbzug des 6. Zuges.

Die rechte Seitendeckung befand sich ungefähr 300 Schritt rechts vorwärts. Die Ausdehnung der Schützenlinie betrug 100—120 Schritt. Die Marschrichtung wurde auf den Theil der Anhöhe genommen, welcher an den Weg anstieß, um das Feuer aus dem Parke möglichst wenig zu hindern. Gleichzeitig hatten zwei württembergische Compagnien, welche den Park und den alten Kirchhof von Villiers besetzt hatten, Befehl erhalten, den Angriff zu unterstützen. Hatte die Compagnie schon bei ihrem Anmarsche auf Villiers lebhaftes Gewehr- und Granatenfeuer erhalten, so vermehrte sich dies, nachdem die Parkmauer überschritten war, so sehr, daß der Compagniechef glaubte, sich in dem ganz offenen Gelände zunächst auf ein ergebnißloses Feuergefecht nicht einlassen zu dürfen, besonders da vom Feinde nur die Köpfe zu sehen waren. Er ließ die Compagnie im Laufschritt sprungweise vorgehen, obschon der weiche Boden, die durch wollene Decken u. s. w. ungewöhnlich beschwerten Tornister, und die angezogenen Mäntel die Bewegung sehr erschwerten.

Die geschlossenen Abtheilungen waren sehr bald in die Feuerlinie eingerückt. So abwechselnd feuernd und mit Hurrah vorlaufend, gelangte die Compagnie, wenn auch mit schwerem Verluste, auf ungefähr 80 Schritt an die feindliche Schützenlinie heran, welche sich hinter die Höhe zurückzog. Die Compagnie glaubte bereits den Sieg errungen zu haben, als sie plötzlich von feindlichen Massen, in der Stärke von 2 bis 3 Bataillonen, welche bisher hinter der Höhe gestanden hatten, in der Front und rechten Flanke angegriffen und mit einem solchen

Feuer überschüttet wurde, daß sie zurückgehen mußte. Schon während des Vorgehens waren Hauptmann Martini und die Secondelieutenants Walter und Ludovici verwundet worden, in diesem Momente wurde Secondelieutenant Hänel erschossen, der Bataillonsführer, Hauptmann Brachmann, verwundet; fast die Hälfte der Mannschaft war todt oder verwundet. Die Compagnie, sämmtlicher Offiziere beraubt, ging nach Villiers zurück, besetzte gegen 11 Uhr zunächst den Schützengraben am alten Kirchhofe und wurde später in den Park gezogen.

Auch die beiden württembergischen Compagnien hatten trotz energischen Vorgehens den Feind von der Höhe nicht vertreiben können.

Durch diesen Angriff war aber der feindliche Vormarsch ins Stocken gerathen und somit Zeit für das Herankommen weiterer Abtheilungen der 48. Brigade gewonnen worden.

Die Batterie Bucher hatte durch lebhaftes und gutgezieltes Feuer wesentlich dazu beigetragen, daß der Feind dem Abzuge der 7. Compagnie nicht zu folgen wagte. Mit gleich günstigem Erfolge hatte die Batterie Groß, welche von Noisy aus vorgegangen war, gegen die feindliche Stellung auf dem Höhenrande gewirkt.

Oberst von Abendroth besprach gegen 11 Uhr 30 Minuten mit Generalmajor von Reitzenstein die Gefechtslage. Letzterer wies darauf hin, daß die Südseite von Villiers noch ungenügend besetzt sei und daß den dort kämpfenden Abtheilungen (drei württembergische Compagnien, 1. und Theile der 3. und 4. Compagnie 107., zwei Züge der 8. Compagnie 106. Regiments) die Munition zu mangeln beginne. Oberst von Abendroth schickte sofort an die bei Pomponne stehende sächsische 1. Infanterie- und 3. Artillerie-Munitionscolonne Befehl, heranzurücken, ließ die Batterie Bucher, sowie die kurz vorher eingetroffene Batterie Teichmann durch Villiers hindurch auf die Südseite des Ortes abgehen und stellte das 1. Bataillon des eben anrückenden 104. Regiments zur Verfügung des Generalmajors von Reitzenstein.

Kurz zuvor hatte Oberst von Abendroth von Major von Bosse aus Noisy die Meldung erhalten, daß Bry von der Besatzung des 107. Regiments geräumt sei, daß aber der Feind von Bry gegen Noisy nicht vorrücke.

Unter diesen Umständen konnte Oberst von Abendroth die beiden noch als Reserve in Noisy stehenden Compagnien des 106. Regiments (5. und 6. Compagnie unter Hauptmann Schröder) zu dem von ihm beabsichtigten Angriffe gegen die Höhe östlich von Bry heranziehen.

Frühere Erkundungen hatten ihm gezeigt, daß diese Höhe den Park von Villiers und den abgebauten Kirchhof vollkommen beherrsche und

daß nur durch ihre Besitznahme der Feind an einer weitern und umfassenden Ausdehnung seines linken Flügels gehindert werden könnte.
Obgleich er weiter keine Reserven zur Hand hatte, beschloß Oberst von Abendroth das gegen 11 Uhr bei Villiers eingetroffene 3. Bataillon 106. Regiments, sowie das von Noisy heranbeorderte Halbbataillon Schröder zum Angriffe gegen den Feind zu verwenden, welchen er durch das vorangegangene Artilleriefeuer genügend erschüttert glaubte.

Major Brinkmann erhielt den Befehl mit stark entwickelter Schützenlinie und möglichst ohne Zwischenhalt gegen die feindliche Infanterie und Artillerie auf der Höhe 109 vorzugehen, dieselbe zu vertreiben und das Gefecht eine Stunde lang hinzuhalten, da vor dieser Zeit keine Unterstützung eintreffen könnte. Das Halbbataillon Schröder sollte dem Bataillon, rechts überragend, als zweites Treffen folgen und die Flanke des Bataillons decken.

Major Brinkmann ließ die 10. und 11. Compagnie als Vortreffen mit starken Schützenlinien vorgehen, die 9. und 12. Compagnie, im Halbbataillon formirt, unter Premierlieutenant Gräfe als Haupttreffen folgen. Mit musterhafter Ordnung und vorzüglicher Entschlossenheit ging das Bataillon vor, obgleich es durch das Feuer einer auf dem rechten Flügel des Feindes stehenden Batterie, sowie von den Batterien des Avron von Beginn seines Vormarsches an stark mit Granaten beworfen wurde und bald auch in ein heftiges Infanteriefeuer gerieth.

Die beiden Compagnien des Vortreffens versuchten einen Angriff auf die Front des Feindes, mußten aber der Uebermacht weichen. Während des Vorgehens wurden die Pferde des Bataillonscommandeurs und des Führers der 10. Compagnie, Premierlieutenant Just, verwundet; letzterer erhielt einen tödlichen Schuß in die Brust, Secondelieutenant Schaller, der die Leute zum schnellen Vorgehen ermunterte, einen Schuß in das Gesicht, Secondelieutenant Miersch wurde schwer in den Arm verwundet, Secondelieutenant Schurigt durch den Leib geschossen.

Da der Feind mit stärkern Massen heranrückte, ließ der Bataillonscommandeur gegen die anscheinend schwache linke Flanke des Feindes die beiden Compagnien des Haupttreffens vorgehen, welche, geschickt geführt und von dem von Noisy eingetroffenen Halbbataillon Schröder unterstützt, einen energischen Angriff auf die linke Flanke des Feindes ausführten. Gleichzeitig und trotz des lebhaften Geschütz- und Gewehrfeuers ließ Major Brinkmann die Compagnien des Vortreffens zum erneuten Angriffe in der Front im Laufschritt mit Hurrah vorgehen, indem er sich persönlich mit dem Rufe „Vorwärts! Die Batterie müssen wir haben!" an die Spitze setzte.

Besonders durch den Angriff in seiner linken Flanke erschüttert, gerieth der Feind in Unordnung. Bis auf 60 Schritt ließ er die Compagnien herankommen, dann wendete er sich zur Flucht. Sein erstes Treffen warf sich auf das zweite, welches jetzt ebenfalls von dem Halbbataillon Schröder umwickelt über den Haufen geworfen wurde. In wilder Flucht stürzten 5—6 Bataillone (nach Aussage der Gefangenen 8 Bataillone) nach Bry und in das Marnethal hinab.

Die feindliche Batterie, welche noch auf 100 Schritt mit Granaten auf das Bataillon feuerte, mußte abfahren, ließ aber bei dem energischen Vordringen des Bataillons zwei Geschütze und einen Munitionswagen nebst Bespannung stehen, obgleich feindliche Infanterie, welche sich zwischen den Geschützen aufgestellt hatte, durch Schnellfeuer das Abfahren der Batterie zu unterstützen suchte. Das Pferd des Bataillonscommandeurs wurde bei diesem letzten Anlauf durch einen zweiten Schuß getödtet, der Fahnenträger, Unteroffizier Graunitz, 12. Compagnie, welcher fortwährend in erster Linie sich befand, wurde verwundet. Secondelieutenant Haase ergriff die Fahne, welche darauf Portepéefähnrich von Süßmilch übernahm und während des ganzen noch folgenden Gefechtes dem Bataillon vorantrug.

Die Secondelieutenants Haase und Weigandt waren die ersten, welche mit ihren Zügen sich in den Besitz der Geschütze setzten und die letzten Vertheidiger derselben niederschlugen oder gefangen nahmen.

Der rechte Flügel des Bataillons war inzwischen in guter Ordnung weiter vorgedrungen. Die Premierlieutenants Gräfe und von Seydewitz verfolgten die über die Marne zurückweichenden Massen durch lebhaftes Feuer. Während des Vorgehens wurden die Secondelieutenants Trebsdorf und Perl tödlich verwundet, Secondelieutenant Oettel erhielt einen Schuß durch beide Beine, feuerte aber trotz seiner Verwundung die Leute mit dem Rufe „Vorwärts, Kameraden!" zum Vorgehen auf.

In Bry hatte sich der Feind in einigen Häusern festgesetzt. Den gemeinsamen Angriffen der 9. und 12. Compagnie gelang es, diese Häuser zu erstürmen und einen Stabsoffizier und 67 Mann gefangen zu nehmen.

Das Bataillon besetzte nun gegen 12 Uhr 30 Minuten den westlichen Rand der Höhe vor Bry und führte ein stehendes Feuergefecht, wobei es durch das Feuer der auf den jenseitigen Höhen aufgefahrenen Batterien und der schweren Artillerie des Avron nicht unbeträchtliche Verluste erlitt.

Hauptmann Schröder hatte, als nach der Erstürmung von Bry eine Gefechtspause eintrat, sein Halbbataillon gesammelt und gegen

Villiers geführt, wo das lebhafte Feuer auf einen hartnäckigen Kampf schließen ließ. Unterwegs erhielt er vom Oberst von Abendroth den Befehl, in das zweite Treffen zu rücken. Er besetzte zum Schutze der eben auffahrenden sächsischen Artillerie den abgebauten Kirchhof bei Villiers und ließ durch Patrouillen die zahlreichen im Vorgelände liegenden Verwundeten nach dem Verbandplatze zurückschaffen.

Oberst von Abendroth hatte die gegen 1 Uhr nördlich von Villiers eingetroffenen sechs Compagnien des 104. Regiments vorgeschickt, um den linken Flügel des Bataillons Brinkmann, welches sich etwas rechts gezogen hatte, zu verlängern. Das 3. Bataillon 104. Regiments besetzte in Gemeinschaft mit einigen aus dem Parke von Villiers vorgebrochenen württembergischen Compagnien den Höhenrand, ohne aber zunächst den unmittelbaren Anschluß an das Bataillon Brinkmann zu gewinnen, und wurde in ein Feuergefecht mit feindlicher Infanterie verwickelt, welche eine ungefähr 300 Schritt vor der Stellung befindliche Erdstufe besetzt hielt. Die zunächst als Reserve zurückbehaltenen 7. und 8. Compagnie 104. Regiments konnten den Befehl, den linken Flügel ihres 3. Bataillons zu verlängern, nicht ausführen, da sie in ein geradezu vernichtendes Granatfeuer geriethen und ebenso wie die württembergischen Compagnien in den Park von Villiers zurückgehen mußten.

Weitere Reserven konnten an diese Stelle nicht herangezogen werden, da Oberst von Abendroth sowol vom Major Brinkmann als vom Major von Cerrini aus Noisy die Meldung erhalten hatte, daß der Feind zwischen Bry und Noisy Brücken über die Marne schlage und starke Streitkräfte am jenseitigen Marneufer zusammenziehe. Er war daher gezwungen, das eben eintreffende 3. Bataillon 107. Regiments, sowie das in Gournay abgelöste 1. Bataillon 106. Regiments zur Vertheidigung von Noisy dorthin zu entsenden, die vorgeschobene Stellung bei Bry räumen zu lassen und sich auf die Vertheidigung der Linie Noisy-Villiers zu beschränken.

Gegen 3½ Uhr ließ Major Brinkmann die Reste seines Bataillons aus ihrer rühmlichst vertheidigten Stellung vor Bry zurückgehen, nachdem die Stärke des Feindes allmählich auf vier Brigaden angewachsen war. Am abgebauten Kirchhofe nördlich vorbeigehend erreichte Major Brinkmann mit der 10. und 11. Compagnie gegen 4 Uhr die Nordseite von Villiers, wohin etwas später die 9. und 12. Compagnie mit den Gefangenen folgten, welche bis 3 Uhr 45 Minuten mit einzelnen Abtheilungen noch in Bry selbst gestanden hatten.

Der ungefährdete Rückzug dieser beiden Compagnien war nur dem energischen Vorgehen der 7. Compagnie 107. Regiments zu danken, welche aus Noisy vorbrechend die stark nachdrängenden feindlichen Schützen in der Flanke faßte und zum Stehen brachte.

Die eroberten Geschütze waren leider auf dem Gefechtsfelde stehen geblieben, da es an Bespannung und Mannschaft fehlte, dieselben zurückzuschaffen, und fielen später dem Feinde wieder in die Hände.

Das 3. Bataillon 106. Regiments war, nachdem alle Abtheilungen eingetroffen waren, nebst dem 3. Bataillon 104. Regiments zur Hauptreserve für Villiers bestimmt worden, während die beiden Compagnien des Hauptmanns Schröder den abgebauten Kirchhof als vorgeschobenen Posten zu vertheidigen hatten. Nördlich von Villiers in der Richtung auf Noisy waren allmählich sechs sächsische Batterien in Stellung gegangen, welche auch den letzten französischen Angriffsversuch, welcher von der Division Bellemare des III. Corps gegen 4 Uhr 30 Minuten gegen den Park und die Nordseite von Villiers gerichtet wurde, abschlugen, ohne daß das Halbbataillon Schröder der weiten Entfernung wegen in das Gefecht eingreifen konnte. In eiligem Rückzuge ging der Feind hinter den Höhenrand von Bry zurück, und mit dem Verstummen seiner Artillerie, 5 Uhr 30 Minuten, war die Schlacht als beendet anzusehen.

Abgesondert von diesem an der Nordseite von Villiers geführten Kampfe, hatten Abtheilungen des 106. Regiments sich an dem Gefechte der Württemberger südlich von Bry betheiligt.

Wie schon oben erwähnt, war Premierlieutenant von Stieglitz mit dem 7. und Schützenzuge der 8. Compagnie sofort nach dem Eintreffen des Halbbataillons Brachmann bei Villiers, gegen 10 Uhr 30 Minuten, durch den Park nach der Südseite von Villiers entsendet worden.

Die hier kämpfenden drei württembergischen Compagnien, welchen sich Hauptmann Franke mit der 1. und Theilen der 3. und 4. Compagnie 107. Regiments angeschlossen hatte, erwehrten sich nur mit Mühe des heftigen Andranges des Feindes, welcher seine starken Schützenabtheilungen in der Telle, in welcher der Eisenbahndamm nach Villiers hinaufsteigt, bis dicht an die Vertheidigungslinie der Deutschen herangeschoben und die Höhen östlich von Champigny mit Mitrailleusenbatterien gekrönt hatte.

Premierlieutenant von Stieglitz besetzte mit beiden Zügen den rechts vorwärts der württembergischen Batterie Wagner[1] liegenden Schützengraben. Schon Besetzung die dieser Stellung erfolgte unter dem hef-

---

[1] Die Batterie Wagner stand in den Geschützeinschnitten dicht südlich Villiers, von wo sie die Straße Villiers-Joinville sowie die Telle längs der Eisenbahn unter Feuer nehmen konnte.

tigsten Granat- und Mitrailleusenfeuer. Feindliche Schützen hatten einen ungefähr 600 Schritt vor der Stellung befindlichen Weinberg besetzt und beschossen lebhaft die württembergische Batterie. Um letztere gegen dieses Feuer zu decken und Stellung und Stärke des Feindes zu erforschen, ließ Premierlieutenant von Stieglitz zwei Sectionen seines Schützenzuges ausschwärmen, führte dieselben unter lebhaftem Feuer sprungweise gegen den Weinberg vor, und warf die feindlichen Schützen zurück. Auf der Weinbergshöhe angelangt, legten sich die Schützen möglichst gedeckt nieder und unterhielten eine halbe Stunde gegen die 350—400 Schritt entfernte Mitrailleusenbatterie ein lebhaftes Feuer, bis sie durch das Vordringen starker französischer Abtheilungen über den Eisenbahndamm gezwungen wurden, nach dem Schützengraben zurückzugehen, um nicht in ihrer vorgeschobenen Stellung in der Flanke gefaßt und abgeschnitten zu werden.

Bis gegen 2 Uhr blieben die beiden Züge unter fortgesetztem Feuer und nicht ohne erhebliche Verluste in dieser Stellung.

Als um diese Zeit das feindliche Infanteriefeuer etwas nachgelassen hatte, führte Premierlieutenant von Stieglitz seine beiden Züge ungefähr 400 Schritte vor und verlängerte mit denselben den rechten Flügel der Schützenlinie des 1. Bataillon 104. Regiments und einiger württembergischen Abtheilungen, welche die zur Vertheidigung eingerichtete Kiesgrube an dem Eisenbahndamme besetzt hielten. Sergeant Wend mit einem Halbzuge der 8. Compagnie war ungefähr 200 Schritt hinter der Schützenlinie als Reserve aufgestellt worden.

Um den Feind über die Schwäche der diesseitigen Abtheilungen zu täuschen, wurde das Feuer mit möglichster Lebhaftigkeit unterhalten. Die Compagnie mußte die Munition dreimal aus den hinter Schloß Villiers aufgefahrenen Munitionswagen ergänzen. Bis nach 4 Uhr vereitelten hier diese Abtheilungen, unterstützt von dem Feuer der württembergischen Batterie Wagner I. und der sächsischen Teichmann, alle Angriffsversuche des übermächtigen Feindes.

Inzwischen hatte der Secondelieutenant und Adjutant Kaufmann in Villiers eine Abtheilung der 7. und 8. Compagnie, sowie des 3. Bataillons 106. Regiments in der Stärke von ungefähr 80 Mann gesammelt und auf Befehl des dort commandirenden Obersten von Rambacher zur Unterstützung der an dem Eisenbahndamme fechtenden Abtheilungen hinter dem Bahnhofsgebäude aufgestellt.

Kurz nach 4 Uhr trafen noch zwei württembergische Compagnien aus Villiers ein, schwärmten aus und gingen in der Richtung auf Champigny vor. Secondelieutenant Kaufmann schloß sich diesem Vorgehen an. Sobald diese Abtheilungen in die Höhe der am Bahndamme kämpfenden Compagnien kamen, verließen diese ebenfalls ihre Deckungen und unter Hurrah wurde der vorliegende Höhenkamm erstürmt, welchen der Feind unter Verlust einer Anzahl verwundeter und unverwundeter Gefangener rasch räumte.

Die einbrechende Dunkelheit verhinderte eine weitere Verfolgung. Auf der Höhe sammelten und ordneten sich die einzelnen Compagnien und ließen durch Patrouillen möglichst viele der zahlreichen Verwundeten nach Villiers zurückschaffen.

Gegen 6 Uhr marschirten die Abtheilungen des 106. Regiments nach Villiers, Premierlieutenannt von Stieglitz gab die Verwundeten und Gefangenen an die Württemberger ab und bezog mit der 8. Compagnie auf Befehl des Oberstlieutenants Schumann, Führers des 104. Regiments, Alarmquartiere in Villiers, um für den Fall eines nächtlichen Angriffes des Feindes auf die Vorposten als Reserve zu dienen.

Am 1. December, früh 4 Uhr 30 Minuten, nachdem anderweite Verstärkungen in Villiers eingetroffen waren, rückte die Compagnie nach Noisy le Grand ab und trat hier in den Bataillonsverband zurück.

Das 1. Bataillon des 106. Regiments hatte bis vormittags 8 Uhr 30 Minuten in der Alarmstellung zwischen Champs und Noisy gestanden und war sodann nach Gournay zur Vertheidigung der Marneübergänge und zur Flankirung eines gegen Chelles auf dem rechten Marneufer zu erwartenden feindlichen Angriffes entsandt worden.

In Gournay 9 Uhr 30 Minuten eingetroffen, löste es das 3. Bataillon 107. Regiments ab und besetzte mit der 2. und 3. Compagnie das Gelände zwischen der Marne und dem Canal de Chelles, mit der 4. Compagnie einen am Ostausgange von Gournay gelegenen Park. Bis nachmittags 3 Uhr blieb das Bataillon in dieser Stellung, welche vom Feinde heftig mit Granaten beworfen wurde; die feindliche Infanterie beschränkte sich auf matte Scheinbewegungen.

Als die Absichten des Feindes sich geklärt hatten und das französische III. Corps die Marne überschritt, wurde das Bataillon nach Noisy le Grand geschickt. Am nordöstlichen Ausgange dieses Ortes angekommen, führte Hauptmann Naundorff seine drei Compagnien wegen des überaus heftigen Granatfeuers auf der Höhe, nach dem abfallenden Marneufer und ging sodann an dem von hohen Parkmauern und Hecken vielfach durchschnittenen westlichen Abhange von Noisy le Grand unter heftigem feindlichen Geschützfeuer nach dem südlichen Dorfrande vor, nachdem der vorgezogene Pionierzug des Bataillons die Hindernisse von Abschnitt zu Abschnitt durchbrochen hatte.

An der südlichen Umfassung des Ortes schloß hierauf das Bataillon die Vertheidigungslinie gegen Bry bis an die Marne, an welche es seinen rechten Flügel, die 2. Compagnie, anlehnte, während die 3. Compagnie die Vertheidigung von zwei, nicht gesperrten Dorfeingängen, unter Benutzung des Vorgeländes zur Einrichtung einer vorderen Feuerlinie, übernahm. Die 4. Compagnie wurde zur Unterstützung des rechten Flügels des 2. Bataillons 107. Regiments, welches den nach Bry zu gelegenen Haupteingang vertheidigte, aufgestellt. Beim Einrücken in die Stellung wurde das Bataillon sowol vom Avron als von einer in Bry aufgefahrenen Batterie lebhaft beschossen, ohne aber Verluste zu erleiden.

Abends 7 Uhr erhielt das Bataillon den Befehl, am nordöstlichen Ausgange von Noisy in Reserve zu rücken, und wurde kurz darauf in sein Alarmquartier Noisiel entlassen.

Der ruhmreiche Tag, an welchem die schwachen deutschen Abtheilungen alle Versuche des übermächtigen Feindes, den Einschließungsring zu durchbrechen, erfolgreich zurückgewiesen hatten, hatte schwere Opfer gekostet. Die Sachsen verloren bei einer Ausrückestärke von 7719 Mann 31 Offiziere, 822 Unteroffiziere und Gemeine.

Der Verlust des Regiments Nr. 106 betrug bei einer Ausrückestärke von 2325 Mann 15 Offiziere und 398 Unteroffiziere und Soldaten und zwar:

Todt: Premierlieutenant Just,
   Secondelieutenant der Reserve Perl,
    „ „ „ Hänel,
    „ „ „ Trebsdorf,
  132 Unteroffiziere und Soldaten, 2 Pferde.[1]

Verwundet: Hauptmann Brachmann,
    „ Martini,
   Premierlieutenant von Stieglitz,
   Secondelieutenant Schaller (schwer),
    „ Ludovici,
    „ der Reserve Miersch (schwer, amputirt),
    „ „ „ Dettel,
    „ „ „ Finke,
    „ „ „ Schuricht (schwer),
    „ „ „ Walter (schwer),
    „ „ „ Schurig
  sowie 251 Unteroffiziere und Soldaten.

---

[1] Namentliches Verzeichniß der Todten siehe in Beilage LXXIV.

Außerdem gefangen:

15 Unteroffiziere und Soldaten, von denen nur zwei unverwundet, während von den verwundeten Gefangenen in pariser Lazarethen noch acht Mann starben, sodaß nur sieben aus der Gefangenschaft wieder eintrafen.[1]

Der Verlust war um so empfindlicher, als er sich nur auf acht Compagnien vertheilte.

Während das 1. Bataillon nur einen Verwundeten hatte, verlor z. B. die 7. Compagnie 3 Offiziere 116 Mann, die 8. Compagnie 2 Offiziere 63 Mann.

Der Feind war durch den energischen Widerstand, den er gefunden hatte, an allen Punkten bis hinter den Höhenrand, welcher das linke Marneufer begleitet, zurückgedrängt worden und hatte nur Bry und Champigny als Stützpunkte gewonnen. Das von ihm besetzte Gelände war für seine starken Massen völlig unzureichend und erschwerte jede Entwickelung. Der moralische Halt seiner im Gefechte gewesenen Abtheilungen war durch die erlittenen starken Verluste, nach französischen Quellen 2083 Mann, stark erschüttert.

Am 1. December standen die deutschen Truppen von früh an bereit, einen erneuten Angriff zurückzuweisen.

Se. Königliche Hoheit Prinz Georg hatte befohlen, daß von früh 7 Uhr an die Abtheilungen nachstehende Stellungen eingenommen haben sollten:

Die württembergische Brigade von Reitzenstein in dem Abschnitte Villiers-Coeuilly, die 24. Division nebst der 3. Abtheilung der Corpsartillerie südlich von Noisy le Grand in einer gegen das Feuer der Forts möglichst gedeckten Aufstellung. Als Hauptreserve für Villiers und Coeuilly und zur besondern Verfügung für den commandirenden General sollten das Schützenregiment Nr. 108 und das 3. Bataillon des Leibgrenadierregiments Nr. 100, als Brigade unter Oberst Freiherrn von Hausen formirt, nebst der 4. Abtheilung der Corpsartillerie bei dem Gehölze von La Grenouillière bereit stehen.

Noisy le Grand war vom 2. Jägerbataillon Nr. 13 besetzt, das 2. Bataillon des 105. Regiments stand auf Vorposten von Noisy bis zu dem abgebauten Kirchhofe von Villiers, das 1. Bataillon 106. Regiments besetzte Gournay.

---

[1] Die Verlustangaben sind nach den Kriegsstammrollen der Compagnie zusammengestellt. Die von andern gedruckten Angaben abweichenden Zahlen, besonders der Todten, erklären sich daraus, daß zu den letztern die an den Wunden Gestorbenen und die vermißt Gebliebenen hinzugerechnet worden sind.

Gegen Mittag traf der commandirende General des II. Armeecorps, von Fransecky, welches Befehl erhalten hatte, zur Unterstützung auf das rechte Seineufer zu rücken, bei Villiers ein, übernahm das Commando über sämmtliche zwischen Seine und Marne befindlichen Streitkräfte und unterstellte bis auf Weiteres die 1. württembergische Brigade den Befehlen Sr. Königlichen Hoheit des Prinzen Georg.

Nach vorgenommener Erkundung kamen beide Heerführer zu der Ueberzeugung, daß der beabsichtigte Angriff auf Bry und Champigny nur unter dem Schutze der Dunkelheit gelingen könne und deshalb auf den nächsten Morgen verschoben werden müßte.

Im Laufe des Nachmittags bestimmte Se. Königliche Hoheit Prinz Georg noch die Lage von sechs zu erbauenden Batterien.

Abends traf die Spitze des II. Armeecorps, die 7. Infanteriebrigade, bei Cocuilly und Chennevières ein.

Die deutschen Truppen, welche während des ganzen Tages trotz rauher Witterung ohne Feuer und ohne ablochen zu dürfen in Bereitschaft gestanden hatten, konnten abends 5 Uhr 30 Minuten, mit Ausnahme der Vorposten, in ihre Alarmquartiere entlassen werden.

Der Feind hatte den Tag über an den Marnebrücken gearbeitet, Schützengräben von Champigny über die vorliegenden Höhenrücken bis nach Bry ausgeworfen, beide Orte zur Vertheidigung eingerichtet, im übrigen aber, mit Ausnahme einer matten Scheinbewegung gegen die Vorpostenstellung bei Villemomble, Raincy und Gagny, sich begnügt, ein mäßiges Granatfeuer aus den Forts gegen die Hochebene von Villiers zu unterhalten.

Am 2. December wurde früh 7 Uhr der Kampf durch den Ueberfall der feindlichen Vortruppen in Champigny und Bry eröffnet. Während der heißen Kämpfe dieses Tages, an welchem von den Sachsen besonders die Regimenter Nr. 107 und 108 Gelegenheit hatten sich rühmlichst auszuzeichnen (ersteres verlor 11 Offiziere, 466 Mann, letzteres 37 Offiziere, 633 Mann), kam das 106. Regiment in keine Berührung mit dem Feinde. Das 1. Bataillon hatte wieder Gournay besetzt, das 2. und 3. Bataillon standen südöstlich von Noisy bei dem Gros unter dem Führer der 47. Brigade, Oberst von Elterlein.

Der Tag endete wie der 30. November mit einem Zurückdrängen des Feindes in das Marnethal; die Verluste waren entsprechend den größern Truppenmassen, welche auf deutscher Seite in das Gefecht kamen, viel stärker wie an jenem Tage und betrugen auf deutscher Seite 182 Offiziere, 3360 Mann, auf französischer Seite[1] 6030 Mann.

---

[1] Ohne die Gefangenen.

Das 106. Regiment hatte gegen Abend den Befehl erhalten, mit zwei Bataillonen nach Bordeaux zu rücken, mit einem Bataillon Pomponne während der Nacht zu belegen. Der Marsch dahin war über Champs bereits angetreten, als 7 Uhr abends Befehl vom Generalcommando eintraf, daß alle Abtheilungen zu halten hätten. Die befohlene Verlegung wurde dahin abgeändert, daß das ganze Regiment nach Torcy zu marschiren hatte, wo es 9 Uhr 30 Minuten abends eintraf.

Auch am 3. und 4. December wurde das Regiment früh alarmirt und rückte an beiden Tagen in eine Bereitschaftsstellung bei Villiers, ohne jedoch wieder in Gefechte verwickelt zu werden.

Der Feind hatte bereits am Vormittag des 3. December begonnen, sich wieder über die Marne zurückzuziehen, und nur bei Champigny und Le Plant einige Angriffe auf die dortigen Vorposten ausgeführt, um seinen Rückzug zu verbergen.

Die Ablösung der 24. Division, welche nicht nur durch die Verluste in den Gefechten, sondern auch durch die mehrtägige Bereitschaft bei strenger Kälte erschöpft war, erfolgte durch die 23. Division im Laufe des 4. December.

Das 106. Regiment marschirte an diesem Tage nachmittags 2 Uhr von Villiers gegen Malnoue über Champs an Gournay vorüber über die Pontonbrücke durch Chelles und Courtry nach Vaujours, wo es abends $^3/_4$ 6 Uhr eintraf und am nächsten Tage stehen blieb. Der Divisionsstab kam nach Vaujours, der Stab der 48. Brigade nach Le Vert Galant.

Da der Feind seine Schiffbrücken über die Marne wieder abgebrochen und nur noch die Brücke bei Joinville besetzt hatte, konnten sämmtliche Abtheilungen ihre ursprünglichen Stellungen wieder aufnehmen.

Die 23. Division wurde daher im Laufe des 5. und 6. December wieder auf das rechte Marneufer zurückgezogen und besetzte die Abschnitte Livry und Clichy, während die 24. Division, mit dem Stabsquartiere Brou, die Abschnitte Montfermeil und Chelles zu besetzen hatte.

Die Besetzung der Vorposten wurde zunächst der 47. Brigade übertragen, die 48. Brigade lag dahinter in Quartieren. Wöchentlich sollte in diesen Aufstellungen gewechselt werden. Das 106. Regiment lag infolge dessen vom 6. bis 12. December in Bordeaux (Stab, 3. Bataillon, 7. und 8. Compagnie), Pomponne (5. und 6. Compagnie) und Le Pin (1. Bataillon).

Am 10. December traf die 1. Compagnie nach ihrer Ablösung von dem Commando zu Claye durch das Schützenregiment wieder bei dem Regimente ein und wurde in Le Pin verquartiert.

Vom 12. bis 18. December hatte die 48. Brigade die Vorposten zu übernehmen.

Der Abschnitt Chelles wurde dem 107. Regiment und dem 13. Jägerbataillon, der Abschnitt Montfermeil dem 106. Regiment überwiesen.

Täglich hatte ein Bataillon auf Vorposten zu ziehen und Gagny und Maison Guyot mit je einer, Maison Rouge mit zwei Compagnien zu besetzen. Die wachfreien Bataillone wurden in Montfermeil einquartiert.

Am 12. December hatte Major von Mandelsloh zur Feier des Geburtstages Sr. Majestät des Königs eine Ansprache an das Regiment gehalten und mit einem dreimaligen jubelnd aufgenommenen Hoch auf Se. Majestät geschlossen.

Als am 18. December die 47. Brigade wieder die Vorposten bezog, belegte das 106. Regiment mit dem Stabe und 1. Bataillon Coubron, mit dem 2. Bataillon Le Pin, mit dem 3. Bataillon Villevaude. Das in Coubron liegende Bataillon wurde zur Verfügung des Vorpostencommandeurs gestellt, welcher es ohne weiteres zur Unterstützung nach Montfermeil heranziehen konnte.

Nachdem die strenge Kälte seit dem 10. December aufgehört hatte und Thauwetter eingetreten war, entwickelten die Franzosen wieder eine erhöhte Thätigkeit vor der Front des XII. Armeecorps. Der Batteriebau auf dem Avron wurde eifrigst betrieben, Bondy dauernd besetzt und ebenso wie Bobigny und Drancy stark verschanzt. Ob diese Vorbereitungen zu einem Angriffe gegen die Sachsen oder gegen das Gardecorps dienen sollten, blieb zweifelhaft.

Am 15. December hatte der Avron zum ersten mal sein Feuer auf Villemomble und den Parc du Raincy gerichtet, am 16. December hatte ein zahlreicher französischer Stab die Stellung der Deutschen bei Aulnay erkundet, am 19. hatten Ueberläufer gemeldet, daß an die Truppen wieder Lebensmittel für acht Tage ausgegeben worden seien und daß der neue Ausfall gegen den Parc du Raincy und das Marnethal bei Chelles sich richten würde. Am 19. und 20. war der Feind mit mehrern Bataillonen vom Avron aus gegen Asile de Ville Evrart und Maison Blanche vorgegangen, ohne sich aber in ein Gefecht einzulassen. Am 20. December meldete der Beobachtungsposten die Anwesenheit von 16 Bataillonen und 5 Feldbatterien bei Merlan und Redoute Montreuil, sowie die Besetzung des Dorfes Rosny durch mehrere Bataillone. Der Avron war nach Aussage eines Ueberläufers mit 12 Bataillonen besetzt. Andere starke Colonnen waren im Marsche gegen die Front des Gardecorps gemeldet worden.

Die äußerste Vorsicht war daher geboten, um so mehr, als seit Mitte December alle Vorbereitungen getroffen wurden, um durch Belagerungsbatterien den Mont Avron zu bekämpfen.

Nachdem die Bataillone des 106. Regiments bereits am 19. December mittags alarmirt worden waren, bald aber wieder in ihre Quartiere entlassen werden konnten, wurde in der Nacht zum 21. December eine allgemeine Bereitschaft für den folgenden Tag anbefohlen. Die Truppen in Montfermeil und Chelles, sowie das 1. Bataillon 106. Regiments in Coubron hatten von früh 7 Uhr an gefechtsbereit zu sein.

Um 8 Uhr hatten die beiden andern Bataillone des 106. Regiments an dem Schnittpunkte der Wege Le Pin-Chelles und Brou-Montfermeil unter Commando des Obersten von Tettau einzutreffen.

8 Uhr 30 Minuten wurde von hier das 2. Bataillon als Reserve nach Montfermeil, das 3. Bataillon zu der bei Livry aufgestellten Reserve für den rechten Flügel, welche nach Bedarf auch zur Unterstützung des Gardecorps verwendet werden sollte, gesendet.

Der Angriff, welchen der Feind mit zwei Armeecorps gegen die Stellung des Gardecorps vorbereitete, scheiterte schon in seinen Anfängen durch die Tapferkeit, mit welcher die Besatzung von Le Bourget (fünf Compagnien) den bereits eingedrungenen Feind so lange aufhielt, bis er durch eintreffende Unterstützungen wieder völlig zurückgeworfen wurde.

Gegen die sächsische Front hatte der Feind den ganzen Tag ein überaus heftiges Feuer aus den Forts unterhalten. Gegen Mittag hatte er von Fort Rosny und vom Avron her eine Colonne von wenigstens drei Brigaden mit mehrern Feldbatterien im Marnethal gegen Neuilly, Maison Blanche und Asile de Ville Evrart vorgehen lassen. Die beiden an letztern Punkten stehenden Vorpostencompagnien des 107. Regiments wurden dieser Uebermacht gegenüber auf ihre Replis II. und I. bei Le Chenay und an der Marne zurückgezogen.

Da inzwischen alle Gefahr für den sächsischen rechten Flügel und das Gardecorps geschwunden war, ließ Se. Königliche Hoheit Prinz Georg die bei Livry stehenden drei Bataillone der 24. Division (3. Bataillon 106. Regiments, zwei Bataillone 105. Regiments) 3 Uhr 30 Minuten nach Chelles abmarschiren, wohin schon etwas früher zwei Batterien und das 2. Grenadierregiment Nr. 101 abgegangen waren, sodaß nach dem Eintreffen dieser Verstärkung Generallieutenant von Nehrhoff 15 Bataillone und 9 Batterien zur Verfügung hatte, mit welchen er jeden Angriff des Feindes auf Chelles zurückweisen konnte. Der Feind hatte sich indessen mit der Besetzung von Maison Blanche und Asile de Ville Evrart begnügt und hatte seine Hauptkräfte gegen 4 Uhr sogar wieder zurückgehen lassen.

Ueberfall von Asile de Ville Evrart und Maison Blanche.

Se. Königliche Hoheit, der commandirende General, welcher eine Festsetzung des Feindes so nahe an der Hauptvertheidigungslinie verhindern wollte, hatte befohlen, diese beiden vom Feinde besetzten Punkte womöglich noch vor Einbruch der Nacht zurückzuerobern.

Die Unternehmung hatte sich jedoch so verzögert, daß die zum Angriffe befehligten Abtheilungen erst 4 Uhr 30 Minuten, bei schon eingebrochener Dunkelheit, ihren Vormarsch antraten.

Generallieutenant von Nehrhoff hatte den Commandeur des 8. Infanterieregiments, Oberst von Lindemann, mit der Leitung des Angriffes beauftragt. Zu seiner Verfügung standen das 2. und 3. Bataillon 107. Regiments, das 2. Jägerbataillon Nr. 13, sowie die drei um 4 Uhr 30 Minuten von Livry eingetroffenen Bataillone.

Oberst von Lindemann bestimmte zum Angriff auf Maison Blanche die 1. und 2. Compagnie des 13. Jägerbataillons, sowie die 10. und 11. Compagnie 107. Regiments unter Commando des Hauptmanns von Sichart. Als Reserve standen in Le Chenay die 6. und 8. Compagnie 107. Regiments und das 2. Bataillon 105. Regiments.

Den Angriff auf Ville Evrart hatte Major von Bosse auszuführen, welchem die 3. und 4. Compagnie des 13. Jägerbataillons und die 9. und 12. Compagnie 107. Regiments unterstellt waren. Bei Repli I. an der Marne standen als Unterstützung die 5. und 7. Compagnie 107. Regiments und das 3. Bataillon 106. Regiments bereit. Als Hauptreserve für beide Colonnen stand das 3. Bataillon 105. Regiments bei Chelles.

Die Colonne des Hauptmanns von Sichart fand Maison Blanche nur noch schwach vom Feinde besetzt, machte daselbst 6 Offiziere und 46 Mann zu Gefangenen und besetzte die Stellung in der bisherigen Weise. Die feindlichen Vorposten standen an den angrenzenden Hängen des Mont Avron.

Ville Evrart war vom Feinde zur hartnäckigen Vertheidigung hergerichtet worden. Die 6—8 Fuß hohe Mauer war crenelirt und mit Schießluken versehen, die Lücken und Eingänge mit Sandsäcken verbaut, ein größerer Eingang an der Ostseite durch eine starke Traverse mit Graben geschlossen.

Besetzt war Ville Evrart von vier Bataillonen unter Commando des Brigadegenerals Blaise.

Major von Bosse ging gegen Ville Evrart mit drei kleinen Colonnen vor, die 9. Compagnie 107. Regiments unter Hauptmann von Beulwitz gegen die Nordseite, die 12. Compagnie desselben Regiments unter Premierlieutenant von Wurmb gegen die Südfront, die beiden Jägercompagnien gegen die Ostseite des Parks und der Anstaltsgebäude. Die beiden erstern Abtheilungen waren schnell in die Gebäude eingedrungen, hatten den Feind vollkommen überrascht und jede mehrere hundert Gefangene gemacht. Die 9. Compagnie wurde jedoch nach längerm Kampfe von dem übermächtig aus dem Parke zum Entsatz anrückenden Feinde gezwungen, die besetzten Gebäude wieder zu räumen, und zog mit ihren Gefangenen gegen Maison Blanche ab.

Die 12. Compagnie behauptete sich in ihrer Stellung, ohne aber weitere Fortschritte machen zu können. Die an der Spitze der mittlern Colonne befindliche 3. Jägercompagnie unter Premierlieutenant Semig war zwar anfangs durch die vom Feinde mit einer Traverse geschlossene Mauerlücke in den Park eingedrungen, mußte sich aber, um nicht abgeschnitten zu werden, wieder aus demselben zurückziehen und unterhielt nun ein lebhaftes Feuer über die Traverse hinweg und durch die vom Feinde in der Mauer angebrachten Schießlöcher.

Auf die Meldung vom Stande des Gefechtes ließ Oberst von Lindemann 6 Uhr 15 Minuten die 9. Compagnie 106. Regiments gegen die Nordwestseite, und kurz darauf die 11. Compagnie 106. Regiments, sowie die 7. Compagnie 107. Regiments gegen die Südseite von Ville Evrart nachfolgen.

Die 9. Compagnie ging mit ausgeschwärmtem Schützenzuge gegen die Nordseite des Parks vor und erhielt während des Vorgehens lebhaftes, aber unwirksames Feuer, was der Führer derselben, Premierlieutenant Gräfe, nicht erwidern ließ, weil bei der Dunkelheit die Stellung des Feindes nicht zu erkennen war. Eine vorgeschickte Patrouille brachte die Meldung, daß die Parkmauer stark vom Feinde besetzt sei.

Premierlieutenant Gräfe ließ die Compagnie im Laufschritt bis dicht an die Mauer herangehen und hier das Feuer eröffnen.

Da dasselbe keine große Wirkung zu haben schien, sammelte er die Compagnie, führte dieselbe gegen die Nordwestecke des Parks und vertrieb hier nach kurzem Gefechte den Feind, welcher sich in dem südlichen Theile des Parks wieder festsetzte.

Major von Bosse ertheilte der Compagnie den Befehl, die Stellung des Feindes zu umgehen. Die Compagnie drang, durch Gebüsch gedeckt, vor und stieß bald auf einen Doppelposten an einem Hause, welcher, als er anrief, sofort überrannt und entwaffnet wurde.

Das Haus wurde abgesucht und unbesetzt gefunden. Eine durch den Park kommende Patrouille von sechs Mann, unter Führung eines Adjutanten, wurde ebenfalls, ehe sie Widerstand leisten konnte, umringt und gefangen genommen. Zur Sicherung des Rückzuges wurde das Haus mit einem Unteroffizier und 16 Mann besetzt. Beim weitern Vorrücken gegen den ungefähr 400 Schritt entfernten Feind wurde die Compagnie von einem so heftigen Feuer empfangen, daß ein Angriff unausführbar erschien. Premierlieutenant Gräfe wurde durch zwei Schüsse schwer verwundet. Feldwebel Donner, welcher an seiner Stelle das Commando übernahm, führte die Compagnie an das besetzte Haus zurück. Von hier aus wurden Patrouillen nach links und rechts entsendet, um die Verbindung mit den übrigen Abtheilungen aufzusuchen. Die Patrouillen kehrten mit der Meldung zurück, daß eine Verbindung nicht aufzufinden sei und daß die nach links entsendete Patrouille von einem nahe gelegenen Gebüsche aus stark beschossen worden sei.

Bis gegen 2 Uhr setzte die Compagnie ihr Feuer gegen den Park fort, zog dann auf Befehl des Obersten von Lindemann ihre Posten ein und ging mit den Gefangenen, deren sie auch noch auf dem Rückmarsche eine große Anzahl machte, nach Replis J. zurück, wo sie 2 Uhr 30 Minuten eintraf.

Die 11. Compagnie unter Secondelieutenant Weigandt war auf dem Kanaldamme zur Unterstützung der 12. Compagnie 107. Regiments gegen die Gebäude an der Südseite von Ville Evrart vorgegangen. Ohne Verlust erreichte sie die letztere Compagnie, welche auf der Straße gegenüber dem vom Feinde noch besetzten Beamtengebäude stand. Der Schützenzug warf sich sogleich auf die Eingänge des Hauses, drang ein, nahm einen Theil der Besatzung gefangen und besetzte das Haus. Ein Versuch, mit dem 6. Zuge das nördlich davon gelegene Wirthschaftsgebäude zu nehmen, wurde durch heftiges Gewehrfeuer des Feindes vereitelt.

Auf Antrag des Premierlieutenants von Wurmb verstärkte der 5. Zug dessen rechten Flügel und nahm den Park unter Feuer. Der 6. Zug wurde etwas weiter zurück aufgestellt, um den südlichen Theil des Parkes zu beobachten und nöthigenfalls den Rückzug zu decken.

Die Lage der beiden Compagnien inmitten der vom Feinde zum Theil noch besetzten Gebäude wurde immer bedenklicher, da dieselben, wenn der Feind ihre Schwäche erkannt hätte, der Gefangenschaft kaum entgehen konnten.

3 Uhr 45 Minuten traf der Befehl zum Rückzuge ein. Die

11. Compagnie 106. Regiments übernahm die Arrièregarde, und ohne vom Feinde weiter belästigt zu werden traf dieselbe 4 Uhr 15 Minuten bei Replis J. ein.

Der Verlust der Sachsen in diesem Gefechte bezifferte sich auf 2 Offiziere 54 Mann todt oder verwundet und 17 Mann gefangen. Die beiden Compagnien 106. Regiments verloren 1 Offizier, Premierlieutenant Gräfe, und 2 Mann tödlich verwundet, 1 Mann leicht verwundet. An Gefangenen brachte man 8 Offiziere und über 600 Mann zurück. General Blaise war gefallen. Der Feind räumte bei Tagesanbruch in Panique und unter Zurücklassung mehrerer hundert Gewehre und vieler Ausrüstungsstücke die Stellung.

Der Verlauf dieses Gefechtes zeigt recht deutlich die Vor- und Nachtheile solcher Nachtgefechte. Nachdem der erste überraschende Angriff gelungen war und den Sachsen eine bedeutende Anzahl Gefangener geliefert hatte, kam das Gefecht sehr bald zum Stehen. Bei der umfassenden Stellung der einzelnen Compagnien war es nicht zu vermeiden, daß sie gegenseitig sich zeitweilig beschossen.[1]

Die höhere und einheitliche Leitung wurde fast unmöglich; jede Abtheilung kämpfte für sich, ohne bei der Finsterniß und Unbekanntschaft mit der Oertlichkeit günstige Momente rechtzeitig bemerken und richtig ausnutzen zu können. Das Feuer hatte bei der Dunkelheit mehr eine moralische Wirkung gehabt. Die beiderseitigen Verluste dürften in der Hauptsache auf Zufallstreffer zurückzuführen sein.

Noch während des Gefechtes hatte Oberst von Lindemann die 10. und 12. Compagnie 106. Regiments in ihr Quartier nach Villevaude zurückgehen lassen, da das Bataillon am 22. December früh 6 Uhr 30 Minuten wieder an dem Schnittpunkte der Wege Brou-Montfermeil und Chelles-le-Pin in Bereitschaft stehen sollte.

Die 9. und 11. Compagnie, welche nach der Rückkehr von dem Gefechte in Chelles gerastet hatten, trafen früh 8 Uhr bei dem Bataillon ein. Das 1. und 2. Bataillon standen in Montfermeil in Bereitschaft. Da der Feind sich ruhig verhielt, konnten die Bataillone kurz nach Mittag in ihre Quartiere entlassen werden. Der Gesundheitszustand, besonders des 3. Bataillons, war infolge der bedeutenden Anstrengungen der letzten Tage kein guter, sodaß es nicht mehr ganz 400 Mann in Reih und Glied zählte.

Auch am 23. und 24. December konnte die Bereitschaft der Truppen nicht aufgehoben werden, da die Stellung des Feindes einen Angriff

---

[1] Die 4. Compagnie des 13. Jägerbataillons und die 9. Compagnie 106. Regiments hatten darunter besonders zu leiden.

gegen das Gardecorps möglich erscheinen ließ. Das 2. und 3. Bataillon hatten an diesen Tagen bei Clichy, das 1. Bataillon in Montfermeil bereit zu stehen. Am letztern Tage abends vereinigte sich das Regiment in Montfermeil und übernahm bis zum 30. December die dortige Vorpostenaufstellung.

Der Bau der Belagerungsbatterien war so weit vorgeschritten, daß am 27. December früh 8 Uhr 30 Minuten die Beschießung des Avron und der benachbarten Forts beginnen konnte. Die Truppen hatten sämmtlich Quartierbereitschaft; die feindliche Infanterie verhielt sich jedoch vollkommen unthätig.

Bereits am 28. December morgens war die feindliche Artillerie auf dem Avron zum Schweigen gebracht, der Berg selbst und die Abhänge desselben waren aber noch von starken Infanteriemassen besetzt.

Am 29. December abends gingen, nachdem bereits am Nachmittag Hauptmann von Zanthier des 103. Regiments mit 80 Mann seiner Compagnie die Hochfläche des Avron abgesucht hatte, Patrouillen vom 2. Bataillon des 106. Regiments über den Höhenrücken vor und brachten die Nachricht, daß auch jetzt die feindlichen Posten nur noch auf dem Westabhange des Berges vor dem Dorfe Rosny standen.

Am 30. December wurde unter Führung des Majors von Süßmilch vom Leibgrenadierregiment eine größere Erkundung vorgenommen, zu welcher von jeder Division 2 Compagnien und 60 Artilleristen zu commandiren waren.

Von der 24. Division wurden die 1. und 9. Compagnie 106. Regiments dazu bestimmt. Die beigegebenen Artilleristen hatten den Auftrag, die auf dem Avron zurückgelassenen Artillerie- und Munitionsvorräthe unbrauchbar zu machen.

Während die beiden Compagnien der 23. Division von Villemomble aus gegen das Dorf Avron und die westlichen Abhänge des Berges vorgingen, erstiegen die beiden Compagnien des 106. Regiments früh 7 Uhr von Maison Blanche aus die Ostspitze des Avron. Auf dem Berge ließen die massenhaft liegen gebliebenen Gewehre, Ausrüstungs- und Bekleidungsstücke, Munitionsvorräthe und Handwerksgeräthe, sowie viele unbeerdigt liegen gebliebene Leichen auf einen eiligen und ungeordneten Rückzug der Besatzung schließen. Abgefleischte Skelete von Pferden und Hunden bewiesen, daß die Lebensmittel in Paris sich ihrem Ende nahten. An dem Zustande der Werke konnte man die treffliche Wirkung der deutschen Artillerie erkennen.

Die beiden Compagnien der 23. Division hatten noch zwei liegen gebliebene schwere Geschütze vorgefunden, welche, da keine Transportmittel vorhanden waren, durch Vernageln und Zerschlagen der Lafetten unbrauchbar gemacht wurden. Bei dem Zerstören der Munition wurden durch eine zufällige Explosion 18 Artilleristen durch Brandwunden mehr oder weniger verletzt.

Gegen Mittag trat die Abtheilung den Rückmarsch in ihre Quartiere an. Zur Beobachtung blieb von jetzt ab am Tage eine stehende Patrouille auf der Ostspitze des Avron, während nachts ein lebhafter Patrouillengang gegen denselben und seine nächste Umgebung stattfand.

An demselben Tage wurde das 106. vom 104. Regiment in Montfermeil abgelöst und bezog Quartiere in Le Pin (Regimentsstab und 2. Bataillon), Villevaube (1. Bataillon) und Coubron (3. Bataillon).

Nachdem der Avron endgültig vom Feinde aufgegeben war, und da die Forts der Ostfront nur noch durch einzelne Schüsse das Feuer der deutschen Belagerungsbatterien erwiderten, war ein Theil der schweren Geschütze nach der Südfront abgeführt worden, da hier am 5. Januar die Beschießung der Forts erfolgen sollte; gleichzeitig sollte eine Beschießung der Nordfront erfolgen.

Zur Täuschung des Feindes wurden auffällige Erkundungen auf der Ostfront angeordnet.

Scheinangriff gegen Dorf und Fort Nogent am 4. u. 5. Januar 1871.

Am 4. Januar hatte Major von Mandelsloh mit zwei Bataillonen 106. Regiments und der Batterie Bucher eine solche Scheinbewegung gegen Nogent auszuführen.

Das 1. Bataillon marschirte zu diesem Zwecke früh 9 Uhr 45 Minuten von Villevaube nach Le Pin, vereinigt sich hier mit dem 2. Bataillon, rückte 10 Uhr 45 Minuten von hier nach Chelles und trat 12 Uhr mit der Batterie Bucher den Vormarsch gegen Neuilly an.

Von Replis J. aus ging die 1. Compagnie am Kanal, die 2. und 3. Compagnie durch Ville Evrart auf die Pappelallee, die 4. Compagnie auf der großen Straße vor. Dieser letztern folgte das 2. Bataillon mit der Batterie, welcher eine Compagnie als Bedeckung zugetheilt wurde.

Gegen 1 Uhr wurde Neuilly erreicht und unbesetzt gefunden.

Major von Mandelsloh ließ von hier die 4., gefolgt von der 3. Compagnie in gleicher Höhe links an der Marne mit dem Befehle, sobald es das Gelände erlaube, zur Sicherung der linken Flanke einen Zug gegen Le Perveuz zu entsenden, endlich die 2. Compagnie so weit rechts der Straße, als es ohne Aufgabe der Verbindung bei dem herrschenden Nebel möglich war, gegen den Bahndamm vor Nogent vorgehen.

Das 2. Bataillon besetzte zur Aufnahme den Westrand von Neuilly, die Batterie fuhr nördlich dieses Ortes auf.

1 Uhr 45 Minuten wurde der Bahndamm ohne Verlust erreicht und durch die Schützen der vordern drei Compagnien besetzt. Gefechtspatrouillen gingen gegen das Dorf Nogent vor, welches sich stark vom Feinde besetzt zeigte.

Es entwickelte sich hier ein lebhaftes Feuergefecht, und auch der entsendete Zug der 1. Compagnie stieß auf überlegene feindliche Abtheilungen.

Nach kurzer Zeit erhielt die französische Linie Unterstützung durch 5—6 Compagnien von Fort Nogent her.

Auf die abgestattete Meldung über die feindliche Stellung ertheilte 2 Uhr 30 Minuten Generallieutenant von Nehrhoff dem Detachementsführer den Befehl, das Gefecht abzubrechen, worauf das Bataillon sich gegen 3 Uhr wieder über Neuilly zurückzog, ohne vom Feinde verfolgt zu werden.

Der Verlust bestand in zwei schwer verwundeten Soldaten; zwei Mann einer Patrouille wurden durch das überaus heftige Feuer, mit welchem der Feind sie überschüttete, verhindert, aus ihrer Deckung zurückzugehen, und geriethen in Gefangenschaft.

Das Bataillon brachte neun Gefangene mit zurück.

Auch am 5. Januar wurde eine gleiche Scheinbewegung von dem 3. Bataillon 105. Regiments, dem 3. Bataillon 106. Regiments und der Batterie von Krecker unter Oberst von Tettau gegen das Fort Nogent vorgenommen. Während das 3. Bataillon 106. Regiments westlich von Neuilly stehen blieb, gingen die Spitzen des 3. Bataillons 105. Regiments bis an den Fuß des Forts Nogent vor.

Gegen 6 Uhr begann das Fort das Feuer, welches die Belagerungsbatterien auf dasselbe gerichtet hatten, lebhaft zu erwidern.

Oberst von Tettau führte das Detachement ohne Verlust wieder zurück.

Da gleichzeitig mit der am 5. Januar begonnenen Beschießung der Südfront von Paris die Bekämpfung der die Nordfront deckenden Forts beginnen sollte, der Feind aber ununterbrochen seine Werke gegen Le Bourget weiter vorschob, so mußte das Gardecorps sich enger zusammenziehen, um einem etwaigen Durchbruchsversuche mit Sicherheit entgegentreten zu können. Das XII. Corps mußte sich infolge dessen weiter nach rechts ausdehnen und den Abschnitt bis zum Saussetbache mit besetzen.

Das Stabsquartier der 24. Division kam am 6. Januar nach Brou, der Stab der 48. Brigade nach Montfermeil, das 106. Regiment nach Clichy (Stab, 1. und 3. Bataillon) und Courtry (2. Bataillon).

Als Grenze der beiden sächsischen Divisionen wurde die Avenue de l'Empereur festgesetzt; die Vertheidigung der Hochfläche von Raincy fiel der 24. Division, die des Abschnittes Livry der 23. Division zu.

Die Beobachtung des Mont Avron wurde der 24. Division übertragen.

In der Zeit bis zum 26. Januar führte der Feind verschiedene größere und kleinere, aber stets erfolglose Ueberfälle gegen die Stellung der 23. Division aus, während es vor der Front der 24. Division nur zu gelegentlichen Zusammenstößen der Patrouillen kam.

Die Abräumung des Mont Avron und die Einebnung der dortigen Befestigungsanlagen wurden fleißig fortgesetzt. Die Arbeitercommandos dazu hatte die 23. Division, die als Bedeckung täglich zu commandirende Compagnie die 24. Division zu geben.

Als wichtigstes Ereigniß in dieser Periode fand am 18. Januar in Versailles die Proclamirung Sr. Majestät des Königs Wilhelm von Preußen zum Deutschen Kaiser statt, durch welchen Act die Einigkeit und Einheit aller deutschen Stämme auch ihre äußere Weihe und feierliche Anerkennung fand.

So war Frankreichs Plan, die Entwickelung Deutschlands zu verhindern, die Veranlassung geworden, die alte versunkene Herrlichkeit der Deutschen Nation glorreicher und mächtiger als je wieder aufleben zu lassen. —

Nachdem auch der letzte große Ausfall der Franzosen gegen Versailles am 19. Januar siegreich zurückgeschlagen war, war die letzte Hoffnung geschwunden, den eisernen Ring, welcher die Hauptstadt umfaßt hielt, zu sprengen.

Lebensmittel waren nur noch bis Ende des Monats vorhanden. Bereits am 23. Januar war Jules Favre im Namen der interimistischen Regierung nach Versailles gekommen, um über eine Waffenruhe zu unterhandeln.

Man einigte sich dahin, daß dieselbe am 26. Januar nachts 12 Uhr eintreten sollte.

Am 27. und 28. Januar, wo das 106. Regiment die Vorposten bei Raincy zu geben hatte, lieferte dasselbe zahlreiche Gefangene ab, welche sich vor der Front herumgetrieben und ohne Widerstand ergeben hatten.

Am 28. Januar war ein Waffenstillstand, vorläufig auf 21 Tage, abgeschlossen worden, welcher am 29. Januar im Laufe des Vormittags zur Kenntniß der Truppen gelangte.

Die wesentlichsten militärischen Bestimmungen waren:

1) Sämmtliche Forts von Paris werden an die deutsche Armee übergeben.

2) Die Umwallung von Paris wird desarmirt.

3) Die Besatzung von Paris ist kriegsgefangen; dieselbe liefert sogleich ihre Waffen ab, bleibt aber einstweilen in Paris. Ausgenommen hiervon sind nur 12000 Mann, welche zur Aufrechterhaltung der Ordnung im Dienste bleiben.

4) Die Stadt darf sich wieder verproviantiren, die Blokade bleibt aber aufrecht.

Noch am Vormittage wurden die Befehle zum Besetzen der Forts ertheilt. Dem 106. Regiment wurden das Fort Rosny und die Redoute de la Boissière überwiesen.

Das Regiment nebst dem 13. Jägerbataillon, 2 Escadrons des 2. Reiterregiments, der Artillerieabtheilung unter Oberstlieutenant Richter und einer Pionierabtheilung sammelten sich auf der Hochfläche von Raincy.

Mittags 1 Uhr marschirten das 1. und 2. Bataillon durch die vom 3. Bataillon gegebenen Vorposten mit Sicherheitsmaßregeln über Villemomble gegen Rosny vor.

Unmittelbar hinter den aus dem Dorfe Rosny erst jetzt abziehenden Mobilgarden der Bretagne rückten die Bataillone des 106. Regiments mit den Pionieren und der Artillerie auf das Glacis des Forts.

Nachdem dem vorausgesendeten Major Naundorff das Fort nach längern Verhandlungen ordnungsmäßig übergeben, und die vorgefundenen Minenleitungen zerstört waren, rückte nachmittags 4 Uhr das 1. Bataillon mit fliegender Fahne und klingendem Spiele ein.

Das Fort wurde von dem 1. Bataillon sowie der 7. und 8. Compagnie besetzt. Die 2. Compagnie bezog die Vorposten an der Demarcationslinie gegen die Stadt (600 Schritt vorwärts), die 3. Compagnie übernahm die Fortswache. Die 5. Compagnie besetzte die Redoute de la Boissière, die 6. Compagnie bezog die Vorposten gegen Montreuil.

Im Fort wurden noch ziemliche Proviantvorräthe, besonders aber viel Wein vorgefunden. 90 schwere Geschütze mit viel Munition, sowie die gesammte Bewaffnung der französischen Besatzung wurden daselbst übernommen. Die Kasernen des Forts waren durch die Beschießung so stark beschädigt, daß die Compagnien in den Kasematten untergebracht werden mußten.

Abends 6 Uhr zog das 3. Bataillon seine Vorposten ein und bezog Quartiere in Villemomble.

Der Vorpostendienst konnte von jetzt ab vor der Front der 24. Division durch zwei Compagnien versehen werden, welche ihre Feldwachen vor den Redouten de la Boissière und Montreuil ausstellten.

Nachdem am 30. Januar das Fort Nogent der württembergischen Felddivision übergeben worden war, trat vom 31. Januar ab eine anderweite Verquartierung des XII. Corps in Kraft. Es kamen der Stab der 24. Division nach Montfermeil, der Stab der 48. Brigade nach Chelles, das 106. Regiment nach Montfermeil.

Da die Unterkunft in Dorf und Fort Rosny sehr mangelhaft war, so hatten die Regimenter der 24. Division in achttägigem Wechsel sich hier abzulösen. Das 106. Regiment übernahm vom 16. bis 24. Februar zum zweiten mal die Besetzung von Rosny.

Während die Truppen in den Quartierorten mit größtem Eifer an der Herstellung der ziemlich ruinirten Bekleidung und Ausrüstung arbeiteten und fleißig im Detail und in der Compagnie exercirten, hatte die Fortsbesatzung täglich 250 Mann zur Aushülfe bei den Pionier- und Artilleriearbeiten zu geben.

Die Forts waren zur Vertheidigung gegen einen etwaigen Angriff von Paris her einzurichten und auszurüsten sowie verschiedene Anlagen zu einem artileristischen Angriffe auf die Stadtumwallung anzulegen. Die 4. sächsische Festungsartillerie-Compagnie hatte außerdem den Auftrag, diejenigen französischen schweren Geschütze, welche zur Vertheidigung der Forts nicht verwendet werden sollten und deren Material einen Transport nach Deutschland nicht gelohnt haben würde, zu zerstören.

Am 19. Februar wurden auf Fort Rosny neun solcher schweren Geschütze, nachdem die Lafetten zerschlagen waren, durch Lithofracteur gesprengt.

Am 24. Februar verließ das 106. Regiment Rosny und wurde nach Chelles verlegt, wo es bis zum Abmarsche von Paris verblieb.

Durch die in der letzten Zeit eingetroffenen Transporte von Ersatzmannschaften waren die Bataillone wieder auf 842 Mann Streitbarer angewachsen.

Die Verhandlungen zwischen Versailles und Paris hatten eine wiederholte Verlängerung der Waffenruhe bis zum 26. Februar zufolge. An diesem Tage wurden endlich die Friedenspräliminarien von Graf Bismarck und Thiers unterzeichnet.

Um denselben die Genehmigung der nach Bordeaux einzuberufenden Nationalversammlung zu verschaffen, wurde der Waffenstillstand bis zum 12. März verlängert.

Deutscherseits war diese Verlängerung an die Bedingung geknüpft worden, daß die deutschen Truppen in Paris einzögen.

Es war in dieser Beziehung der Einmarsch in drei Staffeln, zu je 30000 Mann am 1., 3. und 5. März befohlen worden. Das XII. Corps sollte gemeinschaftlich mit dem I. bayrischen Corps und der württembergischen Felddivision am 5. März seinen Einzug halten. Vom 106. Regiment waren das 1. und 3. Bataillon dazu befohlen. Die beschleunigte Annahme der Friedensbedingungen, welche bereits am 2. März stattfand, bewirkte, daß nur die erste Staffel die so wohlverdiente Genugthuung für die erduldeten Mühen und Beschwerden empfing.

Zur Entschädigung jedoch dafür, daß dem sächsischen Corps der Einzug in Paris versagt bleiben mußte, hatte Se. Majestät der Kaiser die Abhaltung einer großen Parade über das XII. und I. bayrische Corps und die württembergische Felddivision auf dem Schlachtfelde von Villiers befohlen.

Das 106. Regiment marschirte zu diesem Zwecke am 7. März, früh 7 Uhr 45 Minuten, von Chelles über Gournay und Noisy, vereinigte sich hier mit der Brigade und rückte 10 Uhr 45 Minuten in die Paradeaufstellung ein.

Das erste Treffen bildeten die bayrische und württembergische Infanterie, das zweite die dazugehörige Cavallerie und Artillerie, das dritte die sächsische Infanterie, das vierte die beiden Regimenter der Divisionscavallerie, 6 Batterien, 1 combinirte Pioniercompagnie, die Sanitätscompagnie und Deputationen der Trainabtheilungen.

Die Bataillone, welche auf Befehl mit 500 Mann ausschließlich der Chargen ausgerückt waren, standen in geschlossener Zugscolonne.

12 Uhr 10 Minuten traf Se. Majestät der Kaiser auf dem Paradefelde ein und ritt, gefolgt von einem glänzenden Stabe, die Front der Treffen ab.

Der Vorbeimarsch erfolgte ebenfalls in geschlossener Zugscolonne mit Gewehr über, wobei das 106. Regiment die Ehre hatte, von seinem hohen Regimentschef, Sr. Königlichen Hoheit dem Prinzen Georg, Sr. Majestät vorgeführt zu werden.

Die treffliche Haltung der Truppen hatte auch bei dieser Gelegenheit die Allerhöchste Anerkennung gefunden.

Mit Abschluß des Friedens begann die allmähliche Räumung des französischen Gebietes. Den Anfang machte das 105. Regiment, welches bestimmt war, zu dem in Elsaß-Lothringen zu bildenden XV. deutschen Armeecorps zu stoßen. Zur Ablösung der in den rückwärtigen Landestheilen stehenden sächsischen Landwehr-Besatzungsbataillone wurden von dem mobilen Corps 35 Compagnien am 9. März zurückgeschickt. Vom 106. Regiment wurden dazu die 7. und 9. Compagnie bestimmt.

Den Schluß des Aufenthaltes vor Paris bildete ein feierlicher Feldgottesdienst, welcher für die 24. Division am Vormittage des 10. März in dem Schloßparke von Montfermeil abgehalten wurde.

Vom 11. März an trat das XII. Corps unter die directen Befehle des Großen Hauptquartiers und erhielt die Bestimmung, die Departements der Aisne und der Ardennen zu besetzen. Der Marsch dahin hatte nach Maßgabe der Friedensmärsche zu erfolgen.

An demselben Tage brach das Regiment früh 7 Uhr von Chelles auf und marschirte über Le Pin und Claye nach Meaux, wo es zum größten Theil in der Kaserne einquartiert wurde.

Am 12. März kamen der Regimentsstab und die 1. Compagnie nach Jouarre, Stab des 1. Bataillons, 2. und 4. Compagnie nach Courjelles, die 3. Compagnie nach Varny. Der Stab des 2. Bataillons mit der 5. und 8. Compagnie kam nach Sammeron, ebendahin der Stab des 3. Bataillons mit der 10., 11. und 12. Compagnie, die 6. Compagnie nach Reuil. Die Compagnien des 1. Bataillons mußten, da in ihren Quartieren keine Verpflegung zu erlangen war, den eisernen Bestand benutzen.

Am 13. März kam der Regimentsstab, das 2. Bataillon und vom 3. Bataillon der Stab, 11. und 12. Compagnie nach Bonneuil, das 1. Bataillon nach Azy-Bonneuil, die 2. Compagnie nach Crogis. Auf diesem Marsche fuhr, während das Regiment nach Ueberschreiten der Kettenbrücke bei Lusancy rastete, Se. Majestät der Kaiser auf der Feldeisenbahn vorüber, von einem jubelnden Hurrah des Regiments begrüßt. Am nächsten Tage war hier Rasttag.

Am 15. März marschirten der Regimentsstab und das 1. Bataillon nach Villeneuve sur Fère, das 3. Bataillon, Stab des 2. Bataillons, 5. und 6. Compagnie nach Villers sur Fère, die 8. Compagnie nach Villemoyenne.

Am 16. März kamen der Regimentsstab und das 2. Bataillon nach Magneux, das 1. Bataillon und die 11. Compagnie nach Baslieux les Fismes, der Rest des 3. Bataillons nach Courlandon.

Während die Witterung bisher schön und frühlingsmäßig gewesen war, erschwerten an diesem Tage heftiger Schneesturm und Glatteis den Marsch in hohem Grade.

Am 17. März kamen der Regimentsstab, das 2. und 3. Bataillon nach Berry au Bac, das 1. Bataillon nach Aquilcourt und rasteten hier am nächsten Tage. Die bisherige Quartierverpflegung hatte vom 17. März an aufzuhören und an ihre Stelle Magazinverpflegung zu treten.

Am 19. März kam das ganze Regiment nach St.-Germainmont zu liegen und rückte am nächsten Tage mittags in Rethel ein, wo es für die nächste Zeit stehen blieb.

Am 22. März wurde der Geburtstag Sr. Majestät des Kaisers durch Reveille und Parade gefeiert.

Um der Stadt Rethel Erleichterung zu verschaffen, wurden das 3. Bataillon nach Vouziers, die 11. Compagnie nach Grand Pré, die 3. und 4. Compagnie nach Attigny verlegt.

Der Aufenthalt in Rethel wurde fleißig zur Einzelausbildung und zum Compagnieexerciren benützt, auch wurden öfters von den Compagnien weitere Uebungsmärsche, verbunden mit Ueben des Marschsicherungsdienstes, unternommen.

Am 4. April hatte das Offizierscorps die Ehre, Ihre Königliche Hoheit die Frau Prinzessin Georg, welche nach Laon reiste, auf dem Bahnhofe zu Rethel begrüßen zu können.

Am 7. April fand ein theilweiser Quartierwechsel des Regiments statt, da der einrückenden 17. Division Grand Pré, Vouziers und Attigny zu überlassen waren. Es kamen infolge dessen zu liegen:

Regimentsstab, 1. Bataillon, Stab des 3. Bataillons, 9., 10. und 11. Compagnie nach Rethel, 12. Compagnie nach Romancy-Azy, Stab des 2. Bataillons, 5., 6. und 8. Compagnie nach Chateau Porcien, 7. Compagnie nach Chaumont Porcien.

Eine weitere Vertheilung des Regiments zur Erleichterung der Stadt Rethel erfolgte unter dem 19. April. Es verblieben in Rethel nur der Regimentsstab, der Stab des 1. und 3. Bataillons, die 9., 10. und 11. Compagnie, sowie 101 Mann der 12. Compagnie, welche in der Kaserne lagen, während der Rest dieser Compagnie in Romance-Azy einquartiert wurde. Die 1. Compagnie kam nach Sault les Rethel und Biermes, die 2. nach Thugny, die 3. nach Pargny, Nesson und Doux, die 4. nach Novy. Das 2. Bataillon blieb mit dem Stabe, der 5. und 8. Compagnie in Chateau Porcien, die 6. Compagnie kam nach Nanteuil und Romancy-Azy, die 7. nach Ecly und Barby.

Am 23. April fand zur Feier des Geburtstages Sr. Königlichen Hoheit des Kronprinzen Reveille, Parade und Diner des Offiziercorps statt.

Am 2., 3., 4. und 5. Mai wurden die Compagnievorstellungen in den verschiedenen Quartierorten abgehalten.

Die zum 107. Regiment commandirt gewesenen Secondelieutenants Freyer, Hauptmann und Ziller sowie der von seinen Wunden wiederhergestellte Hauptmann Brachmann trafen in dieser Zeit bei dem Regiment wieder ein. Premierlieutenant Weigandt wurde zu ersterm Regiment versetzt.

Am 12. Mai traf eine Abtheilung französischer Gensdarmerie in Rethel ein, welcher die Kaserne überlassen wurde. Die daselbst einquartierte Mannschaft der 12. Compagnie wurde in Bürgerquartieren untergebracht.

Am 27. Mai wurde eine größere Anzahl von Sr. Majestät dem König an Unteroffiziere und Mannschaften des Regiments verliehener Ehrenzeichen unter entsprechenden Feierlichkeiten vor versammeltem Regiment an die Betreffenden durch den Regimentscommandeur vertheilt.

Nachdem fleißig im Bataillon exercirt und nach der Scheibe geschossen worden war, hielt Se. Königliche Hoheit Prinz Georg am 3. Juni nachmittags die Bataillonsvorstellung ab.

Der Monat Juni wurde hauptsächlich der Ausbildung der Mannschaft im Scheibenschießen und im Felddienste gewidmet.

Nachdem inzwischen der größte Theil der deutschen Armee den Rückmarsch in die Heimat angetreten hatte, wurde der 24. Division, zu welcher an Stelle der beiden Jägerbataillone das Schützenregiment Nr. 108 gestoßen war, der nördlich der Straße St.-Menehould-Verdun-Metz liegende Theil des Departements Moselle und das Departement Ardennes zur Besetzung überwiesen. Vom 26. Juni ab wurde die Division mit den übrigen noch in Frankreich stehenden preußischen und bayrischen Truppen in einen Verband vereinigt und als „Occupationsarmee in Frankreich" dem General Freiherrn von Manteuffel mit dem Hauptquartier Compiègne, später Nancy, unterstellt.

Bei der infolge dieser Maßregel eintretenden veränderten Verlegung der Regimenter wurden dem 106. Regiment Longuyon (Stab und 2. Bataillon), Longwy (1. Bataillon) und Montmedy (3. Bataillon) überwiesen, mit der Bestimmung, daß die Bataillone am 26. Juni in ihren neuen Quartieren eintreffen sollten.

Vor dem Abmarsche, welcher am 22. Juni bataillonsweise erfolgte, wurden in Rethel die den neuen Stand von 802 Köpfen pro Bataillon übersteigenden Mannschaften der ältesten Jahrgänge der Landwehr, zusammen 301 Mann, unter Führung des Secondelieutenants von Haupt, in Rethel zurückgelassen, um vereint mit den überzähligen Mannschaften des nach Rethel verlegten Schützenregiments nach Sachsen zurückgeführt zu werden.

Die Stabsquartiere der einzelnen Bataillone auf dem Marsche nach den neuen Quartieren waren:

Am 22. Juni: Regimentsstab: St.-Tourteron, 1. Bataillon Lametz, 2. Bataillon St.-Tourteron, 3. Bataillon Ecordal.

Am 23. Juni: Regimentsstab: Stonne, 1. Bataillon La Besace, 2. Bataillon La Berliére, 3. Bataillon Sy.

Am 24. Juni: Regimentsstab, 1. und 2. Bataillon Stenay, 3. Bataillon Laneuville.

Am 25. Juni war Rasttag.

Am 26. Juni: Regimentsstab und 3. Bataillon Montmedy, 1. Bataillon Marville, 2. Bataillon Iré le Sec.

Am 27. Juni kamen der Regimentsstab, Stab des 2. Bataillons, 6. und 7. Compagnie nach Longuyon, 5. Compagnie nach Ferremont, Revemont und Viviers, 8. Compagnie nach Colmay; Stab des 1. Bataillons, 2. und 4. Compagnie nach Longwy, 1. Compagnie nach La Ville Basse, 3. Compagnie nach Mont St.-Martin; Stab des 3. Bataillons, 9. und 12. Compagnie nach Montmedy, 10. und 11. Compagnie nach Stenay.

Die Kasernen in Longwy und Montmedy konnten vorläufig wegen vorzunehmender Ausbesserungen nicht belegt werden. Am 30. Juni wurde die 5. Compagnie nach Beuveille verlegt, weil die Quartiere in den ihr überwiesenen Orten völlig ungenügend waren.

Das Wetter war während der Marschtage, mit Ausnahme des 23. Juni, an welchem unausgesetzter starker Regen den Marsch sehr erschwerte, günstig gewesen.

In den Monaten Juli bis October setzten die Compagnien ihre Uebungen im Exerciren und Scheibenschießen fort; jede Compagnie hatte wöchentlich zwei Uebungsmärsche mit Gepäck auszuführen. Vom Ersatzbataillon trafen wiederholt größere und kleinere Transporte von Ersatzmannschaften ein, an deren Stelle die entsprechende Anzahl der ältern Jahrgänge zurückgeschickt wurde.

Vom 1. August an trat auf Befehl Sr. Majestät des Kaisers für die Occupationsarmee eine Erhöhung der täglichen Gebührnisse unter dem Titel „Auslandszulage" ein. Die Offiziere und Beamten erhielten täglich, je nach der Höhe der ihnen zustehenden Feldzulage, 2—40 Francs, Unteroffiziere und Mannschaften monatlich $1^{1}/_{3}$ Francs Zulage.

War auch das Verhältniß zu der Bevölkerung kein freundschaftliches zu nennen, so wurden doch durch die überlegene Ruhe und Disciplin des Militärs alle Ausschreitungen vermieden.

Am 16. September hatte das Regiment die Ehre, Se. Majestät den König Johann, welcher die Garnisonen der sächsischen Occupationstruppen in Frankreich bereiste, in seinen Quartierorten zu sehen. Allerhöchst derselbe traf an diesem Tage gegen 12 Uhr mittags in Montmedy ein und besichtigte das auf dem Marktplatze in feldmäßiger Ausrüstung aufgestellte 3. Bataillon und die Festungswerke.

Gegen 4 Uhr besichtigte Se. Majestät in Longuyon das 2. Bataillon, sowie die vom 1. Bataillon dahin entsendete Deputation, bestehend aus Major Naundorff, Hauptmann von Brzeski, den Premierlieutenants Fellmer, b'Elsa und Kaufmann, Adjutant Rudolph, sowie von jeder Compagnie 1 Unteroffizier 4 Soldaten. In Longuyon nahm Se. Majestät in der Mairie das Diner ein, zu welchem die anwesenden Offiziere gezogen wurden.

Durch Divisionscommando-Ordre vom 14. October wurde dem Regiment bekannt gegeben, daß Se. Majestät den hochverdienten Commandeur des Regiments, Oberst von Abendroth, zum Commandeur der 1. Infanteriebrigade Nr. 45 und an seiner Stelle den Commandeur des 2. Bataillons des Grenadierregiments Nr. 101, Oberstlieutenant von Schimpff, zum Oberst und Commandeur des 7. Regiments Nr. 106 ernannt habe.

Am 14. October traf in Charleville der Befehl für den Rückmarsch der 24. Division nach dem Vaterlande ein. Die Division sollte durch die 2. bayrische Division abgelöst werden.

Der Rückmarsch hatte in vier Staffeln vom 22. October an zu erfolgen.

Von Metz, Forbach und St.-Avold aus sollten die Truppen mit der Bahn befördert werden.

Für den Marsch hatten die Truppen einen fünftägigen Bestand an trockenem Gemüse und Haferrationen, sowie eine Speckportion und das nöthige Brot, oder in dessen Ermangelung Mehl, mit sich zu führen. Das Fleisch war durch freien Einkauf zu beschaffen. Vom 27. October an hatte Naturalverpflegung in den Quartieren zu erfolgen.

Während des Marsches bis nach Diedenhofen wurden jedem Bataillon zwei Reiterordonnanzen zugetheilt.

Das Regiment brach am 23. October früh auf und marschirte bataillonsweise über Aumetz, Diedenhofen, Kemplich, Neuferweiler nach Forbach, wo es im Laufe des 28. October eintraf und in der Stadt sowie den nächstgelegenen Orten einquartiert wurde.

Die Abfahrt von Forbach erfolgte am 29. October:
    das 1. Bataillon früh 10 Minuten nach Mitternacht;
    das 2. Bataillon und der Regimentsstab 10 Uhr 45 Minuten vormittags;
    das 3. Bataillon 5 Uhr 50 Minuten nachmittags.

Der Eisenbahntransport erfolgte über Bingerbrück, Mainz, Frankfurt, Fulda, Erfurt und Leipzig bis Hohenstein, wo das 1. Bataillon am 30. October, abends 9 Uhr 30 Minuten, eintraf, gespeist wurde und durch das illuminirte und beflaggte Städtchen seinen Marsch noch bis Wüstenbrand (Bataillonsstab), Reichenbrand, Mittelbach und Grüna fortsetzte und in diesen Orten einquartiert wurde.

Der Regimentsstab und das 2. Bataillon trafen am 31. October früh in Hohenstein ein und wurden in Oberrabenstein (Regimentsstab), Siegmar (Bataillonsstab), Kappel, Schönau, Neustadt, Altendorf und Niederrabenstein einquartiert.

Das 3. Bataillon fuhr bis Chemnitz, erhielt für den 31. October Quartiere in Altenhain (Stab), Gablenz, Bernsdorf, Ober- und Nieder-Hermersdorf und Reichenhain und marschirte am 1. November nach Marienberg.

Das 1. und 2. Bataillon hielten am 1. November von Kappel aus ihren festlichen Einzug in das reichgeschmückte Chemnitz, wo sie vorläufig in Bürgerquartieren untergebracht wurden.

Von dem unter dem 1. November aufgelösten Ersatzbataillon wurden die Unteroffiziere und Mannschaften in nachstehender Weise auf die activen Bataillone vertheilt.

Es erhielten:
Der Regimentsstab: 1 Hautboisten,
    das 1. Bataillon: 15 Unteroffiziere,
                  1 Lazarethgehülfen,
                  183 Mann.
        Hierüber: 1 Unteroffizier, Invaliden
                10 Mann   "
    das 2. Bataillon: 7 Unteroffiziere,
                  172 Mann.
        Hierüber: 7 Unteroffiziere, Invaliden
                35 Mann   "
    das 3. Bataillon: 15 Unteroffiziere,
                  166 Mann.
        Hierüber: 4 Unteroffiziere, Invaliden
                20 Mann   "

Unter dem 2. November trat auch eine neue Vertheilung der Offiziere innerhalb des Regiments in Kraft.[1]

Unter demselben Tage wurden die beiden Bataillone, nachdem sie wieder auf den Friedensstand von 544 Mann einschließlich der Chargen gesetzt waren, in die Kaserne verlegt.

---

[1] Offiziersvertheilung vom 2. November 1871 siehe in Beilage LXXVI.

Es ist eine Pflicht der Dankbarkeit, hier noch der Thätigkeit des Ersatzbataillons zu gedenken, welchem das mobile Regiment es verdankt, daß es, wenn auch zeitweilig geschwächt, doch immer wieder sehr bald so weit verstärkt wurde, daß es allen Anforderungen genügen konnte.

Das Ersatzbataillon des Regiments war unter dem 18. Juli 1870, unter welchem Tage der Hauptmann[1] Schlick des Schützenregiments das Commando übernahm, zusammengetreten und hatte das in Waldheim befindliche Commando des mobilen Regiments abgelöst.

Major Schlick ging bereits am 30. August nach Frankreich ab, worauf Hauptmann von Wolf die Führung des Bataillons übernahm.

Der erste Abgang von Ersatzmannschaften für das mobile Regiment, Premierlieutenant von Stieglitz, die Secondelieutenants Oettel und Rudolph, 16 Unteroffiziere, 2 Spielleute, 382 Soldaten, wurde am 11. September abends in Chemnitz eingeladen.

Da inzwischen bereits größere Transporte von Kriegsgefangenen in Dresden eingetroffen waren, zu deren Bewachung die dort stehenden Ersatztruppen nicht genügten, wurde das Bataillon am 17. September mit der Bahn nach Kötzschenbroda und umliegenden Ortschaften überführt.

In Chemnitz blieb nur als Wache und zum Dienste im Garnisonlazareth ein schwächeres Commando zurück.

Am 19. September bezog das Bataillon zum ersten mal die Wache in dem Barackenlager von Uebigau, wobei anfangs zwei Compagnien in Bereitschaft stehen mußten, da die zur Verhinderung der Entweichung von Gefangenen angeordneten Einrichtungen noch nicht vollendet waren.

Im October betrug die im Barackenlager auftretende Wache 1 Offizier und etwas über 100 Mann, einschließlich der Chargen. Später waren als Wache und Begleitmannschaften zu geben: 1 Offizier, 7 Unteroffiziere, 7 Gefreite, 5 Spielleute, 183 Mann.

Dieser Wachdienst sowie die Ausbildung der eingestellten Rekruten und der zahlreich eintretenden Freiwilligen nahmen bei dem schwachen Bestande an Offizieren und geeigneten Unteroffizieren die Kräfte Aller im vollsten Maße in Anspruch. Auch die Unterbringung des Bataillons in verschiedenen Ortschaften, welche öfters gewechselt werden mußten, erschwerte den Dienst.

Die am 1. Februar 1871 eintreffende Rekrutenquote wurde am 7. Februar mit dem zur Ausbildung erforderlichen Personal an Unteroffizieren und Gefreiten unter Führung des zur Dienstleistung vom Ersatzbataillon des Regiments Nr. 104 anher commandirten Seconde-

---

[1] Unter dem 20. Juli 1870 zum Major ernannt.

lieutenants Friedländer nach Meißen verlegt, um hier gemeinsam ausgebildet zu werden.

Das Commando des Ersatzbataillons hatte am 12. December 1870 Major von der Decken übernommen; während der Beurlaubung desselben vom 10. März bis 25. April 1871 nach Teplitz ging die Führung des Bataillons auf den Hauptmann von Herrmann über.

Der Bestand an Offizieren und die Eintheilung derselben war infolge der wiederholten Abgaben an das mobile Regiment, der Commandos zu dem Gefangenendepot und auf Schloßwachcommando Waldheim sehr wechselnd. Erst als unter dem 1. April 1871 die Besatzungsbataillone wieder aufgelöst wurden, war es möglich, die Offiziersstellen einigermaßen zu besetzen. Es traten unter diesem Tage vom 4. Besatzungsbataillon auf den Etat des Ersatzbataillons: Hauptmann Klette, Premierlieutenant Jonas und die Secondelieutenants Stahlknecht, Schneider, Hösel und Hönisch.

Der Adjutant des Ersatzbataillons, Premierlieutenant Pretzsch, wurde in gleicher Eigenschaft zur stellvertretenden 4. Brigade versetzt. Seine Function übernahm am 25. April Secondelieutenant Schneider.

Nachdem infolge des begonnenen Rückmarsches der 23. Division die Ersatzbataillone derselben in die Stabsquartiere ihrer Regimenter verlegt worden waren, rückte das Ersatzbataillon des 106. Regiments am 28. Juni in Dresden ein und wurde in der großen Infanteriekaserne in der Neustadt einquartiert. Die nicht unbedingt nothwendigen Kammervorräthe sowie die nicht marschfähigen Kranken und Verwundeten waren tags zuvor unter Führung des Secondelieutenants Stahlknecht nach Chemnitz geschafft worden.

Da am 11. Juli die 23. Division ihren feierlichen Einzug in Dresden halten sollte, wurde das Ersatzbataillon am 10. Juli nach Chemnitz zurückbefördert und hier theils in der Kaserne, theils in Bürgerquartieren untergebracht.

Das Bataillon hatte während der Zeit seines Bestehens an das mobile Regiment nach und nach 12 Offiziere, 74 Unteroffiziere, 4 Spielleute, 1725 Soldaten, 9 Lazarethgehülfen, 14 Trainsoldaten als Ersatz abgegeben, ungerechnet diejenigen, welche wegen Verwundung oder Krankheit nur vorübergehend vom mobilen Regimente dem Ersatzbataillone attachirt worden waren, und von diesem an ersteres nach ihrer Wiederherstellung wieder zurückgegeben wurden. —

So war eine der großartigsten Epochen der Geschichte geschlossen. Deutschland hatte, seit Jahrhunderten zum ersten mal einig, den Uebermuth des Feindes in einer beispiellosen Reihe von Siegen gedemüthigt, lange verloren gegangene Gebiete dem Reiche zurückgebracht und sich zur ersten Macht Europas emporgeschwungen.

Dem 7. Infanterieregiment Prinz Georg Nr. 106 war es geglückt, in dieser großen Zeit sich seines alten Ruhmes durch Tapferkeit, Treue und strengste Pflichterfüllung würdig zu erweisen.

In den auf den Krieg folgenden Friedensjahren ist das Regiment unermüdlich und mit Erfolg bestrebt gewesen, den erhöhten Anforderungen, welche die Jetztzeit an eine kriegstüchtige Truppe stellen muß, in jeder Beziehung gerecht zu werden, und so dürfen wir mit Sicherheit erwarten, daß der treffliche Geist, welcher das Regiment während seines mehr als 180jährigen Bestehens beseelt hat, immerdar in demselben herrschen werde, dem Vaterlande zum Heile, dem Regiment zum Ruhme. —

Beilagen.

Beilage XLI.

Ordre de Bataille
des sächsischen Corps im Feldzuge 1809.

9. Corps d'Armée (Saxons).
Le Maréchal Prince Bernadotte, Commandant.
Chef d'Etat Major: Le Général de brigade Gérard.
Génie: Le Chef de bataillon Girardin, Commandant.
Artillerie: Le Général de brigade Mossel, Commandant.

1. Division.

Generallieutenant von Zeschwitz.
Stabschef: Oberst von Gersdorf.

1. Brigade.

Generalmajor von Hartitzsch.

Leibgrenadiergarde		1	Bataillon.
Grenabierbataillon	von Bose	1	"
"	von Hake	1	"
Infanterie-Regiment	König	2	"
"	von Dyherrn	1	"

2. Brigade.

Generalmajor von Boxberg.

Infanterie-Regiment	Prinz Anton	2	Bataillone.
"	Prinz Maximilian	2	"
"	Prinz Friedrich August	2	"

Cavallerie Brigade.

Generalmajor von Gutschmidt.

Garde du Corps	2	Escadrons.
Carabiniers	2	"
Prinz Clemens Chevauxlegers	4	"
Prinz Albrecht "	1	"
Husaren	3	"

Artillerie.

schwere	8 ℔ er	Batterie	von Hoyer	6	Geschütze.
leichte	8 ℔ er	"	Bonniot	6	"

2. Division.

Generallieutenant von Polenz.
Stabschef: Oberst von Langenau.

1. Brigade.

Generalmajor von Le Coq.
Infanterie-Regiment Prinz Clemens 2 Bataillone.
" von Low 2 "
" von Cerrini 2 "

2. Brigade.

Generalmajor von Zeschau.
Grenadierbataillon von Radeloff 1 Bataillon.
" Winkelmann 1 "
Infanterie-Regiment von Niesemeuschel 2 "
" von Oebschelwitz 1 "

Cavallerie Brigade.

Generalmajor von Feilitzsch.
Leib-Kürassier Garde 4 Escadrons.
Prinz Johann Chevauxlegers 4 "

Artillerie.

schwere 8 ℔er Batterie Condray 6 Geschütze.
leichte 8 ℔er " Huthsteiner 6 "

Beilage XLII.

Offiziersliste
des Regiments Prinz Friedrich August 1809.

Stab.

Oberster: Vincenz Bogislaus von Brochowsky.
Oberstlieutenant: Heinrich Christian Magnus von Klengel.
Major: Carl Heinrich von Low.
" Carl Hieronymus von Bose (Commandeur des Grenadierbataillons).
Regimentsquartiermeister mit Premierlieutenants-Charakter: Johann Friedrich Wilhelm Petzsch.
Adjutant: aggr. Capitain Anton Friedrich Carl von Ryssel (commandirt als Adjoint beim Generalstabe).
" Premierlieutenant Carl Ernst von Tiling.
Auditeur: Johann Heinrich Gotthold Lebrecht Nöller.
Regiments Chirurg: Christian Gottlob Kergel.

1. Grenadiercompagnie.

Capitain: Rudolph von Bünau I.
Premierlieutenant: Hanns August Senfft von Pilsach.
Souslieutenant: Ferdinand Siegismund von Logau.
" Adolph Joseph von Przngrobsky.

Beilage XLII.

Leibcompagnie.

Stabscapitain: Rudolph von Bünau II.
Premierlieutenant: Ferdinand Gottlob von Brück.
Souslieutenant: Gustav Ferdinand von Sichart.
Fähndrich: Friedrich August von Hellborf.

Oberstens Compagnie.

Stabscapitain: Premierlieutenant Heinrich August von Feullner.
Souslieutenant: Heinrich Carl Adolph von Klengel.
Fähndrich: Anton Bonifacius Leopold von Brzesky I.

3. Musketiercompagnie.

Capitain: Moritz Christoph von Brand.
Premierlieutenant: Carl August von Rohrscheidt.
Souslieutenant: Ferdinand Heinrich August von Larisch.
Fähndrich: Heinrich Wilhelm von Scheubner.

4. Musketiercompagnie.

Capitain: Wolfgang Friedrich von Holleufer.
Premierlieutenant: August Friedrich Hennigk.
Souslieutenant: Samuel Benjamin Neuhaeußer.
Fähndrich: Moritz Bernhard von Süßmilch-Hörnig.

2. Grenadiercompagnie.

Capitain: Anton George Heinrich von Zanthier.
Premierlieutenant: Carl Heinrich Angermann.
Souslieutenant: Friedrich Heinrich Carl Keßler.
„ Leopold Ferdinand von Zychlinsky.

Oberstlieutenants Compagnie.

Stabscapitain: Premierlieutenant Gustav Adolph Wilhelm von Glaser.
Souslieutenant: Heinrich Maximilian Joseph Frhr. von Landsberg.
Fähndrich: Christian Heinrich Ferdinand von Bourgl.

6. Compagnie.

Capitain: Wilhelm Ehrenfried von Beust.
Premierlieutenant: Heinrich Wilhelm von der Mosel.
Souslieutenant: Heinrich Carl Friedrich von Klotz.
Fähndrich: Ignaz Wilhelm von Brzesky II.

7. Compagnie.

Capitain: Carl Joseph von Sternstein.
Premierlieutenant: Moritz Ernst Ferdinand Heinrich von Töring (zur Dienstleistung als Reg. Adjutant com.).
Souslieutenant: Ludwig George von Hartitzsch (als Brigade-Adjutant commandirt).
Fähndrich: Wilhelm Carl Oelschlägel.

8. Compagnie.

Capitain: aggr. Major Friedrich Christian von Liebenau.
Premierlieutenant: Friedrich Carl Gottlob von Lenz.
Souslieutenant: Johann Friedrich Wilhelm vom Rade.
Fähndrich: Eduard von Egidy.

K.-M.-A. Abrechnungen vom Regiment Prinz Friedrich August von 1808 —1810.

Beilage XLIII.

Eintheilung der sächsischen Infanterie nach der Formirung vom 8. Juni bei St. Pölten.

1. Division.
Generallieutenant von Zezschwitz.

1. Brigade.
Generalmajor von Hartitzsch.
1 Bataillon Leib-Grenadier-Garde.
1 Grenadierbataillon von Bose.
1   „   von Hake.
1   „   von Radeloff.
1   „   von Winkelmann.
1 Schützenbataillon von Metzsch.

2. Brigade.
Generalmajor von Zeschau.
1 Bataillon König.
1   „   von Niesemeuschel.
1 combinirtes Bataillon von Dyherrn und Oebschelwitz.

2. Division.
Generallieutenant von Polenz.

1. Brigade.
Generalmajor von Le Coq.
1 Bataillon Prinz Clemens.
1   „   von Low.
1   „   von Cerrini.
1 Schützenbataillon von Egidy.

2. Brigade.
Oberst von Steindel.
1 Bataillon Prinz Anton.
1   „   „ Maximilian.
1   „   „ Friedrich August.

Beilage XLIV.

Saxons, dans la journée du 5 Juillet 7 à 8000 d'entre Vous ont percé le centre de l'armée ennemie, et se sont portés à Deutsch-Wagram, malgré les efforts de 40,000 hommes, soutenus par 50 bouches à feu. Vous avez combattu jusqu'à minuit et bivouaqué a milieu des lignes ennemies. Le 6. dès la pointe du jour, Vous avez recommencé le combat avec la même persévérance, et au milieu des ravages de l'artillerie ennemie Vos colonnes vivantes sont restées immobiles comme l'airain.

Le grand Napoléon à vu Votre dévouement; il Vous compte parmi ses braves. — Saxons, la fortune d'un soldat consiste à remplir ses devoirs; Vous avez dignement fait le vôtre.

Au bivouac de Leopoldau, le 7 Juillet 1809.

Le maréchal commandant le 9. corps.
Bernadotte.

Beilage XLV.

Verzeichniß
der für den Feldzug 1809 dem Regimente verliehenen Decorationen.

Den St. Heinrichsorden erhielten:

Oberst von Brochowsky, Major von Low, Major von Bose, Major von Liebenau. Capitains: von Brand und von der Mosel. Premierlieutenants: von Tiling, Glaser und von Lenz. Souslieutenants: von Larisch und von Scheubner. Fähndrich von Bourgl.

Die goldene Medaille:

Corporal Christian Daniel Blütgen, Corporal Christian Gotthelf Beyrich (für das Gefecht bei Linz).

Die silberne Medaille:

Chirurgus Christoph Key (für Wagram), die Musketiere: Johann Gottlieb Köhler und Johann Gottlieb Möbius (für Linz), Benjamin August Lottenburger, Johann Gottfried Hummitzsch, Christoph Heinrich Lehnhardt und Johann Gottlieb Rudolph (für Wagram), Feldwebel Johann Gottlob Rielwagen und Sergeant Johann Carl Weise (für Wagram).

Beilage XLVI.

Formation und Etats der Königlich Sächsischen Armee 1810.

a. Corps unter dem eigenen Commando Sr. Majestät des Königs.

Adeliges Cadettencorps	146 Mann.
Schweizer Leibgarde	120 „
Summa:	266 Mann.

Beilage XLVI.

b. Cavalerie-Division.

Division.

Generallieutenant Frhr. von Gutschmidt.
Chef des Generalstabes: Major von Zezschwitz.
Adjoints Capitain von Senklitz.
„ von Wagdorf.

Regiment Garde du Corps   4 Escadrons   786 Mann   718 Pferde.

1. Brigade.

Generallieutenant von Funk.

Regiment Prinz Clemens, Chevauxlegers	4	„	786	„	718	„
„ vac. von Polenz	4	„	786	„	718	„
„ Husaren	8	„	1075	„	1002	„

2. Brigade.

Generallieutenant Thielmann.

| Regiment Leib-Cürassier Garde | 4 | „ | 786 | „ | 718 | „ |
| „ vac. Zastrow Cürassiere | 4 | „ | 786 | „ | 718 | „ |

3. Brigade.

Generalmajor von Barner.

| Regiment Prinz Johann, Chevauxlegers | 4 | „ | 786 | „ | 718 | „ |
| „ „ Albrecht „ | 4 | „ | 786 | „ | 718 | „ |

                             36 Escadrons 6577 Mann 6028 Pferde.

c. 1. Infanterie-Division

unter Commando des Generallieutenants von Zeschau.
Chef des Generalstabes: Oberst von Vieth und Golsenau.
Adjoints: Capitain von Schierbrand.
           „ von Schreibershofen.

Regiment Leib-Grenabier-Garde 2 Bataillons   8 Comp. 1666 Mann.

1. Brigade.

Generalmajor von Dyherrn.

| Regiment König | 2½ | „ | 10 | „ | 2073 | „ |
| „ vac. Niesemeuschel | 2½ | „ | 10 | „ | 2073 | „ |

2. Brigade.

Generalmajor von Nostitz.

| Regiment Prinz Anton | 2½ | „ | 10 | „ | 2073 | , |
| „ vac. Low | 2½ | „ | 10 | „ | 2073 | „ |

          Summa: 12 Bataillons 48 Comp. 9958 Mann.

d. 2. Infanterie-Division

unter Commando des Generallieutenants Edler von Le Coq.
Chef des Generalstabes: Major von Ryssel.
Adjoints: Capitain von Koppenfels.
           „ von Cerrini.

Beilage XLVI.

1. Brigade.

Generalmajor von Klengel.

Regiment Prinz Maximilian	2½	Bataillons	10	Comp.	2073	Mann.
„ vacant Rechten	2½	„	10	„	2073	„

2. Brigade.

Generalmajor von Steindel.

Regiment Prinz Friedrich August	2½	„	10	„	2073	„
„ „ Clemens	2½	„	10	„	2073	„

Leichte Infanterie-Brigade.

Generalmajor Sahrer von Sahr.

1. leichtes Infanterie Regiment	2	„	8	„	1652	„
2. leichtes „ „	2	„	8	„	1652	„
Jägercorps	—	„	—	„	124	„
	14	Bataillons	56	Comp.	11720	Mann.

c. Corps unter dem Commando des Chefs des Königlichen Generalstabes Generalmajor von Gersdorf.

Ingenieurscorps mit der Sappeur- und Pontonnier-Compagnie:
2 Comp. 216 Mann.
1 Regiment Artillerie zu Fuß mit der Handwerker Compagnie:
3 Brigaden 17 Comp. 1851 Mann

1 Brigade reitende Artillerie	1	„	2	„	244	„ 226 Pferde.
1 Artillerie Train Bataillon	1	Bataillon	—	„	393	„ 134 „
1 Garnisoncompagnie zu Königstein	—		1	„	193	„ —
1. Halbinvalidencompagnie	—		1	„	176	„ —
2. „	—		1	„	121	„ —
3. „	—		1	„	118	„ —

3249 Mann 360 Pferde.

Etat eines Linieninfanterieregiments 1810.

Beim Stabe.

1 Oberst.
1 Oberstlieutenant.
2 Majors.
2 Adjutanten.
1 Regimentsquartiermeister.
1 Auditeur.
1 Regimentschirurgus.
2 Fahnjunker.
1 Stabsfourir.
1 Bataillonschirurgus.
1 Regimentstambour.
1 Bataillonstambour.
8 Hautboisten 1. Classe.
12 „ 2. „
2 Büchsenmacher und Schäfter.
1 Profoß mit Knecht.

38 Köpfe.

Bei 2 Grenadier- und 8 Musketier-Compagnien.

6 Capitains 1. Classe.
4 „ 2. „
10 Premierlieutenants.
20 Souslieutenants.
10 Feldwebel.
20 Sergeanten.
10 Fouriers.
5 Chirurgen.
100 Corporals.
20 Tambours.
20 Zimmerleute.
360 Grenadiers.
1440 Musketiers.

2035 Köpfe.

Beilage XLVII.

Offiziers-Tractaments 1810.

Oberst	3000 Thlr.	3	Rationen.
Oberstlieutenant	1500 „	2	„
Major	1200 „	2	„
Capitain 1. Cl.	1000 „	—	„
„ 2. „	500 „	—	„
Adjutant	396 „	1	„
Premierlieutenant	264 „	—	„
Souslieutenant	180 „	—	„

Beilage XLVIII.

Ordre de Bataille
des Königlich sächsischen Corps (7. Corps der großen Armee) im Feldzuge 1812.

Commandeur en Chef: General Graf Reynier.
Commandirender General Generallieutenant der Infanterie Edler von Le Coq.
Chef des Generalstabes: Oberst von Langenau.
Intendant: Major von Ryssel.
Commandant der Artillerie: Oberstlieutenant von Hoyer.
Erster Ingenieur Offizier als Commandant: Hauptmann Damm.

1. Division.
(21. Division der großen Armee.)
Unter unmittelbarem Befehl des commandirenden Generals.
Chef des Generalstabes: Oberst von Ryssel (später Major von Koppenfels).

1. Brigade.
Generalmajor von Steindel.

Grenadierbataillon von Liebenau	1	Bataillon.
Infanterie-Regiment Prinz Friedrich August	2	„
„ „ Clemens	2	„

2. Brigade.
Generalmajor von Nostitz.

Infanterie-Regiment Prinz Anton	2	„
1. leichtes Infanterie-Regiment von Le Coq	2	„
	9	Bataillone.

Reiterdivision.
Generallieutenant von Funk (später Generalmajor von Gablenz).

Regiment Prinz Clemens Ulanen	4	Escadrons.
„ von Polenz leichter Pferde	4	„
„ Husaren	8	„
	16	Escadrons.

Beilage XLVIII.

Artillerie.
Commandant: Major Großmann.

6 ♙ige reitende Batterie von Roth	6 Geschütze.
6 ♙ige Fußbatterie von Brause	6 „
Jedes Linien Infanterieregiment 4 St. 4 ♙ige Regimentsgeschütze	12 „
	24 Geschütze.

Hierüber: 1 Compagnie Sapeure und Pontoniere.

2. Division.
(22. Division der großen Armee.)

Generallieutenant, Freiherr von Gutschmied (später Generallieutenant von Funk).
Chef des Generalstabes: Oberstlieutenant von Zezschwitz.

1. Brigade.
Generalmajor von Klengel.

Grenadierbataillon von Brause	1 Bataillon.
Infanterie-Regiment König	2 „
„ von Niesemeuschel	2 „

2. Brigade.
Generalmajor von Sahr.

Grenadierbataillon von Spiegel	1 „
„ Anger	1 „
2. leichtes Infanterie-Regiment von Sahr	2 „
Summa:	9 Bataillone.

Reiterdivision.[1]
Generallieutenant von Thielmann.

Regiment Garde du Corps	4 Escadrons.
„ von Zastrow Kürassiere	4 „
„ Prinz Albrecht leichter Pferde	4 „
Summa:	12 Escadrons.

Artillerie.
Commandant: Major Auenmüller.

6 ♙ige reitende Batterie von Hiller	6 Geschütze.
6 ♙ige Fußbatterie Bonniot	6 „
Jedes Linien-Infanterie-Regiment 4 St. 4 ♙ige Regimentsgeschütz:	8 „
Summa:	20 Geschütze.

Ferner:
2 6 ♙ige Reservebatterien à 6 Geschütze unter Major von Hoyer.
1 Hauptartillerie-Park, Oberstlieutenant Haußmann.
1 Pontontrain, Lieutenant Brück.

---

[1] Anfang April dem sächsischen Corps entzogen und der großen Armee zugetheilt.
Garde du Corps und von Zastrow Kürassiere nebst der reitenden Batterie von Hiller wurden als 20. schwere Reiterbrigade der Cavalleriedivision Lorges, das Regiment Prinz Albrecht leichter Pferde der 17. leichten Reiterbrigade Domanget zugetheilt.

Offizierliste
des Infanterie-Regiments Prinz Friedrich August im April 1812.

Oberst: Vincenz Bogislaus von Brochowsky.
Oberstlieutenant: Friedrich Gerhard von Alten-Bockum (im Depot).
Major: Carl George von Selmnitz.
1. Adjutant: Heinrich von Bünau.
2.   „   Ludwig Georg von Hartitzsch.
Regimentsquartiermeister: Johann Friedrich Wilhelm Petzsch (im Depot).
Auditeur: Johann Heinrich Gotthold Leberecht Möller.
Regiments-Chirurg: Friedrich Anton Gottlieb Schmidt.
Bataillons-Chirurg: Johann Adolph Ferdinand Gerstecker.

1. Compagnie.
Capitain 1. Classe: Heinrich August von Feullner.
Premierlieutenant: Ferdinand Heinrich August von Larisch.
Souslieutenant: Friedrich August von Kausberg.
   „   Friedrich August Moritz von Schindler (im Depot).

2. Compagnie.
Capitain 2. Classe: Carl Ernst von Tiling.
Premierlieutenant: Heinrich Friedrich von Raab.
Souslieutenant: Eduard von Egidy.
   „   Dietrich Ernst Ferdinand von Witzleben.

3. Compagnie.
Capitain 1. Classe (aggregirter Major): Joseph Ernst Ludwig von Smolinsky.
Premierlieutenant: Gustav Adolph Wilhelm von Glaser.
Souslieutenant: Samuel Benjamin Neuhaeußer.
   „   Alexander Gottlob Kurt von Linsingen.

4. Compagnie.
Capitain 1. Classe (aggregirter Major): Moritz Christoph von Brand.
Premierlieutenant (aggregirter Capitain): Ferdinand Gottlob von Brück.
Souslieutenant: Heinrich Karl Adolph von Klengel.
   „   Heinrich Alexander von Altrock.

5. Compagnie.
Capitain 1. Classe: Wolfgang Heinrich von Holleufer.
Premierlieutenant: Günther Wilhelm Friedrich von Schlottheim.
Souslieutenant: Ernst Ludwig von Zeschau.
   „   Karl Augustin Bürger.

6. Compagnie.
Capitain 2. Classe: Karl Ludwig Bobo von Krafft.
Premierlieutenant: Friedrich Heinrich von Döring (commandirt als Brigade-Adjutant).
Souslieutenant: Heinrich Maximilian Joseph von Landsberg.
   „   Friedrich August von Lindenau.

7. Compagnie.
Capitain 1. Classe: Carl Joseph von Sternstein.
Premierlieutenant: Friedrich Heinrich Carl Keßler (im Depot).
Souslieutenant: Friedrich August von Helldorf.
   „   Ignaz Wilhelm von Brzesky.

8. Compagnie.

Capitain 1. Classe (charakterisirter Major): Wilhelm Ehrenfried von Beust.
Premierlieutenant: Heinrich Rudolph Wilhelm Mewes.
Souslieutenant: Karl August Ferdinand von Klüx (commandirt zum Grenadierbataillon von Liebenau).
„ Christian Heinrich Friedrich von Bourk.

K.-M.-A. Monatslisten vom Regiment Prinz Friedrich August vom Januar b./m. November 1812.

Beilage XLIX.

Verzeichniß
der für den Feldzug 1812 dem Regimente verliehenen Decorationen.

1. Den St. Heinrichsorden:

   Oberst von Boblick.
   Premierlieutenant Senfft von Pilsach.

2. Die goldene Medaille zum St. Heinrichsorden:

   Feldwebel August Grumbt (Grenabiere).

3. Die silberne Medaille zum St. Heinrichsorden:

   Corporal Gottfried Becker (Grenabiere).
   Gefreiter Gottlob Basto „
   Grenadier Gotthilf Lorenz „
   „ Gottlob Göbel „
   „ Johann Christian Pfütze „
   Gefreiter Böhland „
   Grenadier Trautmann „
   Feldwebel Heinrich August Döring.
   Corporal August Lehmann.
   Musketier Leberecht Wüstling.
   Compagnie-Chirurg Carl Gottlieb Teichmann ⎱ für
   Bataillonstambour Friedr. Wilh. Junghanns ⎰ Podobna.

4. Den Orden der Ehrenlegion:

   Feldwebel August Grumbt.
   „ Heinrich August Döring.
   Corporal August Lehmann.

Beilage L.

Ordre de Bataille
der mobilen sächsischen Division im Mai 1813.

Commandant: Generalmajor Sahrer von Sahr.
Chef des Generalstabes: Major von Cerrini.

1. Brigade.

Generalmajor von Mellentin.

1 Bataillon Leib-Grenadier-Garde Major von Jeschky I.
1 " Prinz Friedrich August Major von Brand.
1 " von Steindel Oberstlieutenant von Seydewitz.
1 " 1. leichten Infant. Regiments Le Coq Major vom Rabe.
1 Compagnie Jäger Premierlieutenant von Petrikowsky.
1 6 ℔ige Fußbatterie Hauptmann Kühnel.

2. Brigade.

Oberst von Bose.

1 combinirtes Grenadierbataillon Major Anger.
1 Bataillon Prinz Anton Oberst von Ryssel.
1 " von Low Major von Schmieden.
1 " 2. leichten Infant. Regiments Major von Jeschky II.
1 6 ℔ige Fußbatterie Hauptmann Rouvroy II.

Beilage LI.

Ordre de Bataillo
des mobilen sächsischen Armeecorps vom 27. Juli 1813 unter Commando des Generallieutenants Edler von Le Coq.

1. Division.
(24. Division der großen Armee.)

Generallieutenant: Edler von Le Coq.
Chef des Generalstabes: Major von Koppenfels.

1. Brigade.

Oberst von Brause.

1 Bataillon Leibgrenadiergarde Major von Jeschky I., später Hauptmann von Treßler.
2 Bataillone leichten Infanterie-Regiments Le Coq Major vom Rabe.
1 Bataillon des Linien-Infanterie-Regiments Prinz Maximilian ⎫ Major von
2 " " " " von Rechten ⎭ Wittern.
1 Compagnie Feldjäger Premierlieutenant von Zychlinski.

2. Brigade.

Generalmajor von Mellentin.

1 combinirtes Grenadierbataillon (die Grenadiere von Prinz Maximilian, von Rechten, Prinz Friedrich August und von Steindel) Major von Spiegel.
2 Bataillone Linien-Inf.-Regmts. Prinz Friedrich August Major von Brand.
2 " " " von Steindel Oberst von Seydewitz.

Artilleriebrigade.

Major von Roth.

2 6 ℔ige Fußbatterien à 8 Geschütze.
1 Compagnie Sapeure, Hauptmann Claus.

Beilage LI.

2. Division.
(25. Division der großen Armee.)
Generallieutenant Sahrer von Sahr.
Chef des Generalstabes: Major von Cerrini.

1. Brigade.
Oberst von Bose.

1. combinirtes Grenadierbataillon (die Grenadiere von König, von Niesemeuschel, Prinz Anton, von Low) Major von Sperl.
2 Bataillone leichten Infant.-Regiments von Sahr Major von Selmnitz.
1. Bataillon des Infanterie Regiments König } Major
2.   "   "   "   von Niesemeuschel } von Bose.

2. Brigade.
Oberst von Ryssel.

2 Bataillone des Linien-Inf.-Regmts. Prinz Anton Major von Holleufer.
2   "   "   "   "   von Low Major Anger.

Artilleriebrigade.
Major Gau.

2 6 Pfige Fußbatterien à 8 Geschütze.

Leichte Reiterbrigade.
Generalmajor von Gablenz.

8 Escadrons Husaren Oberst von Lindenau.
5   "   Ulanen   "   von Thümmel.
2 reitende Batterien à 6 Geschütze.

Reserve.

1 12Pfige Batterie à 8 Geschütze, Hauptmann Roubroy I.
Hauptartillerie-Park Major Großmann.

Offiziers-Liste
des mobilen Regiments Prinz Friedrich August im Juli 1813.

Major von Brand Führer des Regiments.
 "   von Tiling Commandeur des 1. Bataillons.
 "   von Töring   "   " 2.   "
Capitains: von Feullner.
    "   Mewes.
    "   von Hopfgarten (vom Regiment von Steindel anher commandirt).
    "   von Glaser.

Premierlieutenants: von Larisch.   Souslieutenants: von Mühlen.
        "   Kesler.   "   von Wittern.
        "   von Klotz.   "   von Egidy.
        "   von Klengel.   "   Fuchs.
Souslieutenants: von Schindler.   "   Höck.
        "   von Lindenau.   "   von Sternstein.
        "   von Witzleben.   "   Bellger   } provi-
        "   von Altrock.   "   von Hausen } sorisch.
        "   von Linsingen.   "   Pitzschel
        "   von Brzeski.

Beilage LII.

Ordre de Bataille
des mobilen sächsischen Corps vom 7. September 1813 unter Commando des Generallieutenants Edler von Le Coq.

1. Division.

Generallieutenant Edler von Le Coq.
Chef des Generalstabes: Major von Cerrini.
Commandant der Artillerie beider Divisionen: Major von Roth.

1. Brigade.
Oberst von Brause.

1 Bataillon Leibgrenadier-Garde: Hauptmann von Treßler.
1   „   leichten Infanterie-Regiments Le Coq: Major von Raben.
1   „   Linien-Infanterie-Regiments von Rechten: Major von Hausen.
1 Jägercompagnie Premierlieutenant von Zychlinsky.

2. Brigade.
Generalmajor von Mellentin.

1 Grenadierbataillon: Major von Spiegel.
1 Bataillon Linien-Infant. Regmts. Prinz Friedrich August: Major von Brand.
1   „   „   „   „   von Steindel: Major von Larisch.
1 Fußbatterie von 6 6℔ige Kanonen und 2 Haubitzen: Hauptmann Dietrich.
1 Detachement Sappeure: Hauptmann Claus.

2. Division.

Generallieutenant von Zeschau.
Chef des Generalstabes: Major von Schreibershofen.

1. Brigade.
Oberst von Ryssel.

2. Grenadierbataillon Major Anger.
1 Bataillon Linien-Infanterie-Regiments Prinz Anton: Major von Holleufer.
1   „   „   „   „   von Low: Hauptmann Roos.

2. Brigade.
Oberst von Bose.

1 Bataillon Linien-Infanterie-Regiments König: Major von Bünau.
1   „   „   „   „   von Niesemeuschel: Major von Bose.
1   „   leichten   „   „   von Sahr: Major von Selmnitz.
1 Fußbatterie von 6 6℔igen Kanonen und 2 Haubitzen: Hauptmann Zandt.

Reiter-Brigade.
Oberst von Lindenau.

8 Escadrons Husaren Major von Feilitzsch.
5   „   Ulanen von Trotha.
1 reitende Batterie von 3 6℔igen Kanonen und 1 Haubitze: Hauptmann Probsthain.

Reserve-Artillerie.

1 reitende Batterie von 3 6℔igen Kanonen und 1 Haubitze: Hauptmann Birnbaum.
1 Fußbatterie von 4 12℔igen Kanonen und 2 Haubitzen: Hauptmann Rouvroy I.
Hauptartillerie-Park Major von Großmann.

NB. Bei der definitiven Formirung der Corps in Einer Division unter Generallieutenant von Zeschau vom 21. September bildeten die Truppen der 1. Division die 1. Brigade unter Oberst von Brause, die der 2. Division die 2. Brigade unter Generalmajor von Ryssel.

Das Bataillon Leibgrenadiergarde schied aus und wurde der französischen Alten Garde zugetheilt.

Die Stärke der dem 7. französischen Corps zugetheilten sächsischen Truppen betrug am 21. September 199 Officiere, 7814 Mann, 2413 Pferde, 30 Geschütze.

Beilage LIII.

Verzeichniß
der für den Feldzug 1813 dem Regimente verliehenen Decorationen.

1. St. Heinrichsorden:

Capitain von Döring. Premierlieutenants von Klüx, von Klengel, von Przygrodsky.

2. Die goldene Militär-Verdienstmedaille zum St. Heinrichsorden:

Feldwebel Kasimir Schumann.
    "   Johann Andreas Probst.
    "   Heinrich August Döring.
Bataillons-Chirurg: Johann Andreas Damm.
Sergeant Johann Gottfried Becker.

3. Die silberne Medaille:

Corporal Johann August Thieme.
Feldwebel Johann Gottlieb Müller.
Soldat Johann Gottlieb Lauer.

4. Orden der Ehrenlegion:

Majors von Tiling, von Brand. Capitains Mewes, Klengel, von Hartitzsch. Premierlieutenants von Klotz, von Klüx. Fahnenträger Werner. Feldwebel Sporling, Johann Gottlob Köhler, Johann Gottlieb Müller. Sergeant Johann Gottfried Becker, Christian Friedrich Naumann. Corporal Friedrich August Weinhold.

Beilage LIV.
Ordre de Bataille
des III. Deutschen Armeecorps 1814.

General en Chef: Se. Durchlaucht der regierende Herzog von Sachsen Weimar.
Chef des Generalstabes: Kaiserlich russischer General von Wolzogen.
Chef des Quartiermeisterstabes: Kaiserlich russischer Oberst After.
Commandant der königl. sächsischen Truppen: Generallieutenant Edler von Le Coq.
    "   "   "   "   Infanterie: Generalmajor von Ryssel.

1. Brigade.

1. leichtes Infanterie-Regiment I. und II. Bataillon.
1. provisorisches Linien-Infanterie-Regiment II. und III. Bataillon.[1]
1. Landwehr-Regiment[2] I., II., III. Bataillon.
1. 12℔ige Fußbatterie.
2. 6℔ige   „   [2]

2. Brigade.

2. leichtes Infanterie-Regiment II. Bataillon.[1]
2. provisorisches Linien-Infanterie-Regiment II. und III. Bataillon.[1]
2. Landwehr-Regiment[2] I., II., III. Bataillon.
1. 6℔ige Fußbatterie.

3. Brigade.

Jägerbataillon.
3. provisorisches Linien-Infanterie-Regiment[2] I., II., III. Bataillon.
3. Landwehr-Regiment[2] I., II., III. Bataillon.
2. 12℔ige Fußbatterie.[2]
4. 6℔ige Fußbatterie.[2]

4. Brigade.

Sachsen-Weimarisches Füsilierbataillon.
3 Compagnien Schwarzburger, Gothaer und Weimarischer Freiwilliger.[2]
16 Compagnien Linien-Infanterie von Anhalt, Schwarzburg und Gotha.[2]
4 Bataillone Landwehr von Weimar, Anhalt, Schwarzburg, Gotha.[2]
3. Königl. sächsische 6℔ige Fußbatterie.[2]

Cavalleriebrigade.
Generalmajor von Gablenz.

Freiwillige Cavallerie des sächsischen Banners[3] (2 Escadrons Landwehr-Dragoner, 2 Escadrons Husaren, 3 Escadrons berittene Jäger).
1 Escadron Weimarische Jäger.[2]
4 Escadrons Kürassiere.[4]
6 Escadrons Husaren.[5]
4 Escadrons Ulanen.[4]
1. reitende 6℔ige Batterie.
2. reitende 6℔ige Batterie.

Königlich sächsische Reservebrigade.

2 Bataillone Fußjäger des sächsischen Banners.[3]
Provisorisches Garderegiment I., II., III. Bataillon.
4. Landwehr-Regiment[2] I., II., III. Bataillon.
5. (fahrende) 6℔ige Batterie, dem sächsischen Banner zugetheilt.[3]
1 Compagnie Sappeurs.

---

[1] Das I. Bataillon traf erst im Laufe des Feldzuges ein.
[2] Traf erst während des Feldzuges ein.
[3] Verblieb im Lande.
[4] Davon traf 1 Escadron erst während des Feldzuges ein.
[5] Davon trafen 2 Escadrons erst während des Feldzuges ein und verblieb 1 Escadron im Lande.

Hierüber dem III. Deutschen Armeecorps zugetheilt:

Russisch-Deutsche Legion.

8 Escadrons Husaren.
1 Jägerbataillon.
6 Bataillone Infanterie.
2 reitende Batterien.
1 Fußbatterie.

Beilage LV.

Etat eines Linien-Infanterie-Regiments von 2 Bataillonen 1815.

1. Beim Stabe.
1 Oberst.
1 Oberstlieutenant.
2 Majors.
2 Adjutanten.
1 Regimentsquartiermeister.
1 Regimentschirurg.
1 Bataillonschirurg.
1 Stabs-Secretair.
2 Fahnjunker.
1 Regimentstambour.
1 Bataillonstambour.
8 Hautboisten 1 Classe.
12 Hautboisten 2. „
2 Büchsenmacher.
36 Köpfe.

2. Bei 8 Compagnien.
4 Capitains 1. Classe.
4 „ 2. „
8 Premierlieutenants.
16 Souslieutenants.
8 Feldwebel.
16 Sergeanten.
8 Fouriers.
8 Chirurgen.
80 Corporals.
32 Gefreite.
24 Tambours.
16 Zimmerleute.
1240 Gemeine.
1464 Köpfe.

Das zu einem Linien-Infanterie-Regimente gehörige III. (Landwehr) Bataillon hatte denselben Etat wie die übrigen Bataillone und zählte beim Stabe 6, bei 4 Compagnien 732 Köpfe.

Beilage LVI.

Offiziersliste des 3. Linien-Infanterie-Regiments „Prinz Friedrich August" im Herbste 1815.

Oberst: Friedrich Christian von Liebenau.
Oberstlieutenant: Friedrich Leopold von Wurmb.
Majors: Innocenz August von Holleufer (charakt. Oberstlieutenant).
 Ludwig Wilhelm von Eychelberg.
 Joseph Ernst Ludwig von Smolinsky.
Adjutanten: Franz Wilhelm von Linsingen (Premierlieutenant).
 Günther von Bünau (Premierlieutenant).
 Moritz Ludwig Wilhelm Julius von Eberhardi (Secondelieutent).
Regimentsquartiermeister: Johann Christoph Queißner (Souslieutenant).
Regimentschirurg: Friedrich Adolf Wehrmann.
Bataillonschirurgen: Carl Christian Windisch.
 Carl Gottfried Apelt.

Capitains: Joseph Ferdinand Erdtel, aggr. Major.
Ferdinand von Wiluck.
Carl Traugott von Seydlitz.
Heinrich Rudolph Wilhelm Mewes.
Caspar Albert von Schlieben.
Ferdinand August von Keßinger.
} 1. Classe.

Carl von Low.
Wolf Ferdinand Moritz von Gößnitz.
Carl Gustav von Kloppmann.
Heinrich Friedrich Raab.
Franz Xaver von Treßler und Scharfenstein.
} 2. Classe.

Carl Julius Gottlob Edler von der Planitz.

Premierlieutenants: Ludwig Adolf von Elterlein.
Carl Alexander von Elterlein.
Franz Wilhelm von Linsingen (Adjutant).
Friedrich Wilhelm Hille.
Carl Alexander Ferdinand Edler von der Planitz.
Günther von Bünau (Adjutant).
Johann Carl Adolf Trewerhoff.
August Wilhelm von Petrikowsky.
Carl Friedrich August von Röder.
Siegmund Moritz von Trandorff.
Hans Friedrich August Almer.
August Erdmann von Koppenfels.
Carl August Max von Tettau.
Carl Theodor von Larisch.

Souslieutenants: Johann Gottfried Papst von Oheim.
Johann Christoph Maeder.
Heinrich Ferdinand von Beulwitz.
Friedrich August von Helldorf.
Heinrich Friedrich von Flemming.
Friedrich Heinrich August von Metzsch.
Carl August Wilhelm von Bose.
Friedrich Wilhelm von Brandenstein.
Moritz Ludwig Wilhelm Julius von Eberhardt (Adjutant).
Hans Wolf von Reitschütz.
Carl Augustin Bürger.
Carl August Hering.
Hans Wilhelm Eduard von Schönermarck.
August Theodor Gotthelf Thamm.
Ferdinand Friedrich Wilhelm Kellner.
August Christoph Carl von Wittern.
Anton Gottlob von Egidy.
Carl Eduard Bauer-Hellmann.
Franz von Gablenz.
Georg Adolph Simon.
Thomas von Brzeski.
Carl Schoene.
Eduard Heinrich von Tettenborn.
Franz Carl Ludwig Wilhelm von Strauwitz.
Carl Friedrich Heinrich Gustav von Puttkammer.
Carl Oswald von Larisch, aggr.
Carl Gustav von Nostitz „

Beilage LVII.

Ordre de Bataille
des mobilen sächsischen Corps im Feldzuge 1815.

Commandirender General:
Se. Durchlaucht der regierende Herzog von Sachsen-Coburg.
Generallieutenant Edler von Le Coq.

1. Infanteriebrigade.
Generalmajor von Nostitz.

1 Bataillon des Leibgrenadier-Regiments.
3 Bataillons 1. Linien-Infanterieregiment.
3 „ 2. Linien-Infanterieregiment.
3 „ 3. Linien-Infanterieregiment.

2. Infanteriebrigade.
Oberst von Einsiedel.

Reservelandwehrregiment.
2 Bataillons des Herzogl. sächsischen Infanterie-Regiments.
1 Jägerbataillon.
1. leichtes Infanteriebataillon.
2. leichtes Infanteriebataillon.

Cavalleriebrigade.
Generalmajor von Leyßer.

3 Escadrons Leibküraffiergarde.
2   „   Clemens-Ulanen.
4   „   Husaren.
1   „   Stabsdragoner.
2 Batterien reitende Artillerie.

Artilleriebrigade.
Oberst Raabe.

1. 6℔ige Fußbatterie.
2. 6℔ige fahrende Batterie.
1. 12℔ige Fußbatterie.
2.   „   „   Haupt und Divisions-Park, Sappeurdetachement, Traincolonne.

Beilage LVIII.

Etat eines Linien-Infanterie-Regiments 1822.

Stab.
- 1 Regiments-Commandant.
- 3 Bataillons-Commandanten.
- 1 Wirthschafts-Chef.
- 3 Adjutanten.
- 1 Auditeur 1. Cl.
- 1 Regimentschirurg.
- 2 Bataillonschirurgen.
- 3 Portepeejunker.
- 1 Regimentssecretair.
- 1 Wirthschaftssecretair.
- 12 Chirurgen.
- 2 Wirthschaftsfourire.
- 3 Fahnenträger.
- 3 Bataillonstamboure.
- 26 Hautboisten.
- 3 Büchsenmacher.

Sa.: 67 Köpfe.

Bei 12 Compagnien.
- 12 Capitains.
- 12 Premierlieutenants incl. eines Regimentsadjutanten.
- 16 Souslieutenants.
- 12 Feldwebel.
- 24 Sergeanten.
- 12 Fouriere.
- 96 Korporale.
- 48 Gefreite.
- 24 Tambours.
- 24 Signalisten.
- 24 Zimmerleute.
- 1374 Gemeine.

Sa.: 1678 Köpfe.

Beilage LIX.

Offiziersliste des 3. Linien-Infanterie-Regiments „Prinz Georg" am 9. Juni 1836.

Chef: Se. Königliche Hoheit Prinz Georg, Herzog zu Sachsen.
Commandant: Oberst Wolf Friedrich von Zeichty * El.
Oberstlieutnant: Heinrich Wilhelm von Spiegel ✠² EL. CEM. III. Bataillon.
„ Christian Sigismund Plötz * II. Bataillon.
Major: Carl August Becker CEM. I. Bataillon.
Wirthschafts-Chef: Oberstlieutnant George Friedrich Ludwig Gotthelf von Trosky.
Auditeur: Friedrich Moritz Graner.
Regimentsarzt: Moritz Adolph Tropisch.
Adjutanten: Oberleutnant Christian August von Gutbier II. Bataillon.
„ Hermann Wilhelm von Witzleben III. Bataillon.
„ Hans Herrmann Bruno von Hake, Regimentsadjutant.
„ Gustav Albert Ebert I. Bataillon.
Bataillonsärzte: Johann Gottlieb Wilhelm Jahn III. Bataillon.
Carl Christian Windisch I. Bataillon.
Hauptleute 1. Cl.: Ludwig Wilhelm August von Petrikowsky, aggr. Major.
Carl Julius Gottlob Edler von der Planitz.
Carl Friedrich Wilhelm Beck.
August Erdmann von Koppenfels.
Carl August Maximilian von Tettau.
Friedrich Theodor Eugen von Polenz.

Hauptleute 2. Cl.:	Heino Friedrich von Flemming.
	Friedrich August Heinrich von Zeschau RA.⁴
	Carl August Hering.
	Hans Gottlob von Mangoldt.
	Ernst Adolph von Mandelsloh.
	Ferdinand Freiherr von Hausen.
Oberleutnants:	Wilhelm Ernst Adolph von Klengel.
	Christian August von Gutbier, Adjutant.
	Gustav Wilhelm Hennig.
	Ferdinand Heinrich Graf von Holtzendorff.
	Friedrich Wilhelm Kühne.
	Hermann Wilhelm von Witzleben, Adjutant.
	Johan Adolph Günther von Wolffersdorff.
	Rochus von Bose.
	Hans Herrmann Bruno von Hake, Adjutant.
	Gustav Albert Ebert, Adjutant.
	Ferdinand Ludwig d'Elsa.
	Robert von Loeben.
	Carl Wilhelm Kimmel.
	Carl Wilhelm von Brandenstein.
	Eduard von der Mosel.
Leutnants:	Ali Cortez von Grünenwald.
	Otto von Bose.
	Carl Friedrich Gotthard von Bernewitz.
	Heinrich Adolph Albrecht von Puttkammer.
	Johann George Joseph Payern.
	Eugen Sigismund Plötz.
	Carl Eugen Hann.
	Carl Erdmann von Metzradt.
	Friedrich August von Boxberg.
	Oscar Ernst Anton Albonico.
	Bernhard Robert Moritz von Schweinitz.
	Carl Ludwig von Liebenau.
	Friedrich August von Zobel.
	Ernst Pollux Freiherr von Kochtitzky.
	George August Günther.
	August Rudolph von Einsiedel.
à la suite:	Oberleutnant Herrmann Leonhardi
	(bei der Grundsteuer-Vermessung angestellt).

Beilage LX.

Ordre de Bataille
der Deutschen Reichstruppen in Schleswig-Holstein 1849.

Obercommandirender: Königl. Preußischer Generallieutenant von Prittwitz.
Chef des Generalstabes: Generalmajor von Hahn.
Im Hauptquartier anwesend: Se. Königl. Hoheit Prinz Albert Herzog zu Sachsen.

1. Division.

Commandeur: Königl. Bayerischer Generallieutenant Prinz Eduard von Sachsen-Altenburg.

1. bayerische Brigade.
Commandeur: Königl. Bayerischer Generalmajor von Schmalz.

4 Bataillone Linieninfanterie.
1 Jägerbataillon.
6 Escadrons Chevauxlegers.
1 6℔ige, 1 12℔ige Batterie à 8 Geschütze.

2. kombinirte Kurhessische Brigade.
Commandeur: Kurhessischer Generalmajor von Spangenberg.

4 Bataillone Linieninfanterie (Kurhessen, Sachsen-Weimar, Sachsen-Altenburg).
1 Jägerabtheilung (Schaumburg-Lippe).
4 Escadrons Husaren (Kurhessen).
1 6℔ige Batterie à 6 Geschütze.

2. Division.
Commandeur: Königl. Hannov. Generalmajor von Wynecken.
Generalstabsoffizier: Capitain Cordemann.

1. Königlich Hannov. Brigade.
Commandeur: Generalmajor von Ludewig.

6 Bataillone Infanterie.
4 Escadrons Dragoner.
1 6℔ige reitende, 1 9℔ige, 2 6℔ige Fußbatterien à 6 Geschütze.

2. Königlich Sächsische Brigade.
Commandeur: Generalmajor von Heintz.
Generalstabsoffizier: Major Törmer.
Adjutant: Oberlieutnant von Leonhardi I.

2. Linien-Infanterie-Regiment vac. Prinz Max, 3 Bataillons.
3.   „   „   Prinz Georg, 3 Bataillons.
Combinirtes Schützenbataillon.
Gardereiter-Regiment, 4 Schwadronen.
1 6℔ige Batterie, 1 12℔ige Batterie à 8 Geschütze.
Pionier-Detachement.
Ambulanz.

3. Division.
Commandeur: Königl. Preußischer Generalmajor von Hirschfeld.

1. Infanterie-Brigade.
Commandeur: Oberst Stein von Kaminsky.

3 Linien-, 3 Landwehr-Bataillone.

2. Infanterie-Brigade.
Commandeur: Oberst von Chamier.

3 Linien-, 3 Landwehr-Bataillone.
1 Jägerbataillon.

Cavallerie-Brigade.
Commandeur: Generalmajor von Ledebur.

2 Regimenter Husaren à 4 Escadrons.
Artillerie: 1 6℔ige Fußbatterie, 1 12℔ige, 1 6℔ige reitende, 1 Raketenbatterie à 6 Geschütze.
1 Pionier-Compagnie.

Reserve-Brigade.

Commandeur: Generallieutenant Ernst Herzog zu Sachsen-Coburg-Gotha.
5 Bataillone Infanterie (Württemberg, Baden, Sachsen-Gotha, Sachsen-Meiningen, Fürstenthum Reuß).
2 Escadrons Cavallerie (Hanseaten).
1 6♔ige Batterie (Kurhessen) ⎱ à 6 Geschütze.
1 6♔ige „ (Nassau) ⎰

In Summa: 41 Bataillone, 28 Schwadronen, 98 Geschütze, 1½ Pionier-Compagnien.

Beilage LXI.

Offiziersliste des 3. Linien-Infanterie-Regiments „Prinz Georg" im Jahre 1849.

Commandant: Oberst Moritz Ferdinand Gustav von Rockhausen.
Bataillonscommandanten: Oberstlieutenant Heinrich Gustav Friedrich von Hake, III. Bataillon.
                    Major Christian August von Gutbier, I. Bataillon.
                    „ Otto Ferdinand von Brück, II. Bataillon.
Wirthschafts-Chef: Oberstlieutenant Christoph Hans von Egidy-Geißmar S.E.H.C.²
Auditeur 1. Classe: Friedrich Moritz Graner.
Regimentsarzt: Johann Friedrich Wilhelm Hartbrath.
Bataillonsarzt 2. Classe: Friedrich August Louis Lenk.
                    „ Carl Adolph Voigt.
Hauptleute 1. Cl.: Richard Ludwig von Wurmb, aggr. Major.
                Moritz Adolph Heinrich von Witzleben.
                Friedrich Wilhelm Kühn.
                Christoph Heinrich von Zanthier.
                Carl Friedrich August von Egidy.
                Ludwig Wilhelm Bernhard von Strauwitz.
Hauptleute 2. Cl.: Ferdinand Ludwig d'Elsa.
                Adolph Louis von Metzradt.
                Robert von Löben.
                Carl Wilhelm Kimmel.
                Carl Wilhelm von Brandenstein.
                Carl Ferdinand von Bilucki.
Oberlieutenants: Heinrich Adolph Albrecht von Puttkammer.
                Eugen Sigismund Ploetz, Adjutant III. Bataillon.
                Johann Ludwig Bernhard von Gutbier.
                Bernhard Adolph von Tschirschky und Bögendorf, Reg.-Adjt.
                Carl Erdmann von Metzradt.
                Alexander Robert Jahn C.V.
                August Emil Tauscher, Adjutant I. Bataillon.
                Carl Ludwig von Liebenau.
                Friedrich Heinrich Alexander von Carlowitz.
                Julius Moritz Nostiz.
                August Rudolph von Einsiedel, commandirt als Adjutant zum Kriegsminister.
                Ludwig Ehregott von Seydlitz.
                Herrmann von Döring.

Friedrich Eduard Moritz von Rohrscheidt, Adjut. II. Bataillon.
Herrmann von Erdmannsdorf.
Christian Joseph Wehlmann.

Leutnants: Woldemar Mangelsdorf.
Emil Eugen Carl August d'Alinge.
Hans Gustav Eduard Scheffel.
Rudolph Heino von Flemming.
Oscar Mittag.
Friedrich Theobald Sachse.
Joseph Oscar Hacker.
Alfred Julius Emil von Kotsch.
Ferdinand Heinrich Franz von Schoenberg.
Curt Hugo Robert Puscher.
Otto Robert Klette.
Alfred Carl Johann Nepomuk Freiherr ô Byrn.
Carl Wolfgang von Mandelsloh.
Falk Otto Bernhard von Tettenborn.
Wilhelm Ferdinand Siegismund von Zeschau.
Heinrich Louis Bergauer.
Curt Friedrich Uhlmann
Ernst Hugo Käuffer   } überzählig.
Otto Friedrich Rudolph Schelcher
Moritz Max von Trützschler

Portepeejunker: Gottlob Friedrich Wehrhan.
Adolph Leopold von Minkwitz.
Friedrich Eduard von Gersdorff.

Beilage LXII.

Verzeichniß
der dem Regimente verliehenen Decorationen für den Feldzug 1849.

St. Heinrichs-Orden:

Oberstleutnant von Hake.
Hauptmann d'Elsa.
Oberleutnant von Carlowitz.
„   Nostky.

Verdienstorden:

Oberstleutnant von Egidy-Geißmar.

Die silberne Militair-Verdienst-Medaille:

Fourir Birkholz.	Sergeant Horn.
Corporal Enke.	Soldat Günther.
Soldat Holzsch.	„ Sommer.
Unterarzt Ziegler.	„ Korb.
„ Lindner.	„ Krautmann.

Beilage LXIII.

Etat einer Infanterie-Brigade 1850.

Brigadestab.
1 Commandant.
1 Wirthschafts-Chef.
1 Adjutant.
1 Auditeur.
1 Wirthschafts-Secretair.
1 Musikdirector.
1 Profos.
1 Brigadefourir.
1 Gerichtsschreiber.
1 Brigadesignalist.
4 Offiziersdiener.
Sa.: 11 Köpfe.

Bataillonsstab.
1 Commandant.
1 Adjutant.
1 Bataillonssignalist.
2 Portepeejunker.
1 Bataillonsfourir.
1 Wirthschaftsfourir.
1 Büchsenmacher.
3 Offiziersdiener.
Sa.: 11 Köpfe.

Ein Bataillon zu 4 Compagnien.
4 Hauptleute.
4 Oberleutnants.
6 Leutnants.
4 Feldwebel.
8 Sergeanten.
4 Fourire.
40 Corporale (8 beurlaubt).
4 Obersignalisten.
16 Vicecorporale.
12 Signalisten.
8 Zimmerleute.
872 Soldaten.
Sa.: 982 Köpfe.

Hierüber 1 Brigadestabsarzt, 2 Bataillonsärzte, 12 Compagnieärzte.

Beilage LXIV.

Offiziersliste der 3. Infanterie-Brigade „Prinz Georg" Anfang des Jahres 1851.

Brigadier: Generalmajor von Rockhausen (mit dem Commando der 1. Division beauftragt).
„ Oberst Prinz Albert, Herzog zu Sachsen, Königliche Hoheit (mit dem Commando der 3. Infanteriebrigade beauftragt).
Wirthschafts-Chef: Major Jobst Rudolph Alexander von Witzleben II.
Auditeur 1. Classe: Herrmann Tischer.
Adjutant: Oberleutnant Hans Bernhard von Tettau.

9. Bataillon.

Commandant:	Oberstleutnant Christian August von Gutbier.
Oberarzt 1. Cl.:	Johann Friedrich Wilhelm Hardrath.
Adjutant:	Oberleutnant Carl Hugo Robert Puscher.
Hauptleute:	Carl Wilhelm Kimmel.
	Bernhard Adolph von Tschirschky und Bögendorf II.
	Friedrich August von Zobel.
	Julius Moritz Roßky. *
Oberleutnants:	Oskar Mittag.
	Friedrich Theobald Sachse.
	Moritz Wilibald von Trützschler.
	Friedrich August Hörnig. *
Leutnants:	Adolph Leopold von Minckwitz.
	Hugo Naundorff.
	Johann Bruno Roux.
	Curt Ludwig Georg von Schröter.
	Moritz Baumann.
	Fedor Grimmer
Portepeejunker:	Friedrich Gerhard Ludwig Löhr.
	Gustav Rudolph Spann.

10. Bataillon.

Commandant:	Oberstleutnant Christoph Hans von Egidy-Geißmar R. D. S. E. H. C.[2]
Adjutant:	Oberleutnant Friedrich Eduard Moritz von Rohrscheidt I.
Oberarzt 3. Cl.:	August Moritz Fehrmann.
Hauptleute:	Carl Friedrich August von Egidy.
	Adolph Louis von Metzradt II.
	Robert von Löben (commandirt im Kriegsministerium).
	Carl Erdmann von Metzradt III.
Oberleutnants:	Herrmann von Erdmannsdorf.
	Friedrich Heinrich Franz von Schoenberg.
	Heinrich Louis Bergauer.
	Paul Max von Engel.
Leutnants:	Friedrich Eduard von Gersdorff.
	Carl Friedrich Weinhold.
	Ernst Maximilian von Trützschler II.
	Friedrich Albert Scheffel.
	Friedrich August Albert von Hake II.
Portepeejunker:	Heinrich Alexander Schoenberg.
	Friedrich August von Polenz.
	Heinrich Richard Bodo von Metzsch II.

11. Bataillon.

Commandant:	Major Hans Herrmann Benno von Hake II.
Adjutant:	Oberleutnant Joseph Oskar Hacker.
Oberarzt 2. Cl.:	Friedrich August Louis Lenk.
„ 3. „	(überzählig) Gustav Herrmann List.
Hauptleute:	Johann Ludwig Bernhard von Gutbier.
	Wilhelm August Friedrich von Döring I.
	Friedrich Heinrich Alexander von Carlowitz. *
	August Rudolph von Einsiedel EK[3].
Oberleutnants:	Moritz von Süßmilch gen. Hörnig I.
	Haubold von Einsiedel III.

Beilage LXV.

Leutnants:	Alfred Carl Johann Nepomuk Frhr. v Byrn I.
	Wilhelm Ferdinand Siegemund von Zeschau.
	Friedrich August Sube.
	Carl Franz Walther S. f. M.
	Traugott Otto Starke.
	August Alfred von Wolf II.
	Gustav Siegmund Julius Jentzsch.
Portepeejunker:	Ernst August Werner.
	Georg Edmund von der Becke.

12. Bataillon.

Commandant:	Major Richard Ludwig von Wurmb.
Adjutant:	Oberlieutenant Hans Gustav Eduard Scheffel.
Oberarzt 2. Cl.:	Carl Wilhelm Schaab.
Hauptleute:	Adolph Wilhelm Julius Frhr. von Falkenstein, aggr. Major (commandirt zum 10. Bataillon).
	Christoph Heinrich von Zanthier.
	Carl Wilhelm von Brandenstein.
	August Emil Tauscher.
	Ludwig Ehregott von Seydlitz (überzählig).
Oberlieutenants:	Woldemar Mangelsdorf.
	Alexander Frhr. von Lindemann II.
	Adolph Herrmann Schaller.
	Otto Robert Klette.
Leutnants:	Ernst Hugo Käuffer.
	Georg Glausch.
	Gottlob Friedrich Kälker.
	Georg Heinrich Eduard Birnbaum.
Portepeejunker:	August Richard Frhr. von Berlepsch.
	Oscar Eduard Reyher.
	Carl Egon von Trützschler.

Beilage LXV.

Offiziers-Liste
der 3. Infanterie-Brigade „Prinz Georg" vom 30. Juni 1866.

Stab.

Brigadier:	Generalmajor Georg Job von Carlowitz.
Wirthschaftsoffizier:	Oberstlieutenant Eugen Siegismund Plötz.
2. Stabsoffizier:	Major Wolf Georg Edmund von Schweinitz.
Brigade-Auditeur:	Auditeur 1. Cl. Dr. Paul Starke.
Brigade-Adjutant:	Oberlieutenant Johann Anton Larrass.

Hierüber zur Dienstleistung außer commandirt:

char. Auditeur:	Carl Friedrich Huth.
Oberlieutenant:	Heinrich von Raab IV., als Vorstand der Brigade-Schlächterei.

Abcommandirt:

Oberstlieutenant Plötz seit 1. Juni zur Dienstleistung beim Stabe der 1. Armee-Division.

Major von Schweinitz seit 18. Mai zur Dienstleistung beim 12. Bataillon.

9. Bataillon.

Commandant: Major Bernhard August Alban von Leonhardi.
Adjutant: Oberleutnant Friedrich August von Polenz.

1. Compagnie.

Hauptmann 1. Cl.: Friedrich Eduard von Gersdorff.
Oberleutnant: August Moritz Jahn.
Leutnant: Arthur Eduard Schmalz II.
„ Heinrich Wolf von Wolffersdorff.

2. Compagnie.

Hauptmann 3. Cl.: Carl Friedrich August Weinhold.
Oberleutnant: Heinrich von Raab IV. (zum Brigadestab commandirt).
Leutnant: Carl Ferdinand Ernst d'Elsa.

3. Compagnie.

Hauptmann 3. Cl.: Carl Hugo Robert Puscher.
Oberleutnant: Richard Hugo Alexis Scheffel.
Leutnant: Johann Bernhard Roßmy.

4. Compagnie.

Hauptmann 3. Cl.: August Alfred von Wolf.
Oberleutnant: Bernhard Iren Martini.
Leutnant: Traugott Demuth Gräfe.
„ Heinrich Adolph Frhr. von Friesen.
Portepeejunker: Johannes Ludwig Franz Horack.

Vom Sanitätscorps anher commandirt:

Bataillons-Arzt: Dr. Gustav Adolph Brückner.
Assistenz-Arzt: Christoph Eduard Hoßfeld.

Abcommandirt:

Hauptmann: Johann Carl August Schurig, commandirt als Generalstabs-
offizier zur Depot-Abtheilung.
Hauptmann: Traugott Wilhelm Mucke, seit 1. März 1866 zur Militair-
Vorraths-Anstalt.

10. Bataillon.

Commandant: Major Heinrich von Abendroth.
Adjutant: Oberleutnant Albert Moritz Kob.

1. Compagnie.

Hauptmann: Emil Rudolph von Herrmann.
Oberleutnant: Georg Friedrich Gottlob Müller.
Leutnant: Carl Friedrich Adolph Erwin Frhr. von Wirsing.

2. Compagnie.

Hauptmann: Moritz von Süßmilch gen. Hörnig I.
Oberleutnant: Carl Otto Alexander Just (Wirthschaftsoffizier).
Leutnant: Maximilian Robert Klette.

Beilage LXV.

3. Compagnie.

Hauptmann: Carl Moritz Thierbach.
Oberleutnant: Herrmann Johannes Frotscher.
Leutnant: Lothar Friedrich Clemens Frhr. von Hausen.

4. Compagnie.

Hauptmann: Hugo Naundorff.
Oberleutnant: Albin von Brzeski.
Leutnant: Christian Heinrich Victor Kind.
„ Clemens Robert Anton Maria Frhr. von Oer II.

Vom Sanitätscorps anher commandirt:

Bataillons-Arzt: Dr. August Bruno Meyer.
Assistenz-Arzt: Julius Herrmann Peßler.

Abcommandirt:

Leutnant von Wirsing, seit dem 25. Juni zur Geschützbedeckung der Batterie Leonhardi.

11. Bataillon.

Commandant: Major Johann Heinrich von Wolffersdorff.
Adjutant: Oberleutnant Theodor Gotthelf Adolph Schreiber.

1. Compagnie.

Hauptmann: Veit Leo Frhr. von Seckendorff-Gudent II.
Oberleutnant: Ernst Emil Theodor Opitz.
Leutnant: Carl Heinrich Balduin Fellmer.

2. Compagnie.

Hauptmann: August Ludwig von Gutbier II.
Oberleutnant: Johannes Andreas Legler (Wirthschaftsoffizier).
Leutnant: August Richard Alfred Pöge.
„ Wilhelm Ernst von Götz.

3. Compagnie.

Hauptmann: Alexander Adolph Julius Victor von Bosse.
Oberleutnant: Carl Mehlig.
Leutnant: Carl Ludwig Constantin Edler von der Planitz.

4. Compagnie.

Hauptmann: Carl Wolfgang von Mandelsloh.
Oberleutnant: Max Theodor Knauth.
Leutnant: Carl Bernhard Röderer.

Vom Sanitätscorps anher commandirt:

Brigade-Stabsarzt: Johann Jacob Jurack.
Assistenz-Arzt: Julius Robert Löwel.
„ Dr. Ernst Friedrich Petrinus.

12. Bataillon.

Commandant: Oberstleutnant Ernst Adolph von Craushaar.
Adjutant: Oberleutnant Julius Rudolph Frhr. von Welck.

1. Compagnie.

Hauptmann: Ludwig Ehregott von Seydlitz.
Oberleutnant: Wilhelm von Beulwitz.
Leutnant: Friedrich Otto von Criegern.

2. Compagnie.

Hauptmann: Carl August Kemnitzer.
Oberleutnant: Rudolph Ernst von Craushaar.
Leutnant: Alfred Ludwig Dietrich von Wurmb.

3. Compagnie.

Hauptmann: Carl Friedrich Eduard Bubam.
Oberleutnant: Julius August Max Küstner.
Leutnant: Johann Adolph Leopold von Zeschau.
    „   Gottlieb Friedrich Tunger.

4. Compagnie.

Hauptmann: Adolph Maximilian Verlohren.
Oberleutnant: Eduard Constanz von Pape.
Leutnant: Julius Friedrich Herrmann Thimmig.

Vom Sanitätscorps anher commandirt:

Bataillons-Arzt: Dr. Anton Gustav Uhlemann.
Assistenz-Arzt: Robert Alexander Leupold.
char. Assistenz-Arzt: Waldemar Feodor Schletter.

Zur Dienstleistung anher commandirt:

Major von Schweinitz vom Brigadestabe.

Abcommandirt:

char. Major Schoen, als Commandant des 3. Feldhospitals.

3. Depotbataillon.

Commandant: Oberstleutnant z. D. Hans Carl von Kirchbach.
Adjutant: Oberleutnant Martin Cäsar Eduard Rühle, zugleich Commandant der 2. Depotcompagnie.

1. Compagnie.

Hauptmann: Wilhelm August Friedrich von Döring.
Oberleutnant: vacat.
Leutnant: Gustav Schäfer.
Portepeejunker: Georg Bruno Kaufmann.
    „   Georg Carl Heinrich Pretzsch.
    „   Curt Alexander Hahn.
    „   Carl Conrad Robert Miersch.

Beilage LXVI.

2. Compagnie.

Hauptmann: vacat.
Oberleutnant: Rühle, zugleich Bataillonsadjutant.
Leutnant: vacat.
Portepeejunker: Carl Friedrich Anton Paul Musch.
„   Gustav Adolph Zimmermann.
„   Julius Reinhard Hähnel.
„   Wilhelm Feodor Töpelmann.

3. Compagnie.

Hauptmann: Johann Ludwig Bernhard von Gutbier.
Oberleutnant: Carl Ludwig Wichmann.
Leutnant: vacat.
Portepeejunker: Carl Ernst Emil Mahlo.
„   Georg Friedrich Clemens Scheffel.
„   Heinrich Oscar Groh.

4. Compagnie.

Hauptmann: Herrmann von Erdmannsdorf.
Oberleutnant: vacat.
Leutnant: vacat.
Portepeejunker: Carl Heinrich Meyer.
„   Arthur Hugo Schneider.
„   Traugott Eduard Hummitzsch.
„   August Herrmann Lempe.

Vom Sanitätscorps anher commandirt:

char. Assistenzarzt Carl Eduard Reinel.

Abcommandirt:

Hauptmann: Adolph Louis Metzradt, als Commandant des 4. Feldhospitals.
Leutnant: Johann Adolph von Metzradt, auf die Festung Königstein.

Beilage LXVI.

Ordre de Bataille
des mobilen Königlich Sächsischen Corps vom 25. Juni 1866.

Commandant: Se. Königliche Hoheit Kronprinz Albert, General der Infanterie.

Chef des Generalstabes: Generalmajor von Fabrice.
Souschef: Major Funcke.
Geniedirector: Oberst Peters.
Artilleriedirector: Generalmajor Schmalz.
Feldintendant: Oberst Frhr. von Friesen.
Sanitätsdirector: Generalstabsarzt Dr. Günther.
Feldproviantamt: Hauptmann Fellmer.
Feldpost: Postmeister Lenk.
Feldtelegraphenabtheilung: Pörsch.
Armeetrain: Oberstleutnant Schmalz.
Commandant des Hauptquartiers: Major von Rex.
Feldgensdarmerie: Rittmeister von Stammer I.

Erste Infanterie-Division.

Commandant: Generalleutnant von Schimpff.
Generalstab: Major von Zezschwitz; Oberleutnant Hübel.

2. Infanterie-Brigade „Prinz Friedrich August".
Oberst von Hake.

5.	Infanteriebataillon:	Major von Rohrscheidt.
6.	„	Oberstleutnant von Metzradt.
7.	„	Major von Gablenz I.
8.	„	Major von Elterlein.
2.	Jägerbataillon:	Major Tauscher.

3. Infanterie-Brigade „Prinz Georg".
Generalmajor von Carlowitz.

9.	Infanteriebataillon:	Major von Leonhardi I.
10.	„	Major von Abendroth.
11.	„	Major von Wolffersdorff.
12.	„	Oberstleutnant von Craushaar.
3.	Jägerbataillon:	Oberstleutnant von der Mosel.

Divisionsartillerie.
Oberstleutnant Weigel.
2. gezogene 6℔ige Batterie, Hauptmann Leonhardi.
1. 12℔ige Granatkanonenbatterie, Hauptmann von der Pforte.

3. Ambulance.
Oberleutnant Lommatzsch.

Zweite Infanterie-Division.

Commandant: Generalleutnant von Stieglitz.
Generalstab: Oberstleutnant von Montbé; Hauptmann von Holleben gen. von Normann.
Attachirt: Oberst Freiherr von Wagner, Commandant der Jägerbrigade.

4. (Leib)-Infanterie-Brigade.
Oberst Frhr. von Hausen.

13.	Infanteriebataillon:	Major von Schmieden.
14.	„	Oberstleutnant von Bünau.
15.	„	Major Hamann.
16.	„	Oberstleutnant Frhr. von Friesen.
4.	Jägerbataillon:	Major von Schulz.

1. Infanterie-Brigade „Kronprinz".
Oberst von Boxberg.

1.	Infanteriebataillon:	Major Frhr. von Wagner.
2.	„	Major von Sandersleben.
3.	„	Major von Rosky.
4.	„	Oberstleutnant Frhr. von Kochtitzky.
1.	Jägerbataillon:	Oberstleutnant von Nehrhoff.

Divisionsartillerie.
Oberstleutnant von Grünenwald.
4. gezogene 6℔ige Batterie, Hauptmann Richter.
2. 12℔ige Granatkanonenbatterie, Hauptmann Hering-Göppingen.

Beilage LXVI.

Pionierdetachement.
Hauptmann Richter.

2. Ambulance.
Oberlieutnant von Schlieben.

Reiter-Division.
Commandant: Generalleutnant von Fritsch.
Generalstab: Hauptmann von Tschirschky; Oberlieutnant von der Planitz.

1. Reiter-Brigade.
Generalmajor Prinz Georg, Königliche Hoheit.
Gardereiterregiment (1., 2., 3., 4. Schwadron) Oberst Graf zur Lippe.
1. Reiterregiment „Kronprinz" (2., 3., 4., 5. Schwadron) Oberst von Beulwitz.

2. Reiter-Brigade.
Generalmajor Frhr. von Biedermann.
2. Reiterregiment (1., 2., 4., 5. Schwadron) Oberst Senfft von Pilsach.
3.   „   (1., 2., 3., 4. Schwadron) Oberst von Ludwiger.

Divisionsartillerie.
1. reitende 12℔ige Granatkanonenbatterie, Hauptmann Zenker.
1. Ambulance, Oberlieutnant Böhme.

Reserve-Artillerie.
Commandant: Oberst Köhler.

1. Artillerie-Brigade.
Major von Watzdorf.
1. gezogene 6℔ige Batterie: Hauptmann Heydenreich.
2.   „   „   „   Hauptmann Walther.

2. Artillerie-Brigade.
Major Albrecht.
3. 12℔ige Granatkanonenbatterie, Hauptmann Lengnick.
4.   „   „   Hauptmann Westmann.
2.   „ reitende Granatkanonenbatterie, Hauptmann Hoch.
1. Munitions-Colonne, Oberlieutnant von Loeben.
2.   „   Oberlieutnant Groh.

Armeeanstalten.
Oberst Freyberg.
1. Parkcolonne: Hauptmann Brüske.
2.   „   Hauptmann Hammer.
Unbespannte Artilleriepark-Colonne: Hauptmann Verworner.
Feldequipagen-Depot: Hauptmann von Töring II.
Proviantcolonne: Kriegskommissar Höhne.
Pionier- und Pontonierabtheilung: Oberstlieutnant Kühnel.
Pionierpark: Hauptmann Andree.
Pontonpark: Hauptmann Klemm.

Feldhospital Nr. 1: Hauptmann von Baumann.
„ Nr. 2: Hauptmann Dr. Naundorf.
„ Nr. 3: Major Schoen.
„ Nr. 4: Hauptmann von Metzradt.
Pferde-Hospital: Leutnant Hamisch.

Depot-Truppen.
Commandant: Generalmajor Edler von der Planitz.
Generalstabsoffizier: Hauptmann Schurig.

Depot-Infanterie-Brigade.
Oberstleutnant von Hake.
1. Depot-Bataillon: Oberstleutnant d'Elsa.
2. „ Hauptmann Birnbaum.
3. „ Oberstleutnant von Kirchbach.
4. „ Oberstleutnant von Loeben.
Jäger-Depot-Bataillon: Major von Tettau.

Depot-Reiterregiment.
Oberstleutnant Frhr. von Prenzel.

Artillerie-Depot.
Major Oertel.

Pionier-Depot mit schwimmendem Pontonpark: Hauptmann Schubert.

Beilage LXVII.

Verlustliste der 3. Infanterie-Brigade „Prinz Georg" in der Schlacht bei Königgrätz.

1. In der Schlacht geblieben.
Brigadestab: Generalmajor Georg Job von Carlowitz.

9. Infanterie-Bataillon.

1. Compagnie:	Soldat	Carl Heinrich Traugott Ludwig.
	„	Friedrich Wilhelm Graubner.
	„	Carl Friedrich Scherpe.
	„	Gottfried Alexander Becker.
	„	Heinrich Oswald Lohse.
	„	Johann Gottlob Weber.
3. „	Corporal	Carl August Prochnau.
	Soldat	August Moritz Hofmann.
	„	Friedrich Wilhelm King.
	„	Carl Friedrich Wilhelm Grafe.
4. „	„	Gustav Adolph Merkel.

10. Bataillon.

1. Compagnie:	Soldat	Wilhelm Eduard Winter II.
3. „	„	Friedrich Carl Herrmann.
	„	Adolph Friedrich Wächter.
4. „	Corporal	Johann Gottlob Heinrich Hörig.

Beilage LXVII.

11. Bataillon.

2. Compagnie:	Soldat	Heinrich Wilhelm Kühn.
4. „	Corporal	Carl Albert Unger.
	Soldat	Carl Robert Naumann.

12. Bataillon.

1. Compagnie:	Soldat	Friedrich Ernst Apitz.
	„	Carl Heinrich Bergmann.
2. „	„	Carl Heinrich Bucher.
3. „	„	Robert Bernhard Müller.
4. „	„	Ludwig Steude.

2. Seit der Schlacht dauernd vermißt geblieben und den Gefallenen zuzurechnen.

9. Bataillon.

1. Compagnie:	Soldat	Carl Gottlob Brabandt.
	„	Carl Friedrich Teichmann.
	„	Friedrich August Arnold.
	„	Friedrich Ernst Preußner.
	„	Friedrich Eduard Möbius.
	„	Friedrich Hermann Pause.
	„	Johann Traugott Pech.
	„	Friedrich Hermann Gehring.
3. „	„	Carl Gottlieb Kriegel.
4. „	„	Moritz Heinrich Bachmann.
	„	Carl Wilhelm Endesfelder.
	„	Heinrich August Köhler.
	„	Heinrich Julius Berthold.
	„	Carl August Kleine.

10. Bataillon.

2. Compagnie:	Soldat	Ernst Julius Leonhardt.
	„	Johann Pinkau gen. Dietze.
	„	Heinrich August Rothe.
	„	Heinrich August Köhler.
	„	Franz Bernhard Reuchelt.
4. „	Vicecorporal	Franz Emil Hammer.
	Soldat	Friedrich Wilhelm Doberentz.

11. Bataillon.

1. Compagnie:	Soldat	Christian Liebegott Morgenstern.
	„	Carl Hugo Wilhelm.
3. „	„	Friedrich Wilhelm Schmidt.
	„	Emil Albin Fischer.
	„	Johann Gottlob Küttler.

12. Bataillon.

1. Compagnie:	Feldwebel	Johann Anton Spranger.
	Corporal	Gustav Heinrich Eisenbeiß.
2. „	Soldat	Carl Heinrich Großmann.
4. „	„	Carl Gustav Neus.
	„	Gustav Ernst Wolf.
	„	Friedrich Wilhelm Lämmel.

Beilage LXVII.

3. An Wunden verstorben.

9. Bataillon.

1. Compagnie:		Corporal	Friedrich Eduard Schwarzburger.
		Vicecorporal	Heinrich Eduard Weigelt.
		"	Johann Gottfried Eduard Werrmann.
		Soldat	Friedrich August Roßberger.
		"	Friedrich August Rießling.
		"	August Moritz Lippmann.
		"	Anton Seydel.
		"	Friedrich Herrmann Köhler.
2.	"	Feldwebel	Carl Gottlob Heller.
3.	"	Soldat	Carl Herrmann Richter.
		"	Christlieb Heinrich Schumann.
4.	"	Corporal	Friedrich August Weiße.
		Soldat	Carl Heinrich Spindler.
		"	Ernst Gustav Berger.
		"	Carl August Lippmann.
		"	Friedrich August Obermann.
		"	Friedrich Adolph Stöckel.
		"	Carl Friedrich Heinrich Lohmann.
		"	Friedrich Julius Zschäbitz.
		"	Ernst Herrmann Otto.

10. Bataillon.

2. Compagnie:		Vicecorporal	Otto Emil Bauer.
		Soldat	Friedrich August Herzog.
4.	"	"	Carl Ehregott Kunert.

11. Bataillon.

1. Compagnie:		Sergeant	Friedrich Gotthelf Naumann.
		"	Friedrich August Ahnert.
		Corporal	Gustav Adolph Gräfe.
		Soldat	Friedrich August Beckert.
		"	Friedrich August Enslinger.
		"	Carl Friedrich Herrmann Leonhardt.
		"	Carl Heinrich Feiste.
2.	"	"	Carl Gustav August Kötteritzsch.
3.	"	"	Carl Friedrich Siebert.
		"	Heinrich Louis Uhlmann.
		"	Heinrich Bruno Claus.

12. Bataillon.

2. Compagnie:		Soldat	Johann Christlieb Hentschel.
		"	Johann Gottlieb Wagenknecht.
4.	"	Feldwebel	Christian Friedrich August Uhlig.

4. An Krankheiten während des Feldzuges gestorben.

9. Bataillon.

1. Compagnie:		Soldat	Carl Friedrich Kästner.
		"	Carl Ludwig Schumann.
2.	"	"	Carl Friedrich Moritz Seifert I.
		"	Friedrich Herrmann Barthel.
		"	Johann Wilhelm Moritz Amende.
		"	Friedrich Oswald Reinhardt.

Beilage LXVIII.

3. Compagnie:	Soldat	Ernst Ehregott Weiske.
	"	Christian Gottlob Hammer.
	Zimmermann	Johann August Gotthelf Seiler.
4. "	Corporal	Ernst Heinrich Streine.
	Soldat	Carl Friedrich Barthel.
	"	Carl Friedrich Julius Straube.
	"	Johann David Winkler.

10. Bataillon.

1. Compagnie:	Soldat	Gottlob Ernst Lindner.
	"	Johann Gottlieb Knorr.
2. "	"	Johann Gottlieb Apitz.
	"	Friedrich August Helm.
	"	Friedrich Wilhelm Göbel.
3. "	Vicecorporal	Julius Franz Zimmermann.
4. "	Soldat	Christian Fürchtegott Wetzig.
	"	Johann Gottlob Gränz.

11. Bataillon.

2. Compagnie:	Soldat	Traugott Heinrich Peschel.
4. "	"	Christian Friedrich Heinrich Grünzig.

12. Bataillon.

1. Compagnie:	Soldat	Friedrich August Busch.
	"	Anton Theodor Priefer.
	"	Friedrich Gustav Koch.
	"	Johann Friedrich Saupe.
2. "	"	Carl Eduard Schilling.
	"	Carl August Müller V.
3. "	"	Johann Friedrich Herrmann Fleischer II.
	"	Carl Friedrich Herrmann Süßkind.
	"	Friedrich Wilhelm Trautluft.
	"	Gustav Adolf Kufs.
	"	Friedrich Traugott Nitzschke.
4. "	"	Friedrich Wilhelm Schumann.
	"	Carl Gustav Riedel II.

Depot der 3. Infanterie-Brigade.
    Soldat Maximilian Moritz Pilz.

Zusammengestellt nach den im K.-M.-A. befindlichen Listen.

Beilage LXVIII.

Verzeichniß der der 3. Infanterie-Brigade für den Feldzug 1866 verliehenen Decorationen.

St. Heinrichsorden:

Oberstlieutnant von Craushaar.
Major von Abendroth.
Hauptmann Verlohren II.
  "   Kemnitzer.
  "   von Gutbier.

Beilage LXVIII.

Verdienstorden mit der Kriegsdecoration:
Major von Leonhardi I.

Albrechtsorden mit der Kriegsdecoration:
Hauptmann von Wolf II.

Ritterkreuz des Verdienstordens:
Oberstleutnants von Kirchbach und Plötz.

Ritterkreuz des Albrechtsordens:
Major Schoen.

Ritterkreuz der Eisernen Krone 3. Classe mit der Kriegsdecoration:
Hauptmann Puscher.
„ von Süßmilch-Hörnig.
Brigadeadjutant Oberleutnant Larraß.

Oesterreichisches Militair-Verdienstkreuz mit Kriegsdecoration:
Adjutant von Polenz.
Oberleutnant Martini.
„ Jahn.
„ von Pape.
„ von Craushaar.
Adjutant von Welck.
Leutnant Thimmig.

Goldene St. Heinrichs-Medaille:
Corporal Rosenhauer, 9. Bataillon, 4. Compagnie.

Silberne St. Heinrichs-Medaille:

9. Bataillon.

1. Compagnie: Corporal Großmann, Soldat Schmidt und Halecker.
2. „ Sergeant Roßberg, Sanitätssoldat Büttig, Soldat Thielemann II.
3. „ Corporale Schoene und Werner, Soldat Winter, Gleißberg, Greif, Sanitätssoldat Biebrach.
4. „ Vicecorporal Scheffler.

10. Bataillon.

1. Compagnie: Feldwebel Lindner, Soldat Kießling, Sanitätssoldat Lehmann II.
2. „ Feldwebel Hengst, 2. Feldwebel Mai, Sergeant Fritzsche, Vicecorporal Parthey, Sanitätssoldat Ulbricht.
3. „ Feldwebel Schmidt, 2. Feldwebel Feuerberg, Sergeant Meißner.
4. „ Feldwebel Münkner, 2. Feldwebel Schatter, Sergeant Heyde.

11. Bataillon.

1. Compagnie: Feldwebel Zenker.
2. „ „ Karisch.
3. „ „ Thiele.
4. „ „ Hendel, Sanitätssoldat Weigel.

12. Bataillon.

1. Compagnie: Reservesignalist Schurig.
2. „ Feldwebel Heilfurth, Sergeant (Oberkrankenwärter) Schlegel, Vicecorporal Tanz.

3. Compagnie: Feldwebel Jesora, Soldat Schmieder, Schoenfeld, Schilde, Noack.
4.   „   Feldwebel Pietzsch, 2. Feldwebel Uhlig, Sergeant Pönisch, Vicecorporal Zimmermann.

Oesterreichische goldene Tapferkeitsmedaille:

9. Bataillon.
3. Compagnie: Feldwebel Schmidt.

10. Bataillon.
1. Compagnie: Feldwebel Rost.

11. Bataillon.
1. Compagnie: Corporal Drechsler.

Oesterreichische silberne Tapferkeitsmedaille 1. Classe:

9. Bataillon.
2. Compagnie: Feldwebel Löwe.
4.   „   „   Hirsch.

10. Bataillon.
Stab: Bataillonssignalist Loßner.
1. Compagnie: Corporal Müncker.

11. Bataillon.
3. Compagnie: Sergeant Thomas.
4.   „   „   Wagner.

12. Bataillon.
2. Compagnie: Corporal Müller.
4.   „   „   Böhme.

Oesterreichische silberne Tapferkeitsmedaille 2. Classe:

9. Bataillon.
1. Compagnie: Soldat Rüber.
2.   „   „   Salzbrenner, Franke.
3.   „   „   Scholz.
4.   „   „   Busch.

10. Bataillon.
1. Compagnie: Soldat Zichalig.
2.   „   Sanitätssoldat Knöfel, Soldat Köhler.
3.   „   „   Merseburger.
4.   „   Soldat Müller.

11. Bataillon.
1. Compagnie: Reservesignalist Burkhardt.
2.   „   Soldat Hessel, Warl.
3.   „   „   Uhlmann, Franke I.

12. Bataillon.
1. Compagnie: Feldwebel Böhnisch, Sergeant Voigt, Corporal Dittrich.
3.   „   „   Richter, Fourir Knetzsch.
4.   „   Soldat Möbius.

Oesterreichisches silbernes Verdienstkreuz mit der Krone:

9. Bataillon.

1. Compagnie: Sergeant Grünberger.

10. Bataillon.

1. Compagnie: Corporal Strauch.
4. „ Vicecorporal Möbius.

Oesterreichisches silbernes Verdienstkreuz ohne Krone:

9. Bataillon.

2. Compagnie: Soldat Conrad.
3. „ Sergeant Rausch.

10. Bataillon.

2. Compagnie: Soldat Raabe.
3. „ „ Schulze I., Hartmann, Ludwig.

Beilage LXIX.

Offiziers-Liste
der 4. Infanterie-Brigade Nr. 48 vom 1. April 1867.

Brigadier: Oberst Freiherr Georg von Wagner * AC.[2]
Adjutant: Oberleutnant Georg Friedrich Gottlob Müller.
Auditeur 1. Classe: Moritz Adolph Nehrhoff von Holderberg.

7. Infanterie-Regiment „Prinz Georg" Nr. 106.

Chef: Se. Königliche Hoheit Prinz Georg, Herzog zu Sachsen.
Commandant: Oberstleutnant Hugo Garten SEHC[2]. NVR. PK[2].
Bataillons-Commandanten: Oberstleutnant Heinrich von Abendroth *. EK[3KD].
SH[2]. NVmS.
  „   „   Major Carl Friedrich Eduard Bubam I.
  „   „   „ Maximilian Maria Alopsius von Dziembowsky III.
Stabsoffizier: Major Carl Hugo Robert Puscher. EK[3KD].
Wirthschaftsoffizier: Hauptmann Johann Anton Larraß. EK[3KD].
Hauptleute: Herrmann von Erdmannsdorf 7.
              Friedrich Eduard von Gersdorff 9.
              Carl Friedrich August Weinhold 2.
              Hugo Naundorff II. 8.
              Emil Rudolph von Herrmann 5.
              August Alfred von Wolf II. AO. [KD]. 4.
              Hans von Schütz 12.
              Herrmann Johannes Frotscher 1.
              Heinrich von Raab IV. 3.
              Friedrich Richard Brachmann 11.
              Friedrich Wilhelm Schröber 6.
              Victor Christian Hermann August Carl von Tiebitsch 10.

Beilage LXIX.

Oberleutnants: Bernhard Jren Martini. MVKKD. 1.
Albin von Brzeski 7.
Martin Cäsar Eduard Rühle 9.
Richard Hugo Alexis Scheffel II. Adj. I.
Carl Otto Alexander Just, Adj. II.
Maximilian Robert Klette 6.
Friedrich Overbeck 12.
Lothar Friedrich Clemens Frhr. von Hausen I., Reg.-Adj.
Johannes Carl Adolph von Metzradt 5.
Otto Ludwig Amandus Blohm II. 2.
Traugott Demuth Gräfe 10.
Carl Heinrich Balduin Fellmer 3.
Leutnants: Carl Friedrich Adolph Erwin Frhr. von Wirsing, Adj. III.
Arthur Edmund Schmalz 4.
Carl Ferdinand Ernst d'Elsa 2.
Johann Bernhard Roßmy 3.
Heinrich Wolf von Wolffersdorff 4.
Clemens Robert Anton Maria Frhr. von Oer II. 6.
Friedrich Otto Hoppert 10.
Friedrich August Schroeter 11.
Johannes Ludwig Franz Horack 12.
Friedrich Moritz Theodor Geißler I. 7.
Georg Bruno Kaufmann 5.
Carl Heinrich Georg Pretzsch 8.
Traugott Eduard Hummitzsch 2.
Georg Friedrich Clemens Scheffel II. 9.
Heinrich Bruno Weigandt 8.
Carl Conrad Robert Miersch 1.

Vom Sanitäts-Corps commandirt.

Regimentsarzt: Ober-Stabsarzt Johann Jacob Jurack, I.
Bataillonsarzt: Stabsarzt Heinrich Christian Friedrich Christner, III.
" " Dr. Otto Graf, II.
Assistenzarzt: Dr. Gustav Adolph Zimmermann, I.
Char. Assistenzarzt: Christian Eduard Hoßfeld, III.
" Curt Friedrich Zeune, II.

8. Infanterie-Regiment Nr. 107.

Commandant: Oberstleutnant Bernhard August Alban von Leonhardi VOᴋᴰ. EKKDᵃ.
Bataillons-Commandanten: Oberstleutnant Johann Heinrich von Wolffersdorff HW⁴ I.
" " Major Wolf Georg Edmund von Schweinitz II.
" " " Alexander Adolph Julius Victor von Bosse SE¹ III.
Stabsoffizier: Major Carl Moritz Thierbach.
Wirthschaftsoffizier: Hauptmann Veit Leo Frhr. von Seckendorff-Gudent.
Hauptleute: Johann Ludwig Bernhard von Gutbier I. 6.
Wilhelm August Friedrich von Döring I. 1.
Ludwig Ehregott von Seydlitz 5.
Friedrich Bruno Richard von Rohrscheidt 9.
Adolph Maximilian Verlohren II. * 12.
Carl August Kemnitzer * 10.
August Ludwig von Gutbier II. * 2.

Johann Carl August Schurig AO. Sg. L. R. (commandirt beim
   Cadetten-Corps) 11.
Oskar Eduard Reyher * 3.
Julius August Max Müstner 7.
Eduard Constanz von Pape. MVK^{KD}. 8.
Carl Ludwig Wichmann 4.

Oberleutnants: Theodor Gotthelf Adolph Schreiber, Adj. I.
August Moritz Jahn. MVK^{KD}. 1.
Wilhelm von Beulwitz II. 5.
Ernst Emil Theodor Opitz 9.
Johannes Andreas Legler, Adj. III.
Carl Mehlig, Reg.-Adj.
Max Theodor Knauth 12.
Johann Adolph Leopold von Zeschau II., Adj. II.
Wilhelm Eberhard Benedict von der Decken 2.
August Richard Alfred Pöge 4.
Carl Georg Friedrich Christian Michelmann 10.
Friedrich Herrmann Franz Basse 7.

Leutnants: Friedrich Otto von Criegern 8.
Carl Ludwig Constantin Edler von der Planitz 1.
Heinrich Adolph Frhr. von Friesen I. 3.
Julius Friedrich Herrmann Thimmig. MVK^{KD}. 6.
Alfred Ludwig Tietrich von Wurmb 10.
Carl Bernhard Röberer 4.
Gottlob Friedrich Tunger 6.
Wilhelm Ernst von Götz I. 2.
Franz Moritz Traugott Sittig 7.
Julius Wilhelm Leopold Werner Basse HEA¹ 9.
Carl Friedrich Anton Paul Musch 9.
Hugo Arthur Schneider 5.
August Herrmann Lempe 3.
Curt Alexander Hahn 11.
Ferdinand Wilhelm Emil Jonas 8.
Herrmann Gustav Albert Göring 12.

Portepeejunker: Eugenius Engelbert Wohlmann, 1.
Clemens August Meißner, 11.

Vom Sanitäts-Corps commandirt.

Regimentsarzt: Ober-Stabsarzt Dr. Oskar Emil Pfotenhauer, I.
Bataillonsarzt: Stabsarzt Dr. Anton Gustav Uhlemann, II.
    „   Dr. August Bruno Meyer, III.
Assistenzarzt: Dr. Carl Curt Stecher, I.
Char. Assistenzarzt: Woldemar Feodor Schletter, II.

Beilage LXX.

Friedens-Etat
eines Infanterie-Regiments nach der Formation vom 1. April 1867.

1 Regimentscommandeur.	Bei 3 Bataillonen:
1 zweiter Stabsoffizier.	3 Stabsoffiziere als Commandeure.
1 Regimentsadjutant.	3 Bataillonsadjutanten.
1 Wirthschaftsoffizier.	1 Oberstabsarzt.
1 Wirthschaftssecretair.	2 Stabsärzte.
1 Wirthschaftsfourir.	3 Assistenzärzte.
1 Regimentsfourir.	12 Hauptleute.
2 Krankenwärter.	12 Oberlieutnants.
10 Hautboisten.	24 Leutnants.
	12 Portepeejunker.
	3 Bataillonstambours.
	3 Bataillonsfourire.
	3 Büchsenmacher.
	12 Feldwebel.
	48 Sergeanten.
	84 Unteroffiziere.
	144 Gefreite.
	1296 Soldaten (incl. 48 Spielleute und 18 Sanitätssoldaten).
Summa:	1684 Köpfe.

Beilage LXXI.

Offiziers-Liste des 7. Infanterie-Regiments „Prinz Georg" Nr. 106 bei Beginn des Feldzuges 1870.

Regimentscommandeur: Oberst von Abendroth.
Bataillonscommandeure: Major von Mandelsloh, II.
    „   Brinkmann, III.
    „   von der Decken, I.

Compagnie-Chefs und Führer.

Hauptmann: von Gersdorff 9.	Hauptmann: Schroeder 6.
„ Naundorff 8.	„ Martini 7.
„ von Herrmann 5.	„ von Brzeski 2.
„ von Schütz 12.	„ Schlaberg 3.
„ Frotscher 1.	Premierlieutenant: Just 10.
„ Brachmann 11.	„ Overbeck 4.

Premierlieutenants.

Premierlieutenant: Frhr. von Hausen, Reg.-Adj.	Premierlieutenant: Frhr. von Wirsing, Adj. III.
„ Gräfe, Wirthschaftsoffizier III.	„ von Seydewitz 11.
„ Fellmer, Wirthschaftsoffizier I.	„ d'Elsa 5.
	„ Egner 1.

Secondelieutenant: Frhr. von Der 6.
„ Geißler 1., Wirth-
schaftsoffizier II.
„ Kaufmann, Adj. II.
„ Hummitzsch, Adj. I.
„ Scheffel 2.
„ Weigandt 4.

Secondelieutenant: von Teubern 3.
„ „ Schaller 8.
„ d. R. Freyer 10.
„ „ Landgraf 12.
„ „ Odrich 7.
„ „ Haase 9.

Secondelieutenants.

Secondelieutenant d. R.: Müller 1.
„ „ Hönisch 10.
Portepeefähnrich: Weigel 9.
„ Ludovici 11.
„ Overbeck 6.
„ Lucius 8.
char. „ von Haupt 2.
Vicefeldwebel d. R.: Bering 3.
„ „ Ziller 4.
„ „ Oppelt 6.
„ „ Oelsner 8.
„ „ Usert 12.
char. Unteroffizier d. R.: Liebschner 4.
„ „ „ Gerhardt 7.
„ „ „ Kaiser 1.
„ „ „ Finke 10.
„ „ „ Schurigt 11.

char. Unteroffizier d. R.: Walter 9.
„ „ „ Schurig 5.
„ „ „ Lämmel 3.
„ „ „ Hauptmann 2.
„ „ „ Theyson 5.
Sergeant 1. Classe: Geißler 1.
„ Möbius 2.
„ Helm 3.
„ Schulze 4.
„ Halter 5.
„ Zschau 6.
„ Born 7.
„ Obenaus 8.
„ Winkler 9.
„ Donner 10.
„ Welker 11.
„ Pietzsch 12.

Vom Sanitätscorps zum mobilen Regiment commandirt:

Oberstabsarzt: Dr. Graf.
Stabsärzte: Dr. Müller, Dr. Nicolai.
Assistenzarzt: Dr. Laraß.
Unterärzte: Sonnenberg, Dr. Satlow.

Offiziers-Liste des Ersatzbataillons des 7. Infanterie-Regiments „Prinz Georg" Nr. 106 bei Beginn des Feldzuges 1870.

Commandeur: Major Schlick (vom Schützenregiment hierher commandirt).
Adjutant: Secondelieutenant Pretzsch.
Compagnieführer: Hauptmann von Wolf 4.
„ von Diebitsch 2.
Premierlieutenant von Stieglitz 1.
Secondelieutenant Hoppert 3.
Premierlieutenants: Secondelieutenant d. R. Trübenbach 1.
„ „ Oettel 3.
„ „ Rudolph 4.
„ „ Steeger 2.
Secondelieutenants: Portepeefähnrich von Süßmilch gen. Hörnig 1.
„ Teichmann 3.
„ Zinkernagel 4.
Zur Führung der wirthschaftlichen Geschäfte: Unteroffizier 1. Cl. Kohlmann.

Vom Regimente versetzt und abcommandirt:

Premierlieutenant: Rühle als Hauptmann und Compagnie-Chef zum 5. Inf. Regiment Nr. 104.
„   Scheffel als Hauptmann und Compagnie-Chef zum 6. Inf. Regiment Nr. 105.
„   von Zezschwitz commandirt zum 1. Jägerbataillon.
„   Alette commandirt als Compagnieführer zum 4. Landwehr-Besatzungs-Bataillon.

Beilage LXXII.

Ordre de Bataille des mobilen Königlich Sächsischen (XII.) Armeecorps vom 16. Juli 1870.

Commandirender General: General der Infanterie Kronprinz Albert, Herzog zu Sachsen, Königliche Hoheit.
Generalstabs-Chef: Oberstlieutenant von Zezschwitz.
Commandeur der Artillerie: Generalmajor Köhler.
Commandeur der Ingenieure und Pioniere: Major Klemm.
Commandeur der Stabswache: Hauptmann von Wurmb.
Commandeur der Feldgendarmerie: Rittmeister von Römer.
Corps-Generalarzt: Dr. Roth.
Corps-Auditeur: Baumgarten-Crusius.

Erste Infanterie-Division Nr. 23.

Commandeur: Generallieutenant Prinz Georg, Herzog zu Sachsen, Königl. Hoheit.
Generalstabsofficiere: Oberstlieutenant Schubert, Hauptmann von Treitschke.

1. Infanteriebrigade Nr. 45.
Generalmajor von Craushaar.
Adjutant: Premierlieutenant Schmalz I.
1. (Leib) Grenadier-Regiment Nr. 100, Oberst Garten.
2. Grenadier-Regiment Nr. 101, Oberst von Seydlitz.
Schützen-Regiment Nr. 108, Oberst Frhr. von Hausen.

2. Infanteriebrigade Nr. 46.
Oberst von Montbé.
Adjutant: Premierlieutenant Schultes.
3. Infanterie-Regiment Nr. 102, Oberst Rudorff.
1.   „   Nr. 103, Oberstlieutenant Dietrich.
1. Reiter-Regiment, Oberstlieutenant von Sahr.
1. Fußabtheilung des Feldartillerie-Regiments Nr. 12 (1. und 2. schwere, 1. und 2. leichte Batterie) Oberstlieutenant von Watzdorf.
2. Compagnie des Pionierbataillons Nr. 12 mit Schanzzeug-Colonne, Hauptmann Richter.
4. Compagnie des Pionierbataillons Nr. 12, Hauptmann Friedrich.
Feld-Intendantur-Abtheilung, Hauptmann von Kotsch.
Feld-Proviantamt Nr. 1.
Feldpostexpedition Nr. 1.
Sanitätsdetachement Nr. 1.
Proviantkolonne Nr. 1.

Zweite Infanterie-Division Nr. 24.
Commandeur: Generalmajor Nehrhoff von Holderberg.
Generalstabsoffiziere: Major von Tschirschky und Bögendorff, Hauptmann von Bülow.

3. Infanteriebrigade Nr. 47.
Generalmajor von Leonhardi.
Adjutant: Premierlieutenant Wagner.
5. Infanterie-Regiment Nr. 104, Oberst von Elterlein.
6. " Nr. 105, Oberst von Tettau.
1. Jägerbataillon Nr. 12, Major Graf von Holtzendorff.

4. Infanteriebrigade Nr. 48.
Oberst von Schulz.
Adjutant: Premierlieutenant Besenn.
7. Infanterie-Regiment Nr. 106, Oberst von Abendroth.
8. " Nr. 107, Oberstlieutenant von Schweinitz.
2. Jägerbataillon Nr. 13, Major von Götz.
2. Reiterregiment, Major Genthe.
2. Fußabtheilung des Feld-Artillerie-Regiments Nr. 12 (3. und 4. schwere, 3. und 4. leichte Batterie) Major Richter.
3. Compagnie des Pionierbataillons Nr. 12 mit leichtem Feldbrückentrain, Hauptmann Schubert.
Feldintendantur-Abtheilung, Hauptmann Rottka.
Feld-Proviantamt Nr. 2.
Feldpostexpedition Nr. 2.
Sanitätsdetachement Nr. 2.
Proviantcolonne Nr. 2.

Cavallerie-Division Nr. 12.
Commandeur: Generalmajor Graf zur Lippe.
Generalstabsoffiziere: Hauptmann Reyher, Hauptmann von Kirchbach.

1. Cavalleriebrigade Nr. 23.
Generalmajor Krug von Nidda.
Adjutant: Premierlieutenant von Boxberg.
Gardereiter-Regiment, Oberst von Carlowitz.
1. Ulanen-Regiment, Oberst von Miltitz.

2. Cavalleriebrigade Nr. 24.
Generalmajor Senfft von Pilsach.
Adjutant: Premierlieutenant von Hönning.
3. Reiterregiment, Oberst von Standfest.
2. Ulanen-Regiment, Oberstlieutenant von Trosky.
1. reitende Batterie, Hauptmann Zenker.
Feld-Intendantur-Abtheilung, Rittmeister von Zezschwitz.
Feld-Proviantamt Nr. 3.
Proviantcolonne Nr. 3.

Corpsartillerie.
Commandeur: Oberst Funcke.
Adjutant: Premierlieutenant von Watzdorf.
3. Fußabtheilung des Feldartillerie-Regiments Nr. 12 (5. und 6. schwere, 5. leichte Batterie) Major Hoch.
4. Fußabtheilung des Feldartillerie-Regiments Nr. 12 (2. reitende, 7. und 8. schwere, 6. leichte Batterie) Oberstlieutenant Oertel.

Colonnenabtheilung des Feldartillerie-Regiments Nr. 12, Oberstlieutenant
   Schörner.
Feld-Intendantur-Abtheilung, Hauptmann Schultze.
Feld-Proviantamt Nr. 4.
Feldpostexpedition Nr. 3.
Sanitätsdetachement Nr. 3.
Proviantcolonne Nr. 4.
   Hierüber: Administrationen und Branchen des Generalcommandos; Trains
Oberst Schmalz.
   Summa: 27 Infanterie-, 2 Jäger-Bataillone, 24 Escadrons, 96 Geschütze,
3 Pionier-Compagnien; incl. der Ersatz- und Besatzungstruppen 59,423 Mann,
13,989 Pferde.

Beilage LXXIII.
Offiziers-Liste des 7. Infanterie-Regiments „Prinz Georg"
Nr. 106 vom 23. October 1870.

1. Mobiles Regiment.
Mit der Führung des Regiments beauftragt: Major von Mandelsloh.
Stellvertretender Regimentsadjutant: Premierlieutenant Frhr. von Wirsing.
   Wirthschaftsofficier: Secondelieutenant Geißler I.

1. Bataillon.
Mit der Führung beauftragt: Hauptmann Naundorff.
Adjutant: Secondelieutenant Hummitzsch.
1. Compagnie: Mit der Führung beauftragt: Premierlieutenant Exner.
   Secondelieutenant d. R. Oelsner.
      „   „   Kaiser.
   2. Feldwebel Geißler (krank im Lazareth).
2. Compagnie: Hauptmann von Brzeski.
   Secondelieutenant von Teubern.
      „   „   von Haupt.
   Portepeefähnrich Teichmann.
   2. Feldwebel Möbius.
3. Compagnie: Mit der Führung beauftragt: Secondelieutenant Scheffel.
   Secondelieutenant d. R. Oppelt (krank im Lazareth zu Clave).
      „   „   Ziller.
   2. Feldwebel Helm (krank im Lazareth).
4. Compagnie: Führer: Premierlieutenant Overbeck.
   Secondelieutenant d. R. Rudolph.
      „   „   Pilz.
   2. Feldwebel Schütze.

2. Bataillon.
Mit der Führung beauftragt: Hauptmann von Herrmann (krank) dafür
   Hauptmann Schroeder.
Adjutant: Secondelieutenant Kaufmann.
5. Compagnie: Mit der Führung beauftragt: Secondelieutenant Frhr. von Oer.
   Secondelieutenant d. R. Schurig.
      „   „   Tenjon.
   2. Feldwebel Halter.

6. Compagnie: Hauptmann Schroeder.
           Seconbelieutenant Overbeck.
                      „   d. R. Lämmel.
           2. Feldwebel Zschau.
7. Compagnie: Hauptmann Martini.
           Seconbelieutenant d. R. Hänel.
                      „   Walter.
           Portepeefähnrich Zinkernagel.
           2. Feldwebel Born.
8. Compagnie: Mit der Führung beauftragt: Premierlieutenant von Stieglitz.
           Seconbelieutenant Lucius.
           2. Feldwebel Obenaus.

3. Bataillon.

           Mit der Führung beauftragt: Hauptmann Brachmann.
           Stellvertretender Adjutant: Seconbelieutenant Weigel.
9. Compagnie: Führer: Premierlieutenant Graese.
           Seconbelieutenant d. R. Oettel.
                      „   Perl.
           2. Feldwebel Winkler.
10. Compagnie: Führer: Premierlieutenant Just.
           Seconbelieutenant Schaller.
                      „   d. R. Trebsdorf.
           2. Feldwebel Tonner.
11. Compagnie: Mit der Führung beauftragt: Seconbelieutenant d. R. Haase.
           Seconbelieutenant d. R. Finke.
                      „   Hauptmann.
           2. Feldwebel Welter (verwundet im Lazareth).
12. Compagnie: Führer: Premierlieutenant von Seydewitz.
           Seconbelieutenant d. R. Ufert.
                      „   Schurigt.
           2. Feldwebel Pietzsch.
Hierüber: Oberst von Abendroth, mit der Führung der 48. Brigade beauftragt.
           Major Brinkmann, krank im Quartier.
           Hauptmann von Herrmann, krank im Lazareth zu Claye.
                „   von Schlaberg, krank in Dresden.
           Premierlieutenant Frhr. von Hausen, commandirt als Brigadeadjutant.
                „   Fellmer, commandirt bei der 5. Proviantcolonne.
                „   d'Elsa, krank im Lazareth zu Rheims.
           Seconbelieutenants Weigandt und Ludovici, Seconbelieutenants d. R.
                Miersch und Freyer, zum 8. Infanterie-Regiment Nr. 107 com-
                mandirt.

2. Ersatzbataillon Nr. 106.

Commandeur: Major von der Decken, z. Z. krank, dafür: Hauptmann von Wolf,
     Führer der 4. Ersatzcompagnie.
Adjutant: Seconbelieutenant Pretzsch.
Hauptmann von Tiebitzsch, Führer der 1. Ersatzcompagnie, z. Z. commandirt
     auf Schloßwachcommando Waldheim.
Seconbelieutenant Steeger, mit der Führung der 1. Compagnie beauftragt.
Seconbelieutenant Heppert, mit Führung der 2. Compagnie beauftragt.
Seconbelieutenant Trübenbach, mit Führung der 3. Compagnie beauftragt.

Portepeefähnrich von Süßmilch-Hörnig.
Unteroffizier Oertge ⎱ Offiziersdienstthuende.
    „   Melzer   ⎰
Functionirender Wirthschaftsoffizier: Unteroffizier Kohlemann.

Beilage LXXIV.

Verzeichniß der im Feldzuge 1870 Gefallenen, an Wunden Gestorbenen und dauernd vermißt Gebliebenen des 7. Infanterie-Regiments „Prinz Georg" Nr. 106.

1. Schlacht bei St. Privat.

a. Gefallen.

Secondelieutenant d. R. Otto Müller. 1. Compagnie.
Hauptmann Hans von Schütz. 12. Compagnie.
Soldat Carl Heinrich Richter I.   ⎫
   „   Carl Trautmann.   ⎬ 1. Compagnie.
   „   Friedrich Arno Richter II. 2. Compagnie.
Unteroffizier (Fahnenträger) Julius Albert. ⎫
Soldat Friedrich August Hermann Kratz.   ⎬ 3. Compagnie.
   „   Johann August Wiemer. 4. Compagnie.
   „   Johann Julius Gustav Linke I.   ⎫
   „   Julius Bernhard Setzer.   ⎬ 12. Compagnie.
   „   Friedrich Julius Vogel.   ⎪
   „   Carl Hermann Winkler.   ⎭

b. An Wunden Gestorben.

Hauptmann Herrmann Johannes Frotscher. 1. Compagnie.
Premierlieutenant und Brigadeadjutant Friedrich Adolph Bekenn.
Secondelieutenant d. R. Wilhelm Friedrich Landgraf. 12. Compagnie.
Sergeant Carl Herrmann Kramer.   ⎫
Soldat Carl Friedrich Bißner.   ⎪
   „   August Friedrich Tennhard.   ⎬ 2. Compagnie.
   „   Adolph Louis Hesse.   ⎪
   „   Friedrich Wilhelm Pfahl.   ⎪
   „   Friedrich Ernst Säuberlich.   ⎭
Vicefeldwebel d. R. Ernst Friedrich Georg Bering. ⎫
Sergeant Carl Ernst Holzhausen.   ⎬ 3. Compagnie.
Gefreiter Ernst Louis Hanke.   ⎭
Sergeant Friedrich Wilhelm Brandt.   ⎫
Soldat Franz Ehregott Hennig III.   ⎬ 4. Compagnie.
   „   Friedrich August Böhland. 10. Compagnie.

c. Vermißt, wahrscheinlich todt.

Gefreiter Carl Theodor Koch.   ⎫ 1. Compagnie.
Soldat Carl Herrmann Schramm.   ⎭
   „   Friedrich Herrmann Pechstein. ⎫ 3. Compagnie.
   „   Carl Friedrich Ernst Kießling. ⎭
   „   Mörbitz.   ⎫ 4. Compagnie.
   „   Friedrich August Lohse IV.   ⎭

Beilage LXXIV.

2. Schlacht bei Sedan, 1. September 1870.

An Wunden Gestorben.

Soldat Ernst Herrmann Schmidt V. 10. Compagnie.
„ Moritz Herrmann Giessner. 5. „

3. Patrouille gegen Pissemombse, 15. October 1870.

An Wunden Gestorben.

Sergeant Carl Ludwig Franz Hahn gen. Grossmann. 7. Compagnie.

4. Auf Vorposten bei Ury s/Marne, 18. November 1870.

Geblieben.

Soldat Franz Friedrich Anton Vogel. 7. Compagnie.

5. Schlacht bei Villiers, 30. November 1870.

a. Geblieben.

Hauptmann Carl Otto Alexander Just. 10. Compagnie.
Secondelieutenant d. R. Gustav Adolph Hänel. 7. Compagnie.
„ „ Carl Theodor Perl. 9. „
„ „ Emil Trebsdorf. 10. „
Unteroffizier Paul Strenge.
„ August Schäfer.
„ Heinrich Eduard Hermannsdorf. } 5. Compagnie.
Soldat Heydrich.
„ Carl Heinrich Fritzsche.
„ Carl Adolph Gleich. } 6. Compagnie.
Sergeant Hermann Ludwig Müller.
Unteroffizier Ernst Gustav Raab.
Einjährig-Freiwilliger Reinhold Haupt IV.
Soldat Carl Franz Böhme II.
„ Carl Franz Louis Dienst.
„ Gustav Adolph König. } 7. Compagnie.
„ Johann Gottlieb Richter II.
„ Johann Carl Schiebold.
„ Friedrich Schmidt.
„ Franz Emil Winkler III.
Unteroffizier Carl Ferdinand Schiller.
Gefreiter Friedrich August Schulze.
„ Johann Carl Emil Stehfest.
Einjährig-Freiwilliger Carl Wilhelm Albin Knab.
Soldat August Friedrich Behrisch.
„ Friedrich Ernst Böhme III.
„ Gustav Herrmann Fischer.
„ Friedrich Eduard Günther I. } 8. Compagnie.
„ Friedrich Wilhelm Henneberg.
„ Franz Herrmann Krell.
„ Johann Friedrich Herrmann Thalheim.
„ Christian Friedrich Weber.
„ Eduard Moritz Münkner.
„ Franz Bruno Morgenstern.
„ Emil Heinrich Döring.
„ Gottfried Albert Dietrich II.
„ Friedrich Herrmann Gaitzsch. } 9. Compagnie.
„ Johann Carl Heinrich Schnabel.

Beilage LXXIV.

Soldat Robert Theodor Lindner I. ⎫ 10. Compagnie.
„ Carl August Lorenz II. ⎭

Gefreiter Friedrich Ernst Karstädt. ⎫
Hornist Gustav Emil Fischer. ⎬ 11. Compagnie.
Soldat Christian Gottlieb Eduard Maschwitz. ⎭

Unteroffizier Friedrich August Riemer. ⎫
Soldat Franz Hugo Max Fischer I. ⎪
„ Herrmann Otto Julius Gerlach. ⎬ 12. Compagnie.
„ Heinrich Herrmann Kühne. ⎪
„ Ernst Fürchtegott Schulze IV. ⎭

b. An Wunden Gestorben.

Soldat Emil Bruno Saupe. ⎫ 5. Compagnie.
„ Christian Friedrich August Wille. ⎭

„ Wilhelm Heinrich Winkler I. 6. Compagnie.

Sergeant Carl Herrmann Schmidt. ⎫
Gefreiter Heinrich Franz Rothe I. ⎪
Einjährig-Freiwilliger Wilhelm Robert Heigis. ⎪
Soldat Friedrich Franz Brodkorb. ⎪
„ Carl Herrmann Buhle. ⎪
„ Gotthold Eduard Hausgen. ⎪
„ Eduard Otto Jänke. ⎪
„ Gottlob Herrmann Jahn I. ⎬ 7. Compagnie.
„ Anton August Krall. ⎪
„ Carl Robert Mosig. ⎪
„ Heinrich August Martin Neubert. ⎪
„ Friedrich Runze. ⎪
„ Ernst Eduard Schubert. ⎪
„ Friedrich Julius Voland. ⎪
„ Franz Albert Winter I. ⎪
„ Johann Carl Gottfried Schwenke. ⎭

Gefreiter Herrmann Heinrich Gustav Maresch. ⎫
Soldat Ernst Friedrich Emil Böhme II. ⎪
„ Franz Herrmann Hunger. ⎬ 8. Compagnie.
„ August Carl Friedrich Müller VII. ⎪
„ Ernst Gottlieb Zestermann. ⎭

„ Gottlieb August Richter I. ⎫
„ Ernst Herrmann Wustig. ⎬ 9. Compagnie.
„ Johann Gottlob Tögnitz. ⎭

„ Heinrich Jähnig. ⎫
„ Friedrich August Kaiser. ⎪
„ Adolph Herrmann Peters (†5./12.70. in Paris). ⎬ 10. Compagnie.
„ Carl Adolph Rößler. ⎪
„ Johann Carl Werner. ⎪
„ Friedrich Herrmann Zechel. ⎭

Einjährig-Freiwilliger Carl Gustav Siegel. ⎫
Soldat Carl Heinrich Arnold II. ⎪
„ Julius Louis Herrmann August Kunze. ⎪
„ Gottfried Ernst Köhler III. ⎬ 11. Compagnie.
„ Johann Carl Meißner. ⎪
„ Friedrich Herrmann Münch. ⎪
„ Carl Hugo Venler. ⎭

Gefreiter Edmund Robert Speck. ⎫
„ Friedrich Ernst Theodor Weber. ⎪
Soldat Oscar Feodor Richard Bing. ⎬ 12. Compagnie.
„ Friedrich Moritz Schulze II. ⎭

c. **Vermißt geblieben und den Todten zuzurechnen.**

Soldat Christian Georg Vollmer.   5. Compagnie.
Unteroffizier Ernst Moritz Löhrig.
Gefreiter Ernst Gustav Pöschel.
Soldat Gustav Robert Eßler.
  „   Friedrich Gustav Fritzsche.
  „   Friedrich Moritz Gehre.
  „   Gustav Robert Leonhardt I.
  „   Friedrich August Grüneberger.
  „   Friedrich Herrmann Kauerauf.   7. Compagnie.
  „   Heinrich Ferdinand Pönitz.
  „   Johann Carl Gottfried Scharnack.
  „   Albert Carl Schottstädt.
  „   Christoph Robert Werner.
  „   Gottfried Wienecke.
  „   Gustav Herrmann Winkler I.
Gefreiter Gottfried Johann Hildebrand.
  „   Friedrich Traugott Julius.   8. Compagnie.
Soldat Friedrich Ernst Gebhardt.
  „   Carl Heinrich Eduard Hofmann.
  „   Friedrich Carl Diettrich III.
  „   Alexander Gollbach.
  „   Johann Robert Lungwitz.
  „   Johann Eduard Schilde.   9. Compagnie.
  „   Gottlieb Schneider I.
  „   Carl Eduard Vogel II.
  „   Franz Leberecht Beyer I.
  „   Louis Herrmann Fiedler II.
  „   Friedrich Ehregott Kern II.   10. Compagnie.
  „   Franz Herrmann Paul Wagner I.
Unteroffizier Traugott Robert Helm.
  „   Friedrich August Voigt.
Gefreiter Friedrich Herrmann Schröter.
Soldat Johann Gotthelf Geißler.
  „   Carl Ferdinand Hanke.
  „   Ferdinand Gustav Hainker.   11. Compagnie.
  „   Carl August Herrmann.
  „   Wilhelm Moritz Illgen.
  „   Carl Bernhard Kircheis.
  „   Friedrich Herrmann Oscar Lantzsch.
  „   Herrmann Carl Wilhelm Bernhardt.
Unteroffizier Carl Ernst Leonhardt.
  „   Adolph Ferdinand Steiniger.
Gefreiter Friedrich Herrmann Höritzsch.
  „   Oscar Robert Schilg.
Soldat Carl Herrmann Fischer II.   12. Compagnie.
  „   Carl Julius Heißner.
  „   Carl Friedrich Lange I.
  „   Johann Heinrich Julius Walter.

6. Nachtgefecht von Ville Evrart, 21. December 1870.

An Wunden Gestorben.

Premierlieutenant Traugott Temuth Gräse.
Soldat Carl Julius Böhme.
  „   Gustav Rudolph Ernst.   9. Compagnie.

7. **Auf Vorposten bei Gagny, 26. December 1870.**
 An Wunden Gestorben.
 Soldat Gustav Adolph Taubert. 1. Compagnie.

8. **Erkundung des Forts Nogent, 4. Januar 1871.**
 An Wunden Gestorben.
 Soldat Franz Louis Rößler. 2. Compagnie.

Beilage LXXV.

Verzeichniß der dem Regimente für den Feldzug 1870/71 verliehenen Auszeichnungen.

Commandeurkreuz 2. Classe des St. Heinrichsordens:
 Oberst von Abendroth.

Ritterkreuz des St. Heinrichsordens:

Major Brinkmann.	Premierlieutenant von Seydewitz.
Hauptmann Schroeder.	Secondelieutenant Weigandt.
„ Martini.	„ d. R. Haase.

Comthurkreuz 2. Classe des Verdienstordens mit der Kriegsdecoration:
 Oberst von Abendroth.

Ritterkreuz des Verdienstordens mit der Kriegsdecoration:

Major von der Decken.	Hauptmann Brachmann.
„ von Mandelsloh.	Premierlieutenant Frhr. von Hausen.
Hauptmann von Brzeski.	„ Hummitzsch.
„ Schlaberg.	Secondelieutenant d. R. Miersch.
„ von Herrmann.	Oberstabsarzt d. R. Dr. Graf.

Ehrenkreuz des Verdienstordens:
 Assistenzarzt d. R. Dr. Satlow.

Ritterkreuz des Albrechtsordens mit der Kriegsdecoration:

Hauptmann Brachmann.	Secondelieutenant Scheffel II.
Premierlieutenant Overbeck.	„ von Teubern.
„ Frhr. von Hausen.	„ Frhr. von Oer.
„ Frhr. von Wirsing.	„ d. R. Miersch.
„ Just.	„ „ Walter.
„ Exner.	„ „ Schurig.
„ Fellmer.	„ „ Ufert.
„ von Stieglitz.	Stabsarzt Dr. Nicolai.
„ Kaufmann.	Assistenzarzt Dietze.

Ritterkreuz des Albrechtsordens:
 Premierlieutenant Klette.

Beilage LXXV.

Comthurkreuz des Württembergischen Militair-Verdienstordens mit der Kriegsdecoration:
Oberst von Abendroth.

Comthurkreuz 2. Classe des Württembergischen Friedrich-Ordens mit Schwertern:
Major Brinkmann.

Goldene St. Heinrichs-Medaille:
Portepeefähnrich Zinkernagel.
Vicefeldwebel d. R. Lämmel. 3. Compagnie.
Sergeant Tenneberg. 9. Compagnie.
Soldat Lange. 4. Compagnie.

Silberne St. Heinrichs-Medaille:
Portepeefähnrich von Süßmilch-Hörnig.

1. Compagnie:	2. Feldwebel Geißler, Sergeant Ende, Unteroffizier Lichtenstein, Soldaten Barichs, Pommerenke.
2.	„	Feldwebel Tanner, 2. Feldwebel Möbius, Sergeant Peege, Unteroffizier Dunger, Gefreite Dürr, Falke, Soldat Zapf.
3.	„	Vicefeldwebel d. R. Lämmel, 2. Feldwebel Helm, Gefreiter Götze, Hornist Richter, Soldat Franke.
4.	„	Vicefeldwebel d. R. Pilz, Unteroffizier Lindner, Soldaten Winkler und Albrecht.
5.	„	Feldwebel Schöppert, Unteroffizier Lohse, Gefreiter Schwarze, Soldat Höritzsch.
6.	„	2. Feldwebel Zichau, Unteroffiziere Russel I., Haugl, Gefreiter Kriegsmann, Hornist Klage, Soldat Teubner.
7.	„	Unteroffiziere Flister, Schuberth, Gefreite Fiebig, Hornist Kaiser gen. Kipping, Soldat Kruse.
8.	„	2. Feldwebel Obenaus, Sergeanten Wendt, Vetter, Einjährig-Freiwilliger Gefreiter Schwarze, Hornist Graube.
9.	„	2. Feldwebel Tonner, Gefreiter Frhr. von Canstein, Soldat Müller II.
10.	„	Feldwebel Rothe, Sergeanten Winkler, Möbius, Unteroffiziere Schuwardt, Richter, Gefreite Großmann, Förste, Soldaten Krüger, Süße gen. Otto II., Göbel.
11.	„	Sergeanten Heinrich, Bischoff, Karpe, Soldaten Reichle, Zschornack.
12.	„	Sergeanten Welker, Plesse, Unteroffiziere Tannheiser, Beckert, Graunitz, Gefreiter Knoch, Soldaten Schneeweiß, Uhlig I., Weichert.

Silberne Verdienst-Medaille:
Regimentsschreiber Krabbes.
Wirthschaftsfourir Lindner. I. Bataillon.
Oberlazarethgehülfe Schulze. 10. Compagnie.

Silberne Albrechts-Medaille:
Gefreiter Mehner. 3. Compagnie des Ersatzbataillons.
Unteroffizier Rein. 5. Compagnie.
Bataillonsschreiber Josiger. III. Bataillon.
Wirthschaftsfourir Weiß. III. Bataillon.

Beilage LXXV.

Eisernes Kreuz 1. und 2. Classe:
   Oberst von Abendroth.
   Major Brinkmann.

Eisernes Kreuz 2. Classe:
   Major von Mandelsloh.
      „   von der Decken.
      „   Naundorff.

Hauptleute: von Herrmann, Brachmann, Schroeder, Martini, von Brzeski, Schlaberg.
Premierlieutenants: Overbeck, Just, Exner, Frhr. von Hausen, Fellmer, Frhr. von Wirsing, Weigandt, von Seydewitz, von Stieglitz, Frhr. von Oer, Kaufmann, Hummitzsch, Scheffel II.
Secondelieutenants: von Teubern, Schaller, Overbeck, Lucius, Weigel, Ludovici, von Haupt.
Secondelieutenants d. R.: Mierich, Oettel, Haase, Usert, Finke, Walter, Ziller, Schurigt, Schurig, Tenson, Freyer, Pilz, Lämmel.
Regimentsstab: Soldat Austel, Pferdewärter des Regiments-Commandeurs.

1. Compagnie: Feldwebel Geißler, Wagner, Sergeant Jahreiß, Unterofficiere Kämpfer, Ende, Lichtenstein, Soldaten Hüntzsch, Barichs, Pommerenke.
2.   „   Feldwebel Tanner, 2. Feldwebel Möbius, Sergeant Peege, Unterofficiere Dunger, Jahr, Gefreite Dürr, Falke, Tetzner, Zapf.
3.   „   2. Feldwebel Helm, Unterofficier Plesse, Gefreiter Götze, Hornist Richter, Soldaten Franke, Bonitz.
4.   „   Unterofficiere Hofmann, Gerth, Soldaten Lange, Albrecht, Winkler.
5.   „   Feldwebel Schöppert, Sergeant Haring, Gefreiter Teuscher, Soldat Waldästel.
6.   „   2. Feldwebel Zschau, Sergeant Burkhardt, Unterofficiere Zschau, Ryssel, Gefreiter Tibbern, Soldaten Teubner, Wild.
7.   „   Sergeant Königsbruck, Unterofficier Schubert, Gefreiter Graul, Hornist Kaiser gen. Ripping, Soldaten Birkicht, Dutzschmann, Geißler I., Papst.
8.   „   Feldwebel Theuermeister, 2. Feldwebel Obenaus, Sergeant Wendt, Unterofficier Reinhardt, Einjährig-Freiwilliger Schwarz, Soldat Große I.
9.   „   Feldwebel Prüfer, Sergeanten Denneberg, Dennhardt, Unterofficier Richter, Gefreite Becker, Frhr. von Canstein, Zwinscher, Einjährig-Freiwilliger Dreißig, Soldaten Ernst, Helbig, Ebert.
10.   „   Feldwebel Rothe, Sergeanten Hänsel gen. Winkler, Dietze, Baum, Unterofficiere Grüner, Weber, Gefreite Großmann, Schmidt, Soldaten Herold, Krell, Krüger, Otto II.
11.   „   Sergeanten Heinrich, Dietze, Unterofficiere Karpe, Hielscher, Soldaten Pfütze, Neubauer, Seydel I.
12.   „   2. Feldwebel Welker, Sergeanten Plesse, Naumann, Unterofficiere Leonhardt, Beckert, Thannheiser, Gefreiter Roßberg, Soldaten Werner IV., König I., Uhlig I., Schneeweiß, Weichert.

Eisernes Kreuz 2. Classe am weißen Bande:
   Stabsarzt Dr. Nicolai.

Oeffentliche Belobigung

wegen Tapferkeit und vorzüglichen Verhaltens im Feldzuge durch Divisions-Commando-Ordre Nr. 4262 vom 30. Juni 1871.

1. Compagnie: Sergeanten Senf, Mühlbach, Soldaten Zeibig, Röthig II., Vierberg.
2. „ Soldat Töhler.
3. „ Sergeanten Kirsten, Wehner, Unteroffizier Busch, Soldaten Braune, Pölzig.
5. „ Sergeant Franke, Unteroffiziere Lindner I., Weidtmann, Gefreiter Lehmann, Soldaten Spiegel, Kramer, Röber II., Vagehorn.
6. „ Feldwebel Traumüller, Sergeant Naumann, Unteroffiziere Mühlenderlein, Stephanow, Böhlitz, Soldaten Fritzsche, Andrae.
7. „ Unteroffiziere Wagner, Baumann, Grüntz, Münzer, Gefreite Voigt, Wagner, Winkler, Soldaten Graubner, Haupt II., Kießling, Kötz I., Ochs, Riederich, Schaal, Siegert, Wenzel.
8. „ Sergeant Mittag, Unteroffiziere Luderer, Prager, Sachse, Rüdiger, Gefreite Syrbe, Werner, Soldaten Staake, Reibetanz, Klinz, Keitel, Hanpschmann, Pommer, Lößner.
9. „ Sergeant Müller, Unteroffiziere Prüfer, Kämpfer, Gefreiter Freygang, Soldat Zimmermann.
10. „ Unteroffiziere Mühle, Sack, Claußnitzer, Schmidt, Gefreite Ober, Pfalz, Forkel, Soldaten Pietzsch, Uhlisch.
11. „ Unteroffiziere Bormann, Buttler, Soldaten Lauterich, Weißflog, Fischer I.
12. „ Unteroffizier Fichte, Soldat Junge.

Beilage LXXVI.

Offiziers-Liste des 7. Infanterie-Regiments „Prinz Georg" Nr. 106 vom 2. November 1871.

Commandeur: Oberst Hans Otto von Schimpff * BMR.[1] Le EK[2]. KD. †[1].
Fünfter Stabsoffizier: Major Hugo Naundorff †[2].
Regimentsadjutant: Premierlieutenant Carl Friedrich Adolph Erwin Frhr. von Wirsing AR. KD. †[2].

1. Bataillon.

Commandeur: Major Gideon Carl August von der Decken. VR. KD. †[2].
Adjutant: Secondelieutenant Rudolph Alfred von Haupt †[2].

1. Compagnie.

Hauptmann: Maximilian Robert Klette AR.
Premierlieutenant: Georg Bruno Kaufmann AR. KD. †[2].
Secondelieutenant: Ernst Ewald Conrad von Teubern AR. KD. †[2].

2. Compagnie.

Hauptmann: Alwin von Brzeski VR. KD. †[2].
Premierlieutenant: Carl Heinrich Georg Pretzsch.
Secondelieutenant: Robert Max Hösel.

3. Compagnie.

Hauptmann: Franz Adolph Schlaberg VR. KD. †[2].
Premierlieutenant: Carl Heinrich Balduin Fellmer AR. KD. †[2].
Secondelieutenant: Carl Friedrich von Süßmilch gen. Hörnig SHM.

Beilage LXXVI.

4. Compagnie.
Hauptmann: August Alfred von Wolf II. AR. KD.
Premierlieutenant: Carl Ferdinand Ernst d'Elsa.
Secondelieutenant: vacat.

2. Bataillon.
Commandeur: Major Carl Wolfgang von Mandelsloh VR. KD. †².
    Adjutant: Curt Adolph Theodor Lucius †¹.

5. Compagnie.
Hauptmann: Emil Rudolph von Herrmann VR. KD. †².
Premierlieutenant: Clemens Robert Anton Maria Frhr. von Oer II. AR. KD. †².
Secondelieutenant: Julius Franz Herrmann Reichelt †².

6. Compagnie.
Hauptmann: Friedrich Wilhelm Schroeder *. †².
Premierlieutenant: vacat.
Secondelieutenant: Carl Emil Theodor Overbeck †².

7. Compagnie.
Hauptmann: Bernhard Jren Martini *. Oe MV. KD. †².
Premierlieutenant: Friedrich Moritz Theodor Geißler.
Secondelieutenant: Carl Zinkernagel GHM.

8. Compagnie.
Hauptmann: Ernst Heinrich Schultze VR. KD. †².
Premierlieutenant: Georg von Stieglitz AR. KD. †².
Secondelieutenant: Emil Leberecht Victor Kretzschmar †².

3. Bataillon.
Commandeur: Major Julius Erich Eberhard Brinkmann *. HEAR.¹. †¹.
    WFC² in S.
    Adjutant: Secondelieutenant Oscar Woldemar Weigel I. †².

9. Compagnie.
Hauptmann: Johannes Wilhelm Friedrich Overbeck AR. KD. †².
Premierlieutenant: Georg Friedrich Clemens Scheffel II. AR. KD. †².
Secondelieutenant: Carl Herrmann Schaller †².

10. Compagnie.
Hauptmann: Victor Christian Herrmann August Carl von Tiebitsch.
Premierlieutenant: Curt Hellmuth Fritz von Seydewitz *. †².
Secondelieutenant: Johann Friedrich Adolph Ludovici †².

11. Compagnie.
Hauptmann: Friedrich Richard Brachmann VR. KD. AR. KD. †².
Premierlieutenant: Traugott Eduard Hummitzsch VR. KD. †².
Secondelieutenant: Carl Franz Balduin Teichmann.

12. Compagnie.
Hauptmann: Alie Alexander Pauer AR.
Premierlieutenant: Friedrich Oscar von Scheibner.
Secondelieutenant: Georg Friedrich Theodor Falcke.

Beilage LXXVII.
Verzeichniß der Namen des Regiments, seiner Chefs und Commandeure von 1708 bis 1872.

Name des Regiments.	Chef.	Commandeur.
Garnisonregiment Graf Flemming 2. Juni 1708 bis Ende Juni 1711.	Jacob Heinrich Graf von Flemming General der Cavallerie, seit 1712 Generalfeldmarschall, gest. 1728.	Oberst Thimo Albrecht von Preuß den 2. Juni 1708—22. October 1716, 22. October 1716 Generalmajor und Commandant von Senftenberg, gest. 1723.
Feldregiment Graf Flemming 1711—25. Juni 1715.	derselbe.	derselbe.
Graf Wackerbarth zu Fuß 25. Juni 1715—20. Juni 1717.	Christoph August Graf von Wackerbarth General der Infanterie, 1730 Generalfeldmarschall, gest. 1734.	derselbe. Oberst Hans Christoph von Tresky den 19. Nov. 1716—5. Januar 1729, 1729 Generalmajor, 1739 Generallieutenant, gest. 1739.
Regiment von Tresky zu Fuß 20. Juni 1717— 5. Januar 1729.	vacat.	derselbe.
Regiment von Wilcke zu Fuß 24. Januar 1729—1. Juli 1739.	vacat.	Oberst Wallrabt Ludwig von Wilcke den 24. Januar 1729— 1. Juli 1739, 1739 pensionirt.
Regiment Graf Cosel 1. Juli 1739—2. März 1746.	Friedrich August Graf von Cosel Oberst den 25. Mai 1734, Generalmajor den 1. Nov. 1741, Generallieutenant den 19. Nov. 1745, General der Infanterie 1754, gest. den 15. Oct. 1770.	Aggreg. Oberst Johann Adolph von Alnpeck. In demselben Jahre als Oberst zum Regiment von Rochow versetzt. 1745 Generalmajor, 1752 Generallieutenant, gest. 1754. Oberstlieutenant Friedrich von Sehbenz 1739—12. Mai 1742. Gest. an den bei dem Ueberfall von Austrup erhaltenen Wunden. Oberst Philipp Wilhelm von Conspruck 12. October 1744—4. Juni 1745. Gefallen in der Schlacht bei Hohenfriedberg. Oberst George Ludwig Graf von Oeynhausen 10. Juli 1745—2. März 1746. Versetzt als Commandeur zum Regiment von Frankenberg, gest. 1758.

Beilage LXXVII.

Name des Regiments.	Chef.	Commandeur.
Regiment Graf Friese 2. März 1746 — 25. April 1755.	August Heinrich Graf von Friesen, Oberst bei der Garde du Corps, 1747 als Maréchal de Camp mit Beibehaltung seines sächsischen Militairranges in französischen Dienst zurückgetreten, 1749 sächsischer Generalmajor, gest. den 5. März 1755.	Oberstlieutenant Johann Gottfried Menschlitzer 2. März 1746 — 3. Dec. 1749, den 13. Juli 1746 charakt. Oberst, 1749 pensionirt, gest. den 20. Mai 1753. Charakt. Oberst George Carl Baron von Klingenberg 3. December 1749 — 18. October 1756, den 7. Januar 1758 Generalmajor, den 5. Januar 1762 Generallieutenant, den 21. Januar 1766 Generalinspecteur der Infanterie, den 1. November 1768 General der Infanterie, gest. den 5. November 1776.
Regiment Prinz Carl Maximilian den 25. April 1755 — 18. October 1756.	Prinz Carl Maximilian von Sachsen, Durchlaucht, geb. den 24. Sept. 1752, den 28. Nov. 1778 Generallieutenant, gest. den 8. Sept. 1781.	derselbe.
NB. Nach der Capitulation am Lilienstein als Regiment Prinz Wilhelm in preußischen Dienst übernommen.	Prinz Wilhelm von Preußen.	?
Bataillon Prinz Carl Maximilian 1757—1763.	Prinz Carl Maximilian von Sachsen, s. oben.	Generalmajor George Carl Baron von Klingenberg 1757—1759, s. oben. Oberstlieutenant Georg Christoph von Hesler 1759—1763, den 1. Nov. 1760 charakt. Oberst, gest. 1774.
Regiment Prinz Carl Maximilian 1763 — 4. August 1782.	derselbe.	Generallieutenant Georg Carl Baron von Klingenberg 1763 — 21. Januar 1766, s. oben. Oberst Johann Ludwig Edler von Le Coq, den 26. April 1766 — 3. April 1778, den 3. April 1778 Generalmajor und Chef des bisherigen Regiments von Block. Oberst Carl Christian von Obernitz, den 3. April 1778 — 10. December 1778, gest. den 10. Dec. 1778.

Name des Regiments.	Chef.	Commandeur.
Infanterie-Regiment von Zanthier, den 4. August 1782— 19. April 1798.	Christoph Heinrich von Zanthier, den 28. April 1778 Generalmajor, den 28. November 1788 Generallieutenant, gest. den 1. Januar 1797.	Oberst Philipp Herrmann Baron von Scheiding, den 8. Februar 1779—4. Oct. 1781, gest. den 4. Oct. 1781. Oberst Johann Gottfried Pabst von Ohein, den 4. August 1782—19. Februar 1784. Als Commandeur zum Regiment Prinz Maximilian versetzt, gest. den 13. März 1790. Oberst Philipp Daniel Burkhard de Leger, den 19. Febr. 1784—5. Januar 1788. Als Commandeur zum Regiment Churfürst, gest. den 18. Mai 1791 Oberst Carl Ehrenreich von Minkwitz, den 5. Januar 1788 — 16. August 1792. Als Commandeur zum Regiment Prinz von Gotha versetzt. Oberst Hans Carl von Brause, den 18. August 1792—17. December 1794. Als Commandeur zum Regiment Prinz Maximilian versetzt.
Infanterie-Regiment Prinz Friedrich August, den 19. April 1798— Ende October 1813.	Prinz Friedrich August von Sachsen, Durchlaucht, 1830 General der Infanterie, 1830 Mitregent, 1836 König von Sachsen, gest. den 9. August 1854.	Oberst Friedrich Joseph Bevilaqua, den 17. Dec. 1794—19. April 1806, den 21. Juli 1804 Generalmajor, den 19. April 1806 zum Chef des bisherigen Regiments von Bünau ernannt. Oberst Moriz Adolph von Nehrhoff, den 19. April 1806—19. October 1806. Gestorben an den in der Schlacht bei Jena am 18. October erhaltenen Wunden. Oberst Ludwig Ferdinand von Tyhern, 19. October 1806—26. August 1809. Zum General-Inspecteur der Infanterie ernannt. Oberst Vincenz Bogislaus von Brochowsky, den 26. August 1809—6. Juni 1812. Als charakterisirter Generalmajor pensionirt, gest. 1813.

Beilage LXXVII.

Name des Regiments.	Chef.	Commandeur.
		Oberst der Infanterie und Königl. Generaladjutant Carl Heinrich August von Boblick, den 6. Juni 1812 — Anfang 1813. Ende des Jahres 1813 abgegangen.
Die Reste des Regiments bei der Neuformation der sächsischen Truppen Ende 1813 bei dem 2. Bataillon des 2. provisorischen Regiments vereinigt. Das, als überzählig geführte 2. Bataillon unter Major von Smolinsky als Besatzung von Moblin, nach der Rückkehr aus russischer Kriegsgefangenschaft 1814 zur Bildung des 3. Linien-Infanterie-Regiments verwendet.	vacat.	Major Christoph von Brand, Anfang des Jahres 1813—1815 Führer des Regiments,bez. Bataillons. Trat 1815 in preußischen Dienst.
3. Linien-Infanterie-Regiment „Prinz Friedrich August", 7. Juni 1815—6. Juni 1836.	Prinz Friedrich August Herzog zu Sachsen, Königliche Hoheit.	Oberst Friedrich Christian von Liebenau, den 19. Juli 1815—28. Sept. 1832, den 28. Sept. 1832 gest.
3. Linien-Infanterie-Regiment „Prinz Georg", 9. Juni 1836—Oct. 1849.	s. oben. Prinz Georg, Herzog zu Sachsen, Königliche Hoheit, geb. den 8. August 1832, 1846 Secondelieutenant, 1849 Premierlieutenant, 1849 Hauptmann, 1853 Major, 1857 Oberstlieutenant, 1858 Oberst, 1861 Generalmajor, 1866 Generallieutenant, 1871 General der Infanterie, 1888 Generalfeldmarschall.	Oberst Wolf Friedrich von Zeschki, den 1. December 1832—14. November 1839 pensionirt, gest. den 17. Juli 1860. Oberst und Königl. Generaladjutant Friedrich Maximilian von Mandelsloh, den 14. Nov. 1839—14. Dec. 1842, den 14. Dec. 1842 Generalmajor und Brigadier der 2. Infanterie-Brigade, den 10. Dec. 1846 pensionirt, gest. 1870. Oberst Curt von Einsiedel, den 14. Dec. 1842—26. Nov. 1847, den 26. Nov. 1847 pensionirt, gest. den 5. März 1858. Oberst Moritz Ferdinand Gustav von Rockhausen, den 13. Dec. 1847—October 1849.
3. Infanterie-Brigade „Prinz Georg" Oct. 1849—1. April 1867.	derselbe.	derselbe. den 16. Dec. 1849 zum Generalmajor ernannt, 1850 mit dem Commando der 1. Infanterie-Division beauftragt, 1852 General-

K. Sächs. Inf.-Reg. 106. II.

Name des Regiments.	Chef.	Commandeur.
		lieutenant und Commandant der Festung Königstein, gest. 1859. Oberst Prinz Albert, Herzog zu Sachsen, Königliche Hoheit, den 8. August 1850 —21. October 1852, den 10. October 1851 Generalmajor, den 21. October 1852 Generallieutenant und Commandant der 1. Infanterie-Division. Oberst Christoph Hans von Egidy-Geißmar, den 21. October 1852—22. August 1860, den 16. October 1857 Generalmajor, 1865 Generallieutenant, den 20. Sept. 1865 pensionirt. Oberst Georg Job von Carlowitz, den 22. August 1860—3. Juli 1866, den 19. Juli 1863 Generalmajor, den 3. Juli 1866 gefallen in der Schlacht bei Königgrätz. Oberstlieutenant Ernst Adolph von Craushaar, den 3. Juli 1866—1. April 1867, den 21. Juli 1866 Oberst, den 18. Juni 1867 Generalmajor, den 18. Aug. 1870 gefallen bei St. Privat.
7. Infanterie-Regiment „Prinz Georg" Nr. 106.	derselbe.	Oberstlieutenant Hugo Garten, den 1. April 1867 —9. Juli 1868, den 18. Juni 1867 Oberst, den 28. Sept. 1871 als Generalmajor und Commandeur der 1. Inf.-Brigade Nr. 45 pensionirt. Oberst Heinrich von Abendroth, den 9. Juli 1868— 8. Nov. 1871, den 8. Nov. 1871 Generalmajor, den 9. Sept. 1876 Generallieutenant, den 23. Sept. 1878 pensionirt. Oberst Hans Otto von Schimpff, den 8. Nov. 1871 —1872. Im Jan. 1872 als Commandeur zum 2. Grenadierregiment versetzt.

Druck von F. A. Brockhaus in Leipzig.